Saul Perlmutter, John Campbell, Robert MacCoun

Smart Thinking für das dritte Jahrtausend

Saul Perlmutter
John Campbell
Robert MacCoun

Smart Thinking für das dritte Jahrtausend

Kritisch denken, mit Unsicherheit umgehen, besser entscheiden

Aus dem amerikanischen Englisch
von Marlene Fleißig und Thomas Stauder

Mit zahlreichen Schwarz-Weiß-Abbildungen

PIPER

Mehr über unsere Autorinnen, Autoren und Bücher:
www.piper.de

ISBN 978-3-492-07145-1
2. Auflage 2025
Die Originalausgabe erschien 2024 unter dem Titel *Third Millennium Thinking* bei Little, Brown Spark, New York

Für einen direkten Kontakt und Fragen zum Produkt wenden Sie sich bitte an: *info@piper.de*
Satz: Tobias Wantzen, Bremen
Gesetzt aus der Adobe Kis
Litho: Lorenz & Zeller, Inning am Ammersee
Druck und Bindung: GGP Media GmbH, Pößneck
Printed in Germany

Inhalt

Für unsere Kinder, in der Hoffnung auf eine bessere Welt, in der die Menschen mit Bedacht zusammenarbeiten können, um die Herausforderungen des dritten Jahrtausends anzugehen – und auch seine Chancen.

Einleitung

In den letzten Jahrzehnten haben wir, die wir in einer vom Internet verbundenen Welt leben, Zugang zu einer unermesslichen Menge an Informationen erhalten. Wir brauchen nur einen Link anzuklicken und erhalten umgehend Einblick in alles, was uns interessiert – die Behandlung einer bestimmten Krankheit, wie man einen Solargenerator baut oder die politische Geschichte Maltas. Andererseits bekommen wir aber auch manchmal derart viele Informationen geliefert, dass wir nicht wissen, wie wir sie sortieren oder einordnen sollen. Die sozialwissenschaftliche Datenbank ProQuest brüstet sich zum Beispiel mit ihrer »wachsenden Menge an Inhalten, die mittlerweile [...] sechs Milliarden digitale Seiten und sechs Jahrhunderte umfasst«. Und das sind nur die altmodisch gedruckten Informationen! Die Wayback Machine vom Internet Archive, einem seit 1996 bestehenden Archiv an Websites und anderen digitalen Artefakten, versammelt fast eine Billion Seiten digitalen Inhalts, zig Millionen Bücher und Audios sowie fast eine Million Softwareprogramme.

Es wird immer schwieriger zu entscheiden, worauf man sich konzentrieren soll, ganz zu schweigen davon, aus der Fülle der uns zugänglichen hochfachlichen, spezialisierten, widersprüchlichen, unvollständigen, veralteten, vorurteilsbehafteten oder absichtlich falschen Informationen diejenigen herauszufiltern, die aufschlussreich und nützlich sind. Wurde diese Medikamentenstudie von einer Pharmafirma finanziert? Hat eine KI all diese angeblich echten Kundenrezensionen verfasst? Was lässt diese Statistik unter den Tisch fallen? Und was *bedeutet* dieser Artikel überhaupt? Auch festzustellen, wem man als Experten bei der Interpretation solcher Informationen trauen kann, wird immer schwieriger. So viele Menschen bezeichnen sich als Fachpersonen – und vielleicht sind *Ihre* bevorzugten Experten ja nicht die *meinen*. Experten können unterschiedlicher Auffassung sein, versteckte Absichten haben, oder vielleicht verstehen sie die Welt oder das »wahre Leben« nur aus ihrer eigenen engen Perspektive heraus. Wie finden wir eine Fachperson, der wir sicher vertrauen können?

Um als Individuen, Gruppe oder Gesellschaft eine vernünftige Entscheidung treffen zu können, sinnvoll zu handeln oder ein Problem zu lösen, müssen wir zuerst die Realität verstehen. Wenn aber die Wirklichkeit nur schwer greifbar ist und wir nicht wissen, welchen Experten wir trauen können, setzen wir auf andere Strategien, um uns in dem Durcheinander zurechtzufinden. Wir »hören auf unser Bauchgefühl«; entscheiden, was wir »glauben«, und suchen nach Beweisen, die das, was immer es auch sein mag, bestätigen; eignen uns Positionen von Personen an, zu denen wir uns zugehörig fühlen; finden sogar Bestätigung darin, diejenigen, die anderer Meinung sind, herabzusetzen. Wir suchen uns absichtlich Experten aus, die uns sagen, was wir hören wollen; oder verbünden uns mit solchen, die genau denjenigen misstrauen, deren Aussagen wir verwirrend finden – seien es Vertreter aus der Forschung oder Wissenschaft, Journalisten, Gemeindevorsteher, Politiker oder andere Experten. Diese Bewältigungsstrategien mögen in unserem persönlichen oder beruflichen Leben funktionieren, denn sie können uns ein tröstendes Gefühl der Identität oder Zugehörigkeit vermitteln. Aber sie helfen uns nicht dabei, die Dinge klar zu sehen oder gute Entscheidungen zu treffen, und der Rückgriff darauf kann sogar gefährliche soziale und politische Auswirkungen haben.

Wie können wir uns – als Individuen und als Gesellschaft – besser in diesem Zeitalter der Informationsüberflutung zurechtfinden? Wie können wir der Verwirrung entgegenwirken, geistige Fallen umgehen und Sinn von Unsinn trennen? Wie können wir Entscheidungen treffen und Probleme gemeinsam mit Menschen lösen, die Informationen anders interpretieren oder andere Werte haben als wir?

Wir drei – ein Physiker (Saul), ein Philosoph (John) und ein Psychologe (Rob) – arbeiten nun schon fast zehn Jahre lang eng zusammen, um unsere Studierenden darin zu unterrichten, über die großen Probleme unserer Tage nachzudenken und wie man im »Überinformationszeitalter« effektive Entscheidungen trifft. Das Projekt begann 2011, als wir uns als Reaktion auf einen schon damals besorgniserregenden Trend in Richtung unbedachter, politikgetriebener Entscheidungsfindung zusammentaten. In jenem Sommer beispielsweise wurde ein Thema wie die Anhebung der Schuldenobergrenze wie eine regelrechte Glaubensfrage behandelt und nicht wie die einfache, praktische und vermutlich sogar überprüfbare Problematik diskutiert, welcher ökonomische Ansatz am geeignetsten wäre, um die wirtschaftliche Lage der USA zu verbessern. Die meisten Argumente – auf der Pro- wie auf der Kontraseite – missachteten oder ignorierten selbst die grundlegenden Prinzipien des wissenschaftlichen Denkens. Wir fragten uns, ob es möglich wäre, Prinzipien zu formulieren, die zu einem klareren Denken, rationaleren Diskussionen und einem fruchtbaren gemeinsamen Entscheidungsfindungsprozess führen, um sie dann weiterzugeben.

Heraus kam ein im Team unterrichteter, multidisziplinärer »Big Ideas Course« an der Universität Berkeley, in dem die Studierenden die ganze Bandbreite an Ideen, Tools und Ansätzen kennenlernen sollten, die die Natur- und Sozialwissenschaften zum Verständnis der Welt zu bieten haben. Der Kurs war so aufgebaut, dass der alltägliche Nutzen dieser Ansätze unmittelbar deutlich wurde, unabhängig davon, ob man allein oder gemeinsam daran arbeitete, um zu vernünftigen Entscheidungen zu kommen und unsere zahlreichen Probleme zu lösen. Zu unserer großen Freude war der Kurs sowohl äußerst beliebt als auch erfolgreich und wurde seitdem von einigen Dozierenden an einer wachsenden Zahl von Universitäten übernommen und angepasst.[1] Unsere Studierenden schienen ihre Weltsicht zu überdenken und entwickelten voller Energie neue Ideen für ihre persönliche Entscheidungsfindung, aber auch für gesellschaftliche Probleme. Am Ende waren sie in der Lage, besser zu recherchieren, Informationen und Expertisen einzuordnen und in Gruppen oder als Teil der Gesellschaft zusammenzuarbeiten. Ihre Begeisterung war ansteckend, und wir begannen über neue Wege nachzudenken, die Tools – und auch diese neue Art zu denken und zusammenzuarbeiten – über den Unterrichtskontext hinaus zu teilen, mit Studierenden und Bürgerinnen und Bürgern aus allen Altersgruppen.

Mittlerweile ist unsere Sorge, dass die Gesellschaft vom Weg abkommt, noch gewachsen. Damit würden viel Leid hervorgerufen und wichtige Chancen verpasst werden – und das einfach nur, weil wir nicht die entsprechenden Tools haben, um die außergewöhnliche Menge an komplexen, oftmals widersprüchlichen Informationen, die uns heute zur Verfügung stehen, zu durchdringen. Die Arbeit an praktischen Problemen kann stagnieren, wenn es uns nicht gelingt, die dahinterstehenden Fakten zu eruieren, oder aber es gemeinschaftliche oder politische Lösungen braucht und wir uns nicht einmal mit anderen darauf einigen können, welche Fakten das sind. Obwohl wir Menschen uns mit den komplexesten wissenschaftlichen Zusammenhängen auseinandersetzen und zum Mond fliegen können, schaffen wir es nicht immer, mit Unsicherheiten und widersprüchlichen Ansichten so umzugehen, dass wir zu einer einfachen, vernünftigen Entscheidung kommen, wenn wir es müssen.

Doch wie haben wir es dann auf den Mond geschafft? Wie ist es uns gelungen – über Jahrhunderte der Anstrengungen als denkende Spezies –, den Hunger auf der Welt zu verringern und für einen immer größeren Teil der Menschen die Lebenserwartung zu erhöhen? Wie haben wir es erreicht, dass die meisten von uns Zugang zu fantastischen Kommunikationsmitteln und unendlich scheinenden Informationen haben? Warum können wir das, was auch immer es sein mag, das uns hierhergebracht hat, nicht dazu nutzen, unsere heutigen globalen Probleme anzugehen: die Pandemie, den Klimawandel, Armut und so weiter? Warum sind wir nicht in der Lage, die intellektuellen Tools, die in der Vergangenheit so gut funktioniert haben, auch heute anzuwenden?

Ein Teil des Problems besteht darin, dass die Wissenschaft häufig selbst diese hochfachlichen, unverständlichen, inkonsistenten und widersprüchlichen Informationen verbreitet, die uns überwältigt, verwirrt und sogar verärgert haben. Das Vertrauen in die Wissenschaft hat in jüngster Zeit nachgelassen.[2] Die Errungenschaften der Wissenschaft werden all den utopischen Erwartungen nicht gerecht, die ihre Erfolge hervorgerufen haben. Und manche dieser wissenschaftlichen Errungenschaften brachten auch negative soziale, politische und ökologische Begleiterscheinungen mit sich. Aus diesem und weiteren Gründen ist die Wissenschaft in der politischen Diskussion zu einem der Totems der Polarisierung geworden. Kurz gesagt: Als die Wissenschaft schwerer verständlich wurde, unerwünschte Begleiterscheinungen zeigte und parteipolitischer Kritik ausgesetzt war, haben viele Menschen das Vertrauen in die Forschenden und die »Wissenschaft« an sich verloren.[3]

Doch die Wissenschaft hat uns auch großartige Erkenntnisse über, wenn nicht sogar Antworten auf all die verwirrenden Fragen geliefert, die wir Menschen uns überhaupt zu stellen wagen. Sie hat uns geholfen, Rätsel zu lösen, Probleme anzugehen und das Leben über die Jahrtausende zu verbessern. Es ist eine seit den Anfängen der Menschheit bestehende Kultur des Hinterfragens, ein jahrhundertelanges Üben, widersprüchliche Informationen in einer verwirrenden Welt zu bewerten und zwischen dem, was wir wissen, und dem, was wir nicht wissen, zu unterscheiden. Dabei hat die Wissenschaft sowohl aus den Erfolgen als auch Misserfolgen gelernt, aus den Durchbrüchen und Fehlgriffen, ihre Tools so zu verfeinern, dass sie neue Fragen angehen und neue Probleme lösen konnte.

Manche dieser Tools sind physische Objekte wie Messinstrumente – sei es ein Sextant, Teilchenbeschleuniger oder Quantencomputer. Andere dagegen sind geistige Tools – Denkgewohnheiten, Bewertungsschemata, Ansätze, Vorgehensweisen, Standards, Ideen, Prinzipien, Haltungen. Diese Denkwerkzeuge fungieren als intellektuelle »Hacks« und ermöglichen Wissenschaftlern, effizienter zu arbeiten, bei größeren Erfolgsaussichten, in einer Welt mit vielen Sprachen und Kulturen zuverlässigere Ergebnisse zu erzielen. Sie legen Parameter für die Bewertung von Informationen und für die Unterscheidung zwischen dem, was wir wissen, und dem, was wir glauben, fest; sie ermutigen uns, bei unseren Schwachpunkten, Vorurteilen und Grenzen noch einmal nachzujustieren und dranzubleiben, wenn ein Problem unlösbar erscheint. Außerdem zeigt sich in ihnen die jahrhundertelange Lebenserfahrung über den entscheidenden Wert – wenn nicht sogar die Notwendigkeit – von Zusammenarbeit, besonders unter denjenigen, die unterschiedliche Standpunkte haben. Auch wenn die Wissenschaft immer noch häufig nach dem Prinzip Versuch und Irrtum arbeitet, müssen wir nicht bei null anfangen und können heute zumindest einige der Fehltritte vermeiden, die wir früher gemacht haben.

Die Wissenschaft hat sich lange von diesen Denkwerkzeugen leiten lassen, aber in anderen Gebieten werden viele davon nicht angewandt. Wir glauben, dass man daran etwas ändern könnte und sollte; dass diese Tools eine viel größere Bedeutung haben und uns in vielen Bereichen und Situationen helfen könnten – immer dann, wenn wir versuchen, Informationen und Expertisen einzuschätzen, bei großen Unsicherheiten Entscheidungen zu treffen und Probleme zu lösen, die das Leben beeinflussen – sei es als Einzelperson, Gemeinschaft oder auf globaler Ebene. Wir glauben sogar, dass es unabdingbar für die Menschheit und das Wohlergehen des Planeten in den nächsten Jahren und Jahrhunderten ist, dass immer mehr Menschen versierter im Umgang mit diesen Tools werden. Um im dritten Jahrtausend zu überleben und uns entwickeln zu können, brauchen wir auch ein Denken für das dritte Jahrtausend, das Smart Thinking.

Bei vielen aktuellen Herausforderungen in unserem privaten, beruflichen und politischen Leben – seien es gesundheitliche Themen, Geschäftsentscheidungen oder Umweltstrategien – müssen wir uns mit überaus fachlichen wissenschaftlichen Informationen auseinandersetzen. In diesem Buch geht es darum, was diese Informationen bedeuten und was sie nicht bedeuten; und welche Fragen – emotionaler, moralischer, philosophischer und spiritueller Art – Fachinformationen beantworten können und welche nicht. Dabei ist das wissenschaftliche Rahmenkonzept dieses Buches hilfreich, unabhängig davon, ob die Informationen, mit denen wir uns auseinandersetzen, oder das Problem, das wir lösen möchten, »wissenschaftlich« sind. Es eröffnet uns vielmehr eine Perspektive, die sich in unserem Alltag als Menschen, die wir mit anderen Menschen in einer komplexen, sich ständig verändernden Welt interagieren, anwenden lässt. Ist es sinnvoll, sich für das Studium zu verschulden? Soll ich an der medizinischen Studie für eine neue Behandlung von Pankreaskrebs teilnehmen? Welches sind die effektivsten Methoden, um die Lernschwäche meines Kindes anzugehen? Sollte unsere Gemeinde dem Einsatz von Unkrautvernichtungsmitteln gegen invasives Wasserunkraut zustimmen? Sollten wir die Mittel für Baumaßnahmen an unserer Schule für Solarzellen ausgeben? In welcher Weise sollte unser Staat selbstfahrende Autos regulieren?

Die wichtigen Tools der Wissenschaft können uns beim Umgang mit diesen komplexen Themen und bei der Entscheidungsfindung helfen. Man muss kein Quantenphysiker oder überhaupt Wissenschaftler sein, um zu verstehen oder anwenden zu können, was die Wissenschaft zu bieten hat. Bisher fehlte es jedoch an einer guten Übersetzung – einer klaren und präzisen Erklärung, die den wissenschaftlichen Ansatz zugänglich beschreibt und den praktischen Nutzen für den Alltag herausstellt. Genau das wollten wir mit diesem Buch ermöglichen und bedienen uns dabei unserer drei so unterschiedlicher Fachgebiete:

Johns Ansatz ist ein philosophischer, um herauszufinden, wie man früher mit den Fragen und Sorgen, die uns heute beschäftigen, umgegangen ist und welche neuen oder verbesserten Wege es mittlerweile gibt. Zudem bringt er mit ein, was er von Nichtwissenschaftlern hört, woran sich gut erkennen lässt, wie wissenschaftliche Forschung wirkt, wenn man darüber liest oder etwas dazu in den Nachrichten sieht. Und er hat wirklich gute Geschichten auf Lager! (Seinen schottischen Akzent können Sie sich leider nur dazudenken.) Rob steuert eine analytische sozialpsychologische Perspektive zum menschlichen Verhalten bei. Seine Erfahrungen aus öffentlicher Politik und Recht unterfüttern seine Expertise mit praktischen, authentischen Beispielen zur Entscheidungsfindung in unserer Gesellschaft. Rob hat Politiker bei der Entscheidungsfindung zu Themen wie der Aufhebung der wehrrechtlichen Praxis hinsichtlich der sexuellen Orientierung namens »Don't Ask Don't Tell« beraten sowie zur Legalisierung von Marihuana in Kalifornien, Washington State und Vermont, wovon er einiges berichten kann. Saul hat mit Wissenschaftlern aus den verschiedensten Disziplinen zusammengearbeitet, die sich zwischen intergalaktischen Themen wie der Ausdehnung des Universums bis hin zu unmittelbaren Fragen wie medizinischen Sensoren und

Klimamessungen bewegten. Er versucht, die uns oftmals so fremd erscheinende Welt zugänglicher zu machen und zu vermitteln, wie Wissenschaftler denken, damit Nichtwissenschaftler sich in seinen persönlichen Geschichten von gelebter Forschung wiederfinden können. Gemeinsam haben wir versucht, Ihnen die Aspekte des wissenschaftlichen Denkens auf unterhaltsame Weise darzustellen, indem wir auf Gedankenexperimente zurückgreifen, die, wie wir hoffen, provokative und nachvollziehbare Alltagsbeispiele sind.

Im ersten Teil dieses Buches konzentrieren wir uns auf die Kultur und Tools der Wissenschaft sowie deren praktische Fähigkeit, Vertrauen in ein gemeinsames Verständnis der Realität zu schaffen, das richtungsweisend für unsere Entscheidungen sein kann. Der zweite Teil stellt die Tools des Wahrscheinlichkeitsdenkens als potenzielle Superkraft vor, die wir alle nutzen können, um das Beste aus einer Welt voller Ungewissheiten herauszuholen. Im dritten Teil erklären wir die »radikale Machbarkeitshaltung«, die uns das wissenschaftliche Denken für große, komplexe und schwer zu lösende Probleme an die Hand gibt – unsere zweite Superkraft, wenn wir zwei haben dürfen. Außerdem beschreiben wir die Tipps und Tricks aus unseren Fachgebieten, die solche Machbarkeitslösungen erst möglich machen.

Sind wir erst einmal mit diesen Tools des wissenschaftlichen Denkens ausgestattet, nehmen wir erzähltechnisch eine scharfe Kurve und wenden uns der genauso herausfordernden Aufgabe zu, sie im vertrackten Entscheidungsfindungsprozess anzuwenden, wo Fakten und Zahlen auf Werte, Ängste und Ziele treffen. Der vierte Teil beschäftigt sich mit den unzähligen Möglichkeiten, wie unser Denken auf Abwege geraten kann, und auch mit einigen neuen oder gar nicht mehr so neuen Techniken, um diese Fallen zu umgehen, die eigentlich für die Wissenschaft entwickelt wurden, aber für uns alle hilfreich sind. Im fünften Teil schauen wir uns die aktuell vielleicht größte Frage überhaupt an: Was haben wir gelernt, worauf wir heute aufbauen können, um unsere Probleme gemeinsam mit anderen zu lösen – mit unseren Partnern, in Teams, unserer Gesellschaft und der Welt –, indem wir so viel Rationalität wie möglich mit unseren menschlichen Emotionen verbinden?

Die Vorstellung, dass wir mehr solcher praktischer, grundlegender Methoden entwickeln können, um gemeinsam vorzugehen, ist vielleicht der wichtigste Schlüssel für unsere gemeinsame Zukunft. Wir sehen uns einem potenziell katastrophalen Klimawandel gegenüber, der Bedrohung durch Pandemien und einer außer Kontrolle geratenen Wohlstandsverteilung. Und wenn wir diese möglicherweise existenziellen Krisen unserer Zivilisation lösen, tauchen unter Umständen neue auf: ein großer Asteroid, der sich auf Kollisionskurs mit der Erde befindet; oder die Aschewolke des nächsten Riesenvulkans, der den gesamten Flugverkehr lahmlegt und für eine globale Missernte gefolgt von Fäule sorgt. Doch weder die aktuellen Bedrohungen noch die potenziellen Katastrophenszenarien der Zukunft würden sich nur ansatzweise so furchterregend anfühlen, wenn wir *zusammenarbeiteten*, wenn auch nur teilweise, und unsere besten Denkfähigkeiten für das dritte Jahrtausend anwenden, unsere Smart-Thinking-Skills. Gemeinsam können wir große Probleme lösen!

Noch einmal zum Titel unseres Buches, »Smart Thinking für das dritte Jahrtausend«: Damit sind wir bei einem spielerisch-großspurigen Begriff, um eine Ansammlung von Ideen und Ansätzen zu beschreiben, die wir Menschen im dritten Jahrtausend haben anwenden sehen und die uns besonders fruchtbar erschienen. Diese sich stetig verbessernden Ideen und Ansätze kommen aus den verschiedensten Quellen und Traditionen, wobei die heutige Version des wissenschaftlichen Denkens einen wesentlichen Anteil ausmacht. Viele von Ihnen kennen vielleicht einige der Ideen schon, aber wir sind beim Schreiben nicht davon ausgegangen und beginnen daher jedes Kapitel mit einer eigenständigen Einführung. (Überspringen Sie gerne beim Lesen alles, das Sie bereits wissen.)

Wir haben all diese Ideen hier versammelt, denn wir hoffen, dass sie zusammengenommen uns allen den Weg in einer komplexen Welt ebnen. Außerdem glauben wir, dass diese Konzepte uns auch im Alltag nützen können, wo wir ständig Informationen zerlegen müssen, Entscheidungen treffen, planen und zusammenarbeiten – sei es als Einzelpersonen, Eltern, Familienmitglieder oder in Gruppen und Organisationen. Darüber hinaus glauben wir, dass unsere Zukunft davon abhängt, dass wir diese Ideen weitergeben – denn selbst uns Autoren gelingt es nicht, auf uns allein gestellt selbst die

Fehler, die zur Entwicklung dieser Ideen geführt haben, immer zu vermeiden. Vielleicht umgehen wir an den Tagen, an denen wir darüber Vorlesungen halten, die Fallen etwas effektiver, aber für unsere professionelle Forschung sind wir auf eine lebendige, stabile Kultur anderer Forschender angewiesen, die wissenschaftlich dafür ausgebildet wurden, derlei Fehler und mentale Fallen zu entdecken. Gemeinsam versuchen wir, dass jeder ehrlich bleibt. Für alle anderen Probleme außerhalb unserer Forschungsarbeit kommt es auf Sie an, die Sie hoffentlich aus diesem Buch lernen werden, auf uns und die anderen aufzupassen.

In den letzten Jahren haben wir alle das schockierende Ausmaß der Polarisierung unserer Gesellschaft miterlebt sowie die überraschende Wechselwirkung zwischen dieser Polarisierung und dem oft problematischen Verhältnis unserer Gesellschaft zur Wissenschaft und wissenschaftlicher Expertise. Wenn es irgendeine Hoffnung geben soll, dass wir gemeinsam umsetzbare Pläne und ein gemeinsames Verständnis finden, die unsere Gesellschaft voranbringen, müssen wir lernen zu akzeptieren, dass uns beim Denken Fehler unterlaufen können und dass wir gegenteilige Ansichten benötigen, um festzustellen, wo wir falschliegen. Zudem müssen wir verstehen, woher die Enttäuschung über und die Gegenreaktion auf den wissenschaftlichen Fortschritt stammen, die Ende des zweiten Jahrtausends aufkamen – und versuchen, gegenzusteuern.

Weder ein einzelnes Buch noch der eine Ansatz können die Gräben überbrücken, nicht alle Meinungsfronten werden einfach so verschwinden. Aber irgendwo müssen wir anfangen. Und wir glauben, dass die Wissenschaftskultur ein vielversprechender Ausgangspunkt sein kann – *wenn* wir denn beginnen, uns ihrer Tools, Ideen und Prozesse zu bedienen, um unserem Denken im dritten Jahrtausend eine neue Wendung zu geben.

Teil I
Die Realität begreifen

Kapitel 1

Entscheidungen, Entscheidungen, Entscheidungen

Stellen Sie sich vor, Sie gehen mit Freunden wandern. Auf einmal haben Sie ein starkes Druckgefühl in der Brust und werden ohnmächtig. Erst im Krankenhaus sind Sie wieder bei Bewusstsein. Sie hören, was zwei junge Assistenzärzte, die als einzige Dienst haben, beim Blick auf Ihr CT-Bild sagen. Mit Ihrem Herzen stimmt etwas nicht, nur leider gibt es zwei Möglichkeiten, was es sein könnte, und die beiden Ärzte können sich nicht entscheiden, um was es sich handelt. Trifft Szenario A zu, benötigen Sie eine invasive Herzoperation. Dann muss man Sie gleich aufschneiden, damit Sie überhaupt noch die nächsten Stunden überleben. Das Risiko für Komplikationen wäre in diesem Fall hoch, manche davon könnten Sie sogar das Leben kosten, aber ohne den Eingriff würden Sie auf jeden Fall sterben. Doch Szenario B ist genauso wahrscheinlich. In diesem Falle bräuchten Sie aktuell lediglich Medikamente. Diese würden Sie über die nächsten zwei, drei Tage bringen, sodass die Ärzte genug Zeit hätten, weitere Untersuchungen vorzunehmen und Sie zu überwachen. Wenn aber doch Szenario A vorliegt, würde eine alleinige medikamentöse Therapie bedeuten, dass Sie sterben.

Die Assistenzärzte haben mittlerweile gemerkt, dass Sie aufgewacht sind. Sie fragen Sie, wie Sie weiter vorgehen möchten. »Ich habe keine Ahnung, wie ich mich entscheiden soll!«, antworten Sie. »Das ist Nötigung, retten Sie mich einfach.« Die Ärzte beraten sich kurz und schlagen Ihnen dann zwei Wege vor, wie Sie zu einer Entscheidung kommen können. Nummer eins: Sie wissen um

Ihre Liebe zur Demokratie und bieten Ihnen daher einen demokratischen Ansatz an. Bitten Sie doch alle Bürger Ihres Wohnortes – Politessen, Otto Normalbürger, Stadtratsmitglieder –, ihr Votum abzugeben. Alternativ bieten sie Ihnen an, dass die besten und erfahrensten Ärzte die Entscheidung für Sie fällen.

Wenn eine schwerwiegende Entscheidung in einem Bereich ansteht, für den wir keine Experten sind, oder wenn wir einfach nicht wissen, welches die richtige Antwort ist, lautet die erste Entscheidung, die wir treffen müssen, wen wir zur Beratung hinzuziehen oder von wem wir uns Informationen einholen. In vielen wichtigen Situationen, wie der Wahl eines politischen Repräsentanten, der Legalisierung von Marihuana oder der Auswahl von Standorten für Windparks, ist die Mehrheitsmeinung wirklich von Bedeutung. Bei solch einer Entscheidung spricht viel für eine demokratische Abstimmung. Aber in diesem hypothetischen medizinischen Fall würden wohl nur die wenigsten sagen, dass ihnen das Respektieren der Mehrheitsmeinung am wichtigsten ist. Es geht um die Qualität der Entscheidung, und in der Regel trifft man eine bessere Wahl, wenn man ein paar gute Ärzte befragt, als wenn man eine Abstimmung durchführen ließe.

Wir verfügen nicht alle über das gleiche Maß an Wissen in allen Bereichen. Manche wissen mehr über Geschichte, andere wiederum mehr über Autos. Und manche wissen mehr über Medizin. Wenn Wissen Macht ist, würden Sie sich schwächen, wenn Sie das Spezialwissen von Experten nicht nutzten. Einer der Gründe, warum es sich lohnt, Fachleuten zuzuhören, besteht darin, dass es einen ermächtigt, zu tun, was man tun will.

Doch dass wir Fachwissen benötigen, stellt uns vor drei Fragen: Erstens, wenn wir nicht selbst darüber verfügen, wie können wir dann überhaupt herausfinden, welches Wissen wir benötigen und wer ein verlässlicher Experte in diesem Bereich ist? Zweitens, mal angenommen, wir haben verlässliches Fachwissen gefunden, wie und wann berücksichtigen wir die anderen Schlüsselelemente der Entscheidungsfindung angemessen – Werte, Emotionen, Ziele? Und drittens, was legitimiert die Entscheidung und lässt sie unsere persönliche Autonomie respektieren – wer ist die letzte Instanz und warum? Schauen wir uns diese drei Fragen genauer an.

Expertise und Pseudoexpertise

Wissenschaft ist heute meist komplex und wurde anhand von mathematischen Modellen entwickelt, die die meisten Menschen überhaupt nicht verstehen. Es würde Jahre dauern, bis man die Mathematik dahinter begreift, und das wiederum führt dazu, dass manche den Ratschlägen oder Anordnungen von Experten widerspruchslos folgen. (»Die Formeln verstehen Sie sowieso nicht, machen Sie also einfach, was sie Ihnen sagen.«) Andere fühlen sich jedoch in einer solchen Position der Unwissenheit derart entmündigt, dass sie sich dagegenstellen und sich weigern, auf die Experten zu hören.

Besonders deutlich wurde das in der Coronapandemie. Wir erhielten damals viele Ratschläge seitens der Wissenschaft – »Tragen Sie keine Masken«, »Tragen Sie Masken«, »Lassen Sie sich impfen, um sich vor Covid zu schützen«, »Lassen Sie sich impfen, um sich besser zu schützen, wenn Sie Covid bekommen« und so weiter. Doch die wenigsten von uns haben den Hintergrund dieser Ratschläge verstanden oder warum sie sich mit der Zeit zu verändern schienen. Die wenigsten konnten überhaupt erklären, was ein Virus ist und wie genau diese Maßnahmen vielleicht dabei helfen könnten, es sich nicht einzufangen. »Autonomie« schien in dieser Situation darauf hinauszulaufen: zu versuchen, sich von all den widersprüchlichen Informationen fernzuhalten, oder aber zu versuchen, unter all den Experten diejenigen herauszufiltern, die einem am glaubwürdigsten vorkamen.

Die Verwirrung, die während der Pandemie durch zu viele Informationen (oder qualitativ unterschiedliche) verursacht wurde, ist ein Symptom eines viel grundlegenderen Problems: Es gibt eine verwirrende Flut an verfügbaren Informationen zu nahezu jedem Thema, das irgendwo Anwendung finden könnte. Doch wie soll man, wenn es dafür Fachwissen benötigt, vorgehen, um die verlässlichsten Inhalte zu finden? Wem soll man trauen? Warum sollten Sie sich auf die einen Experten verlassen und auf die anderen nicht?

Wenn Sie für praktische Entscheidungen präzise Informationen benötigen, kommt eine praktische Abwägung hinzu: Sie benötigen eine Informationsquelle, die *funktioniert*. Nehmen Sie zum Beispiel die Landwirtschaft. Schon seit über 12 000 Jahre betreibt der Mensch Ackerbau und Viehzucht. Wenn Sie sich also mit Landwirtschaft beschäftigen wollen, gibt es verschiedene Möglichkeiten herauszufinden, wann die beste Zeit ist, um beispielsweise Getreide anzubauen. Vielleicht wenden Sie sich an einen spirituellen Führer oder verlassen sich auf das Wort von jemandem, der angeblich an den Mustern der Sterne erkennen kann, wann die beste Zeit für Getreide ist. In einem stabilen Umfeld mag das funktionieren; geistliche Führer und Astrologen haben ihre Ratschläge vielleicht über Generationen an die lokalen Bedingungen angepasst. Doch der wissenschaftliche Ansatz – Experiment und Beobachtung – hat einen großen Vorteil: Er könnte zu einer größeren Vielfalt beim Saatgut führen oder Wege aufdecken, die Pflanzen effektiver zu bewässern. Es lohnt sich, Verschiedenes auszuprobieren und zu beobachten, wodurch die besten Ergebnisse zu erzielen sind. Wie stark Sie auch an Ihren spirituellen Führer oder die Sterne glauben mögen, es wird Ihnen schwerfallen, Ihren Glauben aufrechtzuerhalten, wenn die Ernte Ihrer Rivalen Ihnen über den Kopf wächst und diese im Überfluss leben, während Sie hungern müssen.

Das Großartige an der Wissenschaft ist, dass sie *funktioniert*. Wir müssen wohl kaum ausführen, wo die Wissenschaft unser tägliches Leben überall beeinflusst, angefangen bei Medikamenten über unsere Ernährung, unsere Autos und das Internet, auf das wir uns verlassen. Das werden wohl die meisten ähnlich sehen. (Dabei ist eins der Probleme mit der Informationsflut, dass so viele wilde Behauptungen aufgestellt werden darüber, was die Wissenschaft angeblich alles kann: Mikrochips in Impfungen schmuggeln oder die Sonne durch Elektrolampen ersetzen. Die Wissenschaft hat so viel erreicht, und ihre Leistung wird als so selbstverständlich angesehen, dass es vielen nicht abwegig erscheint, sie könne auch solch unwahrscheinliche Dinge zustande bringen.)

Wissenschaft ist keine Zauberei, sie funktioniert, weil sie darauf angelegt ist. Sie hilft uns, verlockenden Ideen zu widerstehen, die jeglicher Substanz entbehren. Wir alle haben mit unseren persönlichen Vorurteilen zu kämpfen. Aber dank der Wissenschaft gibt es Methoden, wie man sich davor schützen kann. Dabei handelt es sich um »unpersönliche« Techniken, mit denen man den Prozess zur Bewertung der Evidenz mehr oder weniger mechanisch durchführen kann, ohne dass eigene Anteile ins Spiel kommen. Derlei Techniken sind in allen Bereichen der Wissenschaft verbreitet. In jedem Fach heißen sie zwar anders, sind aber erkennbar die gleichen Techniken. Falls Sie sie nicht bereits anwenden, sollten Sie diese Techniken kennenlernen. Sie sind wissenschaftlich, aber nicht hochkomplex. Sie sind nicht schwer zu verstehen, man muss dafür nicht Mathe können, und sie ermöglichen einen Zugang zu dem, was Wissenschaftler sagen, ohne dass Sie selbst einer sein müssen.

Schauen wir uns als Beispiel eine Molekularbiologin an, die ihre ganze Karriere damit verbracht hat, bestimmte Proteine des menschlichen Körpers zu untersuchen. Diese Wissenschaftlerin wird auch in der Lage sein, sich eine experimentelle Studie aus der Entwicklungspsychologie anzuschauen – sagen wir darüber, wie Kinder Arithmetik lernen –, und die Logik verstehen, nach der sie aufgebaut ist. Und zwar nicht, weil einem eine Laufbahn als Molekularbiologin so viel Spezialwissen über das Lernverhalten von Kindern an die Hand geben würde. Es hat auch nichts mit Mathematikkenntnissen zu tun, möglicherweise ist die mathematische Analyse hier überhaupt nicht komplex. Vielmehr liegt das daran, dass alle Experimente, in welcher wissenschaftlichen Disziplin auch immer, mit den gleichen Problemen konfrontiert sind und dass alle Wissenschaftler mit Voreingenommenheit zu kämpfen haben, die es zu vermeiden gilt. Es ist nicht schwer, diese Techniken zu lernen – selbst wenn man über keine wissenschaftliche Ausbildung verfügt oder nicht einmal mit Schule viel am Hut hatte. Und diese Techniken sind auch außerhalb des akademischen Kontextes essenziell, bei sehr praktischen Fragestellungen wie, was man seinem Kind zu essen gibt oder ob man sich impfen lassen sollte oder nicht.

Wenn wir diese Techniken verstanden haben, werden wir zwar keine wissenschaftlichen Experimente reproduzieren können und auch nicht über ein so großes Fachwissen in einer wissenschaftlichen Teildisziplin verfügen wie nach jahrelangem Lernen. Aber wir werden einschätzen können, ob das, was da vor uns liegt, ehrliche Arbeit ist, die uns näher an die Wahrheit heranführt, oder nur eine übertriebene Darstellung, die uns in unseren Vorurteilen bestätigt. Wir werden in der Lage sein, zwischen Expertise und Pseudoexpertise zu unterscheiden. Uns dafür zu rüsten – mit den Techniken und Tools des wissenschaftlichen Denkens –, ist eins der Hauptziele dieses Buches.

Werteabwägung

Meist sind Fakten jedoch nicht die einzigen Aspekte, die wir berücksichtigen müssen. Bei manchen Entscheidungen – Wer ist lustiger, Charlie Chaplin oder die Marx Brothers? Welche ist besser, die rote oder die grüne Soße? – werden Sie nicht einmal das Gefühl haben, überhaupt Fakten von außen zu benötigen. In den meisten Fällen sind Fakten, wenngleich man sie benötigt, nicht alles, was uns wichtig ist. Werte, Ethik, Ängste und Ziele sind oft wichtige Faktoren bei der Entscheidungsfindung.

Selbst bei medizinischen Entscheidungen dürften zwei Menschen, die über das gleiche Wissen verfügen, unterschiedliche Behandlungsentscheidungen treffen. Schauen wir uns noch einmal das Gedankenexperiment an, bei dem Sie im Krankenhaus aufwachen. Sie müssen abschätzen, worauf die Symptome hindeuten. Aber Sie müssen auch abwägen, was Ihnen in dieser Situation wichtig ist. Unterschiedliche Menschen schätzen Risiken unterschiedlich ein. Vielleicht denken Sie: Na ja, es ist genauso wahrscheinlich, dass ich gesund werde, wenn ich nur die Medikamente nehme, wie wenn ich mich operieren lasse, aber ich kann nicht das Risiko eingehen zu sterben. Also nehme ich die OP. Vielleicht gibt es Komplikationen, aber sie wurde schon vielfach durchgeführt, und es ist unwahrscheinlich, dass ich daran sterbe. Wenn Sie aber etwas kühner sind, sagen Sie sich vielleicht: Ich will mich nicht durch die OP und die Erholungsphase danach quälen, wenn die Überlebenschancen nicht überragend sind, also nehme ich die Gefahr zu sterben in Kauf und entscheide mich für die Medikamente. Welchen Wert Sie welchem Risiko beimessen, ist ganz allein Ihre Sache. Die Ärzte können Ihnen sagen, wie groß das Risiko ist, aber nicht, was Ihnen das bedeuten sollte.

Besonders schmerzlich ist so ein Problem natürlich für Eltern, deren Kind zum Beispiel Krebs hat. Vielleicht finden Sie es absolut inakzeptabel, Ihr Kind einer experimentellen Behandlung zu unterziehen, die möglicherweise gefährlich sein könnte, die aber im besten Falle funktionieren würde. Oder vielleicht bestehen Sie auch auf der radikalen Behandlung, weil Sie die Vorstellung nicht ertragen können, dass die Krankheit bei Ihrem Kind fortschreitet. Welchen Wert Sie den Risiken zuschreiben, ist Ihre Sache, dabei können Ihnen Experten keinen Rat geben. Nur Sie allein können entscheiden, ob das Risiko, dass Ihr Kind an Krebs stirbt, das Risiko überwiegt, dass Ihr Kind überlebt, aber für immer von den Folgen der Behandlung beeinträchtigt bleibt. Es gibt keine komplizierte mathematische Formel oder ein wissenschaftliches Experiment, das Ihnen verrät, wie Sie diese Faktoren gewichten sollen.

Diese Überlegungen kann man als »Werte« bezeichnen und als Gegenpol zur Faktensuche, die die Wissenschaftler versuchen, sehen. Vielleicht leiten Sie Ihre Werte aus Ihrem eigenen familiären Hintergrund ab oder aus einer religiösen Gemeinschaft, der Sie angehören. Oder vielleicht einfach nur aus den Menschen in Ihrem Umfeld oder aus den Büchern, die Sie lesen. Zudem definieren wir die jeweiligen Werte auch unterschiedlich, und die meisten von uns leben nach Werten, die nicht vollkommen konsistent sind. All diese Aspekte können beeinflussen, wie viel Gewicht Sie den Risiken eines schlechten Ausgangs bei einer Entscheidung zumessen und für wie wichtig Sie die verschiedenen möglichen Vorteile halten.

Es gibt keine »Experten« für die Bewertung dieser Fragen, so wie es Experten für die möglichen Risiken oder Vorteile einer Impfung gibt. Aber selbstverständlich gibt es Menschen, die viel über die unterschiedlichsten moralischen Probleme nachgedacht haben; über bestimmte Konflikte, die gerade im Alltag auftreten; Menschen, die sich mit all diesen Bedenken der unterschiedlichen Seiten auseinandergesetzt haben. Aus gutem Grund werden diese Menschen oft in Krankenhäusern und Universitäten beschäftigt, um bei der praktischen Entscheidungsfindung zu helfen. Viele von uns haben auch jemanden, mit dem wir bevorzugt sprechen, wenn wir uns einem moralischen Problem gegenübersehen – vielleicht ein Elternteil, die Partnerin, ein Pfarrer oder ein alter Freund. Aber es gibt keine Expertengremien, die allgemein als Autoritäten für Wertentscheidungen anerkannt sind, so wie wir zum Beispiel Expertengremien für die gesundheitlichen Auswirkungen des Tabakkonsums haben.

Noch komplizierter wird es, wenn eine ganze Gruppe oder Gemeinschaft am Entscheidungsfindungsprozess beteiligt ist. Nicht nur dürfte es schwierig sein, sich auf Fakten zu einigen (obwohl Sie, wenn Sie mit den Instrumenten ausgestattet sind, die wir gerade erwähnt haben und in späteren Kapiteln weiter ausführen, in der Lage sein könnten, zuverlässige Informationsquellen zu identifizieren), es könnten auch Menschen mit unterschiedlichen und sogar widersprüchlichen Werten beteiligt sein. Auf Herausforderungen dieser Art werden wir später eingehen.

Expertise und Autorität

Wir brauchen also Quellen, die uns vertrauenswürdige Fakten liefern, die wir dann innerhalb unseres Wertesystems betrachten müssen, während wir Alternativen durchdenken und zu verstehen versuchen, welche Konsequenzen unser Handeln haben könnte. Aber wer hat am Ende die Entscheidungsgewalt?

In den meisten Gesellschaften geht man heute davon aus, dass das Individuum das Recht hat, die Entscheidungen zu treffen, die es beeinflussen. Aber haben Sie schon einmal darüber nachgedacht, warum gerade *Sie* ein Recht darauf haben sollten, die Entscheidungen zu treffen, die Sie am meisten beeinträchtigen? Diese Frage steht im Mittelpunkt zahlreicher aktueller Debatten.

Nehmen wir einmal an, dass wir alle – Sie inklusive – wollen, dass es für Sie gut läuft. Die meisten von uns dürften sich an Zeiten erinnern, in denen nicht alles glattging und wir etwas getan haben, das wir bereuen, Entscheidungen trafen, die sich am Ende negativ auf uns auswirkten. Wir sind nicht immer wirklich Experten dafür, welche Handlung die Dinge für uns in die richtigen Bahnen lenkt – nicht nur hinsichtlich komplizierter medizinischer Entscheidungen, auch in vielen anderen Bereichen. Wenn Sie also einfach nur wollen, dass es gut für Sie läuft, dann sollten Sie vielleicht Ihre gesamten Entscheidungsprozesse den Profis überlassen.

Das dürfte den meisten von uns wie ein Albtraum vorkommen. Eine Gesellschaft, die von Experten gelenkt wird, die entscheiden, was wir wann essen, welche Medikamente wir nehmen und welche medizinischen Eingriffe wir durchführen lassen sollten; die Jobs für uns aussuchen, unsere sozialen Gruppen, welche Übungen wir machen sollten, mit wem eine romantische Beziehung führen. Das klingt, selbst wenn man es »gut« hinkriegt, wie die Hölle. Wir wollen uns das Recht nicht nehmen lassen, den Ratschlag von »Experten« abzulehnen. Aber ist das nicht einfach irrational? Vielleicht sagen Sie jetzt – zu Recht –, dass »Experten« auch manchmal falschliegen und sowieso vielleicht nicht verstehen, was am besten für Sie ist. Das ist natürlich möglich. Aber es ist auch möglich, dass Sie Ihren selbstzerstörerischen Impulsen folgen, die genauso schlecht für Sie sind, und dass Sie viel besser dran wären, wenn allein Experten das Recht hätten, die Sie betreffenden Entscheidungen zu fällen. Also warum stößt einem die Vorstellung dermaßen sauer auf, so weitgehend die Kontrolle abzugeben?

Die naheliegende Antwort ist, dass wir dazu erzogen wurden – zumindest in demokratischen Gesellschaften –, uns als freie Menschen mit eigenen Rechten und Pflichten zu sehen. Wir erwarten, dass unsere Freiheit anerkannt und respektiert wird. Gehen wir noch einmal zurück zu dem Beispiel, wenn Sie nach einem Herzanfall überlegen müssen, was zu tun ist. Am Ende liegt es bei Ihnen, die Situation einzuschätzen und die Entscheidung zu treffen. Sie können sich nicht einfach von einem Haufen Experten überreden lassen, die Ihnen sagen, sie wüssten, was am besten für Sie ist. Am Ende ist es *Ihre Entscheidung*.

Doch bei vielen wichtigen Entscheidungen steht nicht Ihr persönliches Wohlergehen auf dem Spiel, sondern das einer anderen Person, die nicht in der Lage ist, die Entscheidung selbst zu treffen. Vielleicht ist es die Oma, die im Sterben liegt und sich sehr wahrscheinlich nicht wieder vollständig erholen wird; sie ist nicht bei Bewusstsein und wird künstlich am Leben erhalten. Und sie hat Sie damit beauftragt, über die lebenserhaltenden Maßnahmen zu bestimmen. Wann – wenn überhaupt – sollten Sie die Geräte abschalten? KI-Fans würden jetzt vielleicht vorschlagen, die Entscheidung der Maschine zu überlassen, die die beste medizinische statistische Evidenz über wahrscheinliche Szenarien kalkuliert. Das könnte sehr viel komplexere Berechnungen einbeziehen, als Sie selbst jemals anzustellen in der Lage wären, die alle möglichen Details zu Ihrer Großmutter und dem derzeitigen medizinischen Wissenstand beinhalten. Das Problem ist nur, dass Sie solche Entscheidungen selbst treffen müssen – Ihre Großmutter hat Sie schließlich darum gebeten. Sie sind dran und können die Entscheidung nicht der Maschine überlassen. Es reicht nicht aus zu sagen: »Die KI hat gesagt, dass es Zeit für Oma ist, also hab ich den Stecker gezogen.« Vielleicht kann Ihnen die KI relevante Argumente und Überlegungen an die Hand geben, aber es ist an Ihnen, diese zu verstehen, abzuwägen und am Ende die Entscheidung zu treffen. Ein freier, autonomer Mensch zu sein bedeutet, eigenständig eine Werteentscheidung hinsichtlich dieser Person zu treffen, die sich Ihrer Fürsorge anvertraut hat, selbst wenn Sie sich ausgiebig von anderen Menschen – oder Maschinen – beraten lassen und sich nach deren Ratschlägen richten.

Für sich selbst eine Entscheidung zu treffen, scheint etwas anderes zu sein, als eine Entscheidung für einen betagten Angehörigen zu fällen oder ein krebskrankes Kind; ein Baby, das nicht für sich selbst sprechen kann; oder Tiere, Bäume oder unbelebte Objekte. Nehmen wir das Beispiel Tierhaltung: Bauern können bei der Viehwirtschaft auf Jahrhunderte an Erfahrung und wissenschaftlichen Erkenntnissen über den Umgang mit Tieren zurückgreifen. Und wir erwarten von Bauern und Viehzüchtern, dass sie diese Informationen für ihren Betrieb nutzen. Es stört uns nicht, dass sie ihre Entscheidungen treffen, ohne ihr Vieh zu befragen. Es mag richtig oder falsch sein, aber wir halten uns auf eine Art und Weise für *frei,* die Tiere nicht sind. Es macht einen großen Unterschied, ob uns ein Wissenschaftler Ratschläge zu menschlichen Belangen gibt oder ein Landwirtschaftsmeister darüber bestimmt, ob beispielsweise die Tiere geimpft werden sollen. Andere Menschen erkennen wir als eigenständige Individuen an, und wir erwarten, dass sie uns denselben Respekt entgegenbringen. (Unter anderem ist es so qualvoll, für einen betagten Angehörigen oder ein junges

Kind Entscheidungen zu treffen, weil wir uns wünschen, den Patienten befragen zu *können*, selbst wenn das nicht möglich ist, denn wir glauben, dass es dessen Recht ist, nicht unseres; das stört uns bei Tieren meist nicht.)

Manchmal müssen wir Entscheidungen nicht nur für ein Individuum treffen, das nicht für sich selbst sprechen kann, sondern als Teil einer Gruppe oder Gesellschaft, deren Gemeinsamkeit darin besteht, zu der Gemeinschaft zu gehören, die vom Ergebnis der Entscheidung beeinträchtigt wird. Obwohl Sie beim Beispiel Herzinfarkt wahrscheinlich den demokratischen Entscheidungsprozess abgelehnt hätten, ist Wählen natürlich eine Möglichkeit, die Mitglieder einer Gemeinschaft in eine sie betreffende Entscheidung einzubeziehen. Bei der kollektiven Entscheidungsfindung müssen wir unterschiedliche, gegenläufige Interessen und Werte berücksichtigen sowie verschiedene Ansichten darüber, welche Fakten verlässlich und welche Experten vertrauenswürdig sind. Später in diesem Buch werden wir uns diverse Methoden anschauen, wie man Gruppen nicht nur dazu bewegen kann, bei der Evaluierung von Informationen zusammenzuarbeiten, sondern auch, bedacht abzuwägen und die Werte aller Beteiligten mit einzubeziehen, was den normalerweise als demokratisch angesehenen Prozess, den wir Wählen nennen, bereichern kann.

Es gibt auch einige Sonderfälle, in denen die Entscheidungsgewalt nicht bei denjenigen liegt, die am meisten von der Entscheidung beeinträchtigt werden. Das betrifft nicht nur die erwähnten Situationen, in denen eine Person nicht dazu in der Lage ist, sondern auch solche, wenn die Auswirkungen dessen, was jemand als persönliche Entscheidung ansieht, wahrscheinlich über ihn als Individuum hinausgehen. Aus diesem Grund haben wir beispielsweise eine Motorradhelmpflicht, und der Gesetzgeber ist befugt, darüber zu entscheiden, wann Schulen während einer Pandemie geschlossen werden müssen. In den meisten Fällen gehen wir jedoch davon aus, dass Einzelpersonen oder Gemeinschaften die Rechteinhaber von Entscheidungen sind, die sich auf sie auswirken.

Ausfallmodi

Für einen guten Entscheidungsprozess braucht es demnach alle drei Zutaten, die wir erwähnt haben: korrekte Informationen von verlässlichen Experten, sorgsames Nachdenken über Werte und eine Struktur, die die Entscheidungsgewalt denjenigen überträgt, die davon betroffen sein werden. Wenn eines dieser Elemente im Vergleich zu den anderen stark aus dem Gleichgewicht gerät, kommt es zu offensichtlichen Fehlern und wir sehen, dass etwas ziemlich schiefgelaufen ist.

Was passiert zum Beispiel, wenn dem Fachwissen im Entscheidungsprozess zu viel Gewicht zugeschrieben wird? In den aktuellen Debatten politischer Philosophen taucht auch immer wieder eine Extremform dessen auf, die »Epistokratie«, also eine Gesellschaft, in der jegliche Mitbestimmung an einen bildungsbezogenen Kompetenznachweis oder an Wissen gekoppelt ist. Dann dürften vielleicht nur Menschen mit wählen gehen, die einen höheren Schulabschluss haben, oder nur solche mit Studium. Oder aber alle dürften wählen gehen, doch je nach Bildungsgrad unterschiedlich viele Stimmen abgeben.[1]

Natürlich hat eine Epistokratie, so viele Vorteile sie auch beinhalten mag, ihre Schattenseiten – wie wir später noch genauer ausführen werden. Aber wie *können* wir denn überhaupt mit Wissenschaftlern arbeiten, ohne ihnen zu viel Entscheidungsgewalt zu überlassen? Sie managen uns ja nicht, so als würde man einen Bauernhof führen, wir wollen schließlich nicht wie Schafe behandelt werden. Wir möchten nicht, dass Wissenschaftler Macht über uns ausüben, die wir ihnen nicht verliehen haben. Wir wollen selbstbestimmt die Faktoren für unsere Entscheidung gewichten. Und wenn Wissenschaftler unsere Entscheidungen beeinflussen wollen, dann müssen sie uns *überzeugen*. Sie können uns die Fakten, die sie herausgefunden zu haben glauben, präsentieren, ebenso wie die Methoden, die sie dafür angewandt haben, um ein unverzerrtes Ergebnis zu erhalten. Dann können wir darüber nachdenken, ob wir das Ergebnis überzeugend finden.

Das heißt, dass alle – Wissenschaftler wie Laien – über ein gewisses Verständnis der wissenschaftlichen Methoden, die sie anwenden, um zu ihren Schlüssen zu kommen, verfügen müssen. Wenig überraschend handelt es sich dabei um ebenjenes Verständnis, das wir auch schon als Voraussetzung für die Wahl guter Experten ins Feld geführt haben.

Was passiert nun aber, wenn wir den Stellenwert der Autonomie bei der Entscheidungsfindung überschätzen? In diesen Ausfallmodus geraten wir, wenn das empfindliche Gleichgewicht einer Entscheidung als Entweder-oder-Wahl verstanden wird: »Entweder Sie geben Ihre Freiheit für diese Technokraten auf, oder Sie behalten sie, weisen deren sogenannte Expertise zurück und ›recherchieren selbst‹.« Das kann zum Beispiel heißen, Hunderte Stunden Youtube-Videos anzuschauen und das herauszusuchen, was »plausibel klingt«. Das Problem ist hier natürlich, dass genau das, was für Sie plausibel klingt, genauso vollkommen falsch wie richtig sein kann. Unsere Voreingenommenheit lässt uns denjenigen vertrauen, die zum Beispiel besonders charismatisch sind; oder Geschichten glauben, die unsere bestehenden Vorurteile widerspiegeln, oder Menschen verteufeln, die wir nicht mögen. (Um Vorurteile wird es noch ausführlich gehen.) Dass wir für unsere Voreingenommenheit blind sind, macht uns anfällig für Fehler – selbst für solche, die uns möglicherweise umbringen, wenn wir unserem gesunden Menschenverstand überlassen, zu beurteilen, was »plausibel klingt«. Da sind wir ganz wie eine Armee, die angegriffen wird und deren Radar außer Gefecht gesetzt wurde. Wir wissen einfach nicht mehr, wovor wir uns schützen müssen.

Ein weiterer Ausfallmodus setzt ein, wenn wir nicht verstehen, wie wir sicherstellen können, dass unsere kollektiven und individuellen Werte in einem Entscheidungsfindungsprozess angemessen gegen das Fachwissen abgewogen werden, und wir darauf bestehen, dass die Fachleute sich aus der Wertediskussion heraushalten. Natürlich wollen wir, dass sich Wissenschaftler auch damit auseinandersetzen, wie ihre Forschungsergebnisse verwendet werden könnten und – wie im Falle der Atombombe – ob man sie überhaupt nutzen sollte. Tatsächlich hoffen wir sogar, dass eine gute wissenschaftliche Ausbildung zu solch ethischen Überlegungen ermutigt. Wir wollen nicht, dass Wissenschaftler an der Veränderung der menschlichen DNS arbeiten, daran, wie man Gedanken lesen kann, ohne sich der guten und schlechten Konsequenzen bewusst zu sein. Man könnte unser Ziel auch so formulieren, dass wir in der Lage sein wollen, die faktischen Erkenntnisse der Wissenschaftler isoliert von ihrem bestmöglichen Urteil über die auf dem Spiel stehenden Werte zu betrachten. Wir wollen schließlich, dass sie *Experten* für die Fakten sind und dann *Teilnehmende* an den Wertediskussionen. Ein Experte, dem Sie vertrauen können, sollte in der Lage sein, zwischen diesen beiden Rollen bei seinen Ratschlägen zu unterscheiden.

Diese drei Ausfallmodi sind selbstverständlich nicht die einzigen, das empfindliche Gleichgewicht zwischen Expertise, Werten und Autonomie kann auf alle erdenklichen Arten kippen. Als individuelle oder kollektive Entscheidungsträger gehört es zu unseren Aufgaben, diese Balance und den Prozess, der zu einer Entscheidung führt, immer im Blick zu haben. Interessanterweise spielt auch hier die Expertise eine Rolle. Insbesondere das Fachwissen, das für den (manchmal demokratischen) gesellschaftlichen Entscheidungsfindungsprozess notwendig ist, sowie die notwendige Expertise, um die gesellschaftlichen Folgen der vorgeschlagenen Maßnahmen zu untersuchen, sind oft für sich genommen eine andere Form des wissenschaftlichen Denkens: Ideen und Ergebnisse aus der Sozialwissenschaft können, wie wir im Folgenden sehen werden, bei der gemeinsamen Entscheidungsfindung ungemein hilfreich sein. Wir können die Art und Weise, wie wir als Gesellschaft Entscheidungen treffen, verbessern und dabei die Überlegungen und Präferenzen aller gebührend berücksichtigen.

Eine solche Expertise kann besonders wichtig sein, wenn es darum geht, Werte und Ziele zu erkennen, die wir bisher kaum in Betracht gezogen haben, die aber, wenn wir sie einmal benannt haben, für die Entscheidungsfindung von Vorteil – und notwendig – sind. Beispielsweise hat es sich als hilfreich erwiesen, die zeitlichen Dimensionen infrage zu stellen, in denen gesellschaftliche Maßnahmen sich auswirken werden, und wie viel Gewicht wir den unmittelbaren Interessen der gegenwärtigen Bevölkerung im Vergleich zur kommenden in 30 Jahren (oder sogar in 30 Generationen) zuschreiben.

Letztendlich sind all diese Entscheidungen – ob individuell oder gesellschaftlich – Wagnisse. Selten haben wir eine Garantie, die richtige Wahl getroffen zu haben. Auch dieser Aspekt der Entscheidungsfindung kann von wissenschaftlichen Denkansätzen profitieren, die wir in späteren Kapiteln näher ausführen werden, insbesondere von den Techniken des »Wahrscheinlichkeitsdenkens«. Was wir bisher beschrieben haben, basiert auch auf der Vorstellung, dass es eine einzige Realität gibt, die für alle gleich ist, und dass wir mit der Wissenschaft die Beschaffenheit der Dinge untersuchen können. Aber warum sollten wir annehmen, dass die Wissenschaft uns irgendetwas über eine Welt »da draußen« sagen kann, die für alle gleich ist? Warum sollten wir denken, dass die merkwürdige Welt, wie sie uns die Wissenschaft darstellt – mit ihren winzigen Teilchen und Kräften, fernen Galaxien, elektromagnetischer Strahlung, verborgenen Motiven und plötzlichen Veränderungen des Blutflusses im Gehirn –, wirklich ist, und zwar für uns alle? Wenn wir keine gemeinsame Welt haben, wird eine gemeinsame Entscheidungsfindung unmöglich. Und damit kommen wir auch schon zum nächsten großen Thema und Kapitel.

Kapitel 2

Instrumente und die Realität

Von parteilichen Auseinandersetzungen über wissenschaftliche Fragen haben wir alle schon einmal gehört. Beispielsweise neigen politisch rechts stehende Menschen in den USA stärker dazu zu glauben, dass der Klimawandel kein großes Risiko für den Menschen darstellt, während links orientierte Menschen eher von einer großen Gefahr durch die klimatischen Veränderungen ausgehen. Im rechten Lager glaubt man beispielsweise, dass es nicht zu mehr Verbrechen führt, wenn man die Vorschriften für den privaten Waffenbesitz lockert; unter Linken dagegen glaubt man an einen solchen Effekt.

Es ist nur natürlich, dass man zu dem Schluss kommt, die andere Seite habe einfach die wissenschaftliche Begründung dafür nicht verstanden, die eigene Seite dagegen schon; es sind die anderen, bei denen es hakt. Wenn es nur daran läge, könnten wir uns leicht einigen, indem wir dafür sorgten, dass alle ein besseres wissenschaftliches Verständnis bekommen. Allerdings hat man in der Sozialwissenschaft herausgefunden, dass es an beiden Enden des politischen Spektrums Menschen gibt, die über ein ausreichendes wissenschaftliches Verständnis verfügen, und dass sich politische Uneinigkeit kaum dadurch auflösen lässt, dass man den Beteiligten die »Fakten« präsentiert.

Wie wir später noch genauer beleuchten werden, stellen wir uns bei diesen hochaktuellen Fragen häufig nicht aufgrund der Belege, die wir kennen, auf eine Seite, sondern wegen unserer Identität. Besondere wissenschaftliche Verfahren können aber auch missbraucht werden, um Belege zu instrumentalisieren, also sie so zu präsentieren, dass sie der eigenen Überzeugung nutzen. Wenn Sie links sind und alle Ihre Freunde »Intelligent Design« für Humbug halten, dürfte es Sie sozial einiges kosten zu sagen, dass Sie es gar nicht so schlecht finden. Wenn man sich mit einem Thema auskennt, kann man die Belege so arrangieren, dass sie die bestehenden Überzeugungen der sozialen Gruppe bestätigen. Wenn Sie also links sind und alle Ihre Freunde finden, dass laxe Gesetze zum Waffenbesitz zu mehr Verbrechen und mehr Todesopfern führen, müssen Sie einen hohen Aufwand betreiben, wenn Sie die Idee verfolgen wollen, dass Waffenbesitz Verbrechen verhindert oder dass Waffengesetze nichts bringen. Wenn Sie rechts sind, liegt der Fall andersherum. Ihre Kenntnisse sind dann einfach nur ein Mittel, um die Ansichten der eigenen Gruppe zu bestätigen.

Vielleicht fragen Sie sich jetzt, ob das überhaupt ein Problem ist. Auf individueller Ebene werden Sie sozial erfolgreicher sein, sich untereinander besser verstehen und ein leichteres Leben haben, wenn Sie einfach nur die Meinungen der von Ihnen gewählten Gruppe wiedergeben. Wenn jeder von uns hübsch in der eigenen Kirche dem Gott seiner Wahl huldigt, wen kümmert es dann noch, was »richtig« ist? Und gibt es überhaupt eine Vorstellung davon, wie man es »richtig macht«, ohne der eigenen unmittelbaren Gemeinschaft einfach zuzustimmen und die Machtstrukturen zu respektieren, die das eigene Leben am Laufen halten? Besteht die Möglichkeit, dass es nicht die eine »Wahrheit« gibt, auf die wir uns trotz unserer parteilichen Loyalität alle einigen müssen?

Richtig, falsch und wissenschaftlicher Anspruch

Nur wenige von uns akzeptieren dieses Bild von der Wahrheit als etwas, das für verschiedene Menschen etwas Unterschiedliches sein kann. Auf welcher Seite Sie auch stehen, Sie werden immer das Gefühl haben, dass die anderen falschliegen; dass sie ernsthafte und vielleicht gefährliche Fehler machen. Dabei werden Meinungsverschiedenheiten bei Themen wie den Auswirkungen des Waffenbesitzes nicht gleich betrachtet wie Unterschiede im Musikgeschmack oder bei der Lieblingspizza.

Wenngleich manche Akademiker geisteswissenschaftlicher Fakultäten die Wissenschaft selbst nur als eine Machtstruktur unter vielen betrachten, sind die meisten Wissenschaftler genauso wie wir alle der Meinung, dass es bei den grundlegenden Fakten ein Richtig und Falsch gibt. Sie nehmen sogar an, dass der Zweck der Wissenschaft an sich darin besteht herauszufinden, was objektiv richtig oder falsch ist. In der Wissenschaft versucht man, die Welt, über die gesprochen wird, »da draußen« zu beschreiben, eine Welt, in der es ein Richtig und Falsch – Fakt und Fiktion – gibt, die unabhängig sind von den Machtstrukturen und von unseren Wünschen, was die Realität ausmacht.

Schauen wir uns zum Beispiel die Methoden an, die Wissenschaftler wirklich bei ihrer Arbeit anwenden. In den folgenden Kapiteln werden wir einige davon näher beleuchten (und in diesem Kapitel bereits ein berühmtes, aussagekräftiges Beispiel) und sehen, dass sie sich nicht mit der Vorstellung vereinen lassen, dass Wissenschaftler einen so lange drangsalieren wollen, bis man von etwas überzeugt ist. Tatsächlich agieren sie gemeinhin im Gegenteil keineswegs als mächtige Gruppe, die auf ihren Dogmen besteht. Vielmehr ergibt sich die Autorität der Wissenschaft aus einer konstanten Selbstbefragung. Wissenschaftler sehen es sogar oft als Voraussetzung an, dass es für jede Hypothese, die sie in Betracht ziehen, einen eindeutigen Weg gibt, um diese als falsch zu widerlegen. Gibt es keine solche Möglichkeit, eine Ansicht als falsch zu überführen, werden Wissenschaftler umso mehr daran zweifeln, dass diese Annahme richtig ist. Viele von Wissenschaftlern gefeierte Durchbrüche sind nur deshalb zustande gekommen, weil es jemandem gelang zu zeigen, dass eine von den führenden Experten eines Fachs akzeptierte Idee einfach nicht richtig sein konnte.

Ideen, die diesen Überprüfungsprozess bestehen, haben Gewicht. Allerdings nicht, weil jemand Mächtiges darauf bestanden hat. Es ist vielmehr das komplette Gegenteil eines Kults, der diejenigen mit Zorn oder Vergessen bestrafen würde, die ihre Überzeugung infrage stellen. In der Wissenschaft begrüßt man Fragen – was zeigt, dass Wissenschaft im Grunde genommen ein soziales Phänomen ist; aber eines, das die Wahrheit sucht, bei dem zusammengearbeitet wird, kein Zwang besteht. Und um immer wieder alles zu hinterfragen, braucht es, wie beim Großziehen eines Kindes, ein ganzes Dorf.

Hier sollten wir etwas einführen, das in diesem Buch immer wieder auftauchen wird. Die Konzepte, Prinzipien und Vorgehensweisen, die wir hier als unabdingbar für das Denken des dritten Jahrtausends beschreiben, sind die mühsam errungenen, aktuell besten Verfahren der Wissenschaft. Sie sind das, was die Wissenschaftler die ganze Zeit anstreben, verbessern oder aber tatsächlich schaffen umzusetzen. Aber Wissenschaft ist auch menschengemacht. Wir alle kennen Beispiele, bei denen Einzelpersonen oder Organisationen diese stetig besser werdenden aktuellen Standards nicht einhalten, oder sogar Fälle, in denen ein ganzes Teilgebiet der Wissenschaft versagt. Manchmal, weil die Methoden falsch verstanden wurden, manchmal aus niederen Beweggründen oder weil nach dem Motto »Der Zweck heiligt die Mittel« vorgegangen wird. Doch wenn Wissenschaftler über solche Beispiele sprechen, sind sie nicht stolz darauf und bezeichnen sie schnell offen als Fehlschläge. In diesem Buch möchten wir uns vor allem auf die sich stetig weiterentwickelnden *Ansprüche* des wissenschaftlichen Denkens fokussieren, die unsere besten sozialen Fähigkeiten hervorkehren. Nicht immer werden Wissenschaftler diesen Ansprüchen gerecht, aber wie wir festgestellt haben, kommt es zu größeren wissenschaftlichen Fortschritten, wenn sie es schaffen.

Doch auch wenn alles gut läuft und nach den besten Standards vorgegangen wird, gelingt es der Wissenschaft noch immer mehr schlecht als recht, die Realität »da draußen« einzufangen. Da draußen gibt es eine Wahrheit, aber die über Jahrhunderte von Menschen entwickelten Theorien und Modelle zur Wahrheitsfindung sind bestenfalls nicht mehr als eine Annäherung. Wir akzeptieren, dass unsere aktuellen Modelle nicht vollständig sind; im Allgemeinen sind sie höchstens grobe Richtlinien dafür, was man zu erwarten hat. Manchmal kommt es vor, dass wir mehrere verschiedene Modelle oder Theorien zu einem Thema haben, und wir verwenden dann diejenigen, die sich am besten für den jeweiligen Zweck eignen.

Mit der Zeit entwickeln wir unsere Theorien und Modelle weiter, damit sie der Wahrheit immer näher kommen. Wir können uns mittlerweile von vielen Dingen ein so genaues wissenschaftliches Bild machen, dass wir, wie wohl kaum betont werden muss, verblüffende Erfolge erzielt haben. Heute sind die Leute von den Grenzen der aktuellen Wissenschaft und Technik ebenso überrascht wie von ihren vielfältigen Erfolgen, die oft als selbstverständlich angesehen werden.

Schritte in Richtung gemeinsamer Realität

Die Frage ist jetzt natürlich, wie wir uns darauf einigen sollen, was »da draußen« in der Realität gilt, wenn beide Seiten ihre Belege so instrumentalisieren könnten, dass sie ihren vorgefassten Vorstellungen entsprechen. Wie kommen wir zu einem gemeinsamen Verständnis der Realität?

Vielleicht ist es unser Tastsinn, der uns am stärksten das Gefühl vermittelt, dass etwas real ist: Wenn man mit der Hand auf einen Tisch schlägt oder mit den Fingern darauf klopft oder wenn man im Dunkeln aus Versehen gegen den Tisch läuft, ist man ziemlich sicher, dass der Tisch da und real ist. Nehmen wir also an, dass der vielversprechendste Weg zu einer gemeinsamen Realität dadurch charakterisiert ist, dass wir Dinge berühren, fühlen, halten, anstupsen oder drücken und abwarten, was passiert. Dabei riskieren wir keine großen Konflikte, schließlich gibt es keine Grabenkämpfe darum, ob der Tisch da ist oder nicht.

Doch etwas physisch zu berühren, ist nicht der einzige Weg, ein Gefühl dafür zu bekommen, ob es wirklich ist. Die meisten von uns werden akzeptieren, dass etwas real ist, wenn es sich mit einem Stock anstupsen lässt. In ähnlicher Weise lassen wir es auch als Beweismaß gelten, etwas »mit unseren eigenen Augen zu sehen«, gestehen uns aber eine Brille zu, um es klarer zu erkennen. Vielleicht betrachten wir einen kleinen Käfer auch lieber durch eine Lupe, sind aber immer noch genauso fest davon überzeugt, dass wir mit der Realität in Verbindung stehen, wie wenn wir etwas direkt ohne Lupe anschauen.

Mit der Zeit sind wir besser und besser darin geworden, andere, ausgefeiltere Instrumente dazwischenzuschalten, die viel mehr können als unsere Brille oder eine Lupe, und trotzdem verlieren wir dadurch nicht das Gefühl, mit der Realität in Kontakt zu sein. Zu diesen Vermittlern gehören Instrumente, die wir als Smartphonebesitzer immer mit uns herumtragen. Wir können heute sogar Dinge »sehen«, was sich viel direkter und interaktiver anfühlt, die man vor zehn Jahren nur in hochmodernen Laboren zu Gesicht bekam – und die vor hundert Jahren noch keiner überhaupt gesehen hatte. Wir können sehr viel mehr mit dem »Erfahren der Realität« spielen als früher.

Nehmen wir als ein schönes Beispiel unseren Hörsinn. Es gibt eine App, die das Smartphone in einen Schallanalysator verwandelt, einen »Spektrografen«, der visuelle Eigenschaften von Tönen sichtbar macht, wenn man singt, pfeift, ein Instrument spielt oder ein Geräusch macht. Die folgende Abbildung führt vor, was solch eine App zeigen kann. Wenn man einen Ton pfeift, taucht eine Linie auf dem Bildschirm auf, pfeift man höher, steigt auch die Linie an. Das Interessante ist, dass beim Singen einer einzelnen Note auf dem Bildschirm etwas erscheint, das wie ein Akkord aus vielen verschiedenen Linien aussieht. Wenn man eine höhere Note singt, bewegen sich alle Linien gemeinsam nach oben. Es fühlt sich dann ziemlich überzeugend an, dass man beim Singen nicht nur einen einzigen Ton singt. Und man singt ja auch tatsächlich einen Akkord, der aus all diesen »Obertönen« besteht, wie die höheren Tonlagen heißen, die sich in die Tonlage, die man zu singen versucht, mischen.

Sie werden außerdem feststellen, dass Sie, wenn Sie unterschiedliche Vokaltöne singen, unterschiedlich viele dieser Obertonlinien erhalten. Wenn Sie zum Beispiel »ah« singen, haben Sie sehr viele Obertöne, bei »oh« sind es weniger, bei »ii« noch weniger. Wenn man eine Weile mit dieser App herumspielt, kommt einem das irgendwann wie die Realität des Klangs vor. Selbst wenn Sie die Theorie, die dem zugrunde liegt, nicht kennen, sehen Sie die Welt der Töne von nun an anders, weil Sie direkt damit gespielt haben. (Unser Gehör behandelt die gleichzeitigen, zusammenhängenden Töne – die Obertöne – wie eine Tonhöhe, jedoch mit unterschiedlichen »Klangfarben«, je nachdem, welche Mischung aus gleichzeitigen Tönen es aufnimmt. Das ist eine der Möglichkeiten, wie wir den Unterschied zwischen einer Geige, Flöte oder einer

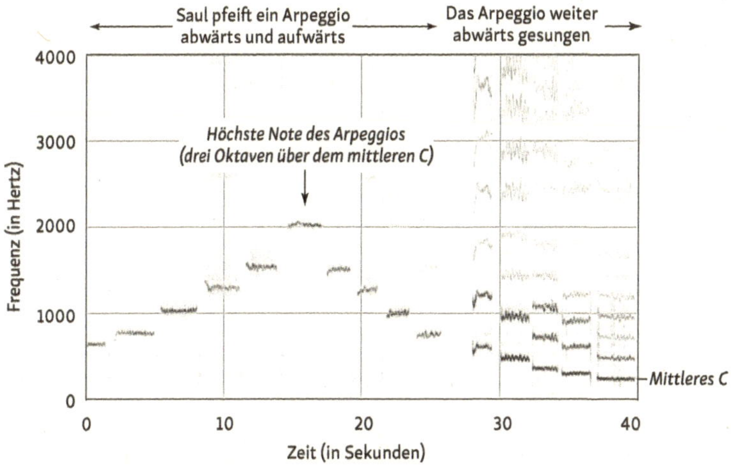

Tenorstimme feststellen können, die alle dieselbe Tonhöhe spielen oder singen. Auch ohne Spektrograf sehen Geigen, Flöten und Tenöre unterschiedlich aus!)

Nicht jedes Messinstrument verleiht uns dieses Gefühl, etwas über die Realität gelernt zu haben. Was einen Stuhl zu verschieben, auf den Tisch zu hauen oder in einen Spektrografen zu singen gemeinsam haben, ist das interaktive Entdecken oder »interactive exploration«, wie es der Wissenschaftsphilosoph Ian Hacking genannt hat. Damit ist gemeint, dass wir stärker davon überzeugt sind, dass etwas real ist, wenn wir erleben, dass es sich durch unser Handeln verändert. Stößt man zum Beispiel eine Billardkugel mit dem Queue an und bringt sie dadurch ins Rollen, beginnt man zu glauben, dass dieses runde Bild da tatsächlich ein hartes Objekt mit Gewicht in der physischen Welt ist. Das Spektrografenbild ist einen Schritt weiter von einer direkten Erfahrung entfernt, aber auch die App reagiert, wenn Sie damit herumspielen, und zeigt Ihnen eine Linie, die nach oben oder unten führt, je nachdem, wie hoch Sie pfeifen, oder zwei Linien, wenn zwei Personen gleichzeitig pfeifen. So beginnt man, etwas als wirklich anzusehen, wovon man vorher nichts wusste – zum Beispiel, dass die Klangfarbe Ihrer Stimme mehrere verschiedene, gleichzeitig erzeugte Tonhöhen widerspiegelt.

Wenn man darüber nachdenkt, wie der Realitätssinn durch interaktives Entdecken geschärft wird, ist es interessant (und, wie wir sehen werden, bezeichnend), ein paar Beispiele zu betrachten, bei denen Instrumente unsere Sinne verbessern, mit unterschiedlichen möglichen Interaktionsgraden. Schauen wir uns also noch ein paar weitere wissenschaftliche Beispiele an, bevor wir zu alltäglicheren übergehen.

Nach der Spielerei mit der Spektrografen-App passt ein Beispiel besonders gut, für das man keine Technik benötigt – nicht einmal ein Smartphone! Und so können Sie es zu Hause ausprobieren: Sie brauchen ein Fenster mit direktem Sonnenlicht und ein Stück Pappe mit Guckloch, um das Fenster damit so weit zu bedecken, dass nur noch ein einziger Sonnenstrahl hindurchscheint. Wenn Sie jetzt ein Prisma in den Sonnenstrahl halten, sehen Sie, wie sich das Sonnenlicht in einen Regenbogen aus Licht auffächert. Leuchtet man mit einer LED-Taschenlampe durch das Prisma hindurch, sieht man nur ein paar bunte Linien, nicht den ganzen Regenbogen an Farben, den der Sonnenstrahl erzeugt hat. Sollten Sie eine alte fluoreszierende Glühlampe oder eine Glühbirne zur Hand haben, mit der Sie durch das Prisma leuchten können, werden Sie wieder verschiedene Farblinien aus dem Prisma hervortreten sehen, aber auch hier nicht den ganzen Regenbogen. Obwohl wir all diese Arten von Licht als weißes Licht bezeichnen, scheinen sie über verschiedene Farbkomponenten zu verfügen. Was kann man daraus schließen, und erleben wir den Versuch mit dem Prisma als genauso interaktiv wie das Experimentieren mit einem Tonspektrografen?

Es gibt durchaus Parallelen. So wie der Spektrograf uns gezeigt hat, dass der gehörte Ton aus verschiedenen Tonhöhen besteht, die wir alle gleichzeitig hören, haben wir durch das Prisma erkannt, dass sich das weiße Licht, das wir für gewöhnlich sehen, aus verschiedenen Farben zusammensetzt. Und genau wie wir auf dem Spektrogramm gesehen haben, dass Pfeifen einen sauberen Klang mit nur einer Tonhöhe erzeugt, können wir auch sehen, dass das LED-Licht, das durch ein Prisma fällt, sich nicht in so viele Farben auffächert wie ein Sonnenstrahl. Wenn Sie mit unterschiedlichen Lichtquellen spielen, können Sie sich vielleicht davon überzeugen, dass das, was Ihre Augen nur als weißes Licht wahrnehmen, im Grunde ein »Akkord« aus vielen verschiedenen kombinierten Farben ist, genau wie die Tonhöhe, die Sie gesungen haben, sich letztendlich als eine Kombination vieler verschiedener Töne herausstellte. Und dann akzeptieren Sie vielleicht, dass Licht mehr ist als das, was wir allein mit unseren Augen sehen können.

Wenn Sie diese beiden Beispiele für interaktives Entdecken – Klänge und Licht – miteinander vergleichen, finden Sie es vielleicht besser, mit einem simplen Glasprisma zu arbeiten und nicht mit einer Handy-App. Ein Prisma ist ein physisches Objekt, etwas zum Anfassen. Ihr Verstand beginnt nicht zu überlegen, ob Sie vielleicht irgendetwas an der App nicht richtig verstanden haben oder ob Sie mit irgendwelchen versteckten Kniffen aufs Glatteis geführt werden. Sie sind ziemlich überzeugt davon, dass das Licht, das aus dem Prisma kommt, einfach eine Modifikation des Lichts ist, das ins Prisma eingefallen ist. Und da es sich bei solch einem Glasprisma um ein einfach gebautes Objekt handelt, sind Sie auch sicher, dass das, was aus dem Prisma austritt, nicht von einem schlauen Computerprogrammierer manipuliert wurde, sodass es das Gegenteil einer Repräsentation der Realität ist.

Doch vielleicht fühlt sich irgendetwas an diesem interaktiven Entdecken des Lichts mithilfe des Prismas nicht ganz so befriedigend an wie das Erkunden von Klang mit der Handy-App. Mit der Vielfalt von weißen Lichtquellen können wir nicht in der gleichen Weise herumspielen wie mit den Tonquellen. Könnten unsere Augen einfach Laserstrahlen abfeuern und darüber bestimmen, welche Farbe sie haben – so wie wir die Tonhöhen beim Singen eigenständig variieren können –, wäre unser Verstand dann stärker überzeugt von der Realität der Zusammensetzung von weißem Licht? Schlussendlich ist das der Unterschied zwischen interaktiverem und weniger interaktivem Entdecken der Realität.

Andererseits könnte es natürlich auch schlimmer kommen. Vergleichen wir diese Beispiele einmal mit der Frage, wie abgestanden die Luft in dem Raum ist, in dem wir gerade sitzen – und atmen. In den letzten Jahren haben wir gelernt, dass es sich dabei um eine wichtige Frage handelt. Je mehr Sauerstoff wir einatmen und Kohlendioxid ausstoßen, umso abgestandener ist die Luft, und es wird schwierig für das Gehirn, den Sauerstoff zu bekommen, den es zum Denken benötigt. Normalerweise ist das kein Problem, da es doch in einem einigermaßen großen Raum genug Luft gibt, in den die ganze Zeit über Sauerstoff hineinströmt. Befindet man sich jedoch mit vielen anderen Personen in einem Raum, in dem die Luft wenig zirkuliert – wie beispielsweise in einem Seminarraum an der Universität während einer einstündigen Sitzung –, kann sich der Kohlendioxidanteil aufbauen, während der Sauerstoffanteil zurückgeht. Es gibt Studien dazu, wie Menschen bei unterschiedlichen Kohlenstoffdioxidkonzentrationen in kognitiven Tests abschneiden.[1] Bei Werten von 800 und darunter geht es den Menschen gut, schlechter bei Werten um die 1000, und ganz schlecht sieht es aus, wenn die Konzentration bei 1200 liegt, also nahe an den Werten, die in einem schlecht belüfteten Seminarraum am Ende einer Stunde vorherrschen.

Heute kann man kleine Sensoren kaufen, die die Kohlenstoffdioxidkonzentration in der Luft messen (und darüber hinaus Temperatur und Feuchtigkeit anzeigen – es lohnt sich). Das CO_2-Messgerät ist nicht ganz so interaktiv wie andere Instrumente. Vielleicht gelingt es einem, den Messwert auf dem Display kurz in die Höhe zu treiben, wenn man eine Weile in den Sensor hineinatmet, aber das war es dann auch schon. Man kann nicht wirklich interaktiv mit dem Instrument herumspielen – und auch kaum sagen, worauf es reagiert, da wir keine andere Möglichkeit zur Überprüfung des Kohlenstoffdioxidgehalts haben –, so wie wir es mit dem Tonspektrografen tun und unterschiedliche Noten und Musikinstrumente erkennen können. Wenn ich Ihnen jetzt sage, dass nun mehr CO_2 im Raum ist als vorher und Ihr Gehirn deswegen jetzt schlechter funktioniert, können Sie das selbst kaum feststellen (und es wird natürlich nicht einfacher, je schlechter Ihr Verstand arbeitet).

Letztlich bekommt man nur schwer ein Gefühl dafür, »wie real« der Wert der CO_2-Konzentration ist. Wir glauben es einfach. Die Werte, die das Messgerät ausspuckt, haben uns wahrscheinlich Aliens aus dem All geschickt, und sie senden uns höhere Werte, wenn sie sehen, dass jemand direkt in den Sensor atmet. Na gut, so etwas Abstruses würden wir vielleicht nicht glauben, aber es sollte deutlich geworden sein, dass das CO_2-Messgerät nicht dieselbe unmittelbare Verbindung zur Realität hat, wie sie uns einige der zuvor erwähnten Instrumente ermöglichen.

Ein letztes Beispiel sollten wir uns noch ansehen, ein extrem einfaches Tool zur Sinneserweiterung, das alles andere als hightech ist: Stift und Papier. 1854 wütete in London die Cholera, und keiner konnte sich erklären, wodurch diese Epidemie verursacht wurde. Bis der Medizinier John Snow begann, die Choleratodesfälle auf einer Karte festzuhalten. Er markierte jeden Ort, an dem jemand der Krankheit zum Opfer gefallen war, mit einem Punkt. Diese Punkte lagen alle um dasselbe Gebiet herum verteilt, je weiter weg man von dem Brandherd ging, desto weniger Tote gab es. Snow stellte schließlich fest, dass es in diesem Gebiet einen Brunnen gab, aus dem Trinkwasser gepumpt wurde und der verunreinigt war. Auf Snows Geheiß hin wurde der Schwengel der Wasserpumpe entfernt, sodass man kein Wasser mehr nach oben befördern konnte, und die Choleratodesfälle gingen zurück.

Diese Geschichte ist ein weiteres Beispiel für die beschriebene interaktive Entdeckung unseres Wirklichkeitsverständnisses. Sie illustriert aber außerdem eine wissenschaftliche Methode ohne viel Technologie, mit der wir unsere Schwächen kompensieren können. Da wir nicht besonders gut darin sind, uns zu merken, an welchem Ort sich viele Ereignisse über die Zeit ereignen, haben auch die Londoner kein lokales Muster bei den Todesfällen erkannt. Aber mit Stift und Papier können wir Ereignisse festhalten und die Grenzen des menschlichen Gedächtnisses und die unzureichenden Fähigkeiten unseres Gehirns, sich viele Raumdaten vorzustellen, überwinden. Diese Tools versetzen uns in die Lage, etwas zu tun, das wir ohne sie nicht tun könnten und das uns die Realität nachspüren lässt.

Seit John Snow haben wir viele weitere Möglichkeiten erfunden, um unsere Sinne zu erweitern und unsere Grenzen zu überwinden, sodass wir einen besseren Zugang zur Realität bekommen. Und die Instrumente, die uns interaktiv mit Phänomenen spielen lassen, helfen uns dabei, ein besseres Gefühl dafür zu entwickeln, dass wissenschaftliche Konzepte und Namen nicht einfach aus der Luft gegriffen sind; sie fühlen sich greifbar und real an, wie auch immer wir sie nennen. Darüber, ob diese Dinge real sind, gibt es keine Diskussion.

Realität über die Sinne hinaus: Wie wir unsere Tools überprüfen

Alle Tiere, wie auch die Menschen, haben begrenzte Möglichkeiten, etwas über die Welt herauszufinden. Die Instrumente, die wir bisher beschrieben haben, gleichen unsere Schwächen bei der Wahrnehmung aus. Die grundlegendste dieser Schwächen ist, dass uns unsere Sinne nicht alles übermitteln, was geschieht. Daher brauchen wir Instrumente, die dieses Defizit wettmachen. Manche von uns tragen eine Brille. Um Dinge in großer Entfernung zu sehen wie ferne Galaxien oder Planeten, nutzen wir Teleskope; für etwas sehr Kleines wie Zellen Mikroskope. Viele von uns tun sich schwer damit, den Unterschied zwischen einem einzelnen Ton und einem Akkord zu hören, aber das beschriebene Tonanalyseprogramm ermöglicht es uns, komplexe Klänge in ihre Bestandteile zu zerlegen, wie es die wenigsten von uns ohne Unterstützung könnten. Tageslicht sehen wir normalerweise als undifferenziertes weißes Licht, und nur mithilfe des Prismas können wir seine Komplexität untersuchen und erkennen, dass es aus verschiedenfarbigen Strahlen besteht.

Aber die Akzeptanz dieser Hilfsmittel, die wir zur Analyse unserer Umgebung verwenden, ist hart erkämpft. Nehmen wir das Beispiel Elektrizität: Um elektrische Ströme zu messen, greifen wir auf unterschiedliche Messinstrumente zurück wie Voltmeter, Amperemeter und so weiter. Von diesen Geräten haben wir schon gehört, deswegen gehen wir davon aus, dass sie das tun, was auf der Verpackung versprochen wird. »Wenn da ›Voltmeter‹ steht, wird es wohl Volt messen«, sagen wir uns. Dabei vergessen wir gerne, dass die Existenz dieses Instruments eine große Errungenschaft ist. Denn woher weiß man, was solche Geräte genau messen, wenn Instrumente an sich die einzige Möglichkeit zu sein scheinen, herauszufinden, was los ist?

Schauen wir uns ein historisches Beispiel an: 1609 nutzte Galileo zum ersten Mal ein Teleskop. Als er es erstmals auf den Nachthimmel richtete, machte er grundlegende astronomische Beobachtungen, die er ohne das Teleskop nicht hätte machen können. Beispielsweise fand er heraus, dass die Monde Jupiters um den Planeten Jupiter kreisten. Es war nicht so, wie es die Bibel darstellte, dass sich alle Himmelskörper um die Erde drehten. Und so wurden Galileos Beobachtungen zum Stein des Anstoßes.

Seine Kritiker kamen schnell mit dem Argument, Galileo habe einzig und allein bewiesen, dass man, wenn man Linsen auf die richtige Art und Weise in einem Rohr zusammenbaute, seltsame Flecken vor sich sah. Das Teleskop habe keinerlei Aussagekraft über die Beschaffenheit von den Dingen »da draußen«.[2] Wie könnte man also argumentieren, dass sich mit dem Teleskop etwas über die Realität aussagen lässt?

Wie erwähnt, ist der wissenschaftliche Ansatz bei solchen Fragen ein ganz anderer als der machtbasierte, den zum Beispiel Kulte oder wie in diesem Fall Religionen anwenden. An dem historischen Beispiel lässt sich dieser Unterschied sehr gut verdeutlichen. Kulte und machtbasierte Religionen bestehen im Allgemeinen auf der von ihnen gefundenen Wahrheit und haben in der Geschichte oft versucht, eine Zustimmung zu erzwingen, und dabei auf Nötigung in irgendeiner Form gesetzt. Beispielsweise zeigte die katholische Kirche am 22. Juni 1633 Galileo die Folterinstrumente der Inquisition, um ihn dazu zu bringen, ihr beizupflichten, dass alle Himmelskörper sich um die Erde drehen.

Wissenschaftler hingegen setzen normalerweise nicht auf Nötigung, sondern beschäftigen sich gern mit Skeptizismus. Sie fragen sich, ob sie nicht am Ende doch vollkommen falschliegen. Sie verwenden kritisch und unpersönlich Techniken, um ihre Theorien anhand gut ausgearbeiteter Regeln zu überprüfen. Viele dieser Techniken schauen wir uns später in diesem Kapitel noch genauer an. Aber die Art der Fragen, mit denen sie festzustellen versuchen, ob eine bestimmte Beobachtung der Realität zutrifft oder nicht, hat man schon einmal gehört. Wie viele Beobachtungen gab es? Erhielten unterschiedliche Beobachter alle dieselben Ergebnisse? Wissen wir, wie die verwendeten Instrumente funktionieren? Haben wir Grund zu der Annahme, dass diese Instrumente die entsprechenden Phänomene erfassen können? Und so weiter.

Dass Galileo wiederholt dieselben Beobachtungen machte, war ein starker Hinweis darauf, dass sie zutrafen. Allerdings war es äußerst problematisch, anderen von den Ergebnissen zu berichten, da man für die ersten Teleskope Brillengläser verwendete, die einfach nicht hochwertig genug waren, um ein genaues, störungsfreies Sehen auf große Entfernungen zu gewährleisten. (Sehen wurde ohnehin als anfälliger für Täuschungen angesehen als der Tastsinn.) Also entwickelte Galileo Techniken, die weitaus eindringlichere und genauere Bilder hervorbrachten. Um dann aber die Menschen zu überzeugen, mussten genug dieser Instrumente zur Verfügung stehen. Dazu kam es dann auch irgendwann, sodass auch andere Forschende überprüfen konnten, was das Teleskop zeigte, indem sie zum Beispiel Objekte betrachteten, die nahe genug waren, um Veränderungen vorzunehmen, wie Kühe auf der Weide. Doch das sollte erst der Anfang sein, denn eigentlich ging es Galileo darum zu zeigen, dass Himmel und Erde, obwohl sie so verschieden erscheinen, mehr oder weniger die gleichen Dinge enthalten und von den gleichen mechanischen Prinzipien beherrscht werden. Jahrhundertelang war man davon ausgegangen, dass sich die Herrlichkeit des Himmels vom Glanz der Erde deutlich unterscheide. Galileos Erkenntnisse, dass zum Beispiel ein Trägheitsprinzip sowohl für die Himmelskörper als auch für die Erde gelten könnte, waren grundlegend für Newtons Suche nach einer einzigen Reihe von Gleichungen, die für jede Art von Materie bestimmend ist, ob himmlisch oder irdisch.

Auf unsere Kenntnisse zurückgreifen: Das Floß und die Pyramide

Es gibt nicht die eine »Wunderwaffe«, die Galileos Erkenntnisse allein untermauert, es handelt sich vielmehr um ein Netz an Überlegungen, die sich gegenseitig bestärken und die unabhängig voneinander überprüft werden können. (»Haben wir das mit der Brechung richtig verstanden?«, »Kommen verschiedene Beobachtende zu denselben Ergebnissen?« Und so weiter.) Hier gibt es zwei typische Bilder, um zu erklären, wie die Wissenschaft aufgebaut ist, das Floß und die Pyramide.

Als der Abenteurer und Ethnograf Thor Heyerdahl 1947 mit seinem Floß aus Balsaholz namens *Kon-Tiki* von Peru nach Polynesien aufbrach, dachte seine Crew, dass die Balsastämme sich während der Reise irgendwann mit Wasser vollsaugen würden, und nahmen Ersatzstämme mit. Sollte also einer der Stämme, aus denen das Floß bestand, sich mit Wasser vollsaugen und nicht mehr obenauf schwimmen, könnten sie ihn durch einen der mitgenommenen Stämme ersetzen. Natürlich war es nicht möglich, alle Stämme gleichzeitig auszutauschen. Würden sie zu viele Stämme auf einmal herausnehmen, würde das ganze Floß zusammenbrechen, und sie würden ertrinken.[3]

Dieses Bild vom Floß eignet sich hervorragend als Metapher für das Geflecht an Begründungen, die wir anführen, um zu beweisen, dass ein Instrument – wie das Teleskop – funktioniert und uns eben die Informationen, die wir von ihm erwarten, auch liefert. Stellen wir uns einmal vor, Sie glauben an gar nichts mehr. Sie akzeptieren nichts von dem, was man heute weiß, und versuchen alles, was wir wissen, von Grund auf zu rekonstruieren. Das bedeutet, alle Erkenntnisse über Bord zu werfen, wie man beispielsweise eine Krankheit mit Antibiotika heilt, oder ob Punkte bedeuten, dass jemand Masern hat, sowie das Wissen über die Bewegungsmuster am Nachthimmel, und dann alles, was wir glauben, von Grund auf herzuleiten; beispielsweise auch, welche Impfung bei welcher Krankheit wirkt. Das wäre, als ob wir alle Stämme unseres Floßes wegschmeißen würden, um mit dem Bauen ganz von vorne anzufangen: Uns würde nicht genug bleiben, um damit arbeiten zu können. Wir würden ertrinken. Was wir aber tun können, ist, jede Behauptung einzeln anzuschauen, den Rest dabei größtenteils stabil zu halten und auszusortieren und zu ersetzen, was unsere Prüfung nicht besteht. Mit unserem aktuellen medizinischen Wissen können wir zum Beispiel zurückblicken und prüfen, ob eine bestimmte Impfung wirklich gegen eine bestimmte Krankheit schützt. So könnten wir für jede medizinische Aussage, die wir glauben, vorgehen, den restlichen Kontext konstant halten, sie überprüfen und bewerten, ob sie zutrifft.

Eine Alternative zur Floßmetapher bietet das Bild der Pyramide. Hier stellen wir uns die Wissenschaft als Schichtsystem vor, wobei die höheren Schichten sich auf die darunterliegenden stützen; anders als beim Floß, bei dem wir nicht davon ausgehen, dass manche der Stämme wichtiger sind als andere. In der Pyramidenanalogie gibt es eine Basis von wissenschaftlichen Erkenntnissen, die den gesamten Rest stützt. Diese könnten wir nicht infrage stellen, ohne den ganzen Rest ins Wanken zu bringen.

Keins der Bilder ist hundertprozentig zufriedenstellend. Der Vergleich mit dem Floß transportiert allerdings besser die behutsame, skeptische, provisorische Herangehensweise der Wissenschaft, die heute überwiegend verfolgt wird. Es gibt keine Behauptung, die nicht infrage gestellt und vielleicht aussortiert oder ersetzt werden könnte. Doch dabei sollten wir im Hinterkopf behalten, dass unser Infragestellen »lokal« ist: Wir können die Begründung für die Behauptung nur hinterfragen und Antworten finden, solange wir andere Variablen stabil halten. Genau wie wir nur jeweils einen Stamm zur selben Zeit überprüfen und ersetzen können. Doch dafür erlaubt uns diese Herangehensweise, jede These infrage zu stellen, genau wie jeder einzelne Stamm überprüft und ersetzt werden kann.

Die Metapher vom Floß eignet sich auch, um einen weiteren wichtigen Punkt zu verdeutlichen. Jeder Aspekt unseres wissenschaftlichen Verständnisses, jeder Stamm des Floßes, erlangt seine Kraft nur dadurch, dass er sich auf all die anderen Elemente der Wissenschaft, mit denen er verbunden ist, verlässt. Wir vertrauen einem Teil der Wissenschaft, weil es viele andere Teile gibt, die ihn gemeinsam stützen. So führen wir mehrere unterschiedliche Beweise an, um einem anderen Beweis Glaubwürdigkeit zu verschaffen. Diese sogenannte Triangulation ist, wie wir noch sehen werden, unabdingbar, um die Wirklichkeit da draußen zu erfassen und weiter an einem gemeinsamen Bild der Realität zu arbeiten. Selbst in Situationen, in denen wir nicht denselben interaktiven Kontakt erleben, wie wenn wir mit der Faust auf den Tisch hauen (oder uns den Zeh daran stoßen!).

Wenn wir so also Instrumente verwenden, um beispielsweise etwas über die Bestandteile von gewöhnlichem Sonnenlicht herauszufinden, verlassen wir uns normalerweise nicht allein auf ein Ergebnis. Wie wir gerade gesehen haben, gibt es viele verschiedene Arten von Tools, und jedes kann auf viele verschiedene Arten verwendet werden. All diese Ergebnisse nutzen wir zur Triangulation des Phänomens, mit dem wir uns gerade beschäftigen.

Realitätsgestütztes Entscheiden ohne interaktives Entdecken

Was verrät uns das nun aber darüber, wie wir Entscheidungen angehen, besonders, wenn wir sie mit anderen gemeinsam treffen oder sogar als Gesellschaft insgesamt? Der wohl aufregendste Aspekt dabei ist, dass die praktischen Instrumente, die uns erlauben, mehr wahrzunehmen als mit unseren bloßen Sinnen, uns helfen, eine gemeinsame Realität da draußen in der Welt zu identifizieren. Haben wir erst einmal mit den Instrumenten herumgespielt und versucht, Schall, Licht oder Cholera zu ergründen, würden wir kaum etwas behaupten wie: »Na ja, vielleicht verhalten sich LED- und Sonnenlicht bei dir so, bei mir ist das anders.« Stattdessen vergleichen wir die Notizen und zeigen einander die Ergebnisse der Messungen, weil wir etwas gemeinsam verstehen wollen – vielleicht einen der Hauptverursacher von Cholera –, und idealerweise nutzen wir unser neues Wissen, um effektiv danach zu handeln, halten zum Beispiel Menschen davon ab, verschmutztes Wasser zu trinken.

Solche direkten, aber durch Instrumente unterstützten Interaktionen mit der Umwelt können uns ein ähnliches Vertrauen in unser grobes Wissen über die Welt vermitteln, wie zum Beispiel beim Durchqueren eines Zimmers zu vermeiden, einen stabilen, schweren Tisch umzurennen. Je mehr Erfahrung wir mit den besten interaktiven Beispielen haben, desto sicherer können wir sein, dass es möglich ist, wichtige Dinge über die Welt zu wissen, nach denen wir handeln können. Und dass wir als Einzelpersonen, Gruppen und Gesellschaften in diese Schlüsselelemente des Wissens vertrauen können, die uns effektiv bei der Problemlösung oder dem Nutzen von Möglichkeiten helfen und manchmal stärken.

Wir dürfen aber auch nicht die Fälle unerwähnt lassen, in denen wir bisher noch mit unserem Realitätssinn zu kämpfen haben. Gehen wir davon aus, dass unser engster Kontakt zur Wirklichkeit dann stattfindet, wenn wir den Input manipulieren und damit spielen können, um uns dann das Ergebnis anzuschauen. Manchmal müssen wir jedoch Entscheidungen unter Umständen treffen – als Einzelpersonen, Gruppen oder als Gesellschaft –, die uns insofern benachteiligen, als dass wir nicht mit dem Input spielen und den

Output betrachten können, was dazu führt, dass wir am Kontakt mit der Realität zweifeln. Dafür gibt es zahlreiche Beispiele. In der Medizin ist das System, mit dem man es zu tun hat – der menschliche Körper –, unglaublich komplex, und obwohl die Ärzte direkt damit interagieren können, besitzen sie nicht den Luxus, einfach etwas auszuprobieren. Außerdem sind einige der Variablen schwer erkennbar, wie zum Beispiel mikroskopische Bakterien. Ein ähnlich komplexes System ist vielleicht die Außenpolitik, bei der zu viel auf dem Spiel steht, als dass man einfach mal etwas ausprobieren würde. (Vermutlich kann man sagen, dass jedes System, in dem Menschen vorkommen, unzählige Variablen hat!)

Diese beiden Beispiele illustrieren außerdem einen weiteren Faktor, der ein interaktives Realitätsverstehen erschwert: Man hat keine zweite Chance, sondern nur einen Versuch. Als Kosmologe beschäftigt sich Saul mit Phänomen auf einer ganz anderen Zeitskala als diejenige, mit der wir vertraut sind. Wir kommen am besten damit zurecht, wenn die Reaktion scheinbar unmittelbar kommt, nehmen es aber gerade noch hin, wenn wir ein oder zwei Tage warten müssen, bis eine Antwort auf dem Bildschirm auftaucht. Sobald wir anfangen, über Dinge in einem Zeitraum von Jahren oder Jahrzehnten zu sprechen, geht das Gefühl der direkten Interaktion verloren – und das sind Zeitskalen, die wir selbst noch erleben werden. Geht es um Phänomene, die sich über Jahrhunderte oder gar Jahrtausende entwickeln, wird es schwer, sich vorzustellen, dass die Daten, die man sammelt, dabei helfen sollen, mit dieser Wirklichkeit in Kontakt zu kommen. Das heißt aber nicht, dass hier keine Form der Interaktivität möglich ist (wir werden uns gleich intensiver mit solchen Fällen auseinandersetzen). Nur kommt das Ergebnis nach dem Input mit so großer Verzögerung, dass unklar ist, ob es überhaupt noch als eine Folge des Inputs angesehen werden kann. Dieses Problem beeinträchtigt auch unsere Fähigkeit, beim Klimawandel zu Entscheidungen zu kommen.

Heute trifft jede Gesellschaft weltweit Entscheidungen, die die Entwicklung unseres Planeten sehr lange beeinflussen werden. Wir bekommen kein direktes Feedback zu den Konsequenzen dieser Entscheidungen. Wenn wir die CO_2-Emissionen senken, können wir nicht »warten und schauen, was passiert«, genau wie wir nicht warten und schauen können, was passiert, wenn wir sie nicht reduzieren. Es fühlt sich überhaupt nicht interaktiv an, das Ergebnis liegt zu weit in der Zukunft. Das ist sowohl für die Wissenschaft als auch für Politik und Regierungen ein Problem. Wenn es sich um so große Zeitspannen handelt, ist klar, dass viele andere Variablen sich ebenfalls ändern könnten, nicht nur diejenigen, die man verändert und reagieren sehen will.

Bei all diesen Beispielen gilt, dass es nicht etwa so ist, als gäbe es da draußen keine Realität. Aber es gibt eben sehr viele Gründe, warum sie für uns schwer zu fassen ist. Und das liefert einigen Spielraum für Diskussionen. Aber die Wissenschaft gibt nicht auf, sobald es schwierig wird. Stattdessen hat man weitere wissenschaftliche Instrumente und schlaue Experimente erdacht, die bei der »Triangulation« der Realität helfen sollen, damit wir mit Situationen umgehen können, in denen sich Interaktivität besonders schwierig gestaltet. Im Idealfall liefern sie Anknüpfungspunkte für ein gemeinsames Verständnis der Realität in diesen komplexeren Fällen. Wir können uns nicht einfach in die Ecke setzen und so tun, als ob es keine Rolle spielt, wenn zwei Personen oder Gruppen basierend auf gegensätzlichen Vorstellungen darüber, wie die Welt tatsächlich ist, handeln. Und wenn wir uns wirklich mit den Aspekten der Realität, die schwer zu fassen sind, beschäftigen wollen, dann müssen wir proaktiv auf Menschen mit einer anderen Auffassung von der Realität zugehen, damit sie uns dabei helfen, herauszufinden, was wirklich in der Welt vor sich geht. Denn es ist äußerst schwierig, allein zu ergründen, wo man sich geirrt haben könnte. Wie wir in Kapitel 10 näher beleuchten werden, können wir auch in sehr viel schwierigeren Kontexten versuchen, so interaktiv entdeckend wie möglich vorzugehen, indem wir auf Maßnahmen setzen, die experimentelle Ansätze mit ergebnisorientierten Verbesserungen kombinieren.

Indem wir Triangulation und interaktives Entdecken dazu verwenden, eine gemeinsame Realität zu etablieren, erfahren wir natürlich nicht nur etwas darüber, woraus die Welt besteht, sondern auch, was hier was beeinflusst. Im nächsten Kapitel werden wir uns stärker mit den kausalen Zusammenhängen befassen, die so wichtig für unsere Entscheidungen und unsere Planung sind.

Spielerischer Epilog

Beginnen wir mit einer lustigen Übung, die man gemeinsam mit einer anderen Person machen sollte, um festzustellen, ob es schon Überschneidungen zwischen den Auffassungen der Wirklichkeit von Ihnen beiden gibt. Machen Sie sich Gedanken zu jedem der Beschreibungen auf der Liste, und bitten Sie die andere Person, dasselbe zu tun. Bei welchen Beschreibungen sind Sie sich einigermaßen sicher, dass sie tatsächlich draußen in der Welt existieren, und bei welchen handelt es sich nur um einen imaginären Teil unserer inneren Geschichten?

Ein Objekt, das Sie vor sich sehen
Ein Objekt, das Sie durch eine Glasscheibe sehen
Ein Objekt, das Sie durch eine Lupe sehen
Ein Objekt, das Sie durch ein Mikroskop sehen
Bakterien, die Krankheiten verursachen
Ein Objekt, dessen Existenz man überprüft, indem man die gemessene Masse und Energie von Teilchen, die in einen Versuchsapparat eingetreten sind, mit der Masse und Energie der Teilchen vergleicht, die aus dem Gerät austreten
Zeitliche Dauer: »ein Fünf-Stunden-Zeitintervall«
Schwerkraft
Seele
Das Licht an sich, im Gegensatz zu Dingen, die von Licht angestrahlt werden
Hunger
Romantische Liebe
Schönheit
Wirtschaftliche Inflation
Eine Vorliebe für das Lied »Yesterday«
Altruismus
Inspiration

Uns gefällt dieses Gedankenspiel, weil es zeigt, wie schwierig Wissenschaft und Philosophie sein können – aber auch, wie viel Spaß sie machen können!

Kapitel 3

Was verursacht was?

Wissenschaft kann unser alltägliches Bild von der Welt verändern. Außer den augenscheinlichen Bestandteilen – Berge, Flüsse, Tische, Stühle, Menschen und Haustiere – gibt es, das wissen wir heute, ein großes Spektrum an wichtigen Phänomenen, die wir früher nicht beobachten konnten, wie biologische Zellen, grundlegende physikalische Teilchen und die langsame, aber unaufhaltsame Bewegung der Kontinentalplatten. Aber in der Wissenschaft geht es nicht nur darum, eine Liste der Elemente – und der Tiere, Pflanzen und Mineralien – zu erstellen, aus denen die materielle Wirklichkeit besteht. Es geht auch darum, herauszufinden, wie sie interagieren und sich gegenseitig beeinflussen.

Ursache und Wirkung sind der Griff und der Hebel, die wir betätigen, um die Welt zu verändern. Wenn wir von Ursache und Wirkung nichts wüssten, wären wir einfach nur Beobachter der Vorgänge, ohne fähig zu sein, darüber zu reflektieren, wie wir eingreifen, manipulieren oder etwas verändern können, um uns zu entwickeln und zu überleben. Beispielsweise, dass Steine scharf werden, wenn wir sie in kleine Teilchen brechen; oder dass Kinder aufhören zu weinen, wenn man sie in den Arm nimmt. Aber wie erfahren wir von diesen Griffen und Hebeln? Wie können wir auf der Welt nicht nur bloße Beobachter sein, sondern teilnehmen und sie formen?

Wir wollen uns nun mit den Problemen befassen, die die chaotische reale Welt uns in den Weg legt, wenn wir versuchen, herauszufinden, was durch was verursacht wird und welche wissenschaftlichen Methoden uns dabei helfen, dies zu umschiffen. Vermutlich haben einige von Ihnen schon einmal den Satz »Korrelation ist nicht Kausalität« gehört, vielleicht in der Schule oder in einem Philosophiekurs an der Uni. Aber wir sollten uns genauer anschauen, was wir mit dieser Unterscheidung meinen, denn erst dieses Verständnis lässt uns die Hebel entdecken, mit denen wir etwas in der Welt verändern können. Die Idee ist, dass wir alle auf derselben Wellenlänge sind. Wir einigen uns erst darauf, was der Auslöser wofür ist, und erklären dann anderen, wie wir zu diesem Schluss gekommen sind.

Korrelation und Kausalität

Stellen wir uns vor, Wissenschaftler führen eine Studie mit Probanden verschiedener Länder durch, um verhaltensbezogene Risikofaktoren für die Knochenerkrankung Osteoporose zu ermitteln. Sagen wir, sie finden heraus, dass diejenigen unter den Teilnehmenden, die mehr als zwei alkoholische Getränke pro Tag konsumieren, mit größerer Wahrscheinlichkeit an Osteoporose erkranken.[1] Als Sie von den Studienergebnissen hören, stellen Sie sich die unangenehme Frage, ob das heißt, dass jetzt auch *Sie* Ihren täglichen Alkoholkonsum herunterschrauben sollten. Darüber geben die Studienergebnisse tatsächlich keine klare Auskunft. Eine Möglichkeit für den Zusammenhang zwischen Alkoholkonsum und Osteoporose wäre, dass Menschen, die täglich mehr als zwei Drinks zu sich nehmen, sich auch generell weniger bewegen. Das könnte die Osteoporose verursacht haben. Wäre das der Fall, könnten Sie auch weiterhin so viel Alkohol trinken wie gewohnt, solange Sie jeden Tag ein paar flotte Geheinheiten einlegen und vielleicht ein bisschen Gewichte stemmen. Eine andere Möglichkeit wäre, dass der Alkohol an sich die Osteoporose verursacht hat. In diesem Fall müssten Sie, wenn Sie sich vor der Knochenkrankheit schützen wollen, Ihren Konsum herunterschrauben. Aber welche der beiden Möglichkeiten trifft nun zu? Und woher können wir das wissen?

Warum ist es so schwierig, die Ursache für etwas herauszufinden? Es beginnt mit der Feststellung, dass zwei Faktoren irgendwie zusammenhängen. Beispielsweise, dass Menschen, die mehr trinken, mit größerer Wahrscheinlichkeit Osteoporose bekommen. Nur leider gibt es sehr viele verschiedene kausale Strukturen, die diesen Zusammenhang erklären könnten. Wie zum Beispiel die folgenden:

Modell A: Kein beobachteter Zusammenhang

Modell B: Alkoholkonsum ist ein Faktor, der Osteoporose auslöst

Modell C: Osteoporose ist ein Faktor, der Alkoholkonsum auslöst

Modell D: Osteoporose und Alkoholkonsum entstehen durch Bewegungsmangel

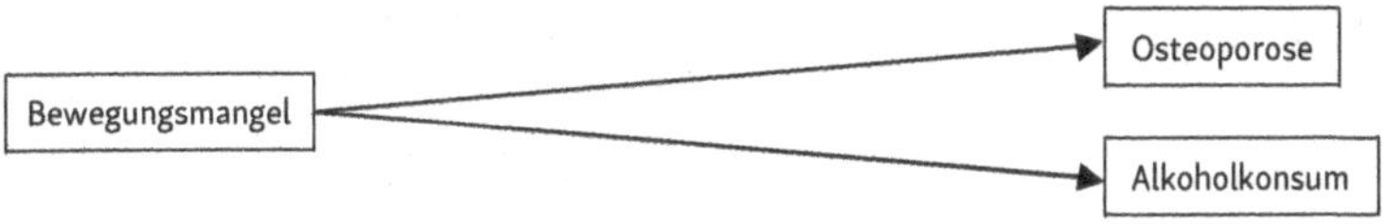

All diese Modelle stellen verschiedene kausale Muster dar, die den Zusammenhang zwischen Alkoholkonsum und Osteoporose erklären könnten. In Modell A, das unsere Daten bereits ausschließen, haben diese beiden Faktoren überhaupt nichts miteinander zu tun, oder die Korrelation ist so gering, dass man sie vernachlässigen kann. Aber die verbleibenden drei Modelle sind alles brauchbare Erklärungen, und wir wissen nicht, welche davon die richtige ist.

Modell B zeigt die Interpretation, die viele Menschen wählen, wenn sie auf eine Korrelation von Verhalten und Krankheit treffen. In diesem Modell erhöht Alkohol das Risiko für Osteoporose, und die Schlussfolgerung lautet, den Alkoholkonsum zu reduzieren, wenn man dieses Risiko verringern möchte. Es gibt natürlich viele Gründe, warum Sie von einem geringeren Alkoholkonsum profitieren könnten, aber wenn Sie Ihre Trinkgewohnheiten ansonsten für unproblematisch halten, wollen Sie vielleicht mehr Beweise, bevor Sie auf der Grundlage dieser Korrelation Ihren Konsum zurückschrauben.

Auch Modell C postuliert, dass die beobachtete Korrelation kausal ist, aber diesmal in entgegengesetzter Richtung. In unserem Beispiel wirkt es jetzt vielleicht etwas weit hergeholt, dass Osteoporose einen dazu bringt, mehr Alkohol zu trinken, aber unmöglich ist es nicht. Und würden wir in Modell C »Osteoporose« durch »Arbeitslosigkeit« ersetzen, könnte Variante C eine plausible Alternative zu Modell B sein. (Und vielleicht gibt es ja auch einen Zusammenhang zwischen Arbeitslosigkeit, Osteoporose und Alkoholkonsum.)

Im letzten Modell, Modell D, ist die beobachtete Korrelation nicht kausal oder zumindest nicht auf einen direkten kausalen Einfluss von Osteoporose auf Alkoholkonsum oder von Alkoholkonsum auf Osteoporose zurückzuführen. Die Korrelation entsteht hier durch eine dritte Variable (»Bewegungsmangel«). Trifft dieses Modell zu und Sie wollen noch immer Ihren Alkoholkonsum einschränken, sollten Sie jedoch nicht erwarten, dass damit auch Ihr Osteoporoserisiko sinkt. Effektiver für die Knochengesundheit wäre es, mehr Bewegung in Ihren Alltag zu integrieren. Was aber nicht heißen soll, dass die »gemeinsame Ursache« unbedingt der »Bewegungsmangel« sein muss – es gibt zahlreiche plausible andere Faktoren (Konservierungsstoffe in Lebensmitteln, Radon, Verschmutzung, Außerirdische), und möglicherweise braucht die Forschung Jahrzehnte, um die wichtigsten davon auszumachen.[2]

Wie kann man also herausfinden, welches Modell die Beziehung zwischen Alkohol und Osteoporose abbildet? In der Wissenschaft hat man sich mit dieser Frage ausführlich auseinandergesetzt. Dabei setzt allein die Frage voraus, dass die relevante Korrelation schon beobachtet worden sein muss. Dazu brauchen wir gute Messwerte für jede Variable, die es uns ermöglichen, mit statistischen Methoden festzustellen, ob sie korrelieren und ob der eine Faktor ansteigt, wenn es der andere tut, beziehungsweise zurückgeht, wenn das beim anderen Faktor der Fall ist.

Beispielsweise sind in den letzten 200 Jahren die Brotpreise in

England konstant gestiegen – das Gleiche gilt für den Meeresspiegel in Venedig.[3] Wir bezweifeln, dass viele Doktoranden ihre Karriere darauf aufbauen würden, diese Korrelation in ihrer Dissertation zu untersuchen – es erscheint einfach nicht sehr plausibel. (Auf die Bedeutung von »Plausibilität« werden wir später in diesem Kapitel noch genauer eingehen.) Es gibt viele Fälle, in denen zwei Faktoren sich miteinander verändern, und sich ein Netz aus kausalen Verbindungen vorzustellen, wie sie miteinander zusammenhängen, kann kreativ und lustig sein. Wenn man im Internet nach »Scheinkorrelation« sucht, findet man Dutzende Beispiele, wie zum Käsekonsum in den USA, der zwischen 2000 und 2009 beständig anstieg. Genauso ist laut einer Website auch die Anzahl von Menschen gestiegen, die daran starben, dass sie sich in ihren Bettlaken verhedderten.

Es wäre vielleicht theoretisch möglich, dass der Meeresspiegel in Venedig den Anstieg der Brotpreise in Großbritannien verursacht hat, wenn die italienische Stadt ein wichtiger Weizenexporteur für England wäre. Aber wir wissen, dass dem nicht so ist. Und mit viel Kopfzerbrechen kann man sich auch einen guten Grund ausmalen, warum die höheren Brotpreise den Wasserpegel in Venedig steigen lassen. Es gibt noch zwei weitere plausible Möglichkeiten. Eine lässt eher an Modell D denken, ein dritter Grund könnte hinter beiden Variablen stehen – vielleicht ein kontinentales Wettermuster. Aber es gibt auch eine andere Möglichkeit, nämlich dass die beobachtete Korrelation in unserem Datensatz einfach nur Zufall ist und wir sie in einer anderen Stichprobe wahrscheinlich nicht mehr vorfinden würden. Man könnte es auch so formulieren, dass unsere Stichprobe uns auf die falsche Fährte gelockt hat und Modell A vorliegt (kein Zusammenhang).

Um zu versuchen, diese Möglichkeit auszuschließen, verwenden Forschende statistische Methoden, um festzustellen, ob die beobachtete Korrelation in dem Datensatz größer ist als eine, die wir nur aufgrund von zufälligen Variationen jeder Variablen vorfinden würden. Das ist damit gemeint, wenn in der Wissenschaft von einem »statistisch signifikanten« Zusammenhang gesprochen wird; es geht nicht darum, dass es für unseren Alltag besonders »signifikant« wäre. Man versucht herauszufinden, ob hinter der Beziehung einfach *kein* Wirkungsgefüge steht – so wie bei dem Fall Brotpreise/Wasserstand beziehungsweise Modell A – oder ob es kausale Zusammenhänge gibt, die die Beziehung erklären, auch wenn es solche wie in den Modellen B, C oder D sein könnten.[4]

Alles klar, wie können wir also herausfinden, ob Alkoholkonsum tatsächlich zu den Verursachern von Osteoporose zählt? Und wie schränken wir die mögliche Anzahl an Kausalstrukturen ein, die die beobachtete Korrelation erklären könnten?

Es ist schwierig, herauszufinden, was was verursacht, aber eben auch unerlässlich, wenn wir möglichst wenig unerwünschte Ergebnisse erhalten wollen. Wie zum Beispiel beim Ausbruch eines Virus. In diesem Fall ist es sehr gut zu wissen, was da genau passiert und welche wissenschaftlichen Gesetzmäßigkeiten dahinterstehen; wie viele Infektionen es bisher gibt und dass wir in einem Jahr zehnmal so viele zu erwarten haben etc. Aber wir sind keine bloßen Beobachter, wir wollen wissen, was wir tun können. Werden durch das Tragen einer Maske die Infektionszahlen sinken? Kann unsere Ernährung die Auswirkungen des Virus auf uns beeinflussen? Hilft Social Distancing wirklich in irgendeiner Weise dabei, eine Verbreitung des Virus einzudämmen? All diese Fragen betreffen Ursache und Wirkung. Wenn Wissenschaft wirklich helfen soll, muss sie uns etwas mehr als nur ein buntes, detailreiches Bild der Erde und dessen, was wir als Beobachter erwarten können, liefern. Sie muss uns etwas über Ursache und Wirkung des Virus verraten und uns helfen, herauszufinden, *was wir tun sollen* – welchen Effekt unsere Handlungen in Bezug auf Ursache und Wirkung haben werden. Wenn uns die Wissenschaft nicht erklären könnte, was was verursacht, wäre sie irrelevant für jegliche praktische Entscheidungsfindung.

Experimentieren: Der »Goldstandard«, um auf Kausalität zu testen

Über die Jahrhunderte haben Wissenschaftler und Philosophen eine Reihe von Kriterien entdeckt, um unter kausalen Modellen dasjenige herauszufiltern, welches am besten die beobachteten Korrelationen erklären kann. In diesem Kapitel werden wir die wichtigsten davon aufführen, die angewandt werden. Aber fangen wir zunächst mit der bislang besten Methode an: *ein Experiment durchführen.*

Die Hauptfrage lautet ja, wie wir die *Ursachen* finden, wenn wir lediglich Korrelationen beobachten können, und die Ursachen etwas Unbeobachtetes sind, das hinter den Korrelationen steckt. Alles, was wir so je bekommen, sind nur mehr und mehr Korrelationen. Dieses Rätsel hat in der Geschichte bereits zu viel Skepsis hinsichtlich bestimmter Kausalverbindungen geführt. Heute gilt als einer der besten Wege, um etwas über die Ursachen herauszufinden, zu untersuchen, welche Korrelationen wir *unter den Bedingungen eines Experiments* beobachten.

In der Alltagssprache meint man mit Experiment: »Lass uns ein paar Sachen ausprobieren und schauen, was passiert.« Wir haben hier aber etwas Präziseres vor.[5] Für ein wissenschaftliches Experiment sind vor allem zwei Dinge wichtig: Erstens »probieren wir tatsächlich etwas aus«, um zu sehen, was passiert. Wir greifen in das Kausalsystem ein. Zweitens tun wir dies auf eine Weise, die es uns ermöglicht, alle Einflüsse außer den Variablen, die wir testen, auszuschließen.

Bevor wir jetzt weiter über die Logik der Intervention sprechen, schauen wir uns das wissenschaftliche Rezept an, um alle anderen Kausalfaktoren auszuschließen. Eine Zutat ist der Versuch, so viele Faktoren wie möglich zu *standardisieren* – wir wollen, dass sie sich nicht aufgrund irrelevanter Faktoren verändern. Wenn wir beispielsweise eine Lehrmethode auf ihre Effektivität testen wollen, wird versucht, für alle Teilnehmenden oder in jeder Einheit die Anweisungen möglichst gleich zu übermitteln (beispielsweise, indem man einen Stundenplan oder ein Skript austeilt). Außerdem versucht man, eine konsistente Messmethode für die Leistung der Teilnehmenden anzuwenden (indem man zum Beispiel dieselben Fragen stellt).

Zutat Nummer zwei ist eine *Kontrollgruppe*. Wenn wir zum Beispiel eine neue Lehrmethode testen, bestünde die Kontrollgruppe aus Schülern, die Anweisungen erhalten, welche sich nicht auf die neue Methode stützen; vielleicht auch gar keine Anweisungen oder traditionellere Methoden als die, die in der Studie überprüft wird. Wir können natürlich jemanden beobachten, der mit unserer neuen Lehrmethode unterrichtet wird, aber um zu wissen, ob sie einen Unterschied macht, müssen wir ermessen, wie es ihm ohne ergangen wäre. In der Philosophie und der Statistik spricht man hier von »Kontrafaktizität«.

Um die Kontrollgruppe und die »behandelte« Gruppe so ähnlich wie möglich zu gestalten, wollen wir, dass sie *matchen*. Beispielsweise könnten wir für jede 16-Jährige in unserer Behandlungsgruppe auch unserer Kontrollgruppe eine 16-Jährige zufügen. Mittlerweile sind derlei Matching-Methoden sehr ausgeklügelt, aber auch hier gibt es Grenzen. Denn damit werden nur die Matching-Variablen bereinigt – in diesem Fall das Geschlecht und Alter (aber keine anderen Unterschiede wie etwa der ökonomische Hintergrund, die Ernährung, Stress etc.).

Erst Anfang des 20. Jahrhunderts fanden Wissenschaftler (vor allem der Statistiker Ronald Fisher) einen Weg, alle Variablen zu berücksichtigen, nicht nur die bekannten. Die Lösung bestand darin, Menschen *zufällig zwei Gruppen zuzuordnen*. Statistisch gesehen ist es, wenn wir eine Münze werfen, um zu entscheiden, welche von 100 Personen zur Behandlungsgruppe und welche zur Kontrollgruppe gehören, wahrscheinlich, dass wir am Ende ungefähr die gleiche Anzahl von Frauen in jeder Gruppe haben, gleich viele 16-Jährige und – erstaunlicherweise – auch jede andere vorstellbare Variable. Selbst solche, von denen uns nicht einmal im Traum einfallen würde, sie zu standardisieren. Es dürfte ungefähr die gleiche Anzahl an Taylor-Swift-Fans in jeder Gruppe sein, dieselbe Anzahl von Personen mit dem Sternzeichen Waage, gleichviele Golffans und gleich viele Personen, die vor der Schule nicht gefrühstückt haben, und so weiter. Aus diesem Grund gelten Experimente mit zufälliger Zuteilung als »Goldstandard«.[6]

Nicht nur rumstehen, sondern etwas tun!

2002 erfuhr John aus dem Maschinenlernen etwas über die Beziehung von Interventionen und Ursache, das absolut bahnbrechend war. Als Philosoph hatte er lange an folgender Frage geknobelt: Physiker sprechen ja sehr gerne über Kausalität, der Mond verursacht die Gezeiten, die Kollision dieser beiden Partikel hat die Emission eines dritten verursacht und so weiter. Es wirkt also wahrscheinlich, dass Kausalität ein allesdurchdringender Faktor unserer Welt ist, sei es auf Partikelebene oder in der Astrophysik, wobei die Physik ja alles untersuchen will, was in der physischen Welt vorkommt. Und genau wie es Modelle und Gleichungssysteme gibt, die uns etwas über Masse verraten, über elektrische Ladungen, Quarks, seltsames Verhalten oder Charme, würde man auch die Existenz von Modellen und Gleichungssystemen erwarten, die uns etwas über Kausalbeziehungen erzählen. Aber John kam es nicht so vor, als würden Physiker Kausalbeziehungen auf diese Weise betrachten. Aber warum eigentlich nicht? Heißt das, dass Physiker schludern oder sich unverantwortlich verhalten, wenn sie behaupten, herausgefunden zu haben, was was verursacht, aber nicht explizit in ihren Modellen und Gleichungen die Kausalität aufzeigen? Wir haben Gleichungssysteme zu elektrischen Ladungen, warum gibt es keine, die das Netz an kausalen Beziehungen selbst abbilden?

Die neue, aus dem Maschinenlernen kommende Idee war, Kausalität, wie es der Informatiker Judea Pearl beschreibt, als »eine Zusammenfassung dessen, was unter Interventionen geschieht« zu bezeichnen. Anstatt Kausalität als eine mysteriöse Unbekannte anzusehen, die den von uns beobachteten Korrelationen zugrunde liegt, könnten wir kausale Fakten als etwas betrachten, das damit zu tun hat, was miteinander korreliert, wenn wir in ein System eingreifen. Die Rätselhaftigkeit von Kausalität war in der Wissenschaftsphilosophie jahrhundertelang ein Mysterium gewesen, doch plötzlich schien klar zu sein, dass es eine einfache Möglichkeit gab, über Kausalität nachzudenken: Es geht lediglich um die Korrelationen, die wir beobachten, wenn wir in ein System eingreifen.

Stellen wir uns ein komplexes System mit vielen interagierenden Elementen vor – den menschlichen Körper, die Wirtschaft eines Landes, eine Rechnerschaltung –, von dem wir wissen wollen, wie es funktioniert. Das erste Diagramm in der Abbildung zeigt ein solches System, dessen Grenze durch die Linie außen repräsentiert wird. Die Buchstaben stehen für die unzähligen Teile des Systems, ein kompliziertes Gewirr an Variablen, von denen wir nicht wissen, wie sie überhaupt miteinander zusammenhängen. Dann stellen wir, wie im zweiten »Ei« dargestellt, fest, dass es eine Korrelation zwischen den beiden Variablen X und Y gibt. Um es konkreter zu machen, können wir uns vorstellen, dass wir viele Variablen aus dem Bereich Gesundheit messen und eine Korrelation zwischen Magnesium und Herzgesundheit feststellen: Ein höherer Magnesiumwert steht in Zusammenhang mit einem gesunden Herzen.

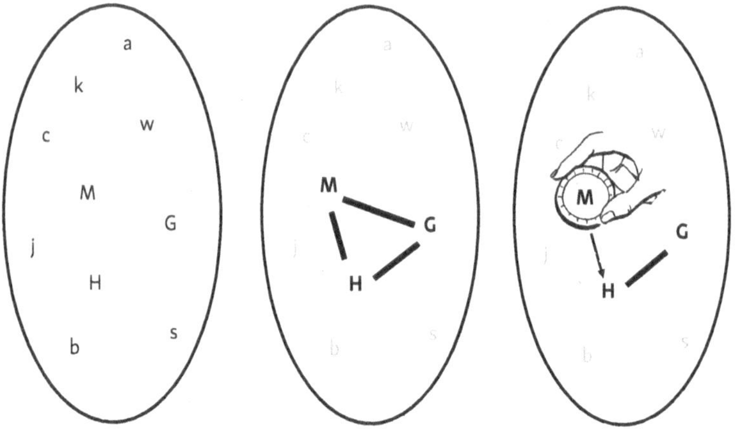

Ein System an Variablen | Einige der im System beobachteten Korrelationen | Intervention, um in das System einzugreifen

M = Magnesium, G = Genetik, H = Herzgesundheit

Jetzt fragen wir uns natürlich: Schützt Magnesium wirklich vor Herzerkrankungen? Oder erklärt etwas anderes diese Korrelation? Beispielsweise, dass sowohl die hohen Magnesiumwerte als auch das gesunde Herz von einer genetischen Prädisposition abhängen (Variable »G«).

In dem von uns untersuchten System gibt es für die Genetik, den Magnesiumwert und die Herzgesundheit jeweils sehr unterschiedliche Ursachen und verschiedenste Konsequenzen, weshalb es schwierig ist, die Kausalrichtung zu bestimmen. Dabei kann eine Intervention helfen. Zu »intervenieren« bedeutet hier, von außen in das System einzugreifen, es zu unterbrechen und zu schauen, was passiert. Beispielsweise sagen wir einer Gruppe, dass sie noch mehr Magnesium zu sich nehmen soll, die andere lassen wir ihr übliches Essverhalten fortsetzen. Dadurch unterbrechen wir das normale Muster an Faktoren, die die Magnesiumwerte beeinflussen, zum Beispiel genetische Ursachen; ab jetzt wird der Magnesiumspiegel *durch den Experimentator* verursacht. Das heißt für das dritte Diagramm: Wenn wir jetzt eine Korrelation zwischen Magnesium und Gesundheit vorfinden, können wir sicher sein, dass die Wirkrichtung von M zu H ist.

Und wir können bei allen relevanten Variablen eingreifen. Wenn wir den Magnesiumkonsum verändern, während wir alles andere konstant halten, finden wir heraus, ob er einen *kausalen Einfluss* hat. Man könnte jedoch auch fragen, ob eine gute Gesundheit unseren Magnesiumspiegel hebt. Wenn dem so wäre, könnten wir intervenieren, indem wir die Hälfte der Gruppe irgendwie gesunder machten (zum Beispiel, indem wir sie mehr Sport treiben ließen), und schauen, ob das ihre Magnesiumwerte ansteigen lässt.

So gesehen ist ein *Experiment* also, von außen in das System, das einen interessiert, einzugreifen und zu schauen, was passiert. Stellen Sie sich zum Beispiel vor, Sie schauen sich die Nadel auf einem Barometer an und fragen sich, ob die Position der Nadel das Wetter *verursacht*. Wie würde man das herausfinden? Sie würden das Barometer öffnen und die Nadel mit dem Finger bewegen, sie in irgendeine Richtung drücken. Würde sich das Wetter verändern, wenn Sie an der Nadel manipulieren, dann würde die Position der Nadel tatsächlich das Wetter verursachen. Wenn nicht, dann hat die Nadel keinen Einfluss darauf, sondern ist einfach ein Anzeichen für einen anderen Faktor, wie den Luftdruck, der das Wetter verursacht – und vermutlich auch die Position der Nadel auf dem Barometer.

Ein anderes Beispiel: Wenn man sich einen komplizierten elektrischen Schaltkreis anschaut und überlegt, wie er funktioniert, kann man auch von außen an das System herantreten und mit einer elektrischen Sonde einen Teil des Systems zum Laufen bringen. Wenn noch etwas anderes dabei anspringt, kann man daraus schließen, dass das eine das andere verursacht.

Bradford-Hill-Kriterien

Es gibt jedoch viele Fälle, in denen Experimente aus praktischen, finanziellen oder ethischen Gründen schwer oder unmöglich durchzuführen sind. Beispielsweise hat man im Zentrum jeder bisher beobachteten großen Galaxie ein riesiges schwarzes Loch gefunden, ein sogenanntes »supermassereiches schwarzes Loch«. Seine Masse kann das Millionen- bis Milliardenfache der Sonnenmasse betragen. Astrophysiker haben eine Korrelation zwischen der Masse eines solchen zentralen supermassereichen schwarzen Loches und der gesamten Sternenmasse ihrer Muttergalaxie festgestellt. Bestimmt also die Masse des schwarzen Loches die Masse seiner Muttergalaxie? Oder verursacht die Masse der Muttergalaxie die Masse des schwarzen Loches in ihrem Zentrum? Oder gibt es einen gemeinsamen Grund, der beide auslöst? Um es vorsichtig auszudrücken, wird es noch eine Weile dauern, bis wir die Masse von Schwarzen Löchern oder Galaxien werden manipulieren können, um herauszufinden, was was verursacht. Ein anderes Beispiel kommt aus der Geologie, wo man ergründen will, was bei der Entstehung der Berge zu was geführt hat. Aber wir können nicht in das eingreifen, was vor Millionen Jahren geschehen ist. Gibt es trotzdem Möglichkeiten, herauszufinden, was hier was verursacht?

Oder schauen wir uns vielleicht ein etwas alltäglicheres Beispiel an. Wie Krebs entsteht, ist deshalb so schwer herauszufinden, weil (unter anderem) zwischen Ursache und Wirkung so viele Jahre liegen können. Es lässt sich kaum feststellen, welchen krebserregenden Einflüssen jemand in der Vergangenheit ausgesetzt war. Heute finden Wissenschaftler so oft neue krebserregende Umweltfaktoren, dass man manchmal das Gefühl hat, auf jedem Produkt klebt mittlerweile ein Warnhinweis: Möglicherweise krebserregend. Aber irgendwo muss ja die Entdeckung von Ursachen für Krebs angefangen haben. Der Erste, der einen Krebs auslösenden Umweltfaktor fand, war 1775 der englische Chirurg Percivall Pott. Er stellte eine Korrelation zwischen Rußbelastung und Hodenkrebs fest, der bei Schornsteinfegern besonders häufig auftrat. Wie wir gesehen haben, bedeutet Korrelation nicht automatisch Kausalität, aber wie lässt sich hier ein aussagekräftiges Experiment durchführen, um herauszufinden, was was verursacht? Für eine randomisierte kontrollierte Studie müsste man die Teilnehmenden in zwei Gruppen teilen und dann zufällig eine der Gruppen auswählen, um sie sehr viel Ruß auszusetzen. Die anderen würden weiter reine Luft atmen. Dann würde man schauen, ob es Unterschiede beim Hodenkrebsvorkommen der Gruppen gäbe. Die ethischen Gründe, warum ein solches Experiment niemals durchgeführt werden sollte, sind offensichtlich. Es ist schon traurig genug, dass es in der Geschichte vergleichbare Beispiele gegeben hat.[7]

Pott ging die Sache anders an. Die Korrelation von Rußbelastung und dieser Form von Krebs war sehr auffällig. Soweit Pott wusste, waren Schornsteinfeger nicht nur die einzigen Betroffenen, sondern auch die Einzigen, die jeden Tag einer hohen Belastung mit Ruß ausgesetzt waren. (Selbst noch in den 1920ern lag die Zahl der an Hodenkrebs verstorbenen Schornsteinfeger zweihundertmal höher als die der Arbeiter, die nicht in besonderem Maß mit dem Teer oder den Mineralölen im Ruß in Kontakt gekommen waren.) Bestand hier also eine Kausalität? Pott kam zu dem Schluss, dass die Stärke der Korrelation berücksichtigt werden musste.

Könnte vielleicht ein dritter Faktor außer der Rußbelastung diese extreme Häufung von Hodenkrebs bei Schornsteinfegern erklären (vielleicht aßen ja alle Schornsteinfeger dasselbe traditionelle Schornsteinfeger-Frühstück)? Aber Pott argumentierte, dass es bei den Schornsteinfegern keinen anderen besonderen Faktor außer der Rußbelastung gab, der diesen enormen Unterschied bei den Krebsraten erklären würde.

1965 veröffentlichte der renommierte Epidemiologie und Statistiker Austin Bradford Hill, der auch daran beteiligt gewesen war, den Zusammenhang zwischen Tabakkonsum und Krebs zu beweisen, eine berühmte Publikation zur Problematik, kausale Verbindungen zu finden, wenn man kein aussagekräftiges Experiment durchführen kann.[8] Er schrieb, unter anderem basierend auf Potts Analysen, dass man, wenn man eine *starke* Korrelation zweier Faktoren vorfindet, besser argumentieren könne, dass der eine Faktor den anderen auslöst. Besonders in Fällen wie der Häufung von Hodenkrebs bei Schornsteinfegern, wo kaum ein dritter möglicher Faktor gefunden werden kann.

Hill führte außerdem noch die sogenannte *Folgerichtigkeit* an: Ist die Korrelation in vielen verschiedenen Kontexten zu finden? Man könnte zum Beispiel prüfen, ob es auch in anderen Ländern zu einer großen Korrelation von Rußbelastung und Hodenkrebs kommt. Gibt es ähnliche Werte bei Schornsteinfegern in Polen? Aserbaidschan? Australien? Wenn man in verschiedenen Kontexten übereinstimmende Beobachtungen vorfindet, erhöht das die Wahrscheinlichkeit, dass eine kausale Beziehung vorliegt. Die Folgerichtigkeit schlägt in dieselbe Kerbe wie die Randomisierung. Man erkennt eine Beziehung in vielen verschiedenen Kontexten, in denen die anderen Faktoren, die für die Krankheit relevant sein könnten, vermischt sind.

Ein weiteres Bradford-Hill-Kriterium ist *Zeitlichkeit.* Wir wissen, dass die Wirkung zeitlich auf die Ursache folgt. Wenn man zwei Variablen hat, kann diejenige, die zeitlich zuerst eintritt, nicht die Wirkung sein. Wenn also die vermutete Ursache vor der beobachteten Wirkung eintritt, bedeutet das, dass es sich dabei um die ursprüngliche Ursache handelt. Man kann die Möglichkeit verwerfen, dass die Wirkungsrichtung andersherum ist. Mithilfe dieses Zeitlichkeitskriteriums konnte Pott die Möglichkeit ausschließen, dass die deutliche Korrelation zwischen Rußbelastung und Hodenkrebs dadurch bedingt war, dass der Krebs irgendwie die Rußbelastung auslöste – oder dazu führte, dass Menschen Schornsteinfeger wurden.

Nicht nur die Stärke der Korrelation oder deren Beobachtung in verschiedenen Kontexten kann uns zur Ursache leiten, sondern auch die Frage nach dem *biologischen Gradienten,* also ob es eine Dosis-Wirkungs-Beziehung zwischen den Faktoren gibt. Wenn die Wahrscheinlichkeit, als Schornsteinfeger Hodenkrebs zu bekommen, mit der Menge der Rußbelastung steigt, spricht das dafür, dass die Belastung den Krebs verursacht. Oder wenn das Risiko, an Lungenkrebs zu erkranken, mit der Anzahl der gerauchten Zigaretten steigt, ist das ein deutlicher Hinweis darauf, dass Rauchen Krebs verursacht. Wenn das eine das andere auslöst, würde eine stärkere Exposition zu einem gehäuften Auftreten führen.

Das nächste Bradford-Hill-Kriterium ist das der *Plausibilität.* Kennen wir einen Mechanismus, bei dem A einen Einfluss auf B haben könnte? Oder würde das nicht zu unserem derzeitigen Wissensstand passen? Wenn einem ein plausibler Mechanismus einfällt, wie die vermutete Ursache die jeweilige Wirkung haben könnte – wenn man also eine Möglichkeit sieht, dass Ruß Hodenkrebs verursacht –, spricht auch das für die Beziehung.

Wir haben jetzt immer wieder dasselbe Beispiel mit den Schornsteinfegern gebracht, aber natürlich lassen sich die Strategien, um herauszufinden, was was verursacht, auf viele Fälle anwenden. Bei der Frage, ob Rauchen Krebs verursacht, ließen sich zum Beispiel aus ethischen Gründen zwar keine Experimente durchführen, wohl aber die Bradford-Hill-Kriterien anlegen. Und im Grunde waren es diese Ideen, die bei den meisten Menschen die Überzeugung bewirkt haben, dass Rauchen krebserregend ist. Wenn wir also eine starke Korrelation zwischen Rauchen und Krebs vorfinden, sich diese Korrelation in vielen verschiedenen Kontexten zeigt und eine Dosis-Wirkungs-Kurve vorliegt (je mehr Zigaretten man raucht, desto höher ist die Gefahr, an Krebs zu erkranken), und wenn wir einen biologischen Mechanismus kennen, der erklären könnte, wie das eine das andere verursacht, dann können wir uns selbst, ohne zu experimentieren, ziemlich sicher sein, dass Rauchen Krebs verursacht.

Diese für den Alltagsgebrauch entwickelten Kriterien helfen uns aber auch bei dem erwähnten astrophysischen Beispiel. Nehmen wir an, es gäbe irgendeinen Weg, um festzustellen, dass viele supermassereiche schwarze Löcher *nach* ihrer Muttergalaxie entstanden. Dann würde die Wahrscheinlichkeit deutlich sinken, dass die Existenz der supermassereichen Schwarzen Löcher verantwortlich für die Masse der Galaxie ist.

Hill nannte noch weitere Kriterien. Bisher haben wir die *Stärke* einer Korrelation erwähnt; die *Folgerichtigkeit*, also übereinstimmende Beobachtungen in verschiedenen Kontexten; das Vorhandensein einer *Dosis-Wirkungs-Beziehung* zwischen der kausalen Variable und dem Ergebnis; sowie die *Zeitlichkeit* und *Plausibilität*. Kommen wir zur letzten Möglichkeit, den *Analogien*, die wir manchmal aus einem anderen Zusammenhang heranziehen können. Wenn wir zum Beispiel wissen, dass Rußbelastung Krebs verursachen kann, und wir uns fragen, ob Tabakrauchen krebserregend ist, könnte eine dies unterstützende Argumentationslinie sein, Übereinstimmungen zwischen den Auswirkungen von Ruß auf den Körper und denen von Tabakrauch zu finden.

Hill hatte seine Kriterien eigentlich nur als provisorische, grobe Ideen gedacht, die man in unserer so schwer zu durchringenden Welt verwenden könnte, um Kausalzusammenhänge aufzuspüren. Und doch sind sie heute allgemein anerkannt und werden häufig von ganz unterschiedlichen Wissenschaftsbereichen als Beweis für kausale Theorien angeführt.[9]

Singuläre und allgemeine Kausalität

Bisher haben wir in diesem Kapitel über etwas, was wir allgemeine Kausalität nennen könnten, gesprochen. Dinge wie: »Rauchen verursacht Krebs« oder »Liebe bedeutet Schmerz«, also Beziehungen zwischen *allgemeinen* Merkmalen wie zum Beispiel dem *Rauchen* und *Krebs*. Genau solche Zusammenhänge wollen randomisierte kontrollierte Studien und all die anderen Techniken, die wir uns angeschaut haben, bestimmen.

Aber stellen wir uns eine große Ölkatastrophe im Golf von Mexiko vor, deren Ursache wir finden wollen. Dabei handelt es sich um eine praktisch gesehen sehr wichtige Frage. Wenn eine Entschädigung gezahlt und jemand bestimmt werden soll, der den Schaden wiedergutmacht, müssen wir wissen, wie es zum Austreten von Öl kam. Sagen wir, dass es eine Hauptursache für das Austreten gab, die etwas mit einem Riss in einem Betondamm unter Wasser zu tun hat. Hier liegen zwei spezifische Vorkommnisse vor: der kaputte Damm und das Austreten des Öls. Das eine verursacht das andere.

Aber es ist keine Frage der generellen Ursächlichkeit. Es geht nicht um die Beziehung von zwei *Arten* von Dingen. Es ist nicht generell so, dass Risse in Betondämmen Ölkatastrophen verursachen. Es gibt zahlreiche andere Fälle, in denen Betondämme nachgegeben haben und danach kein Öl irgendwo austrat. Oder nehmen wir ein anderes, etwas tragischeres Beispiel: Wenn jemand einen Autounfall hat und sich sein Gurt so um seinen Hals zieht, dass er erstickt. Man würde jetzt sagen: Der Gurt war die Todesursache. Aber man kann eben nicht generell behaupten, dass Sitzgurte Menschen töten, ganz im Gegenteil, sie retten Leben.

In diesen Fällen ist klar, wie man die Kausalität identifizieren könnte. Vielleicht schaut man sich an, woher die Ölpartikel an der Wasseroberfläche des Golfes kommen. Man folgt ihnen zu ihrem Ursprung und kann so die Ursache des austretenden Öls festmachen. Wenn man den Partikeln vom Leck in der Betonbarriere bis zur Wasseroberfläche folgen kann, hat man den Ursprung entdeckt, den Riss im Beton. Dafür sind zwar wissenschaftliche Nachfragen notwendig, aber diese unterscheiden sich stark von randomisierten kontrollierten Studien. Wir stellen eine andere Art von Fragen, wenn wir die konkrete Ursache für ein individuelles Ereignis suchen.

Warum ist diese Unterscheidung in die singuläre und allgemeine Ursächlichkeit wichtig? Da es bei beiden um kausale Zusammenhänge geht, kann man schnell verwechseln, welche Beziehung man für einen bestimmten Zweck herstellen will. Beispielsweise könnte es schnell zu dem Einwand kommen, wonach ein Unternehmen, das ein gefährliches Produkt (wie Zigaretten) produziert, nicht für die Folgen verantwortlich gemacht werden sollte, weil nicht bewiesen werden kann, dass irgendeine Folge (wie Krebs) explizit durch den Konsum des Produkts hervorgerufen wurde. Das ist zwar das korrekte Verständnis von singulärer Ursächlichkeit, würde aber nicht auf die allgemeine Ursächlichkeit zutreffen. Es ist spannend, darüber nachzudenken, wie unsere Gesellschaft auf diese verschiedenen Arten von Kausalbehauptungen reagiert. Normalerweise erwarten wir, dass Vorschriften erlassen werden, um unverantwortliche Handlungen zu verhindern, die durch allgemeine Kausalität Schaden verursachen (beispielsweise eine fehlkonstruierte Lampe, durch die viele Menschen zu Schaden kommen). Aber es ist auch möglich, dass Menschen für unverantwortliches Verhalten verklagt (und schuldig gesprochen) werden, wenn durch singuläre Ursächlichkeit ein Schaden entsteht (wie eine falsch installierte Lampe, die jemandem auf den Kopf fällt), und tatsächlich gibt es eine ganze Reihe von Rechtsmechanismen, die sowohl singuläre als auch allgemeine Verursachung abdecken.

Kausalität mit Vorsicht genießen

Wenn wir feststellen können, was was verursacht, haben wir die Möglichkeit, die Welt zu verändern – im Idealfall zum Besseren. Wir können Krankheiten behandeln, Hungersnöte bekämpfen und unsere Kinder zur Schule schicken. Aber ein roter Faden, der sich durch dieses Buch zieht – oder vielleicht *der* rote Faden? –, ist, dass wir immer darauf achten müssen, dass das Ganze nicht kippt. Unser Verständnis von kausalen Zusammenhängen unter komplexen Bedingungen ist fast immer lückenhaft – und wir müssen dieser Unsicherheit Rechnung tragen können und gleichzeitig vorankommen und vernünftige Maßnahmen ergreifen, wenn nötig. Das bringt uns zu unserem nächsten Aspekt des Smart Thinking für das dritte Jahrtausend: Wahrscheinlichkeitsdenken.

Teil II
Unsicherheit verstehen

Kapitel 4

Wahrscheinlichkeitsdenken – der radikale Wandel

Wenn wir uns damit befassen, was wir über die Realität wissen, fällt uns schnell Folgendes auf: Wir wissen eine ganze Menge Dinge nicht und sind uns bei vielem unsicher. Unsicherheit kann uns Angst machen. Wir Menschen sind psychisch aufs Überleben gepolt: Es ergibt durchaus Sinn, dass wir uns, wenn wir nicht wissen, was da im Wald lauert, nicht so ohne Weiteres ins Dunkel vorwagen wollen. Aber zu wissen, was wir nicht wissen oder nur teilweise, ist natürlich auch unabdingbar für unser Überleben – und unsere Entwicklung. Das bringt uns zu einer der vielleicht wichtigsten Währungen des wissenschaftlichen Denkens – einer, die zentral für das Denken des dritten Jahrtausends ist: so mit Unsicherheiten umzugehen, dass wir uns bei dem, was wir tun, sicher sein können.

Die Wissenschaft ermöglicht uns eine vollkommen andere Art, über unsere Beziehung zu der Realität nachzudenken, über die wir etwas, aber nicht alles wissen. Sie erlaubt uns, umzudenken, von der Annahme, wir könnten nur mit Dingen arbeiten, derer wir uns absolut sicher sind, zu der Überzeugung, dass wir sogar mehr Erfolg haben, wenn wir auch die Dinge nutzen, derer wir uns in unterschiedlichem Maß sicher sind. Außerdem kann allein das Bewusstsein, dass es unterschiedliche Vertrauensgrade gibt, sehr viel mehr nützen in dieser Welt, in der die verfügbaren Belege uns meist nicht die gewünschte absolute Sicherheit vermitteln, als die eine Antwort zu suchen.

Stellen Sie sich vor, Sie versuchen beim Skilaufen mit angezogenen Knien und starrer Körperhaltung die Piste hinunterzufahren, ohne Ihr Gewicht zu verlagern oder Ihre Beine zu beugen. Das kann ja nur schiefgehen. Um beim Skifahren aufrecht zu bleiben, müssen Sie sich stabilisieren, indem Sie immer wieder das Gewicht von einem Bein aufs andere verlagern, eine *dynamische* Stabilität. Ganz ähnlich sollten wir bei Entscheidungen, die wir auf Basis unseres Wissens über die Realität treffen, nicht darauf beharren, dass das, was wir derzeit wissen, wahr sein muss. Vielmehr müssen wir uns auf manche Überzeugungen stärker stützen als auf andere und beim Erhalt neuer Fakten die Gewichtung verlagern, sodass wir unsere Entscheidung entsprechend anpassen können. Das ist einer der wichtigsten, aber sehr selten beschriebenen Tricks der Wissenschaft, der uns geistig so beweglich sein lässt, dass wir die »Steilhänge« unserer Unsicherheit beim Verstehen der Welt bewältigen können. Wir nennen es Wahrscheinlichkeitsdenken.

Dieser Ansatz ist noch recht neu und gerade dabei, sich durchzusetzen. Viele halten weiter an ihrem spröden binären Denken fest, wonach jegliche empirische Behauptung – über die Wirksamkeit eines neuen Medikaments, einer Diät oder von Strafverfolgungsmaßnahmen – entweder richtig oder falsch ist. Aus dieser Perspektive wird jedes Gegenbeispiel – »Mein Onkel hat sich impfen lassen, aber sich trotzdem angesteckt« – als vollkommene Diskreditierung der Ursprungsbehauptung angesehen, vielleicht sogar als Grund dafür, dass der Wissenschaftler, der diese Behauptung aufstellte, sich schämen sollte.

In der Wissenschaft hat man sich mittlerweile von diesem Schwarz-Weiß-Denken wegbewegt. Es hat sich eine Kultur etabliert, in der man jede Behauptung mit der notwendigen Vorsicht vorbringt. Diese Vorsicht – also jeder Aussage einen gewissen Grad an Unsicherheit zuzuschreiben – ist eine wichtige Ressource, um die Wissenschaft zu stärken. Sie hilft dabei, sich nicht auf eine Überzeugung zu versteifen, die man gerade vertritt. Indem man nicht sein gesamtes Selbstverständnis darauf aufbaut, dass die eigenen Aussagen immer richtig sind, lässt man sich die Freiheit, ein stolzer und selbstbewusster Wissenschaftler zu sein und sich dennoch manchmal zu irren, wenn man sagt: »Ich bin ziemlich sicher, dass diese Theorie abbildet, was passiert.« (Wie beim Skifahren, wo man sein Gewicht mit mehr oder weniger Kraft auf verschiedene Bereiche verlagert, stützt man sich hier unterschiedlich stark auf die Wahrscheinlichkeiten, richtigzuliegen.) Anstatt seine Identität darauf aufzubauen, dass man immer richtigliegen muss (was unmöglich ist), sollte man stärker auf seine Fähigkeit setzen, einschätzen zu lernen, wie sicher man sich einer Sache ungefähr ist. So wie ein Skifahrer lernt, sich vorausschauend fortzubewegen, um unangenehme Überraschungen zu vermeiden, lernen Wissenschaftler, indem sie die Ungewissheit anerkennen, die Gründe vorwegzunehmen, warum sie falschliegen könnten.

Dieser radikale Umschwung zum Wahrscheinlichkeitsdenken ist ein wichtiger Baustein für das Denken des dritten Jahrtausends und bringt viele Vorteile und Möglichkeiten mit sich. Wir können es uns wie eine Bewegung aus dem Jiu Jitsu vorstellen, die dazu dient, unsere Schwäche (Unsicherheit) in Stärke zu verwandeln.

Wissenschaftler lernen viele gute Techniken, um ihre Unsicherheit auszudrücken. Eine davon ist die Quantifizierung von Prognosen, bei der man ihnen eine Nummer – eine Wahrscheinlichkeit – zuweist. Wenn man zu Beispiel »Wahrscheinlichkeit für ein großes Erdbeben in der Bay Area« googelt – was wir öfter tun, als wir zugeben wollen –, findet man Aussagen wie: »Die Wahrscheinlichkeit, dass es in den nächsten 30 Jahren ein Erdbeben der Stärke 6,7 in der Region von San Francisco geben wird, liegt bei 72 Prozent.«[1] Einerseits zeigt diese Aussage, dass wir ziemlich wenig über die Wahrscheinlichkeit von Erdbeben wissen, andererseits zeugt sie aber auch von einem enormen Wissen. Wir können herauslesen, dass Wissenschaftler Risikomodelle zur Zeit (»in den nächsten 30 Jahren«) und zum Ort (»Region von San Francisco«) konzipieren. Und die merkwürdig spezifischen »6,7« deuten darauf hin, dass sie einen Grund für diesen Schwellenwert haben dürften – vielleicht irgendetwas, das mit ihrer Theorie oder den ihnen zugänglichen Daten zu tun hat.

Wenn Wissenschaftler ausdrücken wollen, dass sie sich einer Sache sehr sicher sind – dass es also ganz offensichtlich, definitiv, absolut wahr ist –, verbietet ihre Ausbildung es ihnen dennoch, selbstbewusst »ja, 100 Prozent, es ist offensichtlich, definitiv, absolut wahr« zu sagen. Sie würden vielleicht eher sagen, dass sie sich zu 99 Prozent sicher sind oder zu 99,9999 Prozent. Zu behaupten, dass man sich etwa zu 99,9999 Prozent sicher ist, heißt im Grunde genommen: »Ich würde mein Leben darauf verwetten.« Aber es schwingt eben auch mit: »Ich erkenne an, dass ich möglicherweise falschliege.« Sich nicht auf eine absolute Aussage zu versteifen, ist der erste Schritt zur Superkraft des Wahrscheinlichkeitsdenkens. (Es kann durchaus sein, dass jeder Schwan, den ich je gesehen habe, weiß war, doch: »Keine noch so häufige Beobachtung weißer Schwäne lässt den Schluss zu, dass alle Schwäne weiß sind, aber die Beobachtung eines einzigen schwarzen Schwans genügt, um diese Aussage zu falsifizieren.« So hat es der Philosoph John Stuart Mill im 19. Jahrhundert in Anlehnung an David Hume ausgedrückt, den Nicholas Taleb offenbar paraphrasiert.[2])

Selbstverständlich gibt es eine ganze Reihe von Dingen, derer man sich nicht zu 99,9999 Prozent sicher sein kann, und es gehört zu den produktivsten Aspekten der Wissenschaft, dass wir unser Wissen immer wieder überprüfen und etwas Neues lernen und entdecken; schließlich ist die Welt an sich dynamisch. Immer wieder sind wir überrascht, wie sie funktioniert. Wir müssen einen Weg finden, über die Welt zu sprechen, der unser hart erkämpftes Bewusstsein darüber, dass unser Wissen ein Prozess ist, verdeutlicht. Wir müssen Dinge sagen können wie: »Ich glaube wirklich, dass diese Auffassung darüber, wie die Welt funktioniert, zutreffen könnte; ich schätze den Vertrauensgrad auf 87 Prozent ein.« Und wir müssen noch größere Zweifel ausdrücken können dürfen. Beispielsweise: »Ich halte diese neue Theorie nur für zu 51 Prozent korrekt.« Diese Bandbreite von einer null- bis hundertprozentigen Sicherheit gehört zu den Tools der Wissenschaft, die wir alle anwenden können. (Später gehen wir noch auf die Modelle ein, die in der Wissenschaft genutzt werden, um zu berechnen, wie sehr man auf etwas vertraut.)

Es ist interessant, sich die Entwicklung dieses Instrumentes des Wahrscheinlichkeitsdenkens in der Wissenschaft als den letzten in einer Reihe von Schritten vorzustellen, die wir im Laufe der Jahrhunderte unternommen haben, um eine umfassendere Palette von Beschreibungen unserer Welt zu entwickeln, die uns helfen, sie besser zu verstehen und effizienter mit ihr zu arbeiten. Zuerst haben wir die Dinge in der Welt benannt und sie dann in Kategorien und Hierarchien klassifiziert. Als Nächstes waren wir in der Lage, ihre Eigenschaften zu messen und anderweitig zu quantifizieren, und jetzt haben wir begonnen, unser Vertrauen in diese Quantifizierungen zu quantifizieren!

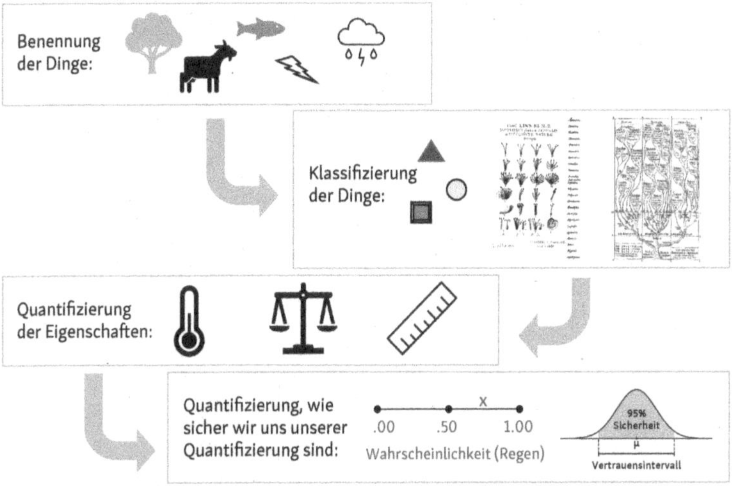

Unsicherheit als Stärke

Warum ist dieses Instrument so wichtig? Der offensichtlichste Grund besteht wohl darin, dass wir mit seiner Hilfe mit unvollständigen Informationen arbeiten können. Stellen wir uns beispielsweise vor, dass wir eine Brücke bauen wollen, die durch Bolzen zusammengehalten wird. Allein dadurch, dass wir die Wahrscheinlichkeit kennen, mit der eine bestimmte Schraube über die Zeit, während der die Brücke dort steht, nachgeben wird, kann man sie bauen. Man muss nur sicherstellen, dass jede wichtige Verbindung durch genug Ersatzschrauben gesichert ist, damit man die Wahrscheinlichkeit, dass alle gleichzeitig nachgeben, so gering hält, dass man sein Leben darauf verwettet. (Beziehungsweise sollten Sie Ihr Leben darauf verwetten, dass es *genug* Schrauben sind, die nicht nachgeben, um die strukturelle Integrität der Brücke zu erhalten – aber das ist wohl eher eine Aufgabe für einen Ingenieur!) Ohne diese Informationen zur Wahrscheinlichkeit der Haltbarkeit von Bolzen würde nichts vorangehen, man könnte der Brücke nicht vertrauen – denn kaum etwas in unserer realen, physischen Welt ist absolut sicher. Solche Wahrscheinlichkeitstechniken der modernen Ingenieurskunst haben uns eine Welt von Baumöglichkeiten eröffnet, die uns andernfalls verschlossen geblieben wäre.

Ein nicht ganz so offensichtlicher, aber nützlicher Vorteil des Wahrscheinlichkeitsdenkens ist, dass Wissenschaftler ihr Gesicht wahren können, wenn sie falschliegen. So können sie danebenliegen, ohne ihre Glaubwürdigkeit einzubüßen – denn die Aussagen von Wissenschaftlern sind fast immer bis zu einem gewissen Grad mit Unsicherheit verbunden. Und Wissenschaftler sind nicht die Einzigen, die von dieser Technik profitieren können.

Es ist wirklich erstaunlich, wie wichtig es ist, auf angemessene Weise sein Gesicht wahren zu können, wenn man falschliegt. Das Bedürfnis danach ist tief in der frühesten Kindheit verwurzelt. Es gibt eine Studie zum Thema Lügen[3] bei Zweijährigen, wonach eine der größten Motivationen für diese kleinen Kinder, die Unwahrheit zu sagen, darin besteht, ihr Gesicht zu wahren und nicht zu zeigen, dass sie einen Fehler gemacht haben. Beispielsweise antwortete ein Zweijähriger auf die Frage »Wo ist dein Papa?« – »Er ist oben.« Als er dann jedoch seinen Vater draußen an der Hintertür hörte, sagte der Junge: »Mein *anderer* Papa ist oben.« (Und in diesem Fall gab es keinen anderen Vater.) Wie kommt es, dass das Kind in dieser Situation sein Gesicht wahren will? Es ist ja nicht so, dass wir bei solchen Dingen einen hohen Anspruch an Zweijährige stellen würden. Doch es gibt einen starken menschlichen Drang, nicht dabei erwischt zu werden, unrecht zu haben.

Zu diesem Beispiel passt eine weitere Anekdote über einen Physikprofessor, mit dem Saul zusammenarbeitete. Ein angesehener Wissenschaftler, der etwas entdeckt hatte, das das magnetische Äquivalent eines geladenen Teilchens zu sein schien – einen sogenannten magnetischen Monopol. Eine solche Entdeckung wäre wirklich bahnbrechend, denn es gibt elektrisch geladene Teilchen mit einer Plus- oder einer Minusladung, aber keines, das nur über einen Nord- oder nur über einen Südpol verfügt. Magnetische Teilchen scheinen immer beide Seiten zu haben, einen Nord- und einen Südpol – Sie erinnern sich sicher daran, wenn Sie einmal mit Magneten herumgespielt haben.

Der Wissenschaftler veröffentlichte also seine Ergebnisse zu dem, was er für einen magnetischen Monopol hielt, genau auf die Weise, die wir empfehlen: Er präsentierte seine Beobachtungen; Einwände, die man vorbringen könnte, wonach die entdeckten Partikel vielleicht keine magnetischen Monopole seien; er nannte relevante Hinweise zur Identifizierung des Teilchens, bevor er den simplen Schluss zog, dass die »[…] Fakten stark für die Identifizierung des Teilchens als magnetischer Monopol sprechen […]«. In der Folgezeit wurde es jedoch immer unwahrscheinlicher, dass es sich tatsächlich um einen magnetischen Monopol handelte. Denn weitere und umfassendere Analysen der Experimente zeigten, dass das entdeckte Teilchen zwar immer noch seltsam war, aber eigentlich nur wenig auf einen Monopol hindeutete. Der daraufhin in einem Journal veröffentlichte Artikel ließ keinen Zweifel daran, dass der Forscher und sein Team ihre Meinung geändert hatten und nicht mehr daran glaubten, einen magnetischen Monopol gefunden zu haben.[4]

Die Reputation des Professors als Wissenschaftler hatte nicht gelitten, da er seine Schlussfolgerung mit dem wissenschaftlichen Wahrscheinlichkeitsansatz vorgebracht hatte: »Das sind unsere Daten. Das ist die Wahrscheinlichkeit, dass wir Beweise für einen magnetischen Monopol haben, in Anbetracht der Wahrscheinlichkeit des Vorkommens anderer Dinge, die sich in diesem Experiment wie ein solcher verhalten können.« Letztendlich muss es eben genau so etwas anderes gewesen sein. Aber seine wissenschaftliche Kommunikation hat den Professor gerettet, schließlich hatte er nie behauptet, sich hundertprozentig sicher zu sein. Er hatte sich die Möglichkeit, falschzuliegen, bewahrt, ohne seine Glaubwürdigkeit zu verlieren.

Über Wahrscheinlichkeiten zu sprechen, hilft uns nicht nur dabei, produktive Gespräche zu führen, ohne uns ständig gegenseitig vorzuwerfen, die anderen lägen daneben. Man wird dadurch auch ermutigt, sorgfältiger darüber nachzudenken, ob vielleicht einige unserer Annahmen über die Welt anders sind als gedacht.

Um etwas erklären zu können, müssen sich Wissenschaftler oft auf Umstände und Ereignisse beziehen, die in einer Welt wie der unseren vorkommen könnten, aber nicht tatsächlich passieren. Normalerweise sprechen sie dann von »kontrafaktischen« Möglichkeiten. Kontrafaktizität kann einen Kontrast zwischen dem, was man testet, und dem, was wahrscheinlich nicht der Fall ist, aufzeigen helfen. Oft *schätzen* wir nach bestem Wissen und Gewissen, dass ein Phänomen oder ein Vorgang kontrafaktisch ist, aber wir wissen es nicht mit Sicherheit. Obwohl der Hinweis »vermutlich kontrafaktisch« ungewohnt sein mag, beschäftigen auch Nicht-Wissenschaftler solche Überlegungen, wie zum Beispiel: »Ich muss schnell nach Hause, um mit dem Hund spazieren zu gehen, weil meine Frau verreist ist. Ich gehe davon aus, dass der seltene Fall, wonach ihr Flugzeug früher gelandet ist und sie deshalb bereits zu Hause sein könnte, nicht eingetreten ist!«

Wer in Wahrscheinlichkeiten denkt, dürfte eher die vermutlich kontrafaktischen Umstände ernst nehmen. »Also ich bin ziemlich sicher, dass das richtig ist; vielleicht zu 90 Prozent sicher. Aber wenn ich doch falschliege, was dann?« Handelt es sich ums Gassigehen, muss man diese Frage wohl nicht so ernst nehmen. Aber unter anderen Umständen könnte sie zu überaus interessanten wissenschaftlichen Ergebnissen führen, was durchaus schon vorgekommen ist. Es kann also eine nützliche Praxis sein, die »vermutlich kontrafaktischen« Umstände als »Alternativszenarien« zu begreifen und die Möglichkeit ernst zu nehmen, dass sie der Realität entsprechen.

Es gibt eine Übung, die nicht nur verdeutlicht, wie wichtig es ist, einzuschätzen, wie sicher Sie sich mit einer Aussage fühlen, oder dabei hilft, ein Diagramm zu erstellen, sondern auch in fast allen anderen Kontexten hilfreich sein kann. Wir möchten Sie dazu einladen, mit jemandem ein Gespräch zu führen und bei jeder Aussage zu überlegen, wie sicher Sie sich damit sind. Sie können sich jedes erdenkliche Thema herauspicken, zu dem es eine Vielzahl von Meinungen gibt. Nehmen wir zum Beispiel an, Sie diskutieren mit einer Gruppe von Freunden darüber, ob der verstärkte Einsatz von standardisierten Tests in Bildungseinrichtungen der USA vom Kindergarten bis zur zwölften Klasse die Qualität der Bildung verbessert oder verschlechtert hat. Immer, wenn ein Diskussionsteilnehmer eine Behauptung aufstellt, die wahr oder falsch sein könnte, soll diese Person innehalten und eine Zahl von 0 bis 100 sagen, die angibt, wie sicher sie sich mit dieser Aussage ist. Wenn es jemand einmal vergisst, sollten die anderen ihn unterbrechen, damit er beziffert, wie stark er in seine Aussage vertraut. Es kann manchmal auch spannend sein, innezuhalten und sich auf das zu konzentrieren, dessen man sich nicht so sicher ist – wobei man sein Vertrauen in die Aussage auf weit unter 95 Prozent quantifiziert –, und sich zu fragen: »Wenn ich hier falschliege, womit genau würde ich denn dann am wahrscheinlichsten falschliegen? Und welche Fragen sollte ich stellen, um mehr darüber herauszufinden, was ich nicht weiß?«

Wenn Sie Ihre Freunde überzeugt haben, mitzumachen, werden Sie vielleicht feststellen, dass sich ein paar interessante Dinge aus dieser Übung ergeben – worüber auch immer Sie diskutieren. Laut Studierenden, die die Übung schon einmal ausprobiert haben, fühlt man sich stärker unter Druck, Beweise für seine Aussagen beibringen zu können, wenn man sie mit hohen Prozentzahlen versieht. Und wenn man die Einschätzung der anderen hört, ist man versucht, seine eigene noch einmal nachzukorrigieren. Im Verlauf der Diskussion fallen die Werte von um die 90 Prozent auf niedrigere Zahlen, weil alle etwas vorsichtiger werden. In manchen Gruppen sanken die Einschätzungswerte letztendlich auf zwischen 60 und 75 Prozent, da die Teilnehmenden nach und nach erkannten, dass sie sich ihrer Aussagen, die sie zu Beginn des Gesprächs dogmatisch vertreten hatten, doch nicht so sicher waren. Es wurde auch festgestellt, dass es eine umgekehrte Beziehung zwischen der Spezifität einer Aussage und des Vertrauens darauf gibt: In den meisten Situationen, in denen wir über keine genauen Daten verfügen, können wir uns stärker auf den Wahrheitsgehalt einer vagen und allgemeinen Aussage verlassen (da wir nicht auf eine Version der Wahrheit festgelegt sind) als auf den Wahrheitsgehalt einer spezifischen, genauen Aussage.

Diese Beobachtungen werfen eine wichtige Frage auf: Wenn wir in unserer Gesellschaft Diskussionen wirklich auf diese Weise führten, würde das die Dynamik dieser Diskussionen verändern?

Würde es die Menschen dazu bringen, einander besser zuzuhören? Bei Behauptungen vorsichtiger zu sein? Offener für Alternativszenarien? Vielleicht sollte man es ausprobieren, indem man bei zukünftigen Abendessen seine Gäste dazu zwingt, mitzumachen, und schaut, was passiert. Wenn das aber dazu führt, dass niemand mehr mit Ihnen essen will, sollten Sie es nur einige Male testen, um herauszufinden, ob sich das Gespräch anders anfühlt, besonders dann, wenn es zu interessanten Diskussionen kommt.

Eine Form der absoluten Ehrlichkeit

Wenn man an einer solchen Diskussion teilnimmt oder auch einfach nur zuschaut, wird man vermutlich feststellen, dass man durch die Quantifizierung der Sicherheit von Aussagen absolut ehrlich sein und ohne Umschweife sagen kann, wie viel man von einem Aspekt versteht. In der Physikkultur (denn jedes Gebiet der Wissenschaft hat seine eigene Kultur!) wird man fast als *unehrlich* angesehen, wenn man nicht angibt, wie sicher man sich mit einer Messung ist.

Doch wenn Wissenschaftler an den realen Versionen solcher vertrauensgestützter Debatten teilnehmen, liegt die Latte hinsichtlich der Quelle für Ihre Einschätzung natürlich höher: Wo immer möglich, werden Sie sich sicher lieber auf statistische Methoden verlassen als auf ein Bauchgefühl. Tatsächlich wird bei jedem Experiment ein großer Aufwand betrieben, um generelle Methoden zur Berechnung und Angabe der Unsicherheitsspanne zu entwickeln.

Man würde also nicht sagen, dass die Entfernung des Mondes zur Erde, die man in einer bestimmten Nacht gemessen hat, 369 719 Kilometer betrug, sondern eher 369 719 plus/minus (±) 14,5 Kilometer (aufgerundet 15) angeben, was bedeutet: »Ich bin mir zu 68 Prozent sicher, dass die tatsächliche Entfernung in dieser Nacht zwischen 369 704 (719 minus 15) und 369 733 (719 plus 15) Kilometer lag.« Dieser Plus-oder-Minus-Bereich (auch Konfidenzintervall genannt) wird in Diagrammen als Fehlerbalken angezeigt, der angibt, wie weit die Antwort über oder unter einem eingezeichneten Punkt liegen könnte.

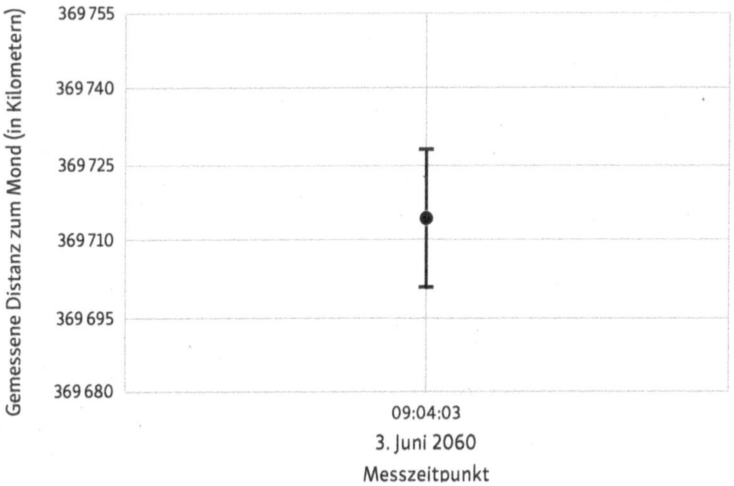

Für diejenigen unter Ihnen, die normalerweise nichts mit solchen Fehlerbalken zu tun haben, ist ein solcher Graf zur Erde-Mond-Distanz in der Abbildung eingezeichnet.

Der Physiknobelpreisträger Luis Alvarez veranstaltete eine montagabendliche Seminarreihe bei sich zu Hause, oben in den Hügeln von Berkeley. Jede Woche lud er einen Physiker ein, um über seine aktuelle Forschung zu sprechen; oft berühmte Professoren, die in Berkeley zu Besuch waren, oder wichtige Mitglieder eines internationalen Physikexperimentprojekts. Er thronte dann in seinem großen Lehnstuhl, und die Mitglieder der Fakultät, Studierende, Postdocs und Wissenschaftler, nahmen auf Klappstühlen Platz, die in seinem Wohnzimmer aufgereiht waren. Luis piesackte die Redner gerne und stellte ihnen schwierige Fragen. An einen Abend erinnert sich Saul noch besonders gut, als alle auf den Stühlen saßen und der Redner aufstand, um einen Grafen auf dem Tageslichtprojektor zu zeigen.

Luis sagte: »Woher kommen die Fehlerbalken auf dem Grafen?«

Der Redner antwortete, dass er sich nicht ganz sicher sei.

Luis sagte: »Ja, wenn Sie nicht einmal die Fehlerbalken verstehen, brauchen wir uns Ihren Vortrag gar nicht erst anzuhören.« Und damit brach er die Präsentation einfach so ab.

Die anderen meinten zwar: »Ach komm, Luis, lass uns doch den Vortrag hören«, aber er weigerte sich.

Er vertrat die Ansicht – die vielleicht eine extreme Variante der Physikkultur darstellt –, dass, wenn man die Unsicherheitsspanne einer Messung nicht kannte, man keine Ahnung hatte, wie falsch sie sein konnte, sodass die Messung im Grunde genommen nichts aussagte. (Und vielleicht gingen die Physiker damals auch härter miteinander um als heute, wenngleich Luis ein Extrembeispiel war!)

Etwas lustiger ging es, wie Saul sich erinnert, bei einem dreitätigen Kosmologie-Workshop zu. Dabei flachsten die Wissenschaftler, wie sie ihr Vertrauen in verschiedene Ergebnisse ausdrücken sollten, wenn sie doch keine gute quantitative Schätzung hatten. Sie beschrieben das Spektrum ihrer Sicherheit von »Darauf würde ich mein Leben verwetten« über »Darauf würde ich mein Haus verwetten« bis hin zu »Darauf würde ich meine Rennmaus verwetten!« und sogar »Darauf würde ich *Deine* Rennmaus verwetten!«

Die Konsequenzen unserer Entscheidungen

Bisher haben wir gezeigt, wie das Nachdenken und Sprechen über den Grad des Vertrauens in die eigenen Aussagen Sie flexibler macht, wenn Sie Ihre Meinung gegebenenfalls ändern sollten, und offener für Möglichkeiten, die Sie sonst nicht auf dem Schirm hätten. Somit können Sie Teilwissen angemessen nutzen, produktivere Diskussionen führen und Ihren Stolz und Ihren Ruf wahren, falls Sie Ihre Meinung ändern oder einen Fehler zugeben müssen. Doch diese Quantifizierung der Einschätzungen kann in der Realität noch andere weitreichende Konsequenzen haben. Stellen Sie sich zum Beispiel vor, Sie sind Schöffe bei Gericht und ein Augenzeuge hat den Verdächtigen als Täter eines Überfalls identifiziert. Wie sicher müssten Sie sich sein, dass er richtigliegt, um für die Verurteilung des Verdächtigen zu stimmen, sodass er ins Gefängnis wandert? Im nächsten Kapitel geht es um bessere und schlechtere Möglichkeiten, den Grad an Sicherheit einzuschätzen. Nehmen wir aber für diesen Fall einmal an, dass Sie ziemlich gut einschätzen können (auf einer Skala von 0 bis 99,999 Prozent), wie sicher Sie sich sind, dass der Augenzeuge den Verdächtigen korrekt identifiziert hat. Sobald Sie sich für einen Wert entschieden haben, wie sicher Sie sich sein müssen, werden Sie merken, dass dies Konsequenzen nach sich zieht.

Schauen wir uns noch ein weiteres Beispiel aus dem echten Leben an, das uns fast jeden Tag begegnet: Stellen Sie sich vor, Sie nehmen an einem Kurs hier an der Universität von Berkeley teil, und Sie müssen jeden Tag auf Ihrem Weg dorthin die Hearst Avenue überqueren. (Sie können sich auch gerne stattdessen Ihren Arbeitsplatz und die Straße, die Sie überqueren müssen, um dorthin zu kommen, vorstellen.) Wie hoch ist die Wahrscheinlichkeit, dass Sie beim Überqueren der Hearst Avenue von einem Auto überfahren werden? Ihre Antwortmöglichkeiten sind: A: Ungefähr 1 zu 1000; B: Ungefähr 1 zu 100 000; C: 1 zu 10 Millionen; D: 1 zu 1 Milliarde und E: 1 zu 100 Milliarden.

Viele würden die Möglichkeit, angefahren zu werden, ungefähr bei 1 zu 100 000 ansiedeln. Aber schauen wir uns diese Zahl einmal genauer an. Wie oft überqueren Sie eine Straße wie die Hearst Avenue? Vielleicht ein paarmal täglich. Das heißt, dass Sie fast 1000-mal pro Jahr eine Straße überqueren, auf der Sie von einem Auto angefahren werden könnten. Stellen Sie sich vor, dass Sie das im Schnitt jeden Tag tun – und natürlich gehen wir davon aus, dass wir 100 Jahre alt werden. Wenn Sie also 100 Jahre lang 1000-mal pro Jahr riskieren, von einem Auto angefahren zu werden, nehmen Sie dieses Risiko 100 000-mal in Kauf. Und wenn die Chancen wirklich 1 zu 100 000 stehen, sieht es ziemlich finster für Sie aus. Dann ist es tatsächlich wahrscheinlich, dass Sie beim Überqueren der Straße angefahren werden!

Die meisten von uns würden sich wohl wünschen, anders zu sterben, als auf dem Weg zur Uni überfahren zu werden. Also sollten die meisten von uns darauf bestehen, einen Zebrastreifen zu nutzen, wo die Chancen, sicher die Straße zu überqueren, besser sind als 1 zu 10 Millionen, wenn wir die Straße mehrmals täglich überqueren. (Das heißt, wir hätten eine mehr als 99-prozentige Chance, ein Leben lang unversehrt die Straße zu überqueren.) Was wir damit sagen wollen, ist, dass die quantitative Einschätzung darüber, wie sicher wir uns mit etwas sind, einen großen Unterschied machen kann. Anhand dieser Zahlen können Sie Entscheidungen treffen.

Politik und Sicherheit

Aber ist es immer eine so gute Idee, unser Vertrauen in unsere Aussagen einzuschätzen und mitzuteilen? Denken Sie nur daran, was passiert, wenn jemand in der Politik Auskunft darüber gibt, wie sicher er sich seiner Sache ist. Stellen Sie sich vor, der Kanzler hält eine wichtige Rede, in der er Vorschläge für eine Gesundheitsreform vorbringt. Mit welcher Aussage würden Sie sich sicherer fühlen?

A. Diese Reformen sind die richtigen Maßnahmen für Deutschland. Ich garantiere, dass das das Beste für unser Land ist.
B. Ich denke, dass diese Reformen am wahrscheinlichsten die richtigen Maßnahmen für Deutschland sind. Es gibt allerdings keine Garantie, dass sie funktionieren werden. Eigentlich sehe ich nur eine 75-prozentige Erfolgschance, aber die Alternativen werden noch viel weniger wahrscheinlich erfolgreich sein.

Selten hören wir Politiker im Duktus der Aussage B sprechen. Vermutlich werden Ihnen alle Politikberater davon abraten, etwas wie B zu sagen, wenn man viele Wählerstimmen bekommen will. Wahrscheinlich werden sie als Grund dafür anführen, dass unser Kanzler so etwas wie ein allgegenwärtiger Vater für uns sein soll wie damals, als wir zwei Jahre alt waren. Die meisten von uns dürften sich noch an die Zeit erinnern, als wir das vage Gefühl hatten, dass unsere Eltern alles wussten und alle Probleme lösen konnten. Es war unglaublich, wie viel sie damals im Vergleich zu uns wussten. Viele von uns wünschen sich im Erwachsenenalter ein ähnliches Gefühl der Sicherheit, mit einem richtigen Experten, dem man immer vertrauen kann, in einer Führungsposition wie dem Kanzleramt.

Andererseits fänden wir Autoren – und vielleicht auch ein paar unserer Leser – eine Aussage wie B erfrischend, oder? So etwas wie A haben wir schon sehr, sehr oft gehört. Und wir haben mittlerweile auch gemerkt, dass jemand, nur weil er behauptet, die Lösung zu haben und zu wissen, was richtig ist, nicht unbedingt richtigliegen muss. Eine Formulierung wie B würde uns eher das Gefühl vermitteln, dass diese Person tatsächlich über die Komplexität des Problems nachgedacht und verstanden hat, wie hoch die Chancen sind, es beim ersten Mal richtig zu machen. In der Frage, wofür unser Geld verwendet werden soll, wäre es wünschenswert, wenn alle politischen Diskussionen in der Art von Aussage B formuliert würden, weil hier Spielraum für einen Wissensgewinn und Anpassung der Erkenntnisse bleibt. Aber natürlich ist eine solche Aussage nicht dazu angetan, den Durchschnittsbürger zu dem Schluss kommen zu lassen: »Also das ist doch mal ein Kandidat, der meine Stimme verdient.« Zumindest ist es bisher nicht so. Haben erst einmal alle in den nächsten Jahren dieses Buch gelesen, wird die Reaktion einer informierten Bürgerschaft sicher anders ausfallen!

Mittlerweile sollte klar geworden sein, warum Wahrscheinlichkeitsdenken so wichtig für die Menschen des dritten Jahrtausends ist. Wir können unsere Meinung ändern und trotzdem unsere Selbstachtung wahren, wenn sich eine unserer früheren Behauptungen als falsch herausstellt. Wir können alternative Szenarien in Betracht ziehen und sind nicht auf eine starre Auffassung der Realität festgelegt. Wir können stolz darauf sein, brutal ehrlich zu äußern, was wir wissen und was nicht – und, noch besser, können sogar, wenn wir uns irgendwo dazwischen befinden, ehrlich quantifizieren, wie wahrscheinlich es ist, dass eine Aussage zutrifft. Wir können in Diskussionen mit anderen weniger defensiv und dafür aufgeschlossener agieren. Wir können ungesichertes Wissen produktiv nutzen und proaktiv nach Informationen suchen, die uns dazu bringen könnten, unsere Vorannahmen zu überdenken. Und wir können sogar effektive Entscheidungen treffen – um einen Angeklagten zu verurteilen oder freizulassen oder einfach nur die Straße zu überqueren –, alles auf Basis dieser Wahrscheinlichkeitseinschätzungen.

Dabei sind diese größten Vorteile nur der Anfang. Wahrscheinlichkeitsdenken ist wie das Schweizer Taschenmesser des Denken für das dritte Jahrtausend – ein Werkzeug mit tausenden Anwendungsmöglichkeiten, die unsere Chance auf Überleben und Wohlergehen in jeder Lebenslage verbessern. Im vorherigen Kapitel haben wir beschrieben, wie wir immer besser und besser darin werden wollen, zu verstehen, was genau da draußen in der Welt passiert, woraus sie sich zusammensetzt und welche Kausalbeziehungen uns ermöglichen, die Welt zu verändern – möglichst zu verbessern. Die Perspektive des Wahrscheinlichkeitsdenkens spiegelt die Beziehung zwischen unserem fehlerhaften menschlichen Verstehen und der tatsächlichen gemeinsamen Realität da draußen wider. Letztendlich liefern all unsere randomisierten kontrollierten Studien zu Kausalbeziehungen (oder natürlich unsere Überprüfung anhand der Bradford-Hill-Kriterien) lediglich quantitative Einschätzungen darüber, wie wahrscheinlich eine Kausalbeziehung unsere Welt korrekt beschreibt. Und wenn wir die vielen Stämme unseres Wahrscheinlichkeitsdenkens zum Floß unseres wissenschaftlichen Verständnisses der Realität zusammenfügen, geben sie einander Halt, und wir können zumindest auf diesen festgezurrten Teil vertrauen. Oder andersherum: Der Teil unseres Floßes, der aus vielen schwachen, nicht belastbaren Stämmen besteht, kann unsere Aufmerksamkeit darauf lenken, dass etwas bei unserem Realitätsverständnis nicht stimmen könnte.

Wir haben jetzt viel über die Unsicherheit von uns Menschen darüber gesprochen, wie unsere Welt funktioniert und welche Kausalbeziehungen in ihr bestehen. Man sollte aber erwähnen, dass es auch Unsicherheiten gibt, die Teil unserer Realität zu sein scheinen. Selbst wenn wir beispielsweise genau verstehen würden, wie ein System – vielleicht ein Stern in der Nähe – funktioniert, wäre da noch immer eine Zufälligkeit in seinem Verhalten, die etwas vom Werfen einer Münze hätte. Beispielsweise, ob er im nächsten Jahrzehnt explodieren und zur Supernova werden könnte. Oder die etwas besorgniserregendere Frage, wann der nächste größere Sonnensturm unser Stromnetz lahmlegen könnte: Wird es in 10 Jahren passieren, in 100? (1859 gab es einen großen Sonnensturm, im letzten Jahrhundert mehrere kleinere, die es trotzdem schafften, unsere Stromversorgung auszuschalten, beispielsweise 1921 und 1989.) Wir wissen auch nicht immer, ob eine medizinische Behandlung in einem bestimmten Fall greifen wird, aber wir sind uns sehr sicher (98 Prozent), dass die Wahrscheinlichkeit, dass sie funktioniert, bei 70 Prozent liegt. In Situationen wie diesen, wo es um die willkürlichen Aspekte der Welt geht, können wir Wahrscheinlichkeitsdenken einsetzen, um die Risiken zu identifizieren, zu hierarchisieren und damit umzugehen.

Wir leben in einer Welt mit zahllosen unbeantworteten Fragen, und auch am Ende dieses Buches gibt es keinen Lösungsschlüssel, der uns lückenlos die Funktionsweise von allem erklären kann. Daher ist es unabdingbar, auf unsere vom Wahrscheinlichkeitsdenken geprägten Einschätzungen aufzubauen, was uns stärker und effektiver macht. Und so müssen wir als Einzelpersonen lernen, die Wahrscheinlichkeitsinstrumente immer besser zu nutzen, um unsere Einschätzungen genauer zu kalibrieren. Und ebenso wichtig ist es, zu verstehen, wie die Experten, die wir heranziehen, diese Instrumente anwenden, wie gut *sie* kalibriert sind, wenn sie ihre eigene Sicherheit einschätzen, und wie sehr sie darauf bedacht sind, diese im Laufe der Zeit nachzujustieren.

Zu lernen, die eigene Einschätzung fein auszurichten, und zu verstehen, wie Experten dabei vorgehen (oder eben nicht), ist zentral für das Wahrscheinlichkeitsdenken – und das Thema unseres nächsten Kapitels.

Kapitel 5

Selbstüberschätzung und Bescheidenheit

Im letzten Kapitel haben wir Wahrscheinlichkeitsdenken als großen konzeptionellen Fortschritt in der Wissenschaft beschrieben und die Einschätzung des eigenen Vertrauens in eine Aussage als ein Beispiel dafür genannt. Ab und an erleben wir jedoch, dass selbst hochkompetente Wissenschaftler ihre Unsicherheiten nicht zugeben. Im Juli 2020 verkündete ein äußerst renommierter Wissenschaftler auf Twitter: »In den USA wird die Coronapandemie in vier Wochen vorbei sein, mit insgesamt unter [*sic*] 170 000 Toten.« Wir können mit unserem jetzigen Wissen sagen, dass diese Vorhersage falsch war – und zwar ziemlich falsch, wenn man bedenkt, dass zu dem Zeitpunkt, zu dem dieser Text entsteht, Corona noch immer ein Thema in den USA ist und mittlerweile über eine Millionen Todesopfer gefordert hat. Doch wir führen dieses Beispiel nicht an, weil der Experte letztendlich falschlag. Zur damaligen Zeit hatte er plausible Gründe, davon auszugehen, dass sich die Pandemie anders entwickeln würde. Vielmehr bringen wir es hier, weil er in keiner Weise ergänzte, wie sehr er seiner Aussage vertraute (»Ich bin mir zu 80 Prozent sicher, dass ...«). Nicht eine klitzekleine Andeutung machte er, dass seine Theorie zur Pandemie unvollständig oder falsch sein könnte.

Man sollte hier erwähnen, dass der Experte eine Meinung zu einem Thema äußerte, das nicht zu seinem Fachgebiet gehörte – und zwar auf Twitter. Wir nehmen an – mit mindestens 75-prozentiger Sicherheit –, dass er sich, wäre der Adressat ein Fachpublikum aus Infektiologen und Vertretern aus dem Gesundheitswesen und der Text für ein Fachjournal gedacht gewesen, sehr viel vorsichtiger ausgedrückt hätte. Andernfalls hätten der Redakteur und die Reviewer gefordert, dass er seine Meinung mit einer vertretbaren Einschätzung, wie sicher er sich damit sei, umformulierte oder sie zurückzog. Jetzt ist man versucht, den Vorfall einfach durchzuwinken und zu sagen: »Er hat das ja in seiner Freizeit gemacht, und es ist allseits bekannt, dass man auf Twitter schreiben kann, was man will.« Aber man darf sich schon fragen, wie viele Menschen auf der Welt seine Meinung in einer Fachzeitschrift überhaupt gelesen hätten. Mit Sicherheit nur ein Bruchteil derjenigen, die seine Aussage auf Twitter einsahen (und retweeteten). Wir täten alle gut daran, über ein weiteres berühmtes Zitat von David Hume nachzudenken: »Ein kluger Mensch richtet sich in seinem Glauben deshalb nach der Evidenz.«

Wenn sich Experten selbst überschätzen, kann das schwerwiegende Folgen haben. Als 1986 die Raumfähre *Challenger* explodierte, ergab eine Untersuchung, dass die NASA offiziell von einem Misserfolg bei 100 000 Starts ausgegangen war – in etwa die Wahrscheinlichkeit, die wir im letzten Kapitel dafür angegeben haben, von einem Auto auf der Hearst Avenue angefahren zu werden. Andere Belege zeigten jedoch, dass die NASA gute Gründe hatte, von einer weitaus weniger rosigen Prognose auszugehen. Nur fünf Jahre zuvor hatten NASA-Experten in einem Bericht verzeichnet, dass die historische Ausfallrate bei Feststoffraketen – wie sie auch verwendet wurden, um die *Challenger* in den Orbit zu befördern – bei einem von 57 Starts lag. Da beim Start der Raumfähren jedes Mal zwei solcher Raketen eingesetzt wurden, war, bei gleichbleibender Fehlerrate, mit einem Ausfall alle 28 oder 29 Starts zu rechnen. Bei der *Challenger* handelte es sich um den fünfundzwanzigsten Start einer Raumfähre, ihr Ausfall erfolgte sozusagen fast genau planmäßig. Irgendetwas war also geschehen, das eine ziemlich pessimistische Risikoeinschätzung in eine viel optimistischere – und offensichtlich unrealistische – verwandelte.[1]

Mitte des 20. Jahrhunderts beschrieb der theoretische Physiker Lew Landau die Selbstüberschätzung von Wissenschaftlern sehr treffend: »Kosmologen irren oft, aber zweifeln nie.« Das mag jetzt vielleicht etwas übertrieben sein, schließlich ziehen Wissenschaftler ihre Erkenntnisse auch manchmal zurück.[2] So veröffentlichten 2010 beispielsweise 23 Experten einen offenen Brief an den damaligen US-Notenbankchef Ben Bernanke, in dem sie argumentierten, dass seine Politik der quantitativen Lockerung zu »Währungsabwertung und Inflation« führen würde. Im Jahr 2014, als klar war, dass diese Vorhersage falsch gewesen war, nahmen zwei Journalisten Kontakt zu den 23 Unterzeichnern auf. 14 von ihnen wollten sich nicht dazu äußern, aber diejenigen, die es taten, sagten, ihre Ansichten hätten sich nicht geändert.[3] Paul Krugman, Kolumnist der *New York Times* (und Wirtschaftsnobelpreisträger), der sich noch über die Experten lustig gemacht hatte, räumte Anfang 2022 dann selbst ein, dass er sich geirrt hatte, als er Prognosen zurückwies, wonach Präsident Bidens Konjunkturpaket von 2021 zu einer hohen Inflation führen würde. »Ich will nicht so sein wie die. Deshalb verbringe ich gerade viel Zeit damit, zu verstehen, warum meine lockere Einschätzung der Inflation Anfang letzten Jahres durch die Ereignisse widerlegt wurde.« Er beharrte jedoch weiter darauf, dass seine ursprüngliche Analyse in ihren Grundzügen richtig gewesen sei und dass allein die Coronapandemie die üblichen wirtschaftlichen Muster durcheinandergebracht habe.[4] (Wirtschaft ist eine harte Nuss; es ist schon schwer, darüber zu schreiben. Krugman unterschätzte die Inflation zwar, doch es bleibt unklar, welche Rolle das Konjunkturpaket genau dabei gespielt hat.)

Die Tugend der intellektuellen Bescheidenheit

Vor diesem Hintergrund ist es für die Fachwelt eine Herausforderung, sich in sogenannter intellektueller (oder epistemischer) Bescheidenheit zu üben. Der Psychologe Mark Leary hat diese Eigenschaft über viele Jahre untersucht und kam zu dem Schluss, dass intellektuell sehr bescheidene Menschen »bei Tatsachenbehauptungen stärker auf die Belastbarkeit der Beweise achten« und »interessierter an den Gründen sind, warum andere nicht mit ihnen übereinstimmen«.[5] Weiter stellt er fest, dass »jede Kultur Offenheit und Flexibilität unterschiedlich stark wertschätzt und

Unsicherheit und Vieldeutigkeit in verschiedenem Ausmaß toleriert«.

Im besten Fall herrscht in Silicon Valley eine offene Fehlerkultur, wie an dem bekannten Slogan »Fail fast and fail often« deutlich wird, dem Aufruf, schnell und oft Fehler zu machen. Natürlich ist damit nicht gemeint, dass Fehler um ihrer selbst willen gefeiert werden, sondern dass Fehler unvermeidbar sind, wenn man an innovativen, technologischen unternehmerischen Projekten arbeitet. In der Wissenschaft gibt es eine ähnliche Auffassung, wonach jeder Studierende im Aufbaustudium bei den Experimenten auf jeden Fall sehr viele Fehler machen wird. Am besten sollte man sie also schnell hinter sich bringen und so früh wie möglich so viel Erfahrung wie möglich sammeln.

In letzter Zeit hat sich eine Gemeinschaft an jüngeren Psychologen herausgebildet, die sich für eine Kultur einsetzt, in der man seine Fehler zugibt. In ihrem Projekt »Loss-of-Confidence« dokumentierten die Wissenschaftler ihre Ergebnisse, die sie veröffentlicht hatten und nun anzweifelten. Außerdem führten sie eine anonyme Umfrage unter 315 Wissenschaftlern durch, bei der 44 Prozent angaben, dass sie heute mindestens eines ihrer publizierten Forschungsergebnisse infrage stellten. In den meisten dieser Fälle hatten die Forschenden nicht öffentlich gemacht, dass sie nicht mehr hinter ihren Ergebnissen standen; und wenn sie es taten, dann in einem anderen Rahmen als dem Journal, das ursprünglich ihre Ergebnisse veröffentlicht hatte.[6]

Feinkalibrierung unserer Einschätzungen

Wissenschaftliche Evidenz kann zwar Wahrscheinlichkeiten angeben, aber keine absolute Sicherheit liefern, wie wir bereits ausgeführt haben. Das heißt, dass es dumm und unfair wäre, von unseren Experten *Unfehlbarkeit* zu erwarten. Selbst wenn sie ihren Job perfekt machen, werden sie ab und an falschliegen. Allerdings dürfen wir annehmen, dass sie *kalibriert* sind.

Was meinen wir mit »Kalibrierung«? Wenn der Experte beispielsweise die Wahrscheinlichkeit für ein Ereignis angibt, können wir uns viele andere Situationen anschauen und prüfen, ob seine Vorhersagen der Häufigkeit des Ereignisses entsprechen. Treffen Experten allerdings eine kategorische Aussage wie »Es ist ein Hirntumor«, können wir sie bitten, die Wahrscheinlichkeit, dass sie richtigliegen, zu quantifizieren. Geben sie dann einen Wert an, können wir sie bitten, den Bereich der Schätzung zu beschreiben – von niedrig bis hoch –, in dem sich der richtige Wert mit 95-prozentiger Sicherheit befindet.

Als gut kalibriert gilt jemand, dessen Einschätzung, wie sicher er sich ist, zum Zeitpunkt der Vorhersage mit der Genauigkeitsrate übereinstimmt, die das tatsächliche Ergebnis schließlich aufweist. Unseren Studierenden erklären wir das immer anhand von dichotomen Fragen wie: »Welcher ist länger – der Panamakanal oder der Suezkanal?«[7] Die meisten haben das natürlich nicht nachgeschaut und sich die Antwort gemerkt, aber es geht auch nicht darum festzustellen, wie gut unsere Studierenden mit »unnützem Wissen« umgehen. Wir wollen vielmehr wissen, woran sie ihre Einschätzung der Items festmachen. Wenn das angegebene Konfidenzniveau mit der Wahrscheinlichkeit übereinstimmt, dass sie richtigliegen, sind sie *perfekt* kalibriert. Wenn Sie beispielsweise sagen, dass Sie sich zu 50 Prozent sicher sind, sollten Sie die Hälfte der Zeit richtig- und die andere Hälfte falschliegen. Wenn Sie von 100 Prozent Sicherheit ausgehen, müssten Sie immer richtig tippen. Wenn die Genauigkeitsrate unter Ihre angegebene Einschätzung fällt, dann sind Sie zu selbstsicher. Sie unterschätzen Ihre Unwissenheit.

Die folgende Abbildung zeigt die Ergebnisse aus den Jahren, in denen wir den Studierenden diese Kalibrierungsaufgabe gestellt haben. Wenn sie ihr Konfidenzlevel bei 50 Prozent sehen, was im Wesentlichen bedeutet, dass sie raten, liegen sie in etwas mehr als 50 Prozent der Fälle richtig – vielleicht, weil sie mehr wissen, als ihnen bewusst ist. Doch auch wenn die Teilnehmenden immer mehr Vertrauen in ihre Antworten haben, fallen diese allesamt weniger genau aus, als sie gedacht hatten. Dieses »klassische« Kalibrierungsmuster – eine eindeutige Tendenz zur Selbstüberschätzung – ist in verschiedenen Studien für viele unterschiedliche Bevölkerungsgruppen immer wieder festgestellt worden.[8]

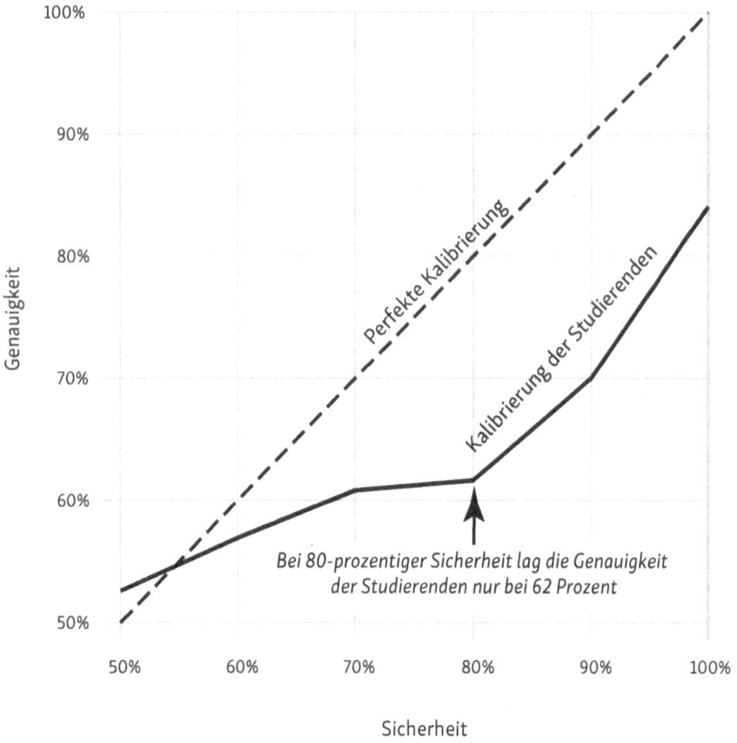

Hinweise auf diese »zu selbstsichere« Fehlkalibrierung finden sich auch in Experteneinschätzungen. In den frühen 2000ern untersuchten mehrere Forschende das übermäßige Vertrauen deutscher Börsenanalysten in ihre eigenen Prognosen. Sie baten 350 Finanzexperten, monatlich ihre Vorhersagen für die DAX-Entwicklung der nächsten sechs Monate abzugeben. Dabei baten sie jeden dieser Experten, zusätzlich ein 90-prozentiges Konfidenzintervall für jede ihrer Voraussagen zu benennen: den Bereich, in dem sich der tatsächliche DAX-Wert ihrer Meinung nach in 9 von 10 Fällen bewegen würde.[9] Folgendes passierte: Der tatsächliche DAX-Wert lag jeden Monat weit außerhalb der Konfidenzintervalle, die viele der Experten sechs Monate zuvor angegeben hatten. Es stellte sich heraus, dass in mehr als der Hälfte der Fälle während der 26 Monate laufenden Studie weniger als die Hälfte der Experten die Konfidenzintervalle so bemessen hatten, dass sie den DAX-Wert in diesem Monat erfassen konnten.

In diesem letzten Satz steckt eigentlich schon der Schlüssel zum Konzept der Kalibrierung: die Idee, dass es neben dem Wissen (das Sie beispielsweise für die Vorhersage des DAX-Index in sechs Monaten verwenden) ein Metawissen gibt, also ein Wissen über Ihr Wissen. Den deutschen Finanzexperten, die Konfidenzintervalle angaben, die sich als zu enggefasst erwiesen, fehlte es an Metawissen. Sie wussten nicht, wie viel sie nicht wussten. Sie hätten es besser machen können, wenn sie bei ihrem Metawissen nachgearbeitet hätten, also ihre Einschätzungen kalibriert.[10]

Ein anderes Beispiel liefern Phil Tetlocks Untersuchungen zu Außenpolitikexperten. Deren Prognosen können einen erheblichen Einfluss auf die Politik haben, so plant der US-Kongress zum Teil auf der Grundlage von Expertenannahmen den Militärhaushalt, und der Präsident entwickelt darauf basierend diplomatische, wirtschaftliche und militärische Strategien und handelt Verträge aus. Je sicherer sich die Experten in ihren Prognosen sind, desto wahrscheinlicher ist es, dass die Mitglieder des Kongresses und der Präsident selbst in die eine oder andere Richtung tendieren. Tetlocks Untersuchungen legen nahe, dass wir mit solchen Vorhersagen vorsichtig sein sollten. In seiner Analyse bat er mehrere hundert Experten für Außenpolitik, ihre Ja- oder Nein-Prognose für Ereignisse in 5 oder sogar 10 Jahren abzugeben. Er fragte zum Beispiel: »Wird Wladimir Putin 2016 noch der Präsident Russlands sein?« Für jede Vorhersage ließ er seine Probanden zudem auf einer Skala von 1 bis 9 angeben, wie sicher sie sich damit waren. Dabei stieß er auf zwei beunruhigende Ergebnisse: Erstens waren die Vorhersagen kaum genauer, als wenn man eine Münze geworfen hätte. Zweitens gab es im Wesentlichen keine Beziehung zwischen der Genauigkeit der Prognose und dem Vertrauen, das die Experten ihr beimaßen. Vorhersagen, die sich als richtig erwiesen, hatten die Teilnehmenden im Schnitt auf 6,5 bis 7,6 Punkte sicher eingeschätzt. Bei letztendlich falschen Prognosen hatten die Befragten im Schnitt zwischen 6,3 und 7,1 Punkten Sicherheit angegeben, kein großer Unterschied also. Diejenigen, die falschlagen, waren sich genauso sicher wie diejenigen, die richtig tippten. Wenn man also wissen will, ob man auf die Prognose eines Experten für Außenpolitik vertrauen kann, ist seine eigene Einschätzung keine gute Orientierungshilfe.[11]

Von Physikern oder anderen Naturwissenschaftlern erwartet man vielleicht, dass sie sich besser einschätzen können als Sozialwissenschaftler, vor allem, wenn sie sich mit Themen aus der natürlichen Welt beschäftigen, die nichts mit Politik zu tun haben. Schließlich können Naturwissenschaftler auf Daten mit Häufigkeitsverteilungen und zahlreiche Messungen zurückgreifen sowie auf ausgeklügelte statistische Formeln, in die sie Unmengen von Daten eingeben und sich von ihnen präzise Vertrauensintervalle ausspucken lassen. Aber wie es scheint, haben die »exakten Wissenschaften« in der Vergangenheit oft ebenso große Schwierigkeiten gehabt, ihr Vertrauen in ihre Ergebnisse angemessen einzuschätzen, wie Finanz- und Außenpolitikexperten.

Interessanterweise wissen wir das unter anderem deswegen, weil Physiker besonders gern verstehen wollen, wie gut sie in ihren Einschätzungen der Sicherheit einer Aussage kalibriert sind, und sich mit dieser Frage schon seit Jahrzehnten beschäftigen und diese auch dokumentieren. Die Physik ist einer der ersten Wissenschaftsbereiche, der mit so extrem großen Datenmengen hantiert. Darüber hinaus gibt es eine lange Tradition der Zusammenarbeit inmitten des weltweiten Wettbewerbs von Teams. Ende der 1950er und Anfang der 1960er haben sie daher begonnen, ihre konkurrierenden Messungen – und ihre Zuverlässigkeitsschätzungen – zu sammeln, zu vergleichen und zusammenzuführen. Schon bald fanden sie Hinweise darauf, dass manche Einschätzung der Ergebnisse falsch war. Beispielsweise würde man doch davon ausgehen, dass Wissenschaftler beim Versuch, die genauen Werte physikalischer Konstanten wie von Lichtgeschwindigkeit oder der Masse eines Elektrons zu bestimmen, anfänglich ihre Messungen als sehr unsicher einschätzen und dass sie erst im Laufe der Zeit immer sicherer würden. Anders gesagt, sollten die Fehlerbalken zu Beginn sehr groß sein und mit jeder neuen Studie schrumpfen, und jede neue Messung der Konstante sollte wahrscheinlich innerhalb der Fehlerspanne der vorherigen liegen. Doch so war es nicht. Als die Physiker ihre historischen Schätzungen für den Wert von c, der Lichtgeschwindigkeit, von 1870 bis in die 1960er-Jahre zusammen mit ihren Fehlerbalken nachzeichneten, stellten sie fest, dass es die wildesten Schätzungen gegeben hatte und der Wert aus einer Studie häufig weit außerhalb der Fehlergrenze einer vorherigen Studie lag. Das gleiche inkonsistente und scheinbar inkohärente Muster tritt bei den Schätzungen physikalischer Konstanten wie der inversen Feinstrukturkonstante, der Planck-Konstante, der Ladung eines Elektrons, der Masse eines Elektrons und der Avogadro-Zahl auf.

Natürlich hatten die Wissenschaftler in der gesamten Historie der Messungen geglaubt, dass *ihre* Arbeit endlich eine Annäherung an die Wahrheit darstellte. So schrieb der Physiker Raymond Birge im Jahre 1941: »Nach einer langen und manchmal recht turbulenten Geschichte hat sich der Wert für *c* endlich bei einem recht zufriedenstellenden ›stabilen‹ Zustand eingependelt.«[12] Wenig später lagen die meisten Schätzungen für den Wert von c viel höher als Birges Wert, ein ganzes Stück außerhalb des von ihm angegebenen Konfidenzintervalls, und die heutige Schätzung, mit der man sich recht sicher ist, liegt ebenfalls weit außerhalb von Birges »stabilem Zustand«.[13]

Diese Fehleinschätzung ließen die Physiker sehr viel vorsichtiger werden, was das Vertrauen in simple interne Schätzungen anging. Sie forderten mehr Quervergleiche von Ergebnissen, um die Unsicherheiten genauer zu bestimmen, sowie strengere Standards, was die Akzeptanz einer angeblichen wissenschaftlichen Entdeckung angeht. Und trotzdem bleibt eine der wichtigsten Warnungen, die man Studierenden für ihre Physikexperimente mit auf den Weg gibt, dass sie wahrscheinlich ihre Messungen *dennoch* überschätzen werden!

Selbst wenn sich zu überschätzen zur menschlichen Psyche dazugehört, ist ein Nachjustieren möglich und unter gewissen Bedingungen sogar ziemlich erfolgreich. Nimmt man die Kalibrierung der Konfidenzniveaus in verschiedenen Berufen, in denen Prognosen ein wesentlicher Bestandteil der Arbeit sind, so stellt man fest, dass die kurzfristigen Vorhersagen von Meteorologen zum Beispiel bemerkenswert treffsicher sind. Betrachtet man alle Fälle, in denen Meteorologen die Regenwahrscheinlichkeit für den nächsten Tag auf 80 Prozent schätzen, bemerkt man, dass es in etwa 80 Prozent der Fälle regnet. Aber warum sind sie derart gut kalibriert?

Vielleicht liegt es daran, dass Meteorologen ständig unmittelbare Rückmeldungen zu ihren Vorhersagen erhalten. Außerdem hängt das berufliche Ansehen der Meteorologen mindestens ebenso sehr von ihrem Metawissen (also ihrer Kalibrierung) ab wie von ihrem Wissen (ihrer Genauigkeit).[14]

In jedem Beruf oder Bereich beeinflussen die professionellen Anforderungen und soziale sowie kulturelle Faktoren das Urteil über das eigene Wissen. Sich der Faktoren bewusst zu werden, die die Kalibrierung der eigenen Einschätzungen beeinflussen, kann helfen, sich davon nicht unbewusst in die Selbstüberschätzung drängen zu lassen. In gewisser Hinsicht sollten wir versuchen, dem Computerprogramm Watson von IBM nachzueifern. Denn seinen berühmten Sieg gegen den besten menschlichen Teilnehmenden in der Fernsehsendung *Jeopardy!* errang er nicht nur aufgrund seines breiten Wikipedia-Wissens, sondern auch aufgrund seiner raffinierten Metakenntnisse.

Letzteres ist in der Sendung sehr wichtig, da nur ein Kandidat die richtige »Frage« der richtigen »Antwort« zuordnen kann, nämlich derjenige, der zuerst auf den Buzzer drückt. Fehlversuche geben Punktabzug, weswegen sich ein schnelles Drücken, ohne die geforderte Frage zu kennen, nicht lohnt. Man drückt den Buzzer nur, wenn man glaubt, dass man sie weiß. Bei *Jeopardy!* gewinnt, wer schnell einschätzen kann, ob er die korrekte »Frage« kennt oder nicht. Watson ist darauf programmiert, dies in Echtzeit zu tun – und zwar sehr gut. Er weiß um sein eigenes Nichtwissen und sagt uns im Grunde genommen: »In diesem Fall sollten Sie mir glauben. In diesem anderen Fall gibt es wenig Veranlassung, mir Glauben zu schenken.« Eine äußerst wertvolle Eigenschaft für einen Experten.[15]

Das Vertrauen in das Vertrauen anderer

Um aber voll und ganz zu verstehen, warum Experten die Zuverlässigkeit ihrer Erkenntnisse überschätzen, müssen wir uns ansehen, wie ihre Prognosen und Einschätzungen später verwendet werden. Wir müssen die Dinge aus der Perspektive des »Beobachters« sehen – des Patienten, der vom Arzt eine Einschätzung des Operationsrisikos bekommt; des Geschworenen, der die Aussage eines Zeugen beurteilt; des Anlegers, der sich auf die Börsenprognosen seines Finanzberaters verlässt. Wenn wir in derlei Situationen prüfen, welche Hinweise die Menschen nutzen, um zu entscheiden, ob sie dem Experten glauben oder nicht, stellt sich die Selbstsicherheitseinschätzung des Experten als einer der wichtigsten heraus. Berater, Zeugen und Sachverständige werden als glaubwürdiger wahrgenommen, wenn sie selbstsicher sind.

Gut zeigen lässt sich diese Dynamik im Gerichtskontext, in dem die Geschworenen die Glaubwürdigkeit von Augenzeugen anhand deren Aussagen prüfen müssen. Hier ist der Augenzeuge der »Experte« und der Geschworene der »Beobachter«. In der psychologischen Forschung dazu, welche Anhaltspunkte Beobachter nutzen, um Glaubwürdigkeit zu beurteilen, werden Verbrechen im öffentlichen Raum simuliert, und die tatsächlichen Augenzeugen sagen dann vor gespielten Juristen aus. Bei solchen Untersuchungen hat man festgestellt, dass die Wahrnehmung der Glaubwürdigkeit stark positiv damit korreliert, als wie selbstsicher der Zeuge wahrgenommen wird. Das deutet darauf hin, dass sich die Jurys sehr darauf verlassen, wie überzeugt die Zeugen selbst sind, bevor sie entscheiden: »Soll ich dieser Person glauben oder nicht?«[16]

Nur gibt es hier ein Problem: Wir wissen, dass das Vertrauen in die eigene Vorhersage oder Einschätzung ein sehr unzuverlässiges Maß für Genauigkeit ist. Wenn man die Glaubwürdigkeit eines Experten anhand seines – vermeintlichen oder ausgedrückten – Vertrauens in seine Aussagen beurteilt, wird man häufig in die Irre geführt und trifft infolgedessen möglicherweise schlechte Entscheidungen. Geschworene könnten unschuldige Menschen ins Gefängnis schicken, Investoren die falschen Aktien wählen, Patienten sich für Operationen entscheiden, die zu Komplikationen führen – und all das nur, weil sie sich bei der Beurteilung von Glaubwürdigkeit und Genauigkeit auf das Selbstvertrauen eines anderen verlassen.

Zum Glück gibt es Hinweise darauf, dass man etwas gegen diese Dynamik tun kann. Wenn sehr selbstbewusste Prognostiker, Experten oder Zeugen in psychologischen Studien falschliegen, hat ihre Selbsteinschätzung bei den Beobachtern nicht mehr dasselbe Gewicht. Sobald sich herausstellt, dass die sich so sicher gebende Person einen Fehler gemacht hat, fühlt man sich betrogen. (Umgekehrt büßen Experten oder Zeugen, die zwar falschlagen, sich in ihren Vorhersagen oder Einschätzungen aber weniger sicher zeigten, nicht an Vertrauen ein.[17])

Grundsätzlich ergibt es intuitiv Sinn, dass die Beobachter anders auf Sicherheitsbekundungen reagieren, wenn sie Informationen dazu erhalten, wie sorgfältig der Experte bei seiner Arbeit ist. Das Vertrauen muss nicht mehr als Ersatz für die Genauigkeit herhalten, wenn die Genauigkeit bereits bekannt ist. Schwierig ist nur, dass der Beobachter dafür immer ein Feedback braucht, und es ist nicht in allen Fällen möglich, eine Rückmeldung über die Genauigkeit eines Experten zu erhalten. Außerdem deuten einige Studien darauf hin, dass viele Menschen, wenn es in irgendeiner Weise anstrengend ist, ein solches Feedback zur Fachperson einzuholen, sich lieber für den faulen Weg entscheiden und die Sorgfalt des Experten anhand seiner Selbstsicherheit beurteilen.[18]

Doch können Experten überhaupt beides schaffen – weder zu selbstbewusst zu sein noch Fehler zu machen? Eine Möglichkeit wäre, das eigene Konfidenzintervall so breit zu fassen, dass die Wahrheit fast garantiert in diesem Bereich zu finden ist: »Ich bin mir zu 95 Prozent sicher, dass Präsident Biden, wenn er sich zur Wiederwahl aufstellen lässt, zwischen 30 und 70 Prozent der Stimmen bekommt.« Das Dilemma ist nur, dass niemand den Experten mit einer solch risikofreien Aussage als einen solchen ansehen würde. (Je enger die Spanne wird, desto weniger sicher: Derselbe Experte könnte sich zu 70 Prozent sicher sein, dass Biden zwischen 40 und 60 Prozent der Stimmen erhalten würde, oder zu 60 Prozent, dass die Spanne zwischen 40 und 50 Prozent liegen wird.) Fachpersonen müssen also ausreichend kalibriert sein, um vertrauenswürdig, aber eben auch spezifisch genug, um informativ zu sein – keine leichte Sache. Die gute Nachricht lautet, dass eine ehrliche und realistische Einschätzung, wie sicher man sich ist, das Vertrauen in die Expertise aufrechterhalten kann.

Selbstüberschätzung erkennen

Wenn es nur zwei Sorten von Experten gäbe – die »Genauen« und die »Ungenauen« –, dann dürften wohl die meisten von uns Erstere bevorzugen. Aber abgesehen von einfachen Situationen – solchen, in denen wir eigentlich keine Expertenmeinung benötigen – ist es unrealistisch, von Fachleuten zu erwarten, dass Erkenntnisse, die sie liefern können, auf jeden Fall korrekt sind. Deshalb ist die Selbsteinschätzung der Experten, wie sicher sie sich ihrer Sache sind, wichtig, damit wir sie auf Herz und Nieren prüfen können – aber vielleicht anders, als die meisten Leser gewöhnt sein dürften!

Wenn das nächste Mal ein Experte in Ihrer Lieblingsshow zu Gast ist, hören Sie gut zu, mit welchen Worten er sein Vertrauen in eine Aussage ausdrückt. Zeigt er sich vollkommen sicher? Weicht er verbal aus, sagt Dinge wie »Es ist möglich, dass« oder »Es besteht das Risiko, dass« oder vielleicht »Eine Möglichkeit wäre«? In einer von Natur aus unwägbaren Welt sollten wir diejenigen Experten zu schätzen wissen, die gut *kalibriert* sind. Leider stehen Fachleute oft unter Druck – durch Journalisten, Politiker, Anwälte und die allgemeine Öffentlichkeit –, selbstbewusst zu wirken.

Der berühmte Psychologe Daniel Kahneman hat einmal gesagt, dass die Selbstüberschätzung unter den Verzerrungen diejenige ist, die er, wenn er »einen Zauberstab hätte, wahrscheinlich wegzaubern würde«.[19] Wir bezweifeln, dass man Selbstüberschätzung für immer verschwinden lassen kann, aber wir kennen konkrete Kniffe, mit denen wir sie gering halten können.

Bisher haben wir etwas noch gar nicht erwähnt, das vielleicht ein wichtiger erster Schritt ist: Fühlen Sie sich nicht dazu gezwungen, eine Meinung zu etwas zu äußern, mit dem Sie sich nicht gut auskennen. Vielleicht setzen Sie sich sogar ein strenges Meinungsbudget: »Ich erlaube mir heute, lediglich fünf Meinungen auszudrücken – also sollte ich lieber klug damit haushalten.«

Und wenn Sie sich dazu gezwungen sehen, eine Meinung auszudrücken, formulieren Sie sie wenn möglich als Wahrscheinlichkeit, oder fügen Sie den Hinweis darauf hinzu, wie sicher Sie sich Ihrer Sache sind: »Ich bin mir zu 75 Prozent sicher, dass …«. Oder vielleicht: »Ich halte es für wahrscheinlicher als nicht, dass …«

Achten Sie, wenn Sie Experten zuhören, genau darauf, ob diese ihre Unsicherheit und die Möglichkeit, falschzuliegen, anerkennen. Wir würden uns zwar wünschen, dass Experten immer zu 100 Prozent richtigliegen, aber das entspricht einfach nicht der Realität. Doch können und sollten wir uns Experten suchen, die nahe an der 100-Prozent-Kalibrierung sind. Spezialisten, die einem sagen: »Ich weiß nicht genug darüber, um eine Einschätzung abzugeben«, sind nicht etwa nutzlos – sie sind verlässlich und vertrauenswürdig. Und so sie zu den Besten ihres Faches gehören, dann haben sie Ihnen dadurch gezeigt, dass es eben um einen Bereich geht, der noch weiter erforscht werden muss. Wenn Sie aber handeln müssen, wissen Sie, dass Vorsicht geboten ist – und Demut angesichts dessen, dass noch vieles unbekannt ist.

Kapitel 6

Die Signale aus dem Rauschen herausfiltern

Erfahrene Forschende wissen, dass ihr erstes Verständnis eines Phänomens sich oft als falsch herausstellen wird. Und häufig haben sie das auf die harte Tour erfahren. Saul zum Beispiel lernte diese Lektion als junger Postdoktorand, als er mit ein paar erfahreneren Wissenschaftlern an einem spannenden Astrophysikprojekt arbeitete, das entstand, als ein relativ nahe gelegener Stern explodierte. Diese Supernova 1987A war seit Hunderten von Jahren mit Abstand die erdnächste – und damit hellste – ihrer Art. Wissenschaftler von überall strömten zu den Teleskopen in der südlichen Hemisphäre (wo sie zu sehen war), um sie auf die verschiedensten Arten und Weisen zu studieren. Das Team, mit dem Saul arbeitete, hatte folgenden Gedanken: Wenn eine solche Supernova entsteht, muss ein extrem komprimiertes, dichtes Überbleibsel des explodierten Sterns zurückbleiben, ein sogenannter Neutronenstern. Dieser Sternüberrest rotiert und rotiert und reißt dabei sein sehr starkes Magnetfeld mit sich, an den beiden magnetischen Polen treten Lichtstrahlen (oder auch Radiostrahlen) aus. Ist die Achse des Magnetfelds gegen die Rotationsachse geneigt, zeigt der Lichtstrahl eines der magnetischen Pole einmal in jeder Runde auf sie wie bei einem Leuchtturm. Die Rotation tritt typischerweise mit einer Frequenz von 1000-mal pro Sekunde auf, sodass man jede Millisekunde einen regelmäßigen Lichtimpuls (oder Radiostrahl) sieht – insofern man ein großes Teleskop und ein gutes Gerät zur Lichterfassung hat! Als dieses Phänomen zum ersten Mal gesehen wurde – ein sogenannter Pulsar –, notierten sie »LGM« für »Little Green Man«, kleines grünes Männchen, auf ihre Blätter mit dem Grafen (von Radiosignalen, nicht von optischen Signalen), weil sie dachten, dass die sich regelmäßig wiederholenden Impulse von Außerirdischen stammten. Die beiden Astrophysiker, die das Signal entdeckt hatten, Jocelyn Bell Burnell und Antony Hewish, fanden noch weitere Pulsare an unterschiedlichen Stellen am Himmel, von denen einige mit diesen Supernova-Überresten in Verbindung zu stehen schienen. Ein Pulsar war zwar nicht *ganz* so aufregend wie ein Signal von einer außerirdischen Intelligenz, aber trotzdem nicht schlecht. Pulsare sind an sich schon erstaunlich.

Sauls Team dachte, dass sich ihm die erstmalige Chance böte, einen Pulsar direkt nach der Explosion bei seiner Entstehung zu beobachten. Es baute also ein neues Instrument, einen Infrarot-Photonen-Detektor, und flog nach Chile, um es am Teleskop anzubringen.

Letztendlich entdeckte es ein Signal mit einer Wiederholungsrate, die genau im erwarteten Bereich lag, nämlich 2000-mal pro Sekunde. Wenn es sich bei diesem Signal um einen Ton handeln würde – also eine Druckschwankung und nicht um pulsierendes Licht –, wäre es ein hoher Ton, ein fast drei Oktaven über dem mittleren C liegendes B. (Der klangliche Vergleich hilft beim Verständnis des schnellen Pulsierens, weil wir ein gewisses Gefühl für sehr hohe oder tiefe Töne haben, aber keines für schnell flackernde Lichtsignale; unsere Augen nehmen das Lichtflackern nicht wahr, wenn es schneller als circa 50-mal pro Sekunde geschieht.) Merkwürdigerweise veränderte sich diese »Tonhöhe« des flackernden Supernovalichts, wurde zunächst etwas niedriger (flackerte also etwas langsamer) und kehrte dann im Laufe der nächsten Stunden wieder zu seiner Ausgangstonhöhe zurück. Woran lag das?

Das Team überlegte eine Weile und befand dann, dass ein guter Grund für eine Signaländerung der Dopplereffekt wäre – das ist die Änderung der Tonhöhe, die man hört, wenn ein hupendes Auto auf einen zukommt und dann weiterfährt. So war es auch im Observatorium in Chile: Durch die Rotation der Erde schien das Instrument manchmal auf das Signal zuzukommen und es etwas höher »klingen« zu lassen. Und manchmal drehte sich das Instrument vom Signal weg, wodurch es etwas tiefer klang.

Außerdem dreht sich die Erde um die Sonne, und auch diese Bewegung dürfte die Tonhöhe verändern. Um also herauszufinden, ob und warum das Signal variierte, musste das Team diese beiden Verzerrungseffekte ausgleichen. Danach schwankte die Tonhöhe des Signals zwar immer noch, aber die Schwankung wirkte nun regelmäßig – fast eine perfekte Sinuswelle. Das war insofern spannend, da genau eine solche Welle wegen der Doppler-Verschiebung zu erwarten war, wenn der Pulsar *von einem Planeten umkreist würde*. Ein solcher Planet würde bewirken, dass sich die Tonhöhe in Bezug auf uns in regelmäßiger Weise vor und zurück und vor und zurück verschöbe. Es würde genauso aussehen wie das Sinuswellensignal, das das Team wahrgenommen hatte.

Zu der Zeit, als diese spannenden Ergebnisse gefunden wurden, hatte man noch keinen Planeten außerhalb unseres Sonnensystems entdeckt. Das Signal des Pulsars war der erste Beleg überhaupt für die Existenz eines solchen »Exoplaneten«. Entdeckungen wie diese sind die Highlights in der Karriere von Wissenschaftlern. Man spielt nur ein bisschen herum, schaut sich etwas an, und auf einmal ist da ein Signal. Es ist schwierig, es zu identifizieren, man bereinigt es um die bekannten Verzerrungen (zum Beispiel den Effekt der Erdrotation) und stößt auf etwas, das man gar nicht gesucht hat – in diesem Fall einen Planeten, der um einen entfernten Pulsar kreist. Das Paper, das die Entdeckung des Teams zusammenfasste, ging sofort ans Wissenschaftsjournal *Nature*. Doch dann überschlugen sich die Ereignisse.

Jetzt fragen Sie sich vielleicht, wie sicher sich das Team mit seiner Entdeckung war. Schließlich haben wir die Bedeutung des Wahrscheinlichkeitsdenkens für die Entscheidungsfindung in einer unsicheren Welt betont und wie wichtig es ist, unsere Selbsteinschätzung bei unseren eigenen Aussagen oder die Einschätzungen, mit denen Wissenschaftler ihre Argumentation vorbringen, zu kalibrieren. Steigen wir ein bisschen tiefer ein, indem wir mit dem Wahrscheinlichkeitsdenken spielen, es quantifizieren und prüfen, wie wir es nutzen können, denn es ist sehr hilfreich, mit diesem Tool umgehen zu können.

Vielleicht sollten wir damit anfangen, der Wissenschaftssprache etwas zu erklären. Bei vielen Wahrscheinlichkeitsdiskussionen geht es darum, »Signale im Rauschen« zu finden. Aber mit Signal und Rauschen ist hier etwas anderes gemeint als in sonstigen Kontexten.

Was heißt Signal also hier? In der Kommunikation kann es jegliches Element sein, das jemand verwendet, um einer anderen Person eine Nachricht zukommen zu lassen: gesprochene Wörter, Briefe, Musik oder der Lichtstrahl eines Leuchtturms. Diese Signale enthalten die Ideen, Richtungen oder Emotionen, die man kommunizieren möchte. Aber ein Signal kann auch etwas Abstrakteres sein. Wenn man etwas sucht – eine Form, einen Klang oder einen Geruch –, das einem etwas über die Welt verrät, dann ist das Signal die Spur oder der Beleg dafür. Was aber ist mit Rauschen gemeint? Darunter fällt im Grunde genommen alles, was uns davon abhält, das Signal zu finden.

Manchmal ähnelt das Rauschen stark dem Signal, dient aber nicht dazu, mit uns zu kommunizieren, oder enthält nicht die Informationen, die wir suchen. Beginnen wir mit einem Beispiel aus dem auditiven Bereich (die Terminologie stammt schließlich aus der Funktechnik). Stellen Sie sich vor, Sie hören jemandem zu und versuchen zu verstehen, was er sagt, aber im selben Raum führt noch jemand anderes ein Gespräch. Es ist davon auszugehen, dass diese Person mit *jemandem* kommunizieren möchte, aber von Ihrem Standpunkt aus ist das, was sie sagt »Rauschen«, ein Störgeräusch, das das »Signal« überlagert, welches Sie empfangen wollen. Die Fähigkeit, uns inmitten solcher Ablenkungen auf unseren Gesprächspartner zu konzentrieren, nennt man Cocktailparty-Effekt.

Das Rauschen kann sich auch aus zufälligen Ablenkungen wie willkürlichen Tönen oder Gerüchen ergeben, die im Umfeld des eigentlichen Ereignisses, auf das man sich konzentriert, auftreten. Wenn Sie beispielsweise bei einem Strandspaziergang am Meer jemandem zuhören wollen, sind die Wellen ein zufälliges Geräusch, so wie die Gespräche anderer Leute auf einer Cocktailparty nicht an Sie gerichtet sind. Aber das Rauschen der Wellen kann Ihr Signal überdecken.

Anhand von Schallbeispielen lässt sich das Rauschen zwar schön illustrieren, aber man muss zudem wissen, dass das Rauschen, so wie wir es definieren, auch anders aussehen kann und fast immer da ist, wenn wir etwas herausfinden wollen, sei es sensorisch oder andersgeartet. Es ist ähnlich schwierig, das Rauschen herauszufiltern, wenn Sie den Sarkasmus in einem Gespräch mit einem Freund finden wollen, der vollkommen ernst bleiben kann; den Tonfall in einer E-Mail Ihres Chefs, den Zimtgeschmack im Apple-Crumble oder eine Zecke im Fell Ihres Hundes.

Was zählt als Signal? Was zählt als Rauschen?

Die Definitionen von Signal und Rauschen lassen es vielleicht schon erahnen: Des einen Signal ist des anderen Rauschen. Denn vielleicht wollen Sie jeweils unterschiedliche Aspekte der Welt wahrnehmen. Stellen Sie sich beispielsweise vor, Sie schauen einen Film, in dem folgende vier Dinge passieren:

A. In einer Szene fliegt ein Ziegelstein durch ein Fenster ins Zimmer, in dem der Protagonist steht, und es gibt ein lautes Krachen.
B. Dicker Nebel verschleiert dem Protagonisten seinen Weg durch den finsteren Wald.
C. Der Film wird durch eine Eilmeldung unterbrochen, die Sie vor einem herannahenden Waldbrand warnt.
D. Der Protagonist hält eine dramatische politische Rede und macht eine wichtige Aussage zur Demokratie.

Was davon erleben Sie bei Ihrem Fernseherlebnis als »Rauschen«? Vielleicht würden Sie gerne B sagen, da dicker Nebel schon sehr ablenken kann. Aber in Ihrer Rolle als Zuschauer ist der dichte Nebel kein Störfaktor. Vielmehr handelt es sich um wichtige Informationen, dass der Protagonist sich nur schwer aus dem Nebel herauskämpfen kann. Der Nebel ist ein Signal für Sie vor dem Fernseher; er ist Teil der Handlung. Also muss es Antwort C sein. Die lästige Warnung über irgendeinen Waldbrand ist eine überflüssige Ablenkung. Für Sie in Ihrer Rolle als Zuschauer eindeutig Rauschen, aber nicht für Sie als Person, die den morgigen Tag noch erleben will.

Wie viel davon ist aus der Perspektive des Protagonisten im Film Rauschen? C können wir ignorieren, das kommt beim Protagonisten nicht an, wohingegen der Nebel wirklich Rauschen ist. Für den Protagonisten ist das Signal der Weg durch den Wald, der Nebel hält ihn davon ab, ihn zu finden. Und ist A, der Ziegelstein, der durchs Fenster hereinfliegt, auch Rauschen? Sicher ist es ein Störgeräusch für den Protagonisten, aber nur in der alltäglichen Bedeutung des Wortes »Geräusch«. Der Ziegelstein ist in dem Sinne kein Rauschen, da man annehmen muss, dass er für den Protagonisten und die Handlung eine wichtige Bedeutung hat. Die Hauptfigur erfährt dadurch etwas, das sie wissen muss.

Wie viele der Punkte sind für einen Hund, der den Fernsehzuschauer dazu bringen will, ihn auszuführen, Rauschen? Im Grunde alle. Den Hund interessiert nichts davon, er will nur Gassi gehen, und alles, was im Film passiert oder im Fernsehen angekündigt wird, ist aus seiner Sicht ein Hintergrundgeräusch; Sachen, die das wichtige Signal stören, nämlich seinen herzerweichenden Geh-mit-mir-raus-Blick.

Drehen wir die Frage einmal um und überlegen, ob alle Ereignisse von A bis D in irgendeinem Kontext als Signal dienen könnten. Nein? Weil B, der dichte Nebel, in jedem Kontext ein Störfaktor sein müsste? Aber wenn Sie zum Beispiel mit dem Flugzeug fliegen wollen, dann ist der Nebel das Signal, dass der Flug verspätet sein könnte.

Im Großen und Ganzen kann man also sagen, dass es von der Fragestellung abhängt, was ein Signal und was das Rauschen ist. Man muss sich darauf konzentrieren, was man herausfinden möchte – was zählt in einem bestimmten Kontext als Signal, was zählt als Rauschen. Es ist in vielen Situationen lohnend, sich zu fragen: Gibt es hier ein Signal? Gibt es hier Rauschen? Können wir sie klar voneinander unterscheiden? Könnten wir das eine vielleicht mit dem anderen verwechseln? Derlei Überlegungen werden spätestens dann wichtig, wenn wir uns mit Problemen der realen Welt beschäftigen, wie bei Fragen zum Klimawandel und der globalen Erwärmung. Schauen Sie sich den folgenden Graphen an, der die Messungen der jährlichen globalen durchschnittlichen Oberflächentemperatur zwischen 1850 und 2000 zeigt.[1]

Hier möchte man natürlich wissen, ob es ein Signal für steigende Temperaturen gibt. Vielleicht möchten Sie außerdem herauslesen, ob das Signal für die Erwärmung sich um die Zeit zeigte, als die Menschen anfingen, in großem Stil Karbondioxid in die Atmosphäre abzugeben. Aber das Erste, das beim Betrachten des Graphen auffällt, ist ziemlich viel Rauschen, die Messungen schießen über die Jahre und Jahrzehnte deutlich nach oben und fallen wieder ab. Man muss wirklich eine ganze Menge darüber wissen, was dieses Störgeräusch verursacht, diese zufällig wirkenden Temperaturschwankungen, um den Graphen interpretieren und das Signal ausmachen zu können.

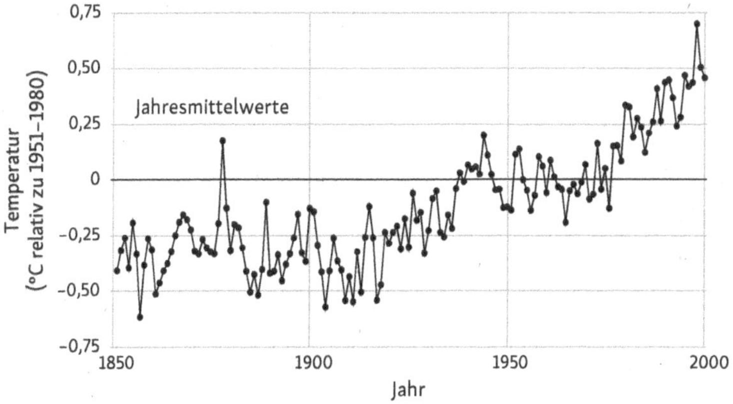

Oder handelt es sich nur um eine der zufälligen Schwankungen, die in diesem speziellen System vorkommen? Denn schließlich gibt es in jedem Jahr viele große Anstiege.

Noch spannender wird es, wenn man sich die Entwicklung der globalen Temperaturen über einen längeren Zeitraum anschaut. Das folgende Diagramm zeigt den 20-jährigen Mittelwert der Temperatur angefangen bei 400 v. Chr. (unter Verwendung von grönländischen Eiskerndaten als groben Näherungswert für globale Temperaturänderungen).

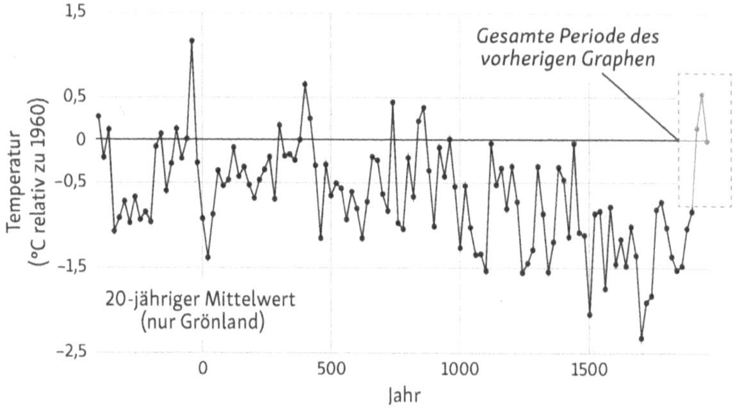

Der Zeitraum der oberen Grafik ist der kleine Ausschnitt auf der rechten Seite, und es wirkt wirklich wie ein Teil einer langen Folge von Auf- und Abwärtsbewegungen – also eher Rauschen als Signal.[2] (Rom wurde während einer warmen Periode erbaut, die Pest hingegen wütete in einem kalten Zeitraum. Wir mögen es wohl lieber warm.)

Wenn wir uns aber die aktuelleren Jahre anschauen (nächste Abbildung), sieht es leider so aus, dass das Signal für die globale Erwärmung relativ zum Rauschen stärker ansteigt. Eine umfassendere Untersuchung zum Anstieg der globalen Durchschnittstemperatur zeigte zudem, dass im letzten Jahrhundert ein Großteil des Anstiegs durch menschliche Aktivitäten bedingt war. Das lässt sich vor allem dadurch belegen, dass man die Quellen des Rauschens in dieser Abbildung kennt. Viele der kleinen kurzfristigen Temperaturabfälle haben zum Beispiel mit Vulkanen zu tun, die Gase in die Atmosphäre abgeben, welche das Sonnenlicht reflektieren und so einen Abkühleffekt für die Erde auslösen. Es gibt auch Hinweise darauf, dass das Rauschen nicht nur ein Indikator für schlechte von Land aus durchgeführte Messungen ist, sondern tatsächlich die Realität widerspiegelt, da die meisten der verbleibenden kurzfristigen Schwankungen den Schwankungen der Oberflächentemperaturen des Nordatlantiks entsprechen. Abgesehen von diesen beiden kurzfristigen Stör-Korrelationen lässt sich ein weiterer Trend beobachten, dass die langsam ansteigende Temperaturkurve zur langsam ansteigenden Kurve des CO_2 in der Atmosphäre über denselben Zeitraum parallel läuft – und das ist das Signal, das wir zu finden befürchtet hatten, da die Veränderung des CO_2-Ausstoßes vor allem menschengemacht ist.[3]

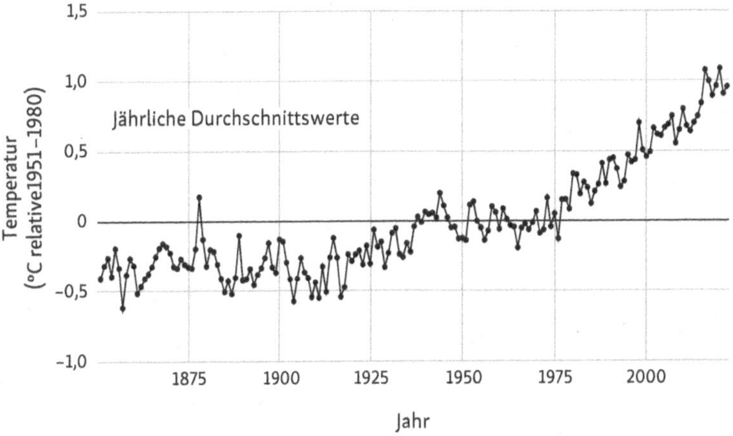

Ein gutes Beispiel für eine Problemstellung, bei der es für ein Verständnis der Situation unabdingbar ist, das Signal (der Trend des Temperaturanstiegs im Zusammenhang mit dem Anstieg von CO_2) vom Rauschen (den kurzfristigen Schwankungen aufgrund der Vulkane und Meerestemperaturen) zu unterscheiden.[4]

Treten wir einen Schritt zurück, um uns das Gesamtbild anzuschauen: Manchmal gelingt es einem – wie beim Cocktailparty-Effekt, wo man die Nebengespräche, die es einem schwer machen, einem Freund zuzuhören, prinzipiell herausfiltern kann –, die Quellen dessen, das wie zufälliges Rauschen wirkt, welches wiederum das Signal stören könnte, zu identifizieren. Doch das lohnt sich oft nicht, denn wie bei einer Cocktailparty haben wir andere Möglichkeiten, das Signal zu verbessern und das Rauschen zu minimieren (uns beispielsweise eine ruhigere Ecke für die Unterhaltung zu suchen). Beim weltweiten Klima gibt es noch einen weiteren Anreiz, die Quelle des Störgeräusches ausfindig zu machen: unser Bestreben, in einer Welt mit nie da gewesenen Bevölkerungszahlen die Erdtemperatur, so möglich, im Bereich des aktuellen Jahrhunderts zu halten. Die Temperaturen zu kontrollieren, wäre jedoch ein schwieriges Unterfangen, wenn wir keine Ahnung hätten, welche Variablen (wie CO_2) die Stellschrauben für eine Veränderung sind und was einfach nur Rauschen, das die Temperaturen langfristig nicht verändern wird.

Wenn man erst einmal über das Problem, ein Signal inmitten von Störgeräuschen auszumachen, nachdenkt, entdeckt man es überall im Alltag – und nicht nur auf Cocktailpartys. Wenn Sie Ihrem Kind Äsops Fabel »Der Hirtenjunge und der Wolf« vorlesen, werden Sie feststellen, dass sie nichts anderes ist als eine Geschichte, in der ein Junge dadurch, dass er Störgeräusche verursacht, keine Warnsignale mehr senden kann. Oder nehmen Sie die Wimmelbücher, visuelle Rätsel, bei denen die Illustratoren geschickt das gesuchte Bild – das Signal – in einem Muster aus ähnlichen Eindrücken – das Rauschen – verstecken.

Wenn wir jetzt Nachrichten schauen, haben wir vielleicht auch mehr Verständnis für diejenigen, deren Job es im Jahre 2001 war, drohende Terrorangriffe auszumachen, die aber das Signal – auf 9/11, zum Beispiel der Hinweis in Berichten, wonach manche Menschen seltsamerweise lernen wollten, wie man ein Flugzeug fliegt, aber nicht, wie man es landet – inmitten des Rauschens an unzähligen Berichten zu verdächtigem Verhalten überall auf der Welt nicht erkannten. Wahrscheinlich gibt es eine ähnliche Geschichte von übersehenen Warnsignalen beim Angriff auf Pearl Harbor.

Und dann sind da noch die wenigen seltenen Situationen, in denen das Rauschen uns sogar hilft, nämlich dann, wenn wir das Signal ignorieren *wollen*. Nicht umsonst steckt in der Bezeichnung für Geräte, die beruhigende Geräusche abspielen, *White Noise Machines*, das Wort für Rauschen, *noise*: Sie helfen uns dabei, nicht mehr auf die faszinierenden, aber nervigen Gespräche im Nebenraum zu hören, wenn wir eigentlich schlafen wollen. Und auch eine mögliche Erklärung dafür, warum wir uns bei Jucken kratzen, hat mit den Vorteilen von Störgeräuschen zu tun: Möglicherweise tun wir es deshalb, um das lästige Juckreiz-Signal, das von dem Mückenstich auf unserem Arm ausgeht, mit dem Störgeräusch eines weniger lästigen Kratzgefühls zu überdecken.

Fachsprache: Signal-Rausch-Verhältnis

Es gibt einen weiteren fachsprachlichen Begriff, der mit dem Thema Signal und Rauschen zu tun hat und den man kennen sollte, selbst wenn wir ihn nicht täglich verwenden. Solche Begriffe entstehen, wenn Wissenschaftler an Techniken feilen, um unter all dem Rauschen das Signal auszumachen beziehungsweise das Verhältnis von Störgeräusch und Signal. Man spricht hier vom »Signal-Rausch-Verhältnis«.

Schauen wir uns anhand eines Beispiels an, wie man auf dieses Verhältnis kommt. Nehmen wir einmal an, Sie haben ein aus 16 Zeichen bestehendes Signal:

A_STITCH_IN_TIME

Stellen wir uns jetzt vor, dass es sich dabei um eine Geheimbotschaft handelt, die Ihnen Buchstabe für Buchstabe über eine schlechte Telefonverbindung durchgesagt wird, in der es rauscht. Um das zu verdeutlichen, fügen wir zwei wahllose Buchstaben als Lärm hinzu und ersetzen sie durch zufällige Buchstaben:

AQSTITCH_VN_TIME

Das Signal-Rausch-Verhältnis beträgt hier 14 : 2 (oder 7 : 1) – 14 Zeichen Signal und 2 Rauschen. Mit einem solchen Verhältnis ist es noch immer möglich, das Signal auszumachen oder zumindest zu erraten. Aber was passiert, wenn die Verbindung noch schlechter ist? Das simulieren wir, indem wir zwei weitere Zeichen durch Lärm ersetzen:

EQSTITCHNVN_TIME

Bei diesem Signal-Rausch-Verhältnis von 12 : 4 (oder 3 : 1) ist es sehr viel schwieriger, das Signal auszumachen. Vielleicht kommt man nach vielen Rateversuchen darauf, aber das Rauschen macht es einem wirklich schwer. Wenn man noch zwei weitere Stellen durch Lärm ersetzt, um das Signal-Rausch-Verhältnis auf 10 : 6 (oder 5 : 3) zu senken, ist es nahezu unmöglich, das Signal zu finden:

Das Beispiel zeigt es wahrscheinlich schon: Wenn das Rauschen das Signal verdeckt, kann Glück eine Rolle spielen. Bestimmte zufällige Informationen verdecken ein Signal besser als andere. In der Wissenschaft hat man manchmal einfach nur Glück. Dann taucht ein Signal auf, das glücklicherweise nicht übermäßig vom Rauschen verzerrt ist und einem einen Hinweis gibt, der zu einer Entdeckung führt.

Vor allem geht es jedoch darum, dass die Quantifizierung des Signal-Rausch-Verhältnisses uns hilft, die Qualität von Störgeräusch und Qualität einzuschätzen und Situationen zu vergleichen. In unserem Beispiel mit 7 : 1 ist das Signal recht offensichtlich, aber bei einem Verhältnis von 3 : 1 wird es schon schwieriger. Mithilfe von Quantifizierung lässt sich sogar hochrechnen, wie gut das Signal im Verhältnis zum Rauschen für einen bestimmten Zweck sein muss. Das tun Wissenschaftler oft (oder sollten es zumindest), und es ist gut zu wissen, dass diese Überlegung oft mitschwingt, wenn sie gebeten werden, sich zu einem wichtigen Faktor in einem Entscheidungsprozess zu äußern.

Wenn Wissenschaftler über das Signal-Rausch-Verhältnis sprechen, verwenden sie dafür oft eine hübschere statistische Definition. Aber das Prinzip ist dasselbe: Man versucht herauszufinden, wie viel Rauschen man im Vergleich zum Signal hat und wie die Chancen stehen, dass man bei diesem Verhältnis das Signal unter den Störgeräuschen erkennen wird. Daher ist es wichtig und nützlich, schon einmal vom Signal-Rausch-Verhältnis gehört zu haben.

Was kann man gegen das Rauschen tun?

Wissenschaftler beschäftigen sich viel damit, unter all dem Rauschen das Signal zu finden. Schauen wir uns einmal einen Weg an, wie dies gelingen kann, indem wir uns eine dramatische Filmszene mit Ihnen in der Hauptrolle ausdenken (denn wir glauben, dass es mehr Spaß macht, der Star in seinem eigenen ausgedachten Film zu sein). Stellen Sie sich vor, Sie sind bei der Luftwaffe und machen einen Erkundungsflug über den Pazifik. Da kommt ein Funksignal herein, das wie Rauschen klingt. Für was halten Sie den Lärm, der da über Ihre Kopfhörer kommt? Sie verfügen über die entsprechende Ausbildung und haben daher eine Theorie: Sie denken, dass es vielleicht ein Signal ist, das in einer bestimmten Tonhöhe und mit einer bestimmten Frequenz ankommt und das Sie ganz schwach hören können. Ihr Funkgerät verfügt aber über einen Entzerrer, der die Frequenzen filtert und alle anderen unerwünschten Töne ausblenden kann. Sie spielen ein bisschen mit dem Funkgerät herum, und dann hören Sie es: dreimal kurz, dreimal lang, dreimal kurz – SOS in Morsezeichen. Sie nehmen Kurs in Richtung des Signals, um Weiteres herauszufinden.

Es gibt zwei interessante Aspekte an dieser Geschichte. Erstens besteht der einzige Unterschied zwischen dem Hören des Rauschens und dem Wahrnehmen des Signals darin, dass alle Frequenzen, auf denen nicht das Signal kam, unterdrückt wurden. Sie haben alles andere herausgefiltert, und das Einzige, das durchkam, war diese eine Frequenz mit dem Signal. Und plötzlich war es ganz offensichtlich, dass es ein Signal war.

Der zweite interessante Aspekt: Unser Gehirn ist ziemlich gut darin, Störgeräusche herauszufiltern – wenn es weiß, wo es nach dem Signal suchen muss, in diesem Fall die Tonhöhe, auf der man das SOS-Signal vermutet. Und wenn Sie dieser Pilot wären, der gerade zwischen all dem Rauschen ein SOS-Signal gehört hätte, würden Sie, sogar wenn Sie den Entzerrer abstellten, das Signal in all dem Rauschen noch erkennen. Denn Sie wüssten bereits, wonach Sie suchen müssen, und Ihr Hirn würde das Filtern übernehmen. Denn unser Gehirn ist unheimlich gut darin, das Filtern zu lernen. (Das sollte man im Hinterkopf behalten, wenn man Signale im Rauschen ausmachen will, denn gleich werden wir sehen, welche Probleme dabei entstehen können, eben weil unser Gehirn automatisch filtert. Wie bei all unseren Fähigkeiten gibt es auch hier eine Kehrseite.)

Ein klassisches Beispiel für den Versuch, Signale aus dem Rauschen herauszufiltern, ist die anhaltende internationale wissenschaftliche Suche nach außerirdischen, kurz SETI, *Search for Extraterrestrial Intelligence*. Zu den Aufgaben der SETI-Wissenschaftler gehört es unter anderem, Radioantennen auf entfernte Sterne zu richten. Man hört dann ein Rauschen, ähnlich den Geräuschen, die der Pilot der Luftwaffe wahrgenommen hat. Das tosende Rauschen des gesamten Universums beziehungsweise der einen Stelle, auf die Sie die Antenne gerichtet haben.

Man kann hier leider nicht auf ein Kurz-Lang-Signal hoffen, denn soweit wir wissen, spricht ET nicht in Morsezeichen. Daher überlegt man sich alle möglichen Filter. Im Grunde genommen ist es das, was SETI-Wissenschaftler tun: nicht blind nach offensichtlichen Signalen im Rauschen suchen, sondern sich Filter ausdenken, die unsere Aufmerksamkeit auf Kommunikationssignale lenken können, die Außerirdische möglicherweise verwenden. Das ist gar nicht so einfach, denn auf welche Kommunikationssignale soll man sich konzentrieren (und alles andere herausfiltern)? Was würde ET wohl als Äquivalent für Morsezeichen verwenden?

Eine einfache Möglichkeit wäre es, zu schauen, ob sie einen sich wiederholenden Impuls auf einer bestimmten Tonhöhe senden. Es wäre schon interessant, wenn sich herausstellte, man müsse nur nach einer bestimmten Tonhöhe suchen, so wie beim Beispiel mit dem SOS. Aber leider gibt es andere Naturphänomene im Universum, die einen solchen sich wiederholenden Impuls erzeugen könnten und die nichts mit außerirdischen Zivilisationen zu tun haben.

Wir werden später noch ein einprägsames Beispiel dafür bringen, wenn wir mit unserem Cliffhanger zu dem den Pulsar umkreisenden Planeten fertig sind. Aber erst sollten wir ein besonders tückisches Problem erwähnen, das auftritt, wenn wir in dem ganzen Rauschen nach einem bestimmten Muster suchen: Unser Gehirn erkennt im Rauschen Muster – und schreibt diesen eine Bedeutung zu! Wir werden sehen, dass unsere Fähigkeit, die Signale zu erkennen, die wir für unsere alltäglichen (und langfristigen) Entscheidungen brauchen, davon abhängt, wie gut wir einschätzen können, ob wir einer solchen Täuschung leicht erliegen. Da dieses Thema so wichtig für unseren täglichen Umgang mit Signalen und Geräuschen ist, werden wir uns ihm im folgenden Kapitel zuwenden und ihm – gemeinsam mit der Geschichte um den Pulsar – den nötigen Raum geben.

Kapitel 7

Ich sehe was, was nicht da ist

Der nächste Teil der Geschichte beginnt mit unserer naiven Erwartung, was zufällige Störgeräusche alles bewirken können. Aber inwiefern sind unsere Erwartungen naiv? Folgendes Experiment haben wir mit den Studierenden in unserem Seminar durchgeführt: Zunächst haben wir sie gebeten, 50-mal eine Münze zu werfen und Kopf und Zahl jeweils als »K« oder »Z« zu notieren. Eine andere Gruppe Studierender ließen wir eine Folge von »Kopf« und »Zahl« erstellen, die ihnen so zufällig erschien wie das Werfen einer Münze, die sie aber nicht tatsächlich werfen sollten. Hier sind die Sequenzen, mit denen sie zu uns kamen – aber wir werden Ihnen noch nicht verraten, welche Sequenz, A oder B, die tatsächlichen Münzwürfe abbildet.

A:

KZKZZKZZZKZKKKKZZZZZKKZKKZZZKZZZZZKZZZZZZZKZKKKZKZ

B:

ZZZKZZKKZZZZZKZKKZZKZZZKZZZZKZKZKKKZZZKKKKKZZKKKZK

Könnten Sie davon ausgehend sagen, welche der Reihen wirklich zufällig ist und welche nur so wirkt? Wenn Sie die beiden Sequenzen vergleichen, achtet Ihr Gehirn sofort auf die »K«- und die »Z«-Folgen (hervorgehoben durch die Rechtecke). Sequenz A hat eine Folge von sieben »Z«s und zweimal treten fünf »Z«s direkt hintereinander auf. Solch einen »Lauf« gibt es in der Sequenz B nicht, obwohl Sequenz B auch eine direkte Aneinanderreihung von fünf »K«s aufweist. Jetzt sind Sie vielleicht versucht, Reihe A für die künstliche zu halten, da doch eine »echte« zufällige Abfolge wahrscheinlich nicht so viele gleiche Ergebnisse hintereinander liefern würde, ganze siebenmal »Zahl«.

Doch damit würden Sie falschliegen, Reihe B ist die unechte. Die Studierenden, die sie sich ausgedacht haben, dachten vermutlich, dass es nicht zufällig wirkt, wenn sie zu viele Zahl- oder Kopfwürfe hintereinander angeben würden. (Sie versuchten, zwei längere gleiche Abfolgen einzubauen, trauten sich aber nicht mehr.) Nachdem sie »Kopf, Kopf, Kopf, Kopf« oder »Zahl, Zahl, Zahl, Zahl« angeführt hatten, hielten sie es wahrscheinlich für wenig zufällig und verkürzten die gleichlautenden Abfolgen. Aber in realen zufälligen Reihen treten überraschend viele gleiche Ergebnisse hintereinander auf, die man nicht erwarten würde.

Kehren wir noch einmal zurück zu unseren vorherigen Beispielen. Da wären einmal der Pilot der Luftwaffe, der in all dem Rauschen ein SOS-Signal ausfindig machen will, und die Suche nach einem vernünftigen Satz in dem Buchstabensalat, der sich ergab, nachdem wir zufällig falsche Zeichen hinzugefügt hatten. In beiden Fällen sind wir uns bewusst, wie schwierig es sein kann, im Rauschen ein Signal auszumachen. Doch wir verraten Ihnen noch etwas Neues, das Sie im Hinterkopf behalten sollten, wenn Sie in Daten, die voller Störgeräusche zu sein scheinen, intensiv nach einem Signal suchen: Sie werden sich täuschen lassen. Im Rauschen wird irgendwann etwas auftauchen, das wie ein bedeutungsvolles Muster aussieht, und zwar auf eine Art und Weise, die Sie niemals erwartet hätten. Anders gesagt, glaubt man auf der Suche nach einem Signal in zufälligem Rauschen oftmals, ein Signal gefunden zu haben, das aber eigentlich keines ist.

Niemand von uns hat ein gutes Gefühl dafür, wie oft Muster in zufälligem Rauschen auftreten. Vermutlich sollten wir die entdeckten Muster am besten immer infrage stellen und uns bewusst sein, dass unsere Intuition darüber, was ein Signal ist, falsch sein könnte – und damit verglichen werden muss, wie oft dieses Muster in zufälligen Daten auftaucht. (In der Statistik gibt es viele mathematische Techniken, um solch einen Vergleich anzustellen.) Dieser Gedanke wird Ihnen, wenn Sie ihn nach der Lektüre dieses Buches verinnerlicht haben, noch zugutekommen. Schnappen Sie sich also, so Sie das noch nie gemacht haben, eine Münze (es gibt sie noch), werfen Sie sie 100-mal, und notieren Sie alle langen gleichen Abfolgen. (Und für diejenigen, die diesen Gedanken bereits verinnerlicht haben: Suchen Sie sich jemanden, den Sie mit diesem Trick verblüffen und unterhalten können.)

Die Ladenbesitzer unter Ihnen werden nie wieder zu viel Ware bestellen, wenn sie ein Muster in den letzten fünf Ausverkaufs-Donnerstagen hintereinander zu erkennen glauben, ohne vorher einen Statistiker um Rat zu fragen, der ihnen sagen kann, wie wahrscheinlich das nur ein zufälliger Lauf ist.

Die Suche nach dem Higgs-Teilchen

Wie kann man nun aber diese Unterscheidung zwischen Signal und Rauschen aufzeigen? Fangen wir mit einem dramatischen, legendären Beispiel aus der Physik an: der Entdeckung des Higgs-Bosons (einem subatomaren Teilchen). Daran lässt sich gut demonstrieren, wie schwierig es für Wissenschaftler ist, Rauschen und Signal nicht zu verwechseln. (Wenn Sie das nächste Mal hören, wie ein Reporter versucht, einen Wissenschaftler dazu zu bringen, sich bei seinen Aussagen weniger zurückzuhalten, werden Sie mehr Verständnis dafür haben, wenn der Forscher vorsichtig bleibt!)

Das Higgs-Boson wurde im Rahmen eines klassischen Teilchenphysikexperiments entdeckt, in dem man bereits gut erforschte Elementarteilchen – in diesem Fall Protonen, die Atomkerne von Wasserstoffatomen – extrem beschleunigte. Dafür schickt man sie wieder und wieder über eine kilometerlange Kreisbahn, in der die Teilchen über zahlreiche Elektromagneten geführt werden. Die Protonen werden als Strahl gebündelt. Ein Protonenpaket, das im Uhrzeigersinn um den Ring wandert, wird dann auf ein anderes Paket gerichtet, das sich gegen den Uhrzeigersinn bewegt. Ziel ist es, eine Kollision einzelner Protonen aus jedem Bündel herbeizuführen, die eine ausreichende Gesamtenergie haben, um neue, noch nie zuvor beobachtete Elementarteilchen zu erzeugen. Diese Kollisionen haben immer etwas Chaotisches, denn die beiden zusammenstoßenden Protonen zerstieben in eine Ansammlung verschiedenster Teilchen, die in jede Richtung davonfliegen und dabei jeweils etwas von der Gesamtenergie des Zusammenstoßes aufnehmen. Fast alle Teilchen dieser Wolke sind bekannte, bereits untersuchte Partikel wie Elektronen, Photonen und Myonen. Aber wenn die Teilchenphysiker die Ergebnisse aus Billionen dieser Kollisionen analysieren, können Sie nach den seltenen Fällen suchen, in denen ein bisher unbekanntes Teilchen auftaucht. Bei den Higgs-Experimenten suchten die Wissenschaftler nach einem Teilchen, von dem man bereits glaubte, dass es existieren könnte. Dieses sogenannten Higgs-Teilchen würde man an seiner einzigartigen Masse erkennen, die sich von der aller anderen bekannten Teilchen unterscheidet.

Stellen Sie sich vor, Sie besichtigen den Teilchenbeschleuniger in Genf, den Large Hadron Collider (LHC; Großer Hadronen-Speicherring). Sie steigen in den Aufzug, der Sie 100 Meter unter die Erde in einen Tunnel befördert zum 27 Kilometer umfassenden Beschleuniger, gesäumt von Tausenden Elektromagneten, die jeweils länger als ein Bus sind. An mehreren Stellen dieses unterirdischen Rings befinden sich dort, wo die Protonenbündel miteinander kollidieren können, sogenannte Kavernen, in denen verschiedene internationale Wissenschaftsteams jeweils riesige Detektorsysteme aufgebaut haben. Die Detektoren setzen sich aus vielen kleineren Teilen (»Subdetektoren«) zusammen, welche die Signale von den Teilchen auffangen sollen, die bei den Kollisionen versprüht werden.

Man möchte all diese Daten über die Signale verwenden, um zu analysieren, welche neuen Partikel bei den Kollisionen entstehen. Vor allem soll die Energie dieser Partikel kalkuliert werden, da uns das etwas darüber verraten könnte, wie viel Energie in den ersehnten neuen Teilchen stecken könnte, wie die Higgs-Teilchen, die man zeitweise in den Kollisionen erzeugen konnte. (Jetzt werden alle, die im 20. oder 21. Jahrhundert aufgewachsen sind, unsere Lieblingsgleichung von Einstein herunterbeten, $E = mc^2$, die uns sagt, dass wir, wenn wir die Lichtgeschwindigkeit c kennen, die gesamte Energie E in die gesamte Masse m des Ausgangsteilchens konvertieren können – aber das wussten Sie natürlich!)

Die Wissenschaftler, die sich mit dem Teilchenbeschleuniger befassen, erstellen Statistiken über viele, viele Tausende, Millionen oder sogar Billionen dieser Kollisionsereignisse und zeichnen Histogramme (grafische Datendarstellungen), aus denen hervorgeht (aus dem Teilchennebel), wie viele dieser Ereignisse einen Hinweis auf ein neues Teilchen mit einer bestimmten Gesamtmasse darstellen.

Es gab zwei große internationale Kollaborationen, jede mit ihrem eigenen Detektorsystem in einer der Kollisionskammern, die bei der Suche nach dem Higgs-Teilchen konkurrierten. Die nächste Abbildung zeigt die Daten der Higgs-Recherche mit einem der beiden Detektoren, dem ATLAS-Detektor. Dieses Diagramm basiert auf dem Graphen zur Entdeckung, vgl. »Latest Results from ATLAS Higgs Search«, 4 Juli 2012, ATLAS Collaboration, atlas.cern/updates/press-statement/latest-results-atlas-higgs-search. (Wir drei haben alle an der Universität in Berkeley unterrichtet, als dort das Innenleben des Detektors gebaut wurde – das ATLAS-Team war also so etwas wie unsere »Heimmannschaft«.) Der kleine Ausschlag im Graphen ist es, die kleine Beule, die die aufregende

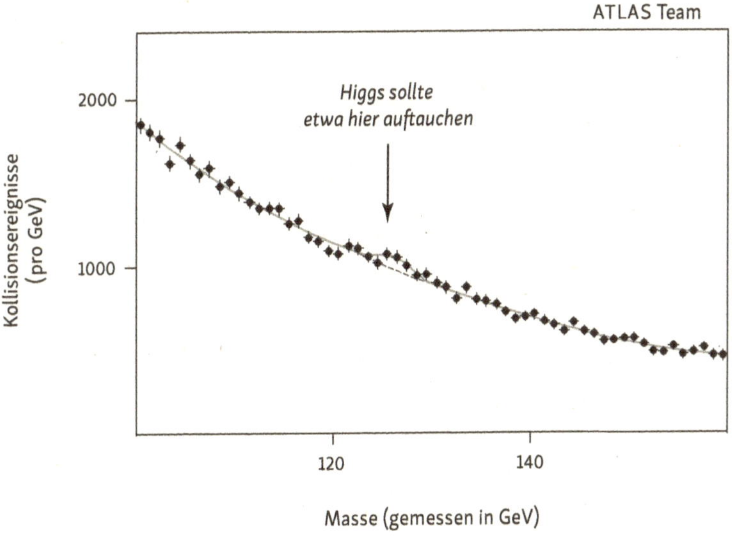

potenzielle Entdeckung eines Higgs-Teilchens repräsentiert. Die Forscher hatten erwartet, es dort zu finden, weil das Teilchen eine Masse haben müsste, die ungefähr mit der an der markierten Stelle übereinstimmt.

Das Higgs-Teilchen ist deswegen eine so große Sache, da wir, wenn wir es finden, endlich überzeugende Belege für eine Theorie darüber haben, wie die meisten anderen Sachen zu ihrer Masse kommen (im Gegensatz zu all den masselosen Photonen, die so herumschwirren). Auf diese Belege warten wir schon seit über 40 Jahren, nämlich seit Professor Higgs (und mehrere andere Wissenschaftler) zum ersten Mal diese Erklärung vorstellten.

Die Preisfrage lautete nun – und diese Bezeichnung ist angesichts der Ausgaben von circa 10 Milliarden Dollar für das Experiment durchaus wörtlich zu nehmen –, ob diese kleine Beule in der Grafik echt war. Woher wissen wir, dass es sich um ein Signal und nicht nur um eine Störschwankung handelt? In der Kurve sind auch noch weitere kleine Erhebungen zu sehen. Wäre dieses Hügelchen nicht mithilfe einer durchgezogenen Linie und eines Pfeils hervorgehoben, könnten Sie dann sicher sein, dass es sich von den anderen Punkten auf dem Diagramm unterscheidet, die nur zufällig – wegen beliebiger Störgeräusche – etwas höher liegen als die anderen?

Teilchenphysiker beschäftigen sich schon lange mit der Suche nach Partikeln, also sahen sie dieses Problem kommen, als sie den LHC bauten. Vernünftigerweise ließen sie daher *zwei* verschiedene Teams Detektoren an zwei der Kollisionskammern des LHC-Beschleunigungsrings bauen, sodass man ihre konkurrierenden Ergebnisse miteinander würde vergleichen können. Da so viel von dem Vergleich abhing, vereinbarten die Teams, ihre Ergebnisse zur selben Zeit zu veröffentlichen und einander nicht mit uneindeutigen Ergebnissen zuvorzukommen.

Die Gruppe CMS (Compact Muon Solenoid) beziehungsweise »das andere Team«, wie wir sie in Berkeley nannten, hatte daher eine eigene Version des Histogramms, und alle warteten gespannt auf den Vergleich der Ergebnisse der beiden Teams.[1]

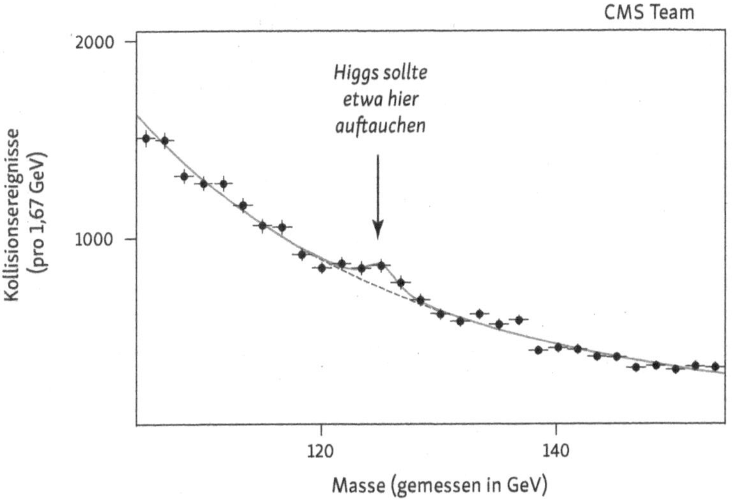

CMS fand also, auf der anderen Seite des Rings von ATLAS, eine ähnliche kleine Beule in seinen Daten. Da beide Teams den Ausschlag sahen, konnten die Wissenschaftler die Behauptung aufstellen, sie sähen ein »Higgs-ähnliches« Teilchen. (Sie waren immer noch vorsichtig und sprachen daher nicht direkt vom Higgs-Teilchen.)

Denn darum geht es den Teilchenphysikern – und auch uns sehr oft im Alltag: ein Signal im Rauschen zu sehen und zu bestätigen versuchen, dass es kein falsches ist. Und wichtig: Es gehört zur Wissenschaftskultur dazu, zu versuchen, immer besser darin zu werden, sich nicht von kleinen Schwankungen in den Daten täuschen zu lassen. Physiker spielen alle möglichen Spielchen miteinander, um diese Fähigkeit zu trainieren: Sie zeigen einem Kollegen Daten und fragen, ob er den Hügel im Diagramm für echt oder für eine zufällige Schwankung hält. Kommt es zu einem neuen Ergebnis wie dem Higgs-Teilchen, versuchen sie, viele ähnliche Beispiele zu generieren, also zu fragen, wie ähnliche Daten aus ihrem Detektor aussehen würden, wenn es sich nicht um das Higgs-Boson handelte (und alle Wellen in der Kurve nur auf zufällige Schwankungen zurückzuführen wären). Dann legen sie einem den Beispielgraphen vor, mischen den echten darunter und bitten Sie zu erkennen, welches die Zufallsdaten und welches das echte Signal sind. Und wenn Sie am Ende das falsche Diagramm wählen, dann ist es offensichtlich, dass das, was man für ein interessantes Signal gehalten hat, genauso wahrscheinlich ein zufälliges Rauschen sein kann.

Für Physiker hat sich diese extreme Sorgfalt bei der Unterscheidung richtiger Signale von Rauschen bewährt. Schließlich wollen sie die grundlegenden Elemente unserer Welt erforschen, die allgemeingültigen Regeln und Eigenheiten, sodass wir unsere Vorhersagen und Technologien auf diesen Wahrheiten über die Realität aufbauen können. Das erklärt auch, warum es für Journalisten so schwierig ist, Wissenschaftler auf ihre Ergebnisse festzunageln: Die Wissenschaftler wollen sichergehen, dass die neuen Elemente der Realität, die sie identifiziert haben, der Zeit standhalten. So kommt es dann zu Aussagen wie, dass ein »Higgs-ähnliches« Teilchen entdeckt wurde, nicht das Higgs-Teilchen!

Wenn wir im Alltag nach dem Signal im Rauschen suchen, müssen wir nicht ganz so vorsichtig sein. Ist man aber einmal für dieses Thema sensibilisiert, fällt einem auf, dass man ständig auf der Suche nach Signalen im Rauschen ist. Hat der Busfahrer gerade die Haltestelle »Marktplatz« angekündigt oder darum gebeten, hinten mal Platz zu machen? Ist der Radfahrer vor Ihnen gerade einer Unebenheit auf der Straße ausgewichen oder auf Ihre Spur herübergefahren? Ist das ein Fleck auf Ihrem Hemd, oder fällt das Licht nur so, dass der Schatten den hochgekrempelten Ärmel so wirken lässt?

In dieser Art und Weise versuchen wir die ganze Zeit, die Intentionen der anderen durch das Rauschen des menschlichen Verhaltens hindurch zu erkennen. Meint es mein Date ernst? Wer von den Anwesenden fand meine Vorschläge gut? Weitaus beunruhigender ist das Beispiel, ob unseren Regierungen unter all den Hinweisen zu besorgniserregendem Verhalten tatsächliche Bedrohungen durch die Lappen gehen – wie eben die Warnungen vor Pearl Harbor oder die Anzeichen für die Anschläge des 11. September. In Situationen, in denen so viel auf dem Spiel steht – wie bei Geheimdienstinformationen oder Geschäftsinvestitionen –, müssen wir fast genauso vorsichtig sein wie die Physiker.

Mehr Lärm, mehr Raum für Täuschung

Natürlich ist es uns meistens nicht vergönnt, unsere Ergebnisse mit einem zweiten Detektor zu vergleichen wie in der Higgs-Forschung (obwohl es bei einem Großteil der Signale, die uns interessieren, nicht Milliarden Dollar kosten würde). Also müssen wir gut darin werden, die Situationen zu erkennen, in denen wir am ehesten geneigt sind, etwas für ein Signal zu halten, das sich am Ende doch nur als Schwankung im Rauschen herausstellen wird. Wenn wir das im Hinterkopf haben, können wir noch eine weitere Ebene an Komplexität mitbedenken: Je mehr Daten man anschaut – selbst wenn sie aus Rauschen bestehen –, desto mehr Beispiele für überraschende Muster tauchen auf und lassen einen glauben, ein Signal entdeckt zu haben. Es ist das eine, wenn jemand alleine ein Dutzend Mal eine Münze wirft, etwas ganz anderes aber, wenn eine Gruppe an Menschen den ganzen Tag lang Münzen wirft. Letzteres kann zu ziemlich interessanten Ergebnissen führen.

Stellen wir uns vor, eine Freundin hat Ihnen erzählt, dass sie beim Münzenwerfen 10-mal hintereinander Kopf bekam – ein wirklich überraschendes Ergebnis. Aber in welchem der folgenden Kontexte wäre das Ergebnis am erstaunlichsten?

A. Sie ist die Einzige, die eine Münze wirft, und sie wirft sie auch nur genau 10-mal.
B. Sie ist eine von vielen Ihrer Freunde, die alle jeweils 10-mal werfen und Ihnen dann die Ergebnisse mitteilen.
C. Sie ist eine von vielen Ihrer Freunde, die alle jeweils 100-mal werfen und Ihnen dann die Ergebnisse mitteilen.
D. Ihre Freundin wirft als Einzige, und zwar 100-mal.

Die Antwort lautet A. Denn die Chancen, dass einer Ihrer vielen Freunde 10-mal Kopf wirft, wenn viele werfen, sind sehr viel größer, als wenn nur einer von ihnen wirft. Am wenigsten spricht für C, denn wenn viele Leute je 100-mal werfen, dann ist, 10-mal das gleiche Ergebnis zu erhalten, nicht sonderlich überraschend. (Wenn man 15 Freunde hat, ist es sogar wahrscheinlicher, als dass es nicht auftritt.) Das scheint jetzt vielleicht nur das Offensichtliche zu bestätigen, aber es ist gut, diesen Ausgangspunkt noch einmal klar zu benennen.

Schwierig wird das Ganze dadurch, dass man nicht immer weiß, wie oft jemand »die Münze geworfen« hat, wenn neue wissenschaftliche Ergebnisse veröffentlicht werden oder wenn man etwas Überraschendes in der Zeitung liest. Tatsächlich ist oft selbst denjenigen, die die Forschung durchgeführt haben, nicht bewusst, wie viele »Münzwürfe« sie hinter sich haben; wie viele Gelegenheiten ihnen die Daten schon geboten haben, Muster zu erkennen, die nicht zufällig waren. Schauen wir uns dazu noch ein paar Beispiele an.

Nehmen wir den Aktienmarkt. Wenn man hier als typischer kleiner Investor einsteigen möchte, lernt man schnell, dass viele Firmen eigene Portfoliomanager haben, die einen Anlagefonds zusammenstellen und Ihnen dann Anteile daran verkaufen wollen. Deswegen werden sie Ihnen erzählen, dass ihr Fonds in den letzten Jahren überdurchschnittlich gut gelaufen ist und sie schon zahlreiche korrekte Marktvorhersagen getroffen haben. Vielleicht steigen Sie dann genau in diesen Fonds ein, weil Sie den Fondsmanager für besser als andere halten. Die folgende Grafik zeigt die Performance

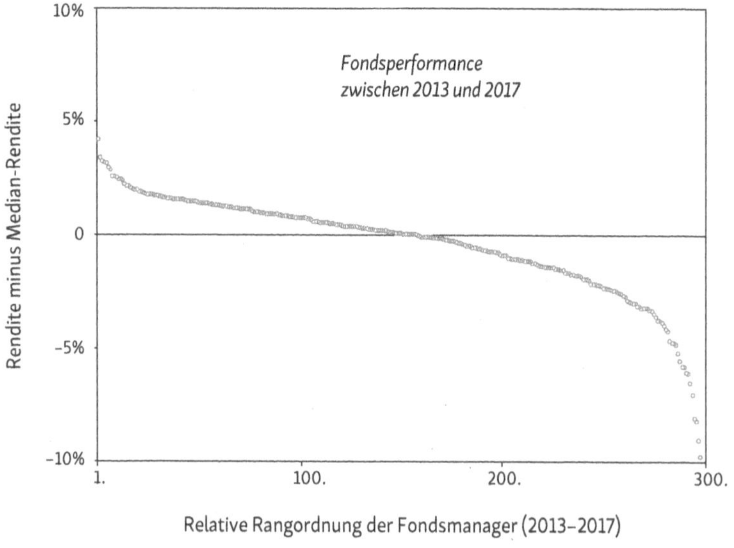

der besten Investmentfonds über einen Zeitraum von fünf Jahren, von 2013 bis 2017, angeordnet danach, als wie gut sich die Fondsmanager bei der Auswahl der Aktien erwiesen haben. Wie Sie sehen, lagen manche von ihnen 4 Prozent über dem Durchschnitt, viele waren durchschnittlich, und einige waren etwa 10 Prozent schlechter als der Durchschnitt.

Vielleicht würde man jetzt gern glauben, dass die Portfoliomanager mit den besten Performanceergebnissen wirklich fähiger oder klüger waren als diejenigen mit den schlechteren Ergebnissen.

Aber was passiert, wenn man die Performance derselben Leute über die nächsten fünf Jahre anschaut, nämlich zwischen 2018 und 2022? Sie werden feststellen, dass das Ergebnis fast vollkommen zufällig ist, siehe nächste Abbildung. Es gibt praktisch keine Korrelation zwischen der Performance in einer Fünfjahresperiode und der nächsten. In einem Fünfjahresabschnitt lagen ein paar der Manager ziemlich gut mit ihren wirtschaftlichen Analysen und ihrem Bauchgefühl. Doch irgendwie bewährten sich dieselben Analysen und dasselbe Bauchgefühl in den darauffolgenden fünf Jahren nicht. Wir brauchen also nur genügend Fondsmanager anzuschauen, um irgendwann jemanden zu finden, der anscheinend alle richtigen

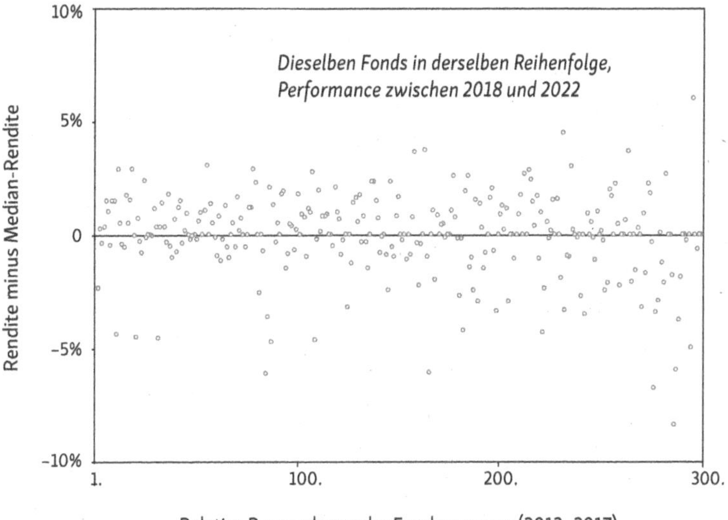

Aktien ausgewählt hat. Aber dabei handelt es sich nur um den Effekt, Muster im zufälligen Rauschen zu erkennen, wenn es viel Rauschen zu durchsuchen gibt. Das Interessante daran ist, dass diese Leute einen nicht absichtlich hinters Licht führen wollen. Sie sind sich tatsächlich ziemlich sicher, dass sie sehr sorgfältige Analysen durchgeführt haben und die Leistung dieser verschiedenen Unternehmen einschätzen können, dass sie eben nicht einfach nur Münzen werfen. Sie halten sich für seriöse Experten der Wirtschaftswissenschaften, die nach den Grundlagen guter Geschäftspraxis vorgehen. Und doch ist das Muster offenbar in erster Linie zufällig.

Es mag ein paar wenige Ausnahmen geben – Fondsmanager, die fast immer über dem Durchschnitt liegen (oder solche, die fast immer darunterliegen) –, aber lassen Sie sich das eine Warnung sein.[2] Den meisten Leuten ist wahrscheinlich nicht bewusst, wie viele Fonds dieses Spiel zu einem bestimmten Zeitpunkt spielen, sodass man für einige Fonds – durch Glück, nicht durch Können – zu einem bestimmten Zeitpunkt alle möglichen großen Behauptungen aufstellen kann. Bei jeder Zufallsverteilung der Fondsperformance müssen schließlich einige besser und einige schlechter abschneiden. (Das ist der eigentliche Grund dafür, dass oft empfohlen wird, lieber einen großen Indexfonds zu nehmen und kein Geld für die Gebühren eines Fondsmanagers zu verschwenden.)

Der Look-Elsewhere-Effekt

Und noch etwas führt dazu, dass man fälschlicherweise glaubt, ein Signal vor sich zu haben, wenn man eigentlich nur einem Muster in den Störgeräuschen auf den Leim geht. Man spricht vom Look-Elsewhere-Effekt, wenn man, anstatt in einem Datensatz voller Rauschen ein Muster zu suchen, das auf ein Signal hindeuten könnte, mehrere verschiedene mögliche Muster sucht, wodurch sich die Wahrscheinlichkeit erhöht, dass zufälliges Rauschen *irgendein* Muster zeigt. Hier ein Beispiel: Stellen wir uns vor, Sie führen eine medizinische Studie durch, in der die Hypothese getestet werden soll, dass die tägliche Einnahme von Aspirin einen Herzinfarkt verhindern oder zumindest das Risiko dafür mindern kann. Sie rekrutieren also Tausende Teilnehmende und beginnen mit der Studie. Aber da Sie sich ja schon die Mühe gemacht haben, die Leute für die Studie zu akquirieren, finden Sie, dass man doch gleich mittesten könnte, ob die tägliche Einnahme von Aspirin auch das Krebsrisiko reduzieren kann. Und dann fällt Ihnen ein, dass Sie auch den Effekt auf Lungenkrebs und Darmkrebs mitprüfen könnten. Und vielleicht auch noch Asthma. Jetzt fangen Sie an, anderswo zu schauen, »to look elsewhere«. Sie untersuchen sehr viel mehr Variablen, als Sie in der Studie ursprünglich überprüfen wollten.

Stellen Sie sich nun den Extremfall vor: Sie schauen sich an, wie eine Aspirin pro Tag sich auf Hunderte verschiedene Krankheiten auswirken könnte. Die Wahrscheinlichkeit, etwas zu finden, das einer Folge von sieben Kopf-Würfen gleicht, steigt, denn jetzt gibt es mehr Möglichkeiten für seltene Zufallsereignisse, die fälschlicherweise den Anschein erwecken, dass Aspirin sich auf mindestens eine dieser vielen Krankheiten auswirkt. Sie können sich vorstellen, dass die Wahrscheinlichkeit, ein Ergebnis zu bekommen, das einer Folge von sieben Kopf-Würfen gleicht, steigt, weil es jetzt mehr Möglichkeiten für seltene Zufallsereignisse gibt, die es fälschlicherweise so aussehen lassen, als hätte Aspirin eine Wirkung auf mindestens eine dieser vielen Krankheiten. Das wäre das Äquivalent dazu, die Münze sehr, sehr oft zu werfen. Man beginnt dann Dinge zu sehen, die wie echte Effekte wirken – ein Vorgang, den wir aus der medizinischen Forschung durchaus kennen. Recht offensichtliche Beispiele dafür waren Studien zur Hormonersatztherapie und zu den Auswirkungen von Blei in Trinkwasser, deren Ergebnisse später infrage gestellt wurden, da die Forschenden zu viele Variablen einbezogen hatten, ohne die Studie und Analyse dementsprechend anzulegen.[3]

Natürlich gibt es aber auch Möglichkeiten, diesen Effekt auszugleichen. Bevor man sich die Daten anschaut, kann man die Variablen, auf die getestet werden soll, genau festlegen und ausrechnen, wie viele Teilnehmende dafür notwendig sind. Schließlich kann eine Studie für mehr Variablen ausgelegt werden, muss dann allerdings mehr Teilnehmende einbeziehen, damit die Ergebnisse statistisch aussagekräftig sind.[4]

Nun können Sie vielleicht besser verstehen, mit welchen Herausforderungen es die Physiker bei der Suche nach dem Higgs-Teilchen zu tun hatten. Da sie den genauen Wert der Masse nicht kannten – und keinen hübschen Pfeil hatten, der auf die richtige Stelle in der Grafik von vorhin zeigt –, konnte jeder verdächtige Ausschlag nach oben über den gesamten Energieverlauf im Graphen ein Hinweis auf das Higgs-Teilchen sein. Mit Sicherheit schauten sie anderswohin als nur auf die Stelle mit dem Pfeil. Teilchenphysiker haben dieses Problem natürlich schon lange erkannt und legten die Latte für den angenommenen richtigen Wert bereits vor dem Überprüfungsschritt, die Ergebnisse der beiden Detektorteams zu vergleichen, höher. (Noch mal zurück zu der Frage, wie man feststellt, ob sich ein Date ernsthaft für einen interessiert: Wenn man alles in der Körpersprache des Gegenübers als möglichen Beweis dafür ansieht, sollte man sich besser auf die ausgeprägten Zeichen konzentrieren. Ansonsten überinterpretiert man jede zufällige Bewegung: »Aha, der eine Fuß ist leicht in meine Richtung gewandt – und der linke kleine Finger ist ein wenig angehoben, bedeutet das Freude?« Achten Sie lieber auf einen langen, intensiven Augenkontakt und nicht auf einen zufälligen Blick.}

Was wurde aus dem Pulsar?

Wir haben unsere Helden (das Team, mit dem Saul als Postdoktorand arbeitete) also nach Chile begleitet, wo sie die Überreste der Supernova 1987A untersuchten und etwas entdeckten, das wie ein von einem Pulsar kommendes Signal mit unterschiedlichen Höhen wirkte. Und nachdem sie den Dopplereffekt, der sich aus der Rotation der Erde und ihrem Weg um die Sonne ergibt, mit einbezogen hatten, wurde aus diesen Höhenveränderungen als Graph dargestellt eine wunderbare Welle – genau wie man sie erhielte, wenn ein Planet um die Supernovaüberreste kreisen würde. Sie verfassten einen Artikel zu ihrem Projekt und reichten ihn beim Fachjournal *Nature* ein.

Im Jahr darauf fuhr das Team noch einmal nach Chile, um zu prüfen, was in der Zwischenzeit mit dem Pulsar geschehen war. Es erwartete, dass die Impulsfrequenz sich verlangsamen würde; die »Tonhöhe« also sinken, weil Pulsare sehr viel Energie in Form von Gravitationswellen dafür verwenden, sich ein paar tausend Male pro Sekunde zu drehen. Doch das Teleskop zeigte kein Signal. Am nächsten Tag versuchten die Forschenden es erneut – und da war es wieder, der Impuls war zurückgekehrt. Doch in der folgenden Nacht war es wieder anders: kein Signal. Irgendwann stellte das Team fest, dass es eine Korrelation zwischen dem Signal des Pulsars und eines Instruments auf der anderen Seite der Teleskopkuppel gab, das einem anderen Zweck diente: Immer wenn es an war, konnte man auch den Pulsar erkennen – war es aus, gab es keinen Pulsar!

Bei dem Instrument, das das Team für das Aufspüren des Pulsars verwendete,[5] handelte es sich um ein hochempfindliches Fotodetektorsystem – so empfindlich, dass es ein unabsichtliches Signal aus diesem anderen Instrument aufnahm, das zufällig genau die Frequenz aussandte, die sie von einem Pulsar erwarteten: circa 2000-mal pro Sekunde. Das Signal des anderen Geräts hatte zudem zufällig genau die Abweichung, dass es sich, wenn man es um die Drehung der Erde und unsere Bewegung um die Sonne korrigierte, in eine hübsche, perfekte Sinuswelle verwandelte. Rauschen, das etwas von einem Signal hatte. Das hieß natürlich, dass das Team im nächsten Monat, anstatt ein Paper zu schreiben, eine Richtigstellung seines Artikels in *Nature* verfasste. Schließlich hatte es nicht den ersten Beweis für einen Planeten außerhalb unseres Sonnensystems gefunden.

Solcherart Geschichten dürften bei Ihnen reichlich Unbehagen auslösen. Ob man Wissenschaft betreiben will oder nicht, mit großer Wahrscheinlichkeit werden auch Sie irgendwann einmal in Ihrem Leben eine große Summe darauf setzen, dass sich etwas nicht auf wundersame Weise von einem chaotischen Rauschen in ein schönes Signal verwandelt. Und hin und wieder wird sich das als Fehler herausstellen, denn die Statistik der Zufallszahlen wird Ihnen irgendwann etwas Überraschendes zeigen, das wie ein Signal aussieht.

Saul beschreibt es so: »Glücklicherweise war ich in diesem Fall als Neuling umgeben von vielen sehr erfahrenen und bedeutenden Wissenschaftlern, und ich glaube, wir haben schnell genug erklärt, was vor sich ging, sodass niemand uns große Vorhaltungen machen konnte. Aber ich muss sagen, dass ich diese Art von Fehlern, die durch Fehlinterpretation von Rauschen entstehen, noch gut im Kopf hatte, als mein Team Dutzende Jahre später Hinweise darauf fand, dass sich die Expansion des Universums beschleunigt hat. Wenn es das Schicksal einmal gewollt hat, dass du dir die Finger verbrennst, wirst du danach sehr vorsichtig sein. Wir mussten uns wirklich gut überlegen, ob wir mit unseren Ergebnissen zur Expansion des Universums an die Öffentlichkeit gehen sollten.«

Am Ende hatte dieses andere Team, das zur Ausdehnung des Alls forschte, jede Probe und jeden Test gemacht, die ihnen einfielen, bevor sie – mit einer quantifizierten Einschätzung, wie sicher sie sich waren! – ihre erstaunlichen Messungen veröffentlichten, die Hinweise dafür lieferten, dass die Expansion sich tatsächlich beschleunigt hatte, und zwar möglicherweise aufgrund einer zuvor unbekannten »dunklen Energie«, die das Universum beeinflusst. Anders als beim vermeintlichen Pulsar ist dieses Ergebnis seitdem durch zahlreiche andere Messungen bestätigt worden, wobei manchen dieselben Messtechniken zugrunde lagen, andere im Zusammenspiel mit ganz anderen Ansätzen zustande kamen. Heute zählt die Suche nach einer Erklärung für die beschleunigte Ausdehnung des Universums und eine mögliche dunkle Energie zu den großen Fragen der Physik.

In all diesen Fällen müssen Wissenschaftler beurteilen, ob sie die richtige Menge an Daten haben, um sicher genug einschätzen zu können, dass es sich um ein Signal und kein Störgeräusch handelt. Und auch in den Beispielen aus unserem Alltagsleben müssen wir die Wahrscheinlichkeit abschätzen, ob ein Muster nicht doch nur zufällig auftritt. Aber woran machen wir fest, ob die Chancen gut genug stehen, dass wir vorläufig behaupten können, wir hätten ein Signal entdeckt? Das ist das Thema des nächsten Kapitels.

Kapitel 8

Irgendwas ist immer – zwei Arten von Fehlern

Zwischen den Daten, die wir sammeln, und den Entscheidungen, die wir in unserem echten Leben treffen müssen, besteht ein Spannungsfeld. Stellen wir uns noch einmal vor, Schöffen in einem Prozess zu sein. Wir müssen die Beweise prüfen, um zu beurteilen, ob der Angeklagte schuldig ist. Er könnte schuldig sein (wenn es zum Beispiel ein echtes Signal dafür gibt) oder unschuldig (wenn zum Beispiel die Beweisführung der Anklage Rauschen ist, kein Signal). In einem Strafprozess werden den Schöffen viele Beweise vorgelegt, manche wirken belastend, manche entlastend. Das heißt, dass allen Signalen sehr viel Rauschen beigemischt ist. Unsere Einschätzung der Schuld wird also ein Wahrscheinlichkeitsurteil sein. Aber wenn wir eine Entscheidung treffen müssen, können wir nicht auf 100-prozentige Gewissheit warten. Wir müssen uns fragen: »Habe ich genug Beweise, um meine Entscheidung zu rechtfertigen?« Und das tun wir, indem wir einen *Beweisstandard* festlegen: ein Mindestmaß an Beweisen, das wir benötigen, um unsere Entscheidung zu treffen. Sowohl in Straf- als auch in Zivilprozessen leitet der Richter uns an, wie dies zu tun ist: Wir sollten den Angeklagten nur dann für schuldig befinden, wenn wir glauben, dass die Staatsanwaltschaft die in diesen Verfahren gesetzlich vorgeschriebenen Anforderungen an die Beweisführung und die Beweislast erfüllt hat.[1] In anderen Situationen gibt uns zwar niemand einen Beweisstandard vor, wir verwenden aber trotzdem einen solchen – ob bewusst oder unbewusst –, immer wenn wir kategorische (Ja-/Nein-)Entscheidungen auf der Grundlage von wahrscheinlichkeitsgestützten Beweisen treffen.

Bei der Festlegung eines Schwellenwerts für den Beweisstandard müssen wir zwischen zwei Arten von Fehlern unterscheiden. In unserem Gerichtsbeispiel hat der Angeklagte die Straftat entweder begangen oder nicht (Realität), und wir können den Angeklagten entweder für schuldig befinden (verurteilen) oder für unschuldig (Freispruch), wodurch es vier mögliche Prozessergebnisse gibt:

		Gerichtsurteil	
		»Nicht schuldig«	**»Schuldig«**
Realität	**Hat das Verbrechen begangen**	Eine schuldige Person freilassen	Eine schuldige Person verurteilen
	Hat das Verbrechen nicht begangen	Eine unschuldige Person freilassen	Eine unschuldige Person verurteilen

Unsere Entscheidung birgt für uns als pflichtbewusste Schöffen einige Risiken; es gibt zwei gute Ergebnisse (in denen »das System funktioniert«), aber auch zwei Möglichkeiten für schlimme Fehler. In Erwägung zu ziehen, dass eine unschuldige Person bestraft wird, ist furchtbar. Aber wenn ein schlimmes Verbrechen vorliegt, ist es ebenso belastend, sich vorzustellen, eine gefährliche Person, die dann eventuell weitere Straftaten verübt, auf freien Fuß zu setzen.

Das Setting Strafprozess ist den meisten Lesern bekannt (wenn nicht persönlich, dann zumindest aus Film und Fernsehen). Aber wir haben es auch in vielen Lebensbereichen mit ähnlichen Dilemmata zu tun. Zum Beispiel:

Sollte ich lieber früh am Flughafen sein, um den Flug nicht zu verpassen, oder lieber direkt vor Abflug eintreffen, um keine Zeit in der Flughafenlounge zu verplempern?

Sollte ich meiner Tochter im Teenageralter lieber viele Freiheiten in ihrem Sozialleben lassen, damit sie lernt, Vertrauen aufzubauen, und selbstständig wird? Oder sollte ich sie besser einschränken, damit die Chance, dass ihr etwas passiert, möglichst gering ist?

Sollten wir die Mieten deckeln, damit ärmere Mieter in ihren Wohnungen bleiben können, oder wäre es besser, den Preis anzuheben, damit es einen Anreiz gibt, neue Wohngebäude zu errichten?

Sollten wir zulassen, dass Kriegsflüchtlinge in unserem Land sesshaft werden, damit sie sicher und wohlauf sind? Oder sollten wir sie fernhalten, da das Risiko besteht, dass einige von ihnen Terroristen oder Kriminelle sind?

Wir können unsere Fähigkeit, Probleme zu lösen, mithilfe der Wissenschaft verbessern, indem wir die Einzeldetails eines Problems (zeitweise) abstrahieren, um uns auf die zentralen Punkte zu konzentrieren. Auch der Strafprozess lässt sich allgemeiner herunterbrechen:

		Entscheidung	
		»Kein Signal vorhanden«	**»Signal vorhanden«**
Realität	**Kein Signal**	Falsch negativ	Richtig positiv
	Signal vorhanden	Richtig negativ	Falsch positiv

In dieser abgeänderten Tabelle treffen wir eine Entscheidung nach bestem Ermessen darüber, ob es ein Signal gibt oder nicht. Das »Signal« kann jeglicher dichotome Zustand sein: Unschuld oder Schuld in einem Strafprozess; berechtigt, staatliche Unterstützung zu erhalten, oder nicht berechtigt; einfacher Sturm oder Tornado; Krebs oder kein Krebs und so weiter. Wenn wir entscheiden, dass es ein Signal gibt, bezeichnen wir unsere Entscheidung als positiv. Wenn wir entscheiden, dass keines vorhanden ist, als negativ. Somit ergeben sich vier generische Typen für das Ergebnis: Gibt es kein Signal, können wir es als »nicht vorhanden« bezeichnen und richtig entscheiden (»richtig negativ«), oder wir sagen »vorhanden« und liegen falsch (»falsch positiv«). Ist ein Signal vorhanden, liegen wir mit der Aussage »nicht vorhanden« falsch (»falsch negativ«) oder mit der Aussage »vorhanden« richtig (»richtig positiv«). Dieses Spannungsfeld zwischen falsch negativ und falsch positiv kann auch als »Unterlassungssünde« versus »Tatsünde« bezeichnet werden.

Als unmittelbare Implikation der Tabelle kann man sagen, dass es nicht sinnvoll ist, unsere Entscheidungen einfach »korrekt« oder »inkorrekt« zu nennen, da es je zwei verschiedene Arten von korrekt und inkorrekt gibt. In Bereichen wie Medizin (wo das Signal »Krebs« sein könnte) und in Tests im Bildungsbereich (wo das Signal eine korrekte Antwort in einer Prüfung sein könnte) hat man sich von der Angabe der Gesamtgenauigkeit (also des Anteils aller richtigen Entscheidungen) auf informativere Kriterien für diese Genauigkeit verlagert – »Sensitivität« (der Anteil der Fälle, in denen wir »vorhanden« sagen, wenn das Signal wirklich da ist) und »Spezifität« (der Anteil der Fälle, in denen wir »nicht vorhanden« sagen, wenn es kein Signal gibt).

Jeder Test, der uns helfen soll, Vorhersagen zu treffen – sei es ein Krebsscreening oder ein Staatsexamen in Medizin –, sollte eine hohe Sensitivität, aber auch eine hohe Spezifität aufweisen. Man könnte hier die Sensitivität maximieren, indem wir *immer* sagen: »Das Signal ist vorhanden«; wenn wir beispielsweise immer sagen, dass ein Tumor bösartig ist, werden wir nie einen Krebs übersehen. Doch damit dürften wir unsere Spezifitätsrate senken – wir bezeichnen im Grunde *jeden* Tumor als »krebsartig«, und die Diagnose hat keine Bedeutung mehr. Eine sinnvolle Testschwelle muss ein Gleichgewicht zwischen diesen Diagnosekriterien herstellen.

Beweisstandards und Fehlerabwägung

Auch hier gilt, dass wir in einer Welt voller Rauschen und Ungewissheit zwangsläufig Fehler machen. Oft finden wir die eine Art von Fehlern schlimmer als die andere. Wenn uns zum Beispiel ein falsch negativer Fehler größere Sorgen machen würde (es wäre furchtbar, einen bösartigen Tumor zu übersehen), könnten wir unseren Standard (oder unsere Entscheidungsschwelle) ziemlich niedrig ansetzen – eine Tendenz zur Aussage »Signal vorhanden«. Wenn uns ein falsch positiver Fehler mehr Sorgen machen würde (es wäre furchtbar, jemandem Angst zu machen, der in Wirklichkeit keinen Krebs hat), könnten wir unseren Standard (oder unsere Entscheidungsschwelle) ziemlich hoch ansetzen – eine Tendenz zum Votum »Signal nicht vorhanden«.[2]

Im Common Law ist es traditionellerweise so, dass Geschworene angewiesen werden, sich an einen Beweisstandard zu halten, der vor allem die Verurteilung Unschuldiger verhindern soll. Der britische Jurist Sir William Blackstone ist berühmt für seine Aussage, es sei besser, zehn Schuldige freizulassen, als einen Unschuldigen zu verurteilen.[3] Daher instruiert man die Geschworenen in der Regel, für den Freispruch des Angeklagten zu stimmen, wenn sie nicht »ohne berechtigten Zweifel« von seiner Schuld überzeugt sind.

Manchen mag dies wie eine lockere Einstellung gegenüber Verbrechen erscheinen, aber es gibt gute Gründe für diese Voreingenommenheit. Erstens steht in Strafsachen ein einzelner Bürger der gesamten Macht der Staatsanwaltschaft gegenüber, die in der Regel über weitaus mehr Mittel verfügt als der Angeklagte. Und zweitens gibt es in vielen Fällen (zum Beispiel bei »Whodunit«-Verbrechen, bei denen wir zwar wissen, dass die Straftat begangen wurde, aber nicht, von wem) eine logische Asymmetrie, die eine strenge Verurteilung begünstigt: Wenn wir eine unschuldige Person verurteilen, lassen wir wahrscheinlich *auch* den wahren Täter laufen.

Leider ist die Formulierung »ohne berechtigten Zweifel« natürlich sehr vage. Der Richter sagt Ihnen nicht, ob Ihre Zweifel berechtigt oder unberechtigt sind. Das müssen die Schöffen mit sich selbst ausmachen. In einer Umfrage unter Bundesrichtern gab ein Drittel an, berechtigter Zweifel heiße, sich zu 95 Prozent sicher zu sein, ein Drittel meinte zu 99, und das letzte Drittel nannte andere Zahlen. Rob hat versucht, die von Geschworenen tatsächlich angewandten Grenzwerte zu schätzen, und es scheint, dass sie weit unter 95 Prozent liegen.

Leider ermöglicht der durch diese Ungenauigkeit entstandene Spielraum, dass Geschworene sich von ihren Vorurteilen lenken lassen. Das konnten wir unter anderem an einem Experiment zeigen, bei dem wir unseren Studierenden einen hypothetischen Rechtsfall zur Beurteilung vorlegten. Die Hälfte von ihnen erhielt eine schriftliche Beschreibung eines Kriminalfalls, die folgende wichtige Information enthielt: »Der Angeklagte, ein 21-jähriger Student von der Uni Berkeley, wird beschuldigt, auf dem Parkplatz einer lokalen Bar Körperverletzung begangen zu haben.« Der anderen Hälfte teilte man mit, der Angeklagte sei »ein arbeitsloser, 21-Jähriger aus Berkeley« gewesen. Wir befragten die Gruppen, für wie wahrscheinlich sie es hielten, dass der Angeklagte das Verbrechen begangen habe. Die Studierenden, die glaubten, dass der Angeklagte ein Arbeitsloser aus Berkeley sei, gingen mit größerer Wahrscheinlichkeit von seiner Schuld aus bei genau derselben Beweislage. Im Wesentlichen waren sie eher bereit, zugunsten eines Kommilitonen »Zweifel einzuräumen«.

Dazu passt auch, dass die Studierenden auf die Frage, ob es schlimmer wäre, eine unschuldige Person zu verurteilen oder eine schuldige Person freizusprechen, wenn sie den Angeklagten für einen arbeitslosen Bürger Berkeleys hielten, mehr Sorge äußerten, fälschlicherweise einen Mitstudierenden zu verurteilen als einen Arbeitslosen aus Berkeley. Derlei Voreingenommenheit findet sich auch in anderen Studien, in denen die Standards der Schöffen durch Race, körperliche Attraktivität und andere Merkmale der Angeklagten beeinflusst wurden – selbst wenn keine logische Verbindung zwischen diesen Eigenschaften und dem Verbrechen besteht.

Beispiel: Standardisierte Tests und Hochschulzulassung

Um das Zusammenspiel unserer Entscheidungen mit Fehlern und Risiken weiter zu illustrieren, schauen wir uns die Beziehung von Collegezulassungskriterien und den Leistungen der Studierenden an. An amerikanischen Colleges und Universitäten ist es seit Jahren üblich, dass Studierende standardisierte Tests zu ihrem Wissen und ihren kognitiven Fähigkeiten ablegen, zum Beispiel den Scholastic Aptitude Test (SAT) oder die Prüfung American College Testing (ACT). Die folgenden Abbildungen zeigen den Zusammenhang zwischen standardisierten Testergebnissen (unser Prädikator) und der studentischen Leistung im ersten Collegejahr, beides bewertet mit 0 bis 100.

In der ersten Grafik steht jeder Punkt für einen Collegebewerber. (Tatsächlich sind es Hunderte oder sogar Tausende, also kann man sich jeden Punkt auch als Repräsentation von 100 Studierenden vorstellen, die die gleichen Ergebnisse haben.)

Die horizontale Linie in der Grafik ist der Erfolgsmaßstab des Colleges. Studierende, die darüberliegen, bringen entsprechende Leistungen, und diejenigen, die darunterliegen, sind in der »akademischen Probezeit« und laufen Gefahr, exmatrikuliert zu werden. Die vertikale Linie in dem Graphen zeigt den Grenzwert, mit dem der Zulassungsausschuss normalerweise über eine Aufnahme entscheidet. *Aber in diesem einen Jahr wird die Uni alle zulassen, um zu sehen, wie sich die Studierenden entwickeln, die sie eigentlich abgelehnt hätten.*

Ein hoher Grenzwert führt zu mehr falsch negativen Ergebnissen

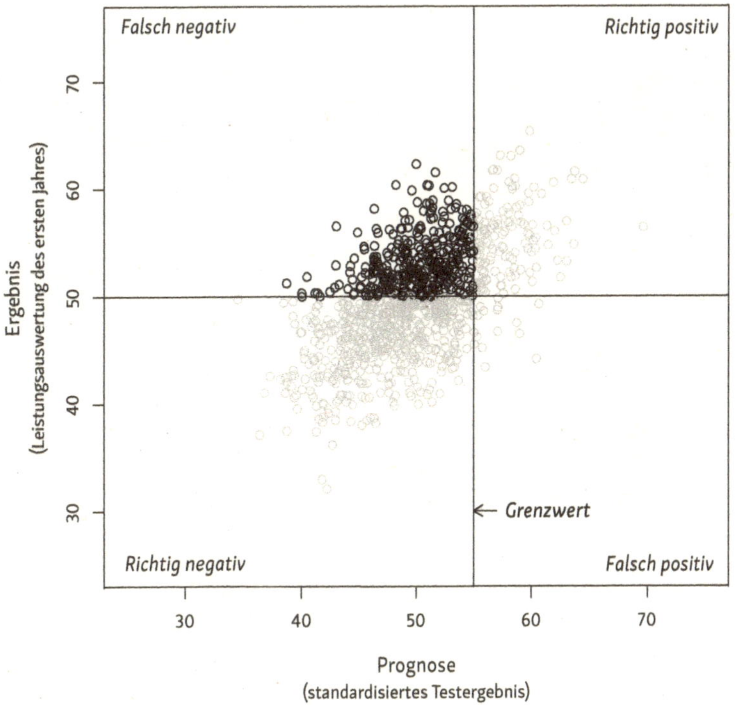

Diese Linien bilden unsere nun bereits bekannte Tabelle mit den vier Feldern, bei der es zwei richtige Vorhersagen gibt (richtig positiv und richtig negativ) sowie zwei falsche (falsch positiv und falsch negativ). Die Punkte ergeben grob eine diagonale Linie von links unten nach rechts oben. Das heißt, dass es eine positive Verbindung zwischen unserem Prädikator (dem SAT) und dem Ergebnis (Erfolg am College) gibt, wenn auch alles andere als eindeutig.

Wenn wir einen hohen Grenzwert verwenden, kommen wir auf relativ wenige falsch positive Ergebnisse – wir minimieren das Risiko, Studierende zuzulassen, die das College nicht schaffen werden. Wir machen aber viele falsch negative Fehler – viele Studierende werden nicht zugelassen, die sich am College bewährt hätten.

Ein niedriger Grenzwert führt zu mehr falsch positiven Ergebnissen

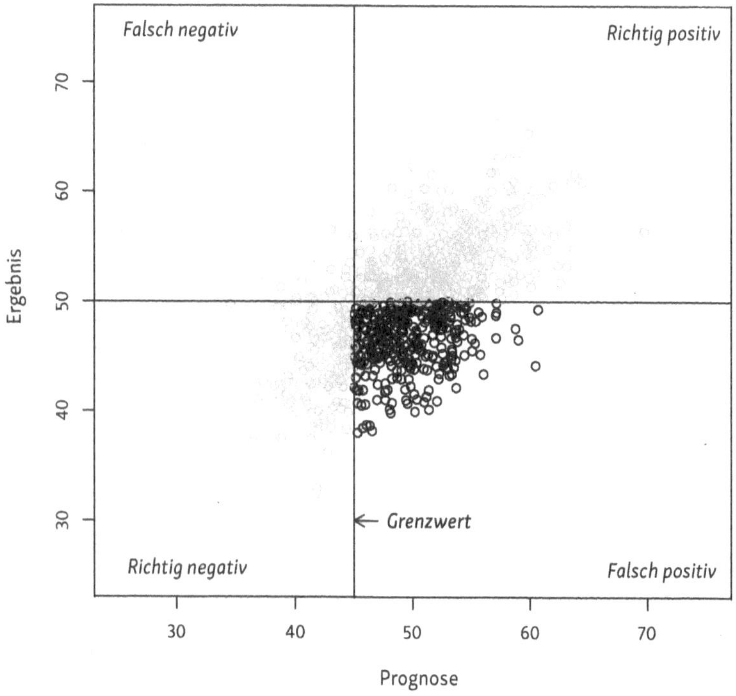

Stellen wir uns also vor, eine neue Dekanin verkündet, dass sie mehr Bewerbern eine Chance auf einen höheren Bildungsabschluss geben will. In der nächsten Abbildung sehen wir, was passiert, wenn wir einen niedrigeren Grenzwert ansetzen. Jetzt gibt es weniger falsch negative Fehler – doch zu einem gewissen Preis, denn wir machen jetzt viele falsch positive Fehler und lassen Studierende zu, die sich schwertun werden, die entsprechenden Leistungen zu erbringen.

Wenn wir keine gut kalibrierte Kristallkugel haben, werden wir, sobald wir den Grenzwert für den Prädikator und das Ergebnis festlegen, unweigerlich Fehler machen. Ob wir nun nur die Studierenden, die über dem Grenzwert liegen, zulassen oder auch andere. Die Festlegung dieser Schwelle ist keine wissenschaftliche oder mathematische Berechnung, sondern eine *politische Entscheidung*, die

Eine bessere Vorhersagemöglichkeit reduziert beide Fehlerarten

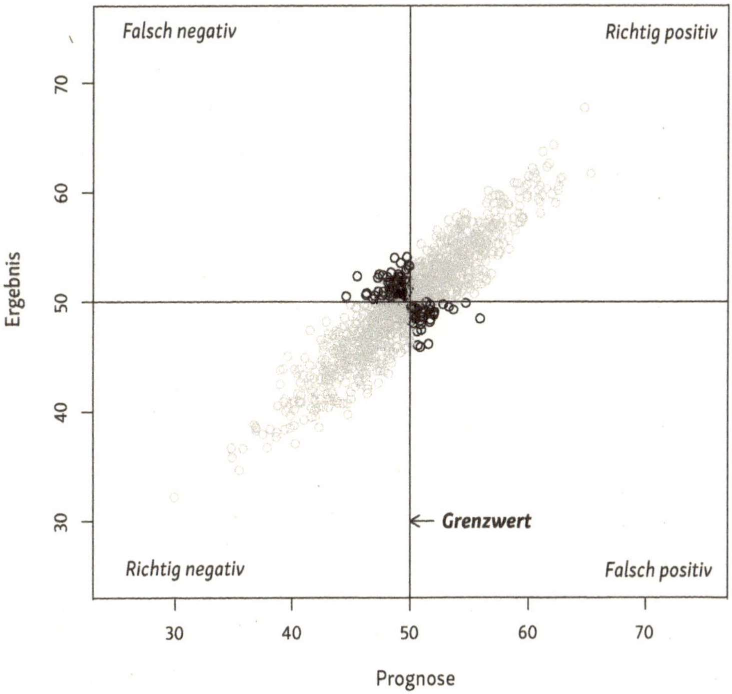

unsere Wertvorstellungen darüber widerspiegelt, welche Fehlertypen wir für akzeptabel halten.[4] Die Entscheidungsfindung in der echten Welt kann sich zwar auf Daten und mathematische Prinzipien wie die Signalentdeckungstheorie stützen, beinhaltet aber zwangsläufig Werturteile. Und es gibt keinen besonderen Grund, warum Wissenschaftler besser in der Lage sein sollten, derlei Abwägungen zu treffen. Solche Werturteile erfordern eine Kombination aus den Wertvorstellungen der Beteiligten: der Universitätsverwaltung, Fakultät sowie potenzieller Studierenden und ihrer Familien.

Mit einem hohen Grenzwert werden wir weniger falsch positive Fehler machen, aber mehr falsch negative. Wenn wir einen niedrigen Grenzwert festlegen, geschieht das Gegenteil. Heißt das, dass die Wissenschaft uns bei diesem Dilemma nicht helfen kann? Keine leichte Frage. In der folgenden Abbildung simulieren wir, was passieren kann, wenn wir, anstatt einfach die Grenzwerte anzupassen, einen neuen Test entwickeln, der zu weitaus treffenderen Voraussagen führt.

Sie sehen, dass die Datenwolke nun schmaler ist und diagonaler verläuft, beide Fehlertypen sind deutlich zurückgegangen. Zwar kann wissenschaftliches Know-how kurzfristig nicht verhindern, dass Abwägungen getroffen werden müssen, aber langfristig dazu führen, dass sie sehr viel weniger werden, wenn wir gewillt sind, in die notwendige Forschung und Entwicklung zu investieren.[5]

Beispiel: Diagnostische Tests

Ein anderer bekannter Bereich, in dem unsere Wertvorstellungen über die Risiken verschiedener Fehler ins Spiel kommen, sind diagnostische Tests in der Medizin. Wir möchten mit diesem Beispiel einen weiteren Faktor aufzeigen, der unsere Fehlerraten beeinflusst: die »Basisrate« – der Prozentsatz an Fällen, bei denen das Signal tatsächlich vorhanden ist.

Vor Kurzem brachte die *New York Times* einen Artikel, wonach bei mehreren seltenen Krankheiten (zum Beispiel dem DiGeorge- oder dem Wolf-Hirschhorn-Syndrom) fast jeder, der positiv getestet wird, in Wirklichkeit negativ ist – in 81 bis 93 Prozent der Fälle für die untersuchten Krankheiten.[6] Sind diese Tests demnach nutzlos? Glücklicherweise leidet die überwiegende Mehrheit der Personen, die den Test machen, nicht an diesen seltenen Krankheiten. Die tatsächliche Anzahl der beobachteten falsch positiven Ergebnisse hängt nicht nur von der Testungenauigkeit ab (also von den Raten der falsch positiven und falsch negativen Ergebnisse), sondern auch davon, wie häufig die Krankheit auftritt. Wenn der Test mangelhaft ist *und* die meisten Personen, die den Test machen, die Krankheit nicht haben, kommt es einfach deswegen zu mehr falsch positiven als richtig positiven Ergebnissen, weil es nicht so viele richtig positive Resultate gibt. (Wie Sie sich vielleicht schon gedacht haben, haben wir eine Möglichkeit, dies zu berechnen, die Bayes-Regel.[7])

Trotz der hohen Falsch-positiv-Raten lohnt es sich, auf diese Krankheiten zu testen, damit die Betroffenen die notwendige Behandlung erhalten. Die gute Nachricht lautet, dass wir die falsch positiven Fälle in der Regel recht bald über das falsche Ergebnis aufklären können und sie keiner unnötigen Behandlung aussetzen. Oft gibt es einen zweiten Test, dessen Durchführung teurer ist, der aber weniger falsch positive Ergebnisse liefert. Diese Tests können wir dann für diejenigen mit positiven Ergebnissen verwenden und viele unserer Fehler ausgleichen.

Blindflug (teilweise)

Bisher haben wir die Fehlermuster mithilfe unserer Tabelle mit den vier Feldern analysiert. Aber in vielen realen Situationen sehen wir nie alle Felder auf einmal. Nehmen wir die Entscheidungen zur Zulassung an die Universitäten von Berkeley und Stanford, an denen wir lehren. Wir sagen unseren Studierenden regelmäßig (und korrekterweise), dass sie großartig sind, die Crème de la Crème, und dass wir uns freuen, sie bei uns an der Uni zu haben. Und trotzdem ist den Zulassungsstellen bewusst, dass wir, wenn wir weiter unten in der Liste gesucht hätten, noch einen Haufen anderer großartiger Leute gefunden hätten, die es nicht geschafft haben. Nur werden wir niemals erfahren, ob wir einen Fehler gemacht haben, indem wir sie nicht aufnahmen, denn schließlich wissen wir nicht, wie sie sich an der Uni geschlagen hätten – oder ob unsere Studierenden sich an einer konkurrierenden Uni besser entwickelt hätten. Das Universum, in dem wir die gegenteilige Entscheidung getroffen haben, bekommen wir nie zu sehen.

1973 trug sich etwas Spannendes zu. Lange schon gibt es eine Debatte über die Entscheidungen von Psychiatern und Bewährungsausschüssen gegen die Freilassung von Inhaftierten oder Bewohnern einer psychiatrischen Einrichtung, die sie für zu gefährlich hielten. Doch dann führte eine große Haushaltskrise dazu, dass manche Einrichtungen alle Bewohner freilassen mussten. Wenngleich also die Psychiater manche Insassen als zu gefährlich, um auf freien Fuß gesetzt zu werden, einschätzten, sagte der Staat offiziell: »Uns ist es egal, was ihr sagt. Wir lassen sie trotzdem frei.« Und so konnten wir sehen, was passiert, wenn jemand, der als fremdgefährdend eingestuft worden ist, freigelassen wird. Letztendlich beging ein Großteil der als »gefährlich« Eingeschätzten in den darauffolgenden drei Jahren kein Gewaltverbrechen. Uns kommt es so vor, als hätten die Gutachter eine sehr hohe Falsch-positiv-Rate in Kauf genommen, um nicht verantwortlich dafür zu sein, jemanden auf freien Fuß zu setzen, der sich letztendlich als zu gefährlich herausstellt. Sie schienen die Sicherheit der Gesellschaft über das Recht des Einzelnen zu stellen. Unsere Leserschaft dürfte unterschiedlicher Meinung darüber sein, ob diese Gewichtung richtig oder falsch ist.

Pest oder Cholera

Wir haben gesehen, wie komplex sich die Abwägung zwischen dem Risiko von falsch positiven und falsch negativen Ergebnissen gestaltet. Es ist sehr schwierig, das Risiko für das eine zu senken, ohne jenes für das andere zu erhöhen. Noch einmal: *Grenzwerte sind politische Entscheidungen*, die institutionelle Auffassungen von den relativen Kosten der Fehler widerspiegeln; von Natur aus politische Entscheidungen, die mehr mit Werten als mit Wissenschaft zu tun haben.

Lassen wir noch einmal die wichtigsten Aspekte dieses Kapitels Revue passieren: Die Wissenschaft kann uns zwar sagen, wie wir Wahrscheinlichkeiten einschätzen können, aber nicht, welchen Schwellenwert wir bei unseren Entscheidungen ansetzen sollten. Unser Beweismaß (unsere Entscheidungsschwelle) ist ein Ausdruck unseres Werteurteils: Welchen Fehler wollen wir in einer bestimmten Situation vermeiden?

Wissenschaftler und Wissenschaftsbegeisterte übersehen diesen Aspekt manchmal. Denken Sie nur an die Debatte über die Lockdowns zu Beginn der Pandemie. Wir wollen auf dieses Thema hier nicht weiter eingehen, glauben aber, dass es überzeugende wissenschaftliche Argumente dafür gab, dass ein Lockdown die Virusübertragung verringern kann. Aber das Risiko der Übertragung muss gegen die etwaigen Schäden durch Lockdowns abgewogen werden. Vielleicht werden wir irgendwann diese Risiken beziffern können. Aber zu dem Zeitpunkt, als die Entscheidung getroffen werden musste, wussten wir nicht ausreichend darüber, um eine solche Bezifferung vorzunehmen. Wir sind der Meinung, dass viele, die angesichts des Kenntnisstandes der Medizin für Lockdowns als Schutzmaßnahmen für die öffentliche Gesundheit plädierten, richtiglagen. Doch folgt daraus nicht automatisch, dass die Lockdowns von der Wissenschaft diktiert wurden, da diese auch viele andere Auswirkungen mit sich bringen. Wenn wir ein Auto kaufen, entscheidet jeder von uns, wie er die Sicherheit gegen die Kosten des Fahrzeugs abwägt. Genauso gibt es verschiedene konkurrierende Vorteile und Kosten bei der Anordnung von Lockdowns, die gesundheitliche, aber auch wirtschaftliche, bildungsbezogene und noch weitere Aspekte betreffen. In den Kapiteln 16 und 17 werden wir auf die Frage zurückkommen, wie Gesellschaften mit den Werten arbeiten können, die für ihre Entscheidungsschwellen verantwortlich sind.

Fehlerabwägung und statistische Relevanz

Diejenigen unter Ihnen, die eine Veranstaltung zum Thema Einführung in die Statistik besucht haben, kennen solche Abwägungen bereits vom Überprüfen statistischer Hypothesen. Sie haben schon einmal von »statistischer Signifikanz« gehört, die vom magischen Niveau $p < 0,5$ angegeben wird. Der sogenannte p-Wert ist grob gesagt die Wahrscheinlichkeit, einen ebenso starken Zusammenhang zu entdecken wie den, den Sie in Ihren Daten beobachtet haben, wenn in Wirklichkeit gar kein Zusammenhang besteht.

Dieses System ist durchaus kontrovers. Wenn man einen p-Wert von 0,49 erhält, kann man sich freuen, wenn er bei 0,51 liegt, verzweifeln. Es kommt vielen irrational vor, bei diesem winzigen Unterschied der Wahrscheinlichkeiten so streng vorzugehen. Warum gilt das eine als statistisch signifikant und das andere nicht?

Statistiker einer früheren Generation haben diesen Schwellenwert von 0,5 ziemlich willkürlich festgelegt. Sie kamen darin überein, lieber die falsch positiven Ergebnisse zu vermeiden als die falsch negativen. Aber es gibt gute Gründe, sowohl für höhere als auch für niedrigere Schwellenwerte zu argumentieren. Vielleicht schadet es der Wissenschaft mehr, wenn wir sagen, es gab keinen Effekt, und haben dabei einen vorhandenen übersehen.

Das ist insofern problematisch, da wir in manchen öffentlichen Bereichen Interventionen in der echten Welt testen – mit kleinen Stichproben, Messungen mit vielen Störgeräuschen, sodass es sehr schwer ist, das Signal zu erkennen. Und weil wir diesen sehr strengen Schwellenwert festgelegt haben, der einen davon abhalten soll zu behaupten, dass es einen Effekt gibt, wo keiner ist, können wir nicht sagen, dass es einen Effekt gibt, wenn er zwar da, aber klein ist (weil es unter diesen Umständen schwieriger ist, einen p-Wert $< 0,5$ zu erreichen). Es besteht durchaus die Möglichkeit, dass wir viele wirksame staatliche Interventionen nicht weiterverfolgt haben, weil wir den Effekt nicht nachweisen konnten, da wir diesen strengen Schwellenwert in Bereichen anwenden mussten, in denen die Daten knapp und voller Störgeräusche waren. Die Entscheidung, ob wir diese Verluste begrenzen sollen, ist ein Werturteil.

Lassen sich weniger verlustreiche Abwägungen treffen?

Mittlerweile haben wir gesehen, dass die Wissenschaft das Auftreten von Entscheidungsfehlern reduzieren kann, wenn die Methoden zur Vorhersage verbessert werden. Und es gibt weitere Maßnahmen, um die Abwägungen zu justieren.

Manchmal – wir würden sogar behaupten, meistens – kann man erst einmal vorläufig einen Kurs einschlagen. Schritte ausprobieren, die Ergebnisse überprüfen und unsere Entscheidung noch einmal überdenken. Der Gesetzgeber kann Auflösungsklauseln einbauen, die besagen, dass ein Programm bewertet werden muss, bevor es weiter unterstützt wird. Das ist zugegebenermaßen keine leichte Aufgabe, denn solche Klauseln bieten einen Anreiz für beide Seiten – Pro oder Kontra –, Belege für die Wirksamkeit des Programms zu manipulieren.

Und manchmal können wir auch einfach mit der Entscheidung warten und mehr Beweise sammeln, bevor wir sie fällen. Wie wir immer wieder in diesem Buch betonen: *Manchmal ist es verfrüht, sich eine Meinung zu bilden.* In Familien werden Entscheidungen über einen Hauskauf oder Jobwechsel in wirtschaftlich unsicheren Zeiten zurückgestellt. Ärzte vermeiden invasive Eingriffe, bis die Ergebnisse weniger vieldeutig sind. Natürlich können wir in manchen Situationen nicht warten, da brauchen wir eine Entscheidung. Beispielsweise muss man als Bürgermeister entscheiden, ob man seine Bürger bei einer Flutwarnung evakuieren soll. Militärs müssen den Befehl erteilen, ob auf ein Flugzeug geschossen werden soll, das in einem Flugbeschränkungsgebiet unterwegs ist. Die Geschworenen können nicht sagen: »Also wir halten es zu 82 Prozent für wahrscheinlich, dass er schuldig ist, Euer Ehren.« Denn dann würde der Richter sie wahrscheinlich zurück in den Geschworenensaal schicken, bis sie eine Entscheidung getroffen haben.

Wir hoffen, in diesem Kapitel verdeutlicht zu haben, dass es bei öffentlichen Debatten nicht immer allein um *die Fakten* geht. Manchmal geht es darum, das richtige *Beweismaß* festzulegen – wie viel Belege wir als ausreichend betrachten, damit die andere Seite ihre

Meinung ändert. Das ist ein wichtiger Bestandteil des Wahrscheinlichkeitsdenkens: Da Sicherheit nicht zu erwarten ist, müssen wir entscheiden, wie viel Evidenz ausreicht. Und weil es keine absolute Sicherheit gibt, wird es sogar bei den besten, evidenzbasierten Maßnahmen zu Fehlern kommen. Wir dürften uns darüber einig sein, dass es schlecht ist, Menschen in Not nicht zu helfen, und dass es schlecht ist, andere die Großzügigkeit des Staates ausnutzen zu lassen. Aber vielleicht sind wir uns uneins in der Frage, welcher Fehler schlimmer ist. Unsere Ansichten zu solchen Themen zu äußern, wird die Konflikte nicht einfach verschwinden lassen, kann aber zu mehr Klarheit beitragen. Und beide Seiten können sich darauf einigen, dass bessere Vorhersagen beide Fehlertypen reduzieren können.

Kapitel 9

Statistische und systematische Unsicherheit

Wie einfach wäre es, sähen die Dinge in der Welt und ihre Eigenschaften eindeutig so oder so aus! Wenn jeder entweder genau 90 Zentimeter groß wäre oder genau 1,70 Meter, dann wäre vollkommen klar, dass Ihr fünf Jahre alter Sohn groß genug für die meisten Fahrgeschäfte in Disneyland ist. Sie könnten die Tickets online kaufen und müssten nicht erst den ganzen Weg dort hinfahren, um sicherzugehen. Stattdessen müssen Sie den lieben Kleinen messen, um festzustellen, ob er die Größenanforderungen erfüllt, und dafür haben Sie nur dieses alte Maßband, das Sie irgendwo ganz hinten in der Schublade gefunden haben. Anscheinend ist Ihr Kind ziemlich nahe dran an der Mindestkörpergröße für die Fahrgeschäfte, und während Sie mit unsteter Hand das Maßband an ihn halten – was Rauschen in Ihre Messung bringt –, denken Sie mal Ja und mal Nein. Vielleicht, so überlegen Sie, sollten Sie einfach ein paar Messversuche durchführen und dann den Durchschnitt nehmen – das sollte das Zittern ausgleichen. Aber Sie erinnern sich noch dunkel, dass Sie das Maßband vielleicht schon mal in Ihrer Hose vergessen und mitgewaschen haben, könnte es da eingelaufen sein? (Die Hose ist es auf jeden Fall!) Also wird auch der Durchschnitt der Messungen nichts bringen, seufz …

Dieses eindrückliche Beispiel zeigt ein weiteres nützliches Gedankenwerkzeug, wenn wir es in der echten Welt mit Rauschen und Unsicherheit zu tun haben. Erstens gibt es zwei verschiedene Arten, wie Rauschen und Unsicherheit die Messungen beeinträchtigen können: Manchmal können die willkürlich schwankenden Messungen durch Berechnung des Durchschnitts ausgeglichen werden (so wie Ihre unstete Hand beim Halten des Maßbandes); und manchmal verschieben sie sich systematisch in die eine oder andere Richtung (*jede* Messung mit einem in der Wäsche eingelaufenen Maßband wird ein zu hohes Ergebnis liefern). Wollen wir unsere Glaubwürdigkeit einschätzen und wirklich wissen, wie die Chancen stehen, dass uns zufällige Werte ein falsches Bild der Realität vermitteln, müssen wir mit beiden Fehlern umgehen lernen.

In der Wissenschaft gibt es dafür eine nützliche Terminologie und Herangehensweise. Der Umgang mit diesen verschiedenen Arten von Rauschen ist sogar so wichtig, dass unterschiedliche Bereiche jeweils eine eigene Terminologie dafür entwickelt haben. Zwar unterscheiden sich die Bezeichnungen, aber die Bedeutung ist recht ähnlich. Physiker wie Saul nennen die beiden Arten der Fehlerquellen normalerweise *statistisch unsicher* und *systematisch unsicher.* Sozialpsychologen wie Rob sprechen eher von *Reliabilität* und *Validität*. Statistiker unterscheiden zwischen *Präzision* und *Genauigkeit* oder *Varianz* und *Bias.* All diese Begriffe haben jeweils unterschiedliche Konnotationen (worauf wir später noch eingehen werden), also darf sich unser Philosoph John aussuchen, welche Bezeichnung am besten zu dem passt, was er ausdrücken möchte.

Die Hotelwaage

Um die Begriffe besser zu verstehen, möchten wir mit einem alltäglichen Beispiel einsteigen. Stellen Sie sich vor, Ihr Arzt hat Ihnen geraten, aus gesundheitlichen Gründen fünf Pfund abzunehmen. Direkt danach machen Sie eine Geschäftsreise und überprüfen in jedem der Hotels Ihr Gewicht. An jedem Tag, in jedem Hotelzimmer benutzen Sie eine andere Personenwaage. Beim ersten Mal Wiegen denken Sie: »Komisch, ich bin anscheinend drei Pfund leichter als gedacht. Vielleicht stimmt die Waage nicht.« In der nächsten Stadt steigen Sie wieder auf die Waage und denken: »Aha, die zeigt zwei Pfund mehr an als gedacht.« Sie vermuten, dass die Waagen in den Hotels nicht gut kalibriert sind. Während

Ihrer einmonatigen Reise steigen Sie auf viele Personenwaagen in vielen Hotels und denken schließlich, dass Sie wahrscheinlich ungefähr richtigliegen, wenn Sie den Schnitt all dieser Messungen nehmen, da es unwahrscheinlich ist, dass alle Waagen in dieselbe Richtung falschliegen.

Zu Hause benutzen Sie wieder Ihre eigene Waage – wissen aber nicht, dass diese ein verzerrtes Ergebnis liefert, nämlich immer fünf Pfund weniger anzeigt als das eigentliche Gewicht. Vielleicht glauben Sie erst, dass Sie wirklich so wenig wiegen, weil Sie vom Flug noch ganz dehydriert sind. Aber nachdem Sie sich über einen Monat lang jeden Tag mit dieser Waage gewogen haben, zeigt sie Ihnen immer noch fünf Pfund weniger an als Ihr Durchschnittsgewicht auf der Reise. Tatsächlich bleibt das Gewicht, wie oft Sie sich mit dieser Waage auch wiegen, immer gleich, und Sie gratulieren sich dazu, die fünf Pfund nicht wieder drauf zu haben. Das ist natürlich genau solch eine Situation, die Wissenschaftler unbedingt vermeiden wollen. Man möchte den Fall ausschließen können, dass man zwar immer wieder ein hübsches reproduzierbares Ergebnis erhält – also sich viele Male wiegt und immer auf denselben Wert kommt –, das aber fünf Pfund von der Wahrheit abweicht.

An diesem Punkt beginnen die Wissenschaftler, die beiden Arten von Unsicherheit zu identifizieren und zu benennen: *Statistische Unsicherheit* beschreibt das Rauschquellen, das bewirkt, dass Ihre Messungen zufällig um den richtigen Wert herum streuen; manchmal höher, in anderen Fällen niedriger, so wie die unterschiedlichen Angaben der Hotelwaagen. Sie können sich der korrekten Antwort immer weiter annähern, indem Sie mehr Messungen machen, solange diese nur statistische Unsicherheiten aufweisen. *Systematische Unsicherheit* hingegen beschreibt eine Störquelle, die dazu führt, dass die Messungen in eine Richtung verzerrt sind, entweder alle zu hoch oder alle zu niedrig ausfallen. Es spielt keine Rolle, wie viele Messungen Sie durchführen, wenn diese nur systematische Unsicherheiten beinhalten. Der Durchschnitt wird Ihnen nicht das korrekte Ergebnis liefern, sondern ein verzerrtes Bild zeigen.[1]

Das Interessante an diesen beiden Arten der Unsicherheit liegt darin, dass Sie, sobald Sie die Unterschiede bemerken, wissen, dass Sie für eine gute Messung (also mit einem eindeutigen Signal, das nicht von Rauschen verzerrt wird) unterschiedliche Strategien benötigen. Wenn Ihre Messung bei jeder Wiederholung willkürlich schwankt (wenn vielleicht Ihre Hand immer etwas verrutscht bei dem Versuch, das Lineal gerade zu halten), müssen Sie viele weitere Durchläufe machen, um das statistische Rauschen auszugleichen – oder jemanden mit einer ruhigeren Hand finden, der konsistentere Ergebnisse liefert. Vermuten Sie eine *systematische* Unsicherheit, ist es generell etwas schwieriger, also investieren Wissenschaftler viele Mühen – und wir einen Großteil dieser Ausführungen – darauf, zu erklären, wie man damit umgehen kann.

Was tun bei systematischer Unsicherheit?

Wenn Sie von einer systematischen Unsicherheit ausgehen, dürfen Sie kreativ werden. Denn als Erstes gilt es, sich alle möglichen Arten zu überlegen, auf die Ihre Messung systematisch in die eine oder andere Richtung gedrängt werden könnte. Kann es sein, dass das Maßband sich ausgedehnt hat oder geschrumpft ist und demnach alle Messungen auf dieselbe Weise verzerrt sind? Kaufen die meisten, vielleicht unbeabsichtigt, Personenwaagen, die ein niedrigeres Körpergewicht anzeigen, sodass auch die meisten Waagen in den Haushalten Ihrer Freunde einen niedrigeren Wert liefern? Als Zweites müssen Sie sich überlegen, wie Sie diesen systematischen Bias überprüfen können – oder noch besser, wie Sie dessen Auswirkungen auf Ihre Messungen einschränken. Können Sie vielleicht andere vertrauenerweckendere Maßbänder oder Waagen verwenden? Oder können Sie alternativ, unabhängig davon, ob Sie eine systematische Verzerrung in der Messung nachweisen können oder nicht, den Messvorgang so gestalten, dass es nicht wichtig ist, ob es einen spezifischen Bias in Ihrem Messinstrument gibt? Letzteres mag kontraintuitiv klingen, denn wie kann eine spezifische Verzerrung irrelevant sein? Schauen wir uns also ein Beispiel an.

Stellen Sie sich vor, Sarah bereitet sich darauf vor, anderthalb Kilometer zu laufen, also vier Runden. Ihr Trainer möchte messen, in welcher Geschwindigkeit sie die dritte Runde dieser Vier-Runden-Strecke schafft. Jedes Mal, wenn Sarah die Linie auf der Bahn überquert, die den Beginn der dritten Runde markiert, drückt ihr Trainer einen Knopf auf der Stoppuhr, um einen Timer zu starten. Wenn Sarah dann diese Linie wieder überquert (zu Beginn der vierten Runde), drückt ihr Trainer erneut auf den Knopf und hält die Stoppuhr an.

Schauen wir uns diese Zeitmessmethode an, fallen uns mehrere mögliche Quellen statistischer Unsicherheit auf: Es kann sein, dass Sarah ihre dritte Runde nicht jedes Mal in genau der gleichen Geschwindigkeit läuft und dass Sarahs Trainer den Knopf nicht immer exakt zum gleichen Zeitpunkt drückt; manchmal ist er dabei vielleicht etwas schneller, manchmal langsamer. Derlei Ungenauigkeiten können wir angehen, indem wir den Durchschnitt von verschiedenen Trainingseinheiten nehmen (vielleicht nicht alle vom selben Tag, denn Sarah könnte müde werden). Tatsächlich kann in vielen Fällen die statistische Unsicherheit dadurch reduziert werden, dass man den Durchschnitt der unterschiedlichen Messungen nimmt. Aber was, wenn der Coach die ganze Zeit über zu langsam reagiert, wenn Sarah die Linie überquert? Wenn er *immer* etwas zu spät die Zeit anhält? Das klingt nach einer systematischen Fehlerquelle, und die verzögerte Messung lässt sich nicht über den Durchschnitt ausgleichen.

Vielleicht ist Ihnen auch aufgefallen, dass der Coach in diesem Beispiel denselben Knopf mit derselben verzögerten Reaktion zweimal drücken musste; einmal zu Beginn der gemessenen Runde und einmal am Ende. Solange also die verzögerte Reaktion des Coaches zu Beginn der Runde die gleiche ist wie zum Ende der Runde (die auch den Beginn der nächsten bildet), heben beide sich gegenseitig auf und die Messung wird nicht verzerrt. Das klingt jetzt vielleicht wie ein etwas konstruiertes Beispiel, bei dem wir einfach Glück hatten, aber Wissenschaftler suchen genau solche kreativen Lösungen für nervige Auslöser möglicher systemischer Unsicherheiten. Erinnern Sie sich, als wie nützlich es sich erwiesen hat, in medizinischen Experimenten die Probanden zufällig der behandelten oder nicht behandelten Gruppe zuzuweisen? Das war eine schlaue Möglichkeit, sicherzustellen, dass systematische Unsicherheit das Ergebnis nicht in irgendeiner Weise verzerrte oder sich im Vergleich der Gruppen aufhob.

Systematische Unsicherheit im Alltag

Unser Ziel dabei ist es, Sie für die Quellen systematischer Unsicherheiten zu sensibilisieren – und damit auch für mögliche Lösungen. Schauen wir uns also zwei Beispiele aus der realen Welt an, das jedes auf seine Art spannend ist. Zuerst wäre da ein wichtiges praktisches Beispiel für systematische Unsicherheit, das Ihnen vielleicht bekannt vorkommt, wenn Sie schon einmal in einer lokalen Wahl abgestimmt haben, in der es um eher unbekannte Posten wie etwa den Schulbeirat ging und Sie sich zu den Kandidaten nicht unbedingt auf dem Laufenden gehalten haben.

Es gibt Studien, wonach es, wenn man niemanden auf dem Wahlzettel kennt und alles andere gleich ist, die leichte Tendenz gibt, die erste Person auf der Liste anzukreuzen. Der Kandidat ganz oben bekommt ungefähr 5 Prozent mehr Stimmen als diejenigen weiter unten, was wirklich einen Unterschied macht, da doch in vielen Abstimmungen 5 Prozent problemlos ausreichen können, um den Sieg einzufahren.

Überraschenderweise tritt der genau gegenteilige Effekt ein, wenn man das Ganze anstatt visuell verbal durchführt; in Befragungen von Meinungsforschenden, wen die Leute am wahrscheinlichsten wählen würden. Dann hat die Person, deren Namen als *Letztes* genannt wird, bessere Chancen. Das heißt, bei einer Wahl, bei der der Name eines Kandidaten ganz oben auf dem Stimmzettel steht und die Meinungsforscher den Leuten die Liste der Kandidaten in der Reihenfolge des Stimmzettels vorlesen, könnten die Umfragen den Ausgang völlig falsch einschätzen: Der Kandidat, der ganz oben steht, hätte in den Telefonumfragen einen Nachteil von 5 Punkten, aber in den tatsächlichen Wahlen einen Vorteil in dieser Höhe.

Das ist doch Irrsinn! Warum werden Stimmzettel so gestaltet, dass die Kandidaten immer in derselben Reihenfolge auftauchen, da man doch von dieser systematischen Verzerrung weiß? In Kalifornien hat man bei Wahlen auf Bundesstaatenebene das Problem der systematischen Verzerrung durch die Reihenfolge der Namen erkannt und versucht, es zu lösen, indem man eine zufällige Reihenfolge für die Kandidaten auf dem Stimmzettel festlegte – die dann auf *allen* Stimmzetteln gleich war. Das hilft natürlich nicht. Diese Lösung könnte man nur als fair bezeichnen, wenn man eine sehr seltsame Auffassung vom Konzept Fairness hat, denn schließlich hat jeder Kandidat die gleiche Chance, die 5 Extra-Prozent einzufahren, wenn er den Stimmzettel anführt. Aber darum geht es natürlich nicht. Wir versuchen nicht nur, bei unserer Fehlmessung fair zu sein; wir versuchen zu erfassen, was oder wen die Leute, die eine Präferenz haben, wählen würden, und zwar unverzerrt durch die 5 Prozent derjenigen, die anscheinend aufgrund der Reihenfolge auswählen. Seltsamerweise wurde bei den kalifornischen Wahlen auf Bundesebene und für den Kongress nicht derselbe Fehler gemacht: Die Stimmzettel wurden für jeden Wahlbezirk eigens gedruckt, und die Reihenfolge, in der die Kandidaten darauf aufgeführt sind, variiert in jedem der 58 kalifornischen Bezirke. Das ist zwar auch nicht perfekt, sollte aber den Vorteil des Ersten ausgleichen – so wie Ihre Ergebnisse unterschiedlicher Waagen auf der Geschäftsreise.

Unser zweites Beispiel aus dem echten Leben zeigt, dass bei der Erkennung und dem Ausgleichen statistischer und systematischer Fehler viel auf dem Spiel steht. Es ist für unsere Welt heute entscheidend, ob die Messungen der globalen Temperaturschwankungen des letzten Jahrhunderts richtig oder falsch waren. Wenn wir falschliegen (im Rahmen des Wahrscheinlichkeitsdenkens natürlich!), könnten wir sehr viel Leid verursachen, indem wir ein nicht richtig verstandenes Problem falsch angehen oder indem wir gar nicht handeln, was eine Klimakatastrophe bedeutete.

Im vergangenen Jahrhundert haben Meteorologen auf der ganzen Welt die lokalen Temperaturen jeden Tag auf einem Thermometer abgelesen. Klimawissenschaftler haben diese Messungen verwendet, um die Veränderungen der globalen Temperaturen einschätzen zu können, wodurch die Graphen aus Kapitel 6 entstanden sind, die den Temperaturanstieg über das vergangene Jahrhundert zeigen. In dieser Situation spielen sowohl statistische als auch systematische Unsicherheiten erkennbar eine Rolle. Erstens treten zahlreiche Störfaktoren in den täglichen Messungen auf, da es kleinste Schwankungen beim Wetter je nach Ort, Tag und Jahr gibt, und aufgrund von mangelhaften Thermometern. Derlei Unsicherheiten müssen identifiziert und als »statistische Unsicherheit« verstanden werden, da man sie alle mit ausreichend Daten ausgleichen könnte. Jede Art von systematischer Verzerrung, die zum Ende des 20. Jahrhunderts anders ausfiele als zu Beginn, wäre sehr viel gefährlicher.

Systematische Fehler, die über die gesamte Zeit unverändert bleiben, gleichen sich aus (so wie die verlangsamte Reaktion von Sarahs Coach), also können wir sie beiseitelassen. Wenn zum Beispiel alle auf der Welt die durchschnittliche Tagestemperatur nur am Nachmittag gemessen hätten, würde man hier eine Verzerrung zu wärmeren Temperaturen im Vergleich zum Tagesdurchschnitt haben. Doch solange genau dieser Fehler das ganze Jahrhundert über gemacht wird, trägt er nicht zu einem systematischen Bias in der Messung von Temperaturveränderungen bei.

Verändert sich ein Bias bei den Messungen jedoch im Laufe des Jahrhunderts, liegt ein systematischer Fehler bei unseren Temperaturaufzeichnungen vor. Nehmen wir nur die systemischen Veränderungen, je nachdem, *wo* man die Temperaturen gemessen hat. Zu Anfang des Jahrhunderts kamen mehr Messungen aus Europa und Nordamerika, wo diejenigen saßen, die die Messungen durchführten. Eine weitere geografische Veränderung über die Jahre könnte auf die Urbanisierung zurückzuführen sein. Im Laufe des Jahrhunderts wurden immer mehr in Städten oder deren Nähe die Temperatur gemessen, weil immer mehr Menschen dort lebten. Und es ist bekannt, dass Städte aufgrund des sogenannten Wärmeinseleffekts tendenziell wärmer sind als das Umland.

Zu genau solchen systematischen Unsicherheiten ist es in den letzten Jahrzehnten gekommen, als das Thema globale Erwärmung wichtige politische Fragen aufwarf. Eine der Gruppen, die sich mit dieser Problematik befasst hat, führte eine kontrollierte Studie durch, in der sie die Temperaturveränderungen eines Jahrhunderts in stadtnahen Gebieten mit den ländlichen Regionen verglich. (Saul war an dem Projekt beteiligt.) So konnte man effektiv systematische Unsicherheiten untersuchen. Es stellte sich heraus, dass der Unterschied *zwischen* den Temperaturveränderungen in Städten und auf dem Land viel geringer war als der Erwärmungseffekt, um den wir uns Sorgen machen. Das deutet darauf hin, dass die im Laufe des Jahrhunderts aufgetretene Verstädterung keine wesentliche systematische Verzerrung bei der Messung der globalen Temperaturveränderung darstellt.

Aber was ist mit der Tageszeit, zu der die Temperatur gemessen wird? Die Art und Weise, wie und wann Temperaturmessungen für die Berechnung von Tagesdurchschnittswerten vorgenommen wurden, hat sich verändert. Zu Beginn des Jahrhunderts empfahl der US-Wetterdienst zum Beispiel, die Temperatur um den Sonnenuntergang herum zu messen, während am Ende des Jahrhunderts die meisten US-Messungen morgens stattfanden (wenn es wahrscheinlich kälter ist). Was nun als Durchschnittstemperatur während eines jeden Zeitraums gilt, ist schwieriger zu ermitteln, weil man versuchen muss, diesen Unterschied zu korrigieren.

Bei der Art und Weise der Temperaturmessung gab es jedoch noch eine weitere Veränderung – und zwar im Zusammenhang mit der Meeresoberfläche. Anfang des Jahrhunderts maß man diese, indem man auf Schiffen einen Eimer über Bord warf, ihn wieder einholte und dann die Temperatur des geschöpften Wassers bestimmte. Im Zweiten Weltkrieg nutzte man die Methode, ein Thermometer in der Ansaugöffnung für das Wasser, das zum Kühlen der Motoren verwendet wurde, zu positionieren. Man kann sich vorstellen, dass diese beiden Messmethoden durchaus unterschiedliche Ergebnisse lieferten. Erstens kommt das Wasser für den Motor von tiefer unten, als wenn man einen Eimer zu Wasser lässt. Zweitens kam offensichtlich niemand auf die Idee, dass irgendwann einmal die Temperaturaufzeichnungen verglichen würden, also überprüften sie die Daten nicht durch einen Abgleich. Sie zeichneten die Temperaturen für andere Zwecke auf, und so müssen Wissenschaftler heute aufgrund der unterschiedlichen Methoden bei allen Studien zu Ozeantemperaturen eine Abweichung unbekannter Größe zwischen den Messungen mit einkalkulieren. Diese Abweichung ist heute deshalb so schwer zu bestimmen, weil es keine Schiffe mehr aus der Zeit gibt, als die Messmethode umgestellt wurde, sodass man die Eimer-Technik mit der Ansaugventil-Strategie vergleichen könnte.

Wenn wir über solcherart Änderungen in der Methodik der Temperaturmessung Bescheid wissen, können wir diese untersuchen. In den eben genannten Beispielen führten sie zu den Verschiebungen bei den Temperaturmessungen, die es mit ihrer eigenen statistischen Unsicherheit zu untersuchen gilt.

Sie sind natürlich ein Unsicherheitsfaktor in den besten Schätzungen der globalen Temperaturveränderungen. Aber die gute Nachricht lautet, dass wir, sobald sie einfach eine weitere Messgröße auf dem langen Weg zur Erkenntnis werden, unser standardmäßiges Wahrscheinlichkeitsdenken aus den letzten Kapiteln anwenden können, um die Unsicherheit zu quantifizieren und die Grenzwerte festzulegen, wann etwas als »sicher genug« gilt, um Maßnahmen zu ergreifen. Wir könnten zum Beispiel sagen, dass die Auswirkungen der globalen Temperaturveränderungen so schwerwiegend sind, dass wir bereits handeln sollten, wenn wir uns nur zu 75 Prozent sicher sind, dass die Temperaturen steigen. Oder dass die Umverteilung der Ressourcen die Weltwirtschaft so stark beeinträchtigen würde, dass wir eine 95-prozentige Sicherheit benötigen, bevor wir etwas unternehmen.

Die kreativen Herausforderungen systematischer Unsicherheit

Das Beispiel, wie man viele mögliche Quellen systematischer Verzerrungen bei den globalen Temperaturmessungen finden kann, zeigt, dass es verschiedenste Möglichkeiten gibt, damit umzugehen. Manchmal finden wir einen Weg, sie bei den Messungen auszugleichen, bei anderen Gelegenheiten können wir den systematischen Effekt quantifizieren und ihn so zu einer besser kalkulierbaren statistischen Unsicherheit machen. Und in wieder anderen Situationen (die wir hier nicht beschrieben haben) müssen wir einfach zeigen, dass der systematische Effekt nicht so groß sein kann, als dass er für unsere Messung von Bedeutung wäre. Kurz gesagt: *Sobald wir diese möglichen Verursacher systematischer Unsicherheit identifizieren können*, lassen sie sich untersuchen und mit einbeziehen. In der wissenschaftlichen Ausbildung geht es daher in weiten Teilen darum, immer besser darin zu werden, solche Quellen der Unsicherheit zu identifizieren und sich kreative Wege zu überlegen, jeden davon zu kontrollieren, auszugleichen oder gut genug zu messen, sodass die Messung nicht zu unsicher ist, um eine Entscheidung darauf aufzubauen.

In späteren Kapiteln werden wir aufzeigen, wie wichtig es ist, mit anderen zusammenzuarbeiten, die nicht der gleichen Meinung sind. Dem kommt vor allem deshalb große Bedeutung zu, da es deutlich einfacher ist, Quellen für systematische Unsicherheit aufzudecken, wenn man die Position eines anderen infrage stellt! Will man also in den eigenen Messungen systematische Unsicherheiten finden, die diese verzerren könnten, sollte man sich jemanden suchen, der die Ergebnisse infrage stellt (so schmerzhaft das auch sein mag). Im besten Fall kann die Tradition des Überprüfens und der strengen Kritik in der Wissenschaft dazu beitragen, auf der Jagd nach systematischen Unsicherheiten fündig zu werden, und noch mehr Fehler herausfiltern, als sie die dafür geschulten Wissenschaftler selbst entdecken. Wenn Sie einmal für das Problem der systematischen Verzerrung sensibilisiert sind, dürfte sie Ihnen bei vielen Ihrer alltäglichen Entscheidungen auffallen, vor allem auch bei der Suche nach der Evidenz. (Wenn zum Beispiel Ihr Chef einen Text von Ihnen kritisch überarbeitet oder mit einer Aussage von Ihnen nicht einverstanden ist, sind Sie sich dessen durchaus bewusst. Anders wäre es, wenn er Ihre Arbeit einfach akzeptiert; diese systematische Verzerrung Ihrer Selbsteinschätzung könnte Sie fälschlicherweise dazu veranlassen, sich einen neuen Job zu suchen.) Doch außerhalb der Wissenschaftskultur ist es schwieriger, jemanden zu finden, der nicht Ihrer Meinung ist und so dazu beitragen könnte, systematischen Verzerrungen auf die Spur zu kommen.

Aber wenn wir unsere Entscheidungen basierend auf wissenschaftlichen Ergebnissen treffen müssen – zum Beispiel, welche Medikamente wir nehmen oder ob wir für ein Gesetz stimmen sollten, das Fracking für die Gasförderung erlaubt –, sind wir jetzt hoffentlich dafür sensibilisiert zu überprüfen, ob die dazu forschenden Wissenschaftler sich mit einigen systematischen Unsicherheiten auseinandergesetzt haben. Wir könnten beispielsweise fragen, ob konkurrierende Wissenschaftler bereits nach systematischen Unsicherheiten gesucht haben. Solche Fragen sind es, die wir von Experten eines Fachgebietes erwarten sollten, wenn sie erklären, warum sie hinter einem wissenschaftlichen Ergebnis stehen.

Ein mnemonisches Ikon

Es gibt ein sehr aussagekräftiges Beispiel, das gerne herangezogen wird, um den Unterschied zwischen statistischer Unsicherheit und systematischer Unsicherheit aus diesem Kapitel zu verdeutlichen und zu verinnerlichen. Stellen wir uns unsere Versuche, die Größe von etwas zu messen, wie ein Dartspiel vor, bei dem jeder Pfeil ein Messversuch ist. Stellen wir uns außerdem vor, dass die Verteilung der Dartpfeile um das Bull's Eye auf der Dartscheibe unsere Unsicherheit bei der Messung darstellt – also um wie viel wir das Ziel der tatsächlichen Antwort verfehlen. Wie wir jetzt wissen, können unsere Messungen die korrekte Antwort auf zwei verschiedene Arten verfehlen: entweder durch eine zufällige Verteilung um das richtige Ergebnis (statistische Unsicherheit) oder durch eine Verschiebung in eine Richtung vom richtigen Ergebnis (systematische Abweichung). Eine Ansammlung an Pfeilen um das Bull's Eye herum

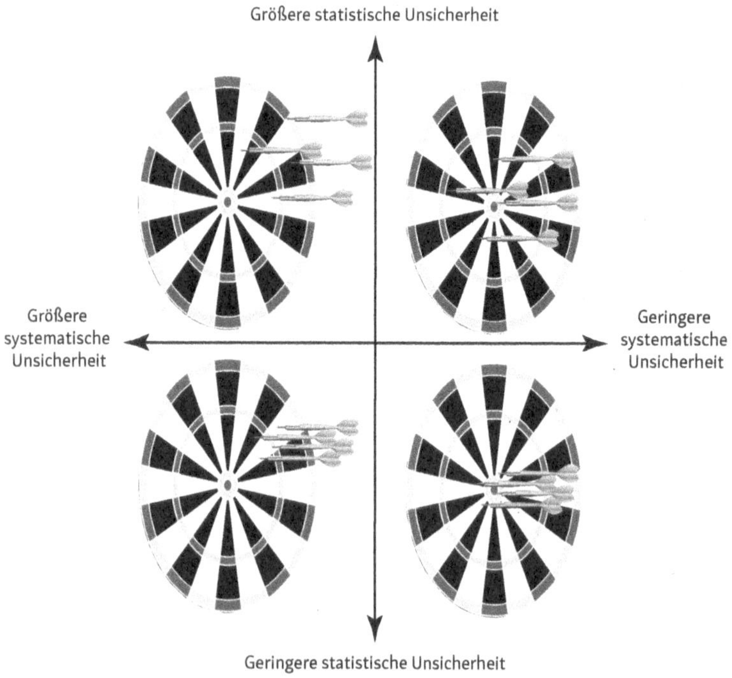

stellt die statistische Unsicherheit dar, alle Pfeile auf einer Seite des Bull's Eyes die systematische Unsicherheit. Eine größere statistische Unsicherheit bedeutet, dass sich die Ansammlung weiter um das Bull's Eye herum ausbreitet, und eine größere systematische, dass sie sich weiter von dem roten Mittelpunkt entfernt. Natürlich gehen unsere Messungen in der Regel auf beide Weisen gleichzeitig daneben, sodass sich die Pfeile gleichermaßen in alle Richtungen ausbreiten (systematische Unsicherheit) *und* von der Mitte entfernen (statistische Unsicherheit). Die folgende Grafik zeigt, welche vier möglichen Ergebnisse eine Messreihe liefern könnte, wenn man die Quellen der Unsicherheit berücksichtigt.[2]

So wird die Unterscheidung zwischen diesen beiden Arten von Unsicherheit vielleicht deutlicher. Und das Bild kann auch helfen, die Terminologie in anderen Bereichen zu verstehen. Beispielsweise würden wir bei der engeren Gruppierung der Pfeile auf den unteren Dartscheiben von »geringerer Varianz« sprechen, wohingegen die stärkere Zentrierung um die Mitte auf den Dartscheiben der rechten Seite als »weniger verzerrt« gelten würde.[3]

Triangulierung 2.0

Vielleicht blicken Sie jetzt mit Sorge auf die systematische Unsicherheit, da das statistische Rauschen deutlich leichter zu handhaben ist. Die systematische Unsicherheit scheint wirklich eine harte Nuss zu sein! Man muss nicht nur überlegen, auf wie viele Arten man falschliegen kann, sondern ist sich auch nie sicher, ob man alle Möglichkeiten gefunden hat! Und dabei haben wir noch nicht einmal alle systematischen Fehler erwähnt, die aufgrund des menschlichen Bias' mit einfließen (siehe Kapitel 12 »Motiviertes Denken«).[4]

Bevor wir nun aber vollends in Panik ausbrechen (werden wir überhaupt jemals irgendeiner Entscheidung vertrauen können, die auf einer Messung basiert?!), sollten wir uns ein paar Aspekte des wissenschaftlichen Denkens anschauen, die uns nicht nur beruhigen, sondern auch eine ernst zu nehmende Chance geben können, uns entspannter im Umgang mit solchen Unsicherheiten zu fühlen. Schauen wir uns dafür zuerst die Triangulation an.

In Kapitel 2 haben wir die Triangulation bereits als die Verwendung einer Vielzahl von Instrumenten eingeführt – die manchmal mehrere unserer Sinne verstärken –, um ein besseres Bild von der Realität zu zeichnen, als es mit nur einem Instrument möglich wäre. Und auch für den Aspekt, den wir hier beleuchten, bringt die Triangulation einen zusätzlichen Nutzen: Verwenden wir genügend unterschiedliche Messansätze, bringen sie alle unterschiedliche Quellen systematischer Unsicherheit mit sich. Kommen wir mit diesen unterschiedlichen Methoden auf die gleichen Ergebnisse, dann ist es sehr viel unwahrscheinlicher, dass sich diese verschiedenen systematischen Unsicherheiten alle »verschworen haben«, um dieselben verzerrten (falschen) Ergebnisse zu liefern.

Nehmen wir als Beispiel eine Umfrage, bei der wir die aktuelle Tendenz der Bürger für eine anstehende Bürgermeisterwahl messen wollen. Wir stellen uns vor, dass wir es gut hinbekommen, eine zufällige Stichprobe an Wahlberechtigten zusammenzustellen, sodass wir ziemlich sicher sein können, dass unsere statistische Unsicherheit gering ist.[5] Denken wir uns jetzt, dass wir besonders besorgt um die beiden Quellen systematischer Unsicherheit sind, die wir vorhin beschrieben haben, nämlich die Verzerrung für den ersten Kandidaten auf der angeschauten und für den letzten auf einer vorgelesenen Liste. Wenn wir die Hälfte der Umfrage mündlich per Telefon machen können und die andere schriftlich übers Internet, können wir zwischen diesen beiden systematischen Unsicherheiten triangulieren, da die unterschiedlichen Umfragetechniken jeweils eine andere systematische Unsicherheit mitbringen. Kommen die beiden Umfragetypen auf dasselbe Ergebnis, können wir uns ziemlich sicher sein, dass keine dieser beiden systematischen Unsicherheiten von Bedeutung ist. Andernfalls können wir die Differenz dafür nutzen, die Verzerrung aufgrund der einen oder anderen Tendenz (oder beider) dieser systematischen Effekte zu messen.

Treten wir, nachdem wir uns zu diesem wichtigen Tool wissenschaftlichen Denkens vorgearbeitet und uns sowohl mit statistischen als auch systematischen Quellen der Unsicherheit beschäftigt haben, noch einmal zurück und schauen uns das große Ganze an. Wir mussten die Verursacher von Unsicherheiten erkunden, um bei unseren Entscheidungsprozessen besser damit umgehen zu können, wenn unsere Entscheidungen auf Messungen basieren, die uns dabei helfen sollen, unsere gemeinsame Realität festzuhalten. Im zweiten Teil dieses Buches haben wir gesehen, dass diese »realitätsbasierten« Entscheidungen sich auf unsere Fähigkeit stützen, die Wahrscheinlichkeiten abzuschätzen. Im ersten Teil haben wir zudem Techniken beschrieben, um die »kausalen Hebel« zu finden, die wir verwenden, um Probleme zu lösen und die Welt zu verändern. Und wir sollten im Hinterkopf behalten, dass diese Techniken ebenfalls auf eine Einschätzung der Wahrscheinlichkeiten der kausalen Hebel hinauslaufen, mit all den damit verbundenen notwendigen Analysen von statistischem und systematischem Rauschen, die diese Sicherheit unterwandern können.

Das klingt jetzt so, als gäbe es ganz schön viel, das man beachten muss – und so ist es auch. Im dritten Teil schauen wir uns eine weitere Geheimwaffe der Wissenschaft an, dank derer wir zwischen all den Kausalfaktoren, Wahrscheinlichkeiten, Quellen systematischer Unsicherheit und Nachweisgrenzen einen kühlen Kopf bewahren können. Einsteigen wollen wir mit der »Machbarkeitshaltung der Wissenschaft«.

Teil III

Die radikale Machbarkeitshaltung

Kapitel 10

Wissenschaftlicher Optimismus

Was war die längste Zeit, die Sie jemals für den Versuch der Lösung eines intellektuell herausfordernden Problems oder eines Rätsels aufgewandt haben? Zehn Minuten, zwei Stunden, ein Tag, ein Monat, ein Jahr, ein Jahrzehnt? Den meisten Leuten, die wir gefragt haben, fällt es schwer, sich an ein Problem und Rätsel zu erinnern, mit denen sie sich mehr als ein paar Stunden beschäftigt haben; maximal vielleicht ein paar Tage. Aber wie viele schwierige Probleme auf der Welt können in nur wenigen Tagen gelöst werden? So einfach ist die Welt nicht! Im Übrigen wird weniger als ein Monat einem Problem nicht wirklich gerecht, das den Lesern dieses Buches würdig ist.

An einem Problem lange genug dranzubleiben, um es zu lösen, ist eine Herausforderung, die es in allen Größenordnungen gibt. Wie lange wollen Sie noch versuchen, eine bemannte Mondlandung durchzuführen, wenn Sie in den 1960er-Jahren die NASA leiten? Wie lange wollen Sie und Ihr Ehepartner noch versuchen, den IKEA-Schrank für Ihr Arbeitszimmer zusammenzubauen? (Es gibt gar nicht *so* viele Möglichkeiten, die Abbildungen in der Montageanleitung falsch zu verstehen.)

Eine Rolle spielt dabei die Tatsache, dass wir Menschen von Natur aus faul sind. Das ist nicht unsere Schuld; wir haben uns wahrscheinlich so entwickelt, um unsere Energie zu sparen. Und seltsamerweise haben wir den Eindruck, dass es uns viel Energie kostet, angestrengt nachzudenken,[1] also vermeiden wir es so weit wie möglich, genauso wie wir es vermeiden, einen steilen Hügel hinaufzugehen, wenn wir außen herum laufen können. Für die Lösung wichtiger Probleme müssen wir aber in der Regel viel nachdenken. Neben anderen Beanspruchungen unserer trägen Gehirne haben wir gesehen, dass es einen beträchtlichen geistigen Aufwand erfordert, zu erkennen, wann wir uns wahrscheinlich täuschen, indem wir ein falsches Geräuschmuster für ein Signal halten, oder eine Liste möglicher Ursachen systematischer Unsicherheit zu erstellen, die eine entscheidende Messung verfälschen können. In Teil IV werden wir noch mehr derartige mentale Herausforderungen für das klare Denken erörtern.

Erschwerend kommt hinzu, dass wir nicht nur faul sind, sondern dass sogar eine unserer positiven Eigenschaften, nämlich unsere wunderbare Neugier auf neue Dinge, die Angelegenheit noch verschlimmert. Nach ungefähr einem Tag scheint ein Problem nicht mehr so neu zu sein, und wir neigen dazu, uns für etwas anderes zu interessieren. Außerdem gefällt es uns zwar offenbar sehr, wenn unsere Neugier durch ein erweitertes Verständnis der Welt belohnt wird, sodass unser Streben nach dieser Belohnung einen guten Anreiz für uns darstellt, uns auf ein Problem zu konzentrieren, aber es frustriert uns auch, wenn wir keine schnellen Fortschritte machen und die Belohnung nicht nach geringer Anstrengung erhalten – eine unglückliche Überschneidung unserer Neugierde mit unserer Faulheit![2]

Was können wir also gegen diese sehr menschliche Unfähigkeit tun, an einem Problem dranzubleiben? Hier kommt ein selten thematisiertes, verborgenes Tool der Wissenschaft ins Spiel. Es besteht aus einem einfachen mentalen Trick, den die Wissenschaftskultur im Laufe der Zeit erfunden hat und den wir *wissenschaftlichen Optimismus* nennen werden. Es handelt sich dabei nicht um den alltäglichen Feld-Wald-und-Wiesen-Optimismus. Wissenschaftlicher Optimismus ist vor allem eine Machbarkeitsüberzeugung, die Erwartung, dass das vorliegende Problem lösbar sein wird – durch Sie allein oder durch Sie und Ihr Team. Wenn ein kompliziertes Problem auftaucht, ist es viel wahrscheinlicher, dass Sie es lösen, wenn Sie so tun, als ob die Lösung in greifbarer Nähe läge. Im Grunde genommen haben die Wissenschaftler Methoden erfunden, sich so lange vorzugaukeln, dass sie ein Problem lösen können, bis sie es tatsächlich geschafft haben – es ist das einzige Mal in diesem Buch, dass es nicht erstrebenswert ist, Selbsttäuschungen zu vermeiden!

Es gibt viele Fälle in der Geschichte, bei denen die Menschen zunächst dachten, dass etwas nicht machbar sei, nachdem dann aber berichtet wurde, dass jemand irgendwo auf der Welt die Lösung gefunden habe, plötzlich viele Menschen in der Lage waren, es zu tun. Sie sagten dann: »Moment mal, diese Leute wissen, wie es geht. Das muss doch machbar sein«, und sie versuchten es weiter. »Oh, vielleicht haben sie es auf diese Weise gemacht ... Nein, das hat nicht funktioniert. Vielleicht war es dieser andere Ansatz ...« Sobald sie sahen, dass es möglich war, das Problem zu lösen, waren sie hinreichend motiviert, nicht aufzugeben. Und am Ende entdeckten sie vielleicht einen völlig anderen Lösungsweg als diejenigen, die das Problem zuerst bewältigt hatten.

Sie können sich das als die geistige Entsprechung zu all den Sportrekorden vorstellen, von denen man dachte, sie würden nie gebrochen werden, beispielsweise die Four-Minute-Mile. Wir alle haben Berichte darüber gelesen, wie diese scheinbar unschlagbare Grenze der menschlichen Leistungsfähigkeit fast routinemäßig überschritten wurde, sobald ein Einzelner endlich bewiesen hatte, dass es möglich war. Übertragen auf unsere eher kognitiven Problemlösungssituationen könnte man sagen: Stellen Sie sich den Unterschied vor zwischen dem Versuch, einen Schrank aus einem Sammelsurium von Teilen zu bauen, die aus verschiedenen Elementen ausrangierter IKEA-Schränke bestehen, und dem Zusammenbauen eines Schranks aus einem neuen IKEA-Bausatz, den mehrere Ihrer Freunde ebenfalls gekauft und von dem sie Ihnen erzählt haben, dass sie ihn bereits erfolgreich zusammengesetzt haben. Mit Sicherheit würde Sie die zweite Situation viel länger durchhalten lassen als die erste. Aber das Besondere am wissenschaftlichen Optimismus ist, dass wir uns vorübergehend die Überzeugung zu eigen machen, es schaffen zu können, auch *ohne* zu wissen, dass es sich um einen kompletten IKEA-Schrankbausatz handelt, der funktioniert, und dass wir uns auf diese Weise genügend Zeit einräumen, um ein schwieriges Problem anzugehen. Wissenschaftler benötigen wissenschaftlichen Optimismus, denn sie versuchen, neue Entdeckungen zu machen, aber wir alle brauchen ihn ebenso, weil wir oftmals Probleme bewältigen müssen, ohne die Garantie zu haben, eine Lösung zu finden. (Ein drastischer Gegensatz zum wissenschaftlichen Optimismus ist das Phänomen der »erlernten Hilflosigkeit«. Offenbar geben sowohl Menschen als auch viele Tiere bei dem Versuch auf, eine unangenehme oder schmerzhafte Situation zu meistern, wenn sie mehrfach die Erfahrung gemacht haben, unter solchen Umständen nicht mehr Herr der Lage zu sein. Selbst wenn sie das aktuelle Problem tatsächlich beheben könnten, versuchen sie es nicht einmal, weil sie sich angewöhnt haben, es sein zu lassen.)

Eines der verblüffendsten Beispiele dafür, wie die Überzeugung, dass ein Problem lösbar sei, die Lösung dieses Problems ermöglichte, ist Fermats Großer Satz. Im Jahr 1637 schrieb der Mathematiker Pierre de Fermat folgende Notiz an den Rand einer Buchseite:

> »Es ist unmöglich, einen Würfel in zwei Würfel zu teilen, oder eine vierte Potenz in zwei vierte Potenzen zu zerlegen, oder allgemein jede Potenz, die höher ist als die zweite, in zwei gleiche Potenzen aufzuteilen. Ich habe einen wahrhaft wunderbaren Beweis dafür entdeckt, für den dieser Rand zu schmal ist.«

In den folgenden 358 Jahren beschäftigten sich viele Mathematiker mit diesem Problem, weil sie aufgrund von Fermats Behauptung dachten, dass es lösbar sei. Und im Jahr 1995 wurde es tatsächlich gelöst. Wahrscheinlich nicht genau auf die Weise, wie Fermat es sich vorgestellt hatte, aber erst Fermats Zuversicht, dass die Lösung machbar sei, hatte dafür gesorgt, dass die Menschen weiter über das Problem nachdachten – *358 Jahre lang!*

Saul erkannte die Bedeutung des wissenschaftlichen Optimismus zum ersten Mal als Doktorand. Bei der Suche nach einer passenden Forschungsgruppe stieß er auf ein Team mit einer erstaunlichen Machbarkeitshaltung, die der das Forschungsvorhaben leitende Professor, Richard Muller, seinen Mitarbeitern eingeflößt hatte. Mullers Gruppe nahm jedes aufregende Projekt in Angriff, das ihr über den Weg lief, in der Überzeugung, dass man, sobald man ein neues Tool benötigte, dieses einfach würde erfinden können. Wenn etwas konstruiert werden musste, dann konstruierte man es. Wenn man sich in ein neues Gebiet, einen neuen Bereich einarbeiten musste, dann tat man es, ob es sich dabei um komplexe Elektronik oder Methoden der Manipulation von DNA handelte. Dieser Machbarkeitsgeist inspirierte die Gruppe dazu, sich voller Begeisterung einer Vielzahl von Problemen und Herausforderungen zu stellen. Zu jener Zeit arbeitete die Gruppe an einem Verfahren zur Messung der Ablenkung von Licht durch die Schwerkraft des Jupiters; an der Erfindung eines Mini-Tischzyklotrons; an der Messung von Kohlenstoff in der Atmosphäre über den Ozeanen, um den Kohlenstoffkreislauf der Erde besser zu verstehen, und an der Entwicklung des ersten automatisierten Teleskopsystems zur Entdeckung relativ »naher« Supernovae. Diese wissenschaftliche Tradition, jede Herausforderung anzunehmen, die sich aus einem fesselnden Problem ergibt, ist vielleicht eine der größten Stärken, die wir von der Wissenschaft übernehmen können, unabhängig von unserer beruflichen Laufbahn.[3]

Saul begann seine Forschung als Doktorand mit dem zuletzt erwähnten Projekt, der automatisierten Supernova-Suche. Das Projekt führte nach einer Weile zu einem noch anspruchsvolleren Forschungsvorhaben, als sich herausstellte, dass dieselben Methoden verwendet werden konnten, um sehr viel weiter entfernte Supernovae zu finden, die Aufschluss über die Geschichte der Expansion des Universums geben und dessen späteres Schicksal vorhersagen konnten. Dieses Vorhaben sollte sich als äußerst schwieriges Projekt erweisen. Saul und sein Team schätzten, dass es etwa drei Jahre dauern würde, um die mehrere Dutzend umfassende Anzahl solcher entfernter Supernovae ausfindig zu machen, die nötig sein würden, um die Veränderungen der Expansionsrate des Universums zu messen. Drei Jahre später hatten sie allerdings noch keine einzige dieser weit entfernten Supernovae entdeckt. (Tipp: Vermeiden Sie, wann immer möglich, Forschungsfelder, bei denen Ihr Erfolg von gutem Wetter abhängt!) Nach fünf Jahren wurde schließlich der erste Stern dieses Typs identifiziert. Nach sieben Jahren hatte das Team wirklich verstanden, wie es das Projekt angehen musste, und entdeckte nun entfernte Supernovae in Gruppen von etwa einem halben Dutzend. Nach neun Jahren hatte es zwar alle nötigen Daten gesammelt, wusste aber immer noch nicht, wie es sie auf dem erforderlichen Niveau analysieren sollte. Nach zehn Jahren hatte es eine Antwort darauf gefunden und eine überraschende Erkenntnis gewonnen: Die Expansion des Universums beschleunigt sich.

Interessanterweise war sich das Team in jeder Phase des zehnjährigen Supernova-Projekts ziemlich sicher, dass das Ganze machbar war. Der wissenschaftliche Optimismus hielt die Mitarbeiter bei der Stange, aber es ist wichtig, sich anzuschauen, wie das in der Praxis funktioniert hat. Bei jedem Schritt des Forschungsvorhabens konnte das Team sehen, welche Erfolge erzielt worden waren und was als Nächstes erforderlich sein würde, um dem Ziel noch näher zu kommen. Das schrittweise Vorgehen ist der Schlüssel zu dieser Erfolgsgeschichte: Wissenschaftler gehen keineswegs davon aus, ihr Ziel auf einen Schlag zu erreichen.[4]

Um bei schwierigen Problemen, deren Lösung Monate, Jahre oder Jahrzehnte in Anspruch nehmen kann, Fortschritte zu erzielen, bedarf es in der Regel eines solchen sukzessiven Vorantastens: Wir verbessern uns bei jedem Versuch und bauen auf dem auf, was wir bei den vorherigen Versuchen gelernt haben. Im Rahmen unserer Erörterung einiger der praktischen Implikationen des wissenschaftlichen Optimismus zählt dieses Konzept des iterativen Vorankommens zu denjenigen, die bei der Planerstellung stets Berücksichtigung finden sollten. Um es an einem Beispiel zu verdeutlichen: Politiker und Gesetzgeber, die ein Gesetz zur Reform der Sozialsysteme, zur Aufwertung des Bildungswesens oder zur Verringerung der Kriminalität ausarbeiten, könnten – und sollten – davon ausgehen, dass es alle paar Jahre verbessert werden muss, wenn sichtbar wird, was davon funktioniert und was nicht. Derartige Mechanismen zur Aktualisierung politischer Maßnahmen sind nicht völlig neu, aber haben in unseren Regierungsprogrammen bisher keine große Rolle gespielt, zumindest in den Vereinigten Staaten. Wäre dies der Fall, könnten wir den gradweisen Fortschritt bei der Erreichung dieser gesellschaftlichen Ziele vermutlich besser einschätzen.

Mehr vom Kuchen

Die gewöhnliche Machbarkeitshaltung, mit der ein Wissenschaftler (oftmals) an ein neues Problem herangeht, hat eine ganz andere praktische Bedeutung, wenn sie auf Probleme mit gemeinsam genutzten Ressourcen angewandt wird. Viele soziale Konflikte entstehen durch wahrgenommene Knappheit: Verschiedene Menschen oder Gruppen erheben Anspruch auf eine bestimmte Ressource, und es scheint nicht genug davon zu geben, damit alle bekommen, was sie wollen. (Dies wird manchmal als Nullsummenspiel bezeichnet, denn was der Eine bekommt, verliert der Andere und umgekehrt.) Sollten zum Beispiel begrenzte Wasservorräte vorrangig der Landwirtschaft oder den Städten zur Verfügung stehen? Sollte ein umweltschädliches Kohlekraftwerk, das Strom für die ganze Stadt erzeugt, näher an dem einem oder dem anderen Stadtteil liegen? Derartige Entscheidungen können scheinbar unlösbare Konflikte zwischen wohlmeinenden Menschen hervorrufen, die stark voneinander abweichende philosophische Ansichten über die Prinzipien haben, auf denen wir unsere Gesellschaften aufbauen sollten – und natürlich können diese Konflikte die übelste Seite unseres angeborenen Konkurrenzdenkens zum Vorschein bringen, das darin besteht, das größte Stück vom Kuchen ergattern oder unsere Feinde besiegen zu wollen.

Aber beachten Sie, dass wir von »*wahrgenommener* Knappheit« gesprochen haben. Die Behauptung, dass etwas knapp sei, beruht in der Regel auf bestimmten Annahmen, die auch falsch sein könnten – eine irrtümliche Vorstellung. Und in dieser Situation kann die Machbarkeitshaltung des »wissenschaftlichen Optimismus« von Nutzen sein.

Was das Dranbleiben des wissenschaftlichen Optimismus hier beitragen kann, ist die alternative Möglichkeit, diesen Kuchen zu vergrößern, sodass wir nicht zu einer Entscheidung gezwungen werden, bei welcher der Gewinn des Einen der Verlust des Anderen ist. Die Weltbevölkerung ist heute um ein Vielfaches größer als vor 100 Jahren (4-mal so groß), doch der Anteil der Menschen, die in extremer Armut leben, ist von fast 60 Prozent auf unter 10 Prozent gesunken. Das bedeutet, dass die absolute Zahl der Menschen, die in völliger Armut leben, zurückgegangen ist, obwohl es etwa 6 Milliarden mehr Menschen gibt. Es ist eindeutig erkennbar, dass der Rückgang der Armut nicht in erster Linie darauf zurückzuführen ist, dass einer Gruppe Ressourcen weggenommen und anderen Gruppen gegeben wurden, sondern auf einem dramatischen Anstieg der Produktion von Ressourcen beruht. Heute machen wir uns Sorgen um die Bevölkerungsteile, die noch immer in Armut leben, und um die Auswirkungen des globalen Wirtschaftswachstums auf die Umwelt. Auch hier werden wir jedes bisschen unserer sukzessiven Problemlösungsfähigkeiten benötigen, zusammen mit dem wissenschaftlichen Machbarkeitsgeist.

Ein weiteres interessantes Beispiel des Kuchenvergrößerungsansatzes sind die Bemühungen, die durch Energieerzeugung und -verbrauch verursachten Kohlenstoffemissionen zu reduzieren. In den letzten Jahren wurden neue Energietechnologien entwickelt, die weniger Treibhausgase produzieren (Wind, Sonne, Erdwärme, Wasserkraft), und die älteren Technologien wurden verbessert, sodass laut einer Reihe von Experten die jetzt zur Verfügung stehenden Technologien billiger und sicherer sind als die früheren Energiequellen, die mehr Treibhausgase ausstoßen. Wenn dies der Fall ist, werden politische Auseinandersetzungen darüber, wer welche Energietechnologien nutzen soll, überflüssig. Denn auch wenn manche Menschen sich mehr Sorgen wegen der Treibhausgase machen als andere, stehen doch alle auf ein und derselben Seite, sobald es kostengünstiger ist, sie nicht zu produzieren.

Die Geschichte der Wissenschaft ist so reich an derartigen Episoden des Überwindens von Hindernissen, dass sie uns das Vorbild für einen anderen Ansatz bei schwierigen Verhandlungen liefern kann – die Möglichkeit, dafür zu sorgen, dass jeder den Raum als Sieger verlässt. Diese Erkenntnis ist besonders wichtig in einer Welt überflutet mit Medien, deren Geschäftsmodell häufig darauf zu basieren scheint, uns Angst zu machen mit allem, was schiefgeht oder schiefgehen könnte. Die naheliegende Reaktion besteht darin, sich in Deckung zu begeben und den eigenen Besitz zu schützen, was es in der Regel äußerst schwierig, wenn nicht gar unmöglich macht, die Kuchenvergrößerungslösungen zu finden, durch die alle zu Gewinnern werden. Der wissenschaftliche Optimismus als kulturelles Gegenmittel zur Untergangsstimmung in den Medien bietet einen anderen Ausgangspunkt.

Pollyanna, Shmollyanna

Was ist bei all dem Optimismus aus dem roten Faden unseres Buches geworden, der Identifizierung unserer Selbsttäuschungen durch die Wissenschaft, die Methoden entwickelt, um sie zu vermeiden? Es ist ja schön und gut, eine Machbarkeitshaltung zu haben und schrittweise vorankommen zu wollen sowie größere und bessere Kuchen zu backen, aber manchmal will man mit dem Kopf durch die Wand. Bisweilen ist ein Problem einfach noch nicht reif für eine Lösung; dann muss man wissen, wann es besser ist, die Bemühungen einzustellen und sich einem anderen Problem zuzuwenden. Auch wenn wir frohgemut verkünden, *uns so lange einzureden, dass wir ein Problem lösen können, bis wir es tatsächlich schaffen*, wollen wir uns doch bestimmt nicht länger als nötig irgendwelchen Illusionen hingeben!

Worauf wir aufmerksam machen wollen, ist der Punkt, dass wir im Allgemeinen viel zu stark dazu neigen, zu früh aufzugeben, und dass wir wissenschaftlichen Optimismus benötigen, um trotz der Rückschläge, die bei jeder herausfordernden Tätigkeit unvermeidlich sind, geistig wach, lebhaft und motiviert zu bleiben. Aber zusätzlich zu diesem kulturellen und intellektuellen Kunstgriff des wissenschaftlichen Optimismus stellt uns die Wissenschaft auch einige sehr praktische Tools zur Verfügung, die uns dabei helfen, unüberwindlich scheinende Probleme zu bewältigen; Werkzeuge, um diese Probleme in überschaubare Einheiten zu zerlegen und gegebenenfalls zu erkennen, wann der nächste Schritt tatsächlich zu groß ist. Wir werden einige dieser Hilfsmittel im nächsten Kapitel besprechen.

Bereits die Überlegungen in diesem Kapitel enthalten diesbezüglich aber einen interessanten Hinweis: Wenn wir uns dabei ertappen, dass wir uns weiter mit einem bestimmten Problem beschäftigen, nur weil wir bereits viel Mühe in dessen Lösung investiert haben, kann dies als ein Warnsignal verstanden werden – und es könnte der Punkt gekommen sein, sich von dem Problem abzuwenden. Die Zeit und die Ressourcen, die wir in ein Projekt gesteckt haben, sind für sich genommen kein hinreichender Grund, weiterzumachen. (Wie einige Leser wissen werden, gibt es sogar einen Namen für diesen Denkfehler, nämlich »Versunkene-Kosten-Falle«.) Beobachten wir hingegen schrittweise, aber echte Fortschritte, könnte dies darauf hindeuten, dass wir uns immer noch auf dem Weg zu einer Lösung durch sukzessive Verbesserung befinden, weshalb wir unseren besten wissenschaftlichen Optimismus hervorholen und an der Sache dranbleiben sollten.

Und selbst wenn wir zu dem Schluss kommen, dass der stückchenweise Fortschritt nicht ausreicht und wir mit unseren unablässigen »wissenschaftsoptimistischen« Bestrebungen innehalten sollten, ist dies nicht selten eher eine Pause als ein Aufgeben der Zielsetzung. Manchmal werden die verschiedenen Elemente einer Lösung, die zusammengefügt werden müssen, nicht alle gleichzeitig fertig, und wir müssen das Problem vorerst liegen lassen, bis zum Beispiel eine neue unterstützende Technologie verfügbar ist. In der Tat kann ein großer Teil der Machbarkeitshaltung eines Wissenschaftlers auf seiner Fähigkeit beruhen, sich an ein seit Langem bestehendes Problem zu erinnern und zu erkennen, dass es erst dann gelöst werden kann, wenn eine neue Technologie dafür bereitsteht. (Die Lösung von Fermats Großem Satz ist ein solcher Fall, da in den 1980er-Jahren gewonnene Erkenntnisse im Bereich der Mathematik, die zu Fermats Zeiten noch nicht existiert hatten, die Chance für den Beweis von 1995 eröffneten.)

Von allen Konzepten und Themen des Denkens für das dritte Jahrtausend, die in diesem Buch besprochen werden, ist der wissenschaftliche Optimismus schon allein aufgrund seines Namens der positivste Ansatz. Viele der anderen Fragen befassen sich damit, worauf Sie achten müssen, um sich nicht selbst etwas vorzumachen; wie Sie die menschliche Neigung zur Selbsttäuschung effektiv ausbremsen können. Aber ein Auto kann man nicht allein mit den Bremsen fahren! Der wissenschaftliche Optimismus ist das notwendige Gaspedal, das uns in Bewegung hält und im Idealfall für Fortschritte sorgt. Es stimmt, dass Sie sehr oft keine Garantie dafür haben, das vor Ihnen liegende Problem lösen zu können. Sie werden nicht in der Lage sein, zu einem bestimmten Zeitpunkt zu einem Abschluss zu gelangen. Stattdessen müssen Sie sich ständig um Verbesserungen bemühen, über Tage, Monate, Jahre oder Jahrzehnte hinweg. Das mag unbefriedigend klingen, aber wenn Sie mit der richtigen Einstellung herangehen, wird es zum größten Vergnügen in Ihrem Leben: das Gefühl zu haben, durch wiederholtes Dranbleiben ans Ziel zu kommen.

Wenn wir uns diese Gedanken zur Kultur des wissenschaftlichen Optimismus durch den Kopf gehen lassen, dann fällt uns auf, dass es oft eine entgegengesetzte Kultur gibt – nicht die Kultur des gesunden Skeptizismus, der die Selbsttäuschung bremst, sondern eher eine Kultur des modischen Zynismus. Wahrscheinlich haben wir alle schon einmal die Neigung verspürt, klug zu erscheinen, indem wir eine »weltverdrossene Weisheit« an den Tag legen: Weil wir schon so viel mitgemacht haben, wissen wir, dass dieser hoffnungsvolle Versuch, welcher Art auch immer, zum Scheitern verurteilt ist. »Als ob das jemals funktionieren würde« bringt jedes Gespräch zum Erliegen, und ein zynischer Kommentar kann unschwer beenden, was eine produktive Unterredung hätte werden können. Zu unseren Aufgaben gehört es, diese Kultur des Zynismus zu erkennen, wenn wir ihr begegnen – bei uns selbst, bei anderen und in den Medien –, und unseren wissenschaftlichen Machbarkeitsoptimismus als Gegengewicht einzusetzen, um zu einer maßvollen, ausgewogenen Form von Skepsis zu gelangen, mit der wir bisweilen, vielleicht sogar häufig, Probleme lösen und den Kuchen vergrößern können.

Kapitel 11

Ordnungen des Verstehens und Fermi-Probleme

Nehmen wir an, Sie haben gute Fortschritte gemacht und sind nun bereit, Ihren ganzen wissenschaftlichen Optimismus einzusetzen, um sich mit einem großen, komplexen Problem zu befassen.[1] Wie aber fangen Sie damit an? Und wie überprüfen Sie scheinbare Ergebnisse, die sich nach und nach ergeben? Die Welt ist natürlich viel komplizierter als selbst die differenziertesten Diagramme in Kapitel 3, die veranschaulichen, wie viele mögliche Faktoren eine von uns vorgenommene Messung oder ein von uns beobachtetes Ergebnis kausal beeinflussen können. Sie könnten anfangen, sich Sorgen zu machen, dass Sie in echte Schwierigkeiten geraten, wenn Sie den Grad Ihres Vertrauens in fast jede ursächliche Beziehung ausdrücken müssen, um zu entscheiden, was Sie in einer bestimmten Situation tun werden. Es scheint fraglich, dass Sie jemals über ein Konfidenzniveau von 55 Prozent hinauskommen können. Probleme der wirklichen Welt – beispielsweise die Suche nach den »Hebeln der Veränderung« unter komplexen Umständen – erfordern, dass wir weitere konzeptionelle Tools aus dem wissenschaftlichen Werkzeugkasten verwenden. Wir beginnen mit einem, das wir *Ordnungen des Verstehens* nennen.

Die Welt ist ein ziemlich schwieriger Schauplatz. Bei fast jedem konkreten Problem müssen Sie eine Vielzahl von Faktoren berücksichtigen. Doch leider sind wir nicht besonders gut darin, viele komplexe Zusammenhänge auf einmal im Kopf zu behalten. Vielleicht haben Sie schon einmal davon gehört, dass der Mensch nur etwa sieben Dinge gleichzeitig in seinem Kurzzeitgedächtnis speichern kann. Diese spezifische Angabe ist zwar mit Vorsicht zu behandeln, aber wahrscheinlich haben Sie zumindest ein intuitives Gespür dafür, dass Sie es nicht schaffen, mehr als nur ein paar Ideen zur selben Zeit präsent zu haben und damit zu arbeiten.

Die Auffassung, die das wissenschaftliche Denken beisteuert, besagt, dass nicht jeder der vielen Kausalfaktoren bei einem Problem in der wirklichen Welt gleich wichtig ist. Man kann sich bereits unter Berücksichtigung einiger weniger dieser Faktoren ausrechnen, was passieren wird und was passieren kann. Wenn Sie also nach den Hebeln suchen, um ein Problem in der Welt zu lösen, gibt es in der Regel nur ein paar wirklich große, die den entscheidenden Unterschied ausmachen. Wir nennen sie Faktoren *erster Ordnung*. Sobald Sie die wirklich wichtigen Aspekte eines Problems verstehen, können Sie noch einmal zurückgehen und die Auswirkungen einiger kleinerer Kausalfaktoren *zweiter Ordnung* einschätzen, wenn Sie Ihre Vorhersagen dadurch etwas präziser machen wollen. Aber selbst in diesem Fall sollten Sie die nächstwichtigen Hebel heranziehen und sich nicht durch niederrangige Faktoren (beispielsweise *dritter oder vierter Ordnung*) ablenken lassen.

Um das Ganze ein wenig konkreter zu machen: Denken Sie an das einfach zu lösen klingende Problem, von einem Ort auf der Erde zu einem anderen zu navigieren. Man versteht bereits viel von der Navigation auf der Erde, wenn man diese einfach als Kugel betrachtet, und sie hat ja auch eine ziemlich gute Kugelform. Die Erklärung erster Ordnung für viele Dinge, die mit dem Reisen auf der Erde zu tun haben – etwa was wir sehen, wenn wir zum Horizont blicken –, ist also, dass die Erde eine Kugel ist. Dieses Niveau von Erklärung reicht für viele Zwecke (die Navigation von Flugreisen beruht größtenteils darauf), aber es ist unwahrscheinlich, dass es Ihnen genügend Informationen liefert, wenn Sie mit dem Auto quer durch die Vereinigten Staaten fahren wollen. In diesem Fall ist es wahrscheinlich hilfreich, einige Faktoren zweiter Ordnung bezüglich der Erde zu kennen, wie zum Beispiel, dass es Falten auf der Oberfläche gibt – Phänomene wie Berge. Wenn Sie sich auf die Beschreibung erster Ordnung der Erde als glatte Kugel verlassen würden, wären Sie sehr überrascht, wenn Sie an den Fuß der Rocky Mountains gelangen würden.

Häufig muss man etwas tiefer in die Materie eindringen, um die kausalen Faktoren erster Ordnung von den zweitrangigen oder noch weniger wichtigen Faktoren zu unterscheiden. Stellen Sie sich vor, Sie versuchen herauszufinden, welche Faktoren am meisten dazu beitragen, dass eine bestimmte Person ein höheres Einkommen hat als eine andere. Nehmen wir an, Joe ist ein Spitzenverdiener. Liegt das daran, dass er besonders hart arbeitet? Auf den ersten Blick könnte man meinen, dass harte Arbeit wahrscheinlich einer der wichtigsten Faktoren erster Ordnung ist, die sein Einkommen beeinflussen. Ein weiterer Faktor könnte sein Beruf sein. Aber dann könnte jemand darauf hinweisen, dass es auch eine Rolle spielt, ob Joe in New York oder in der Wüste Gobi lebt. In einer amerikanischen Großstadt dürfte es einfacher sein, viel Geld zu verdienen, als in einer Wüste. Tatsächlich gibt es wohl viele Orte auf der Welt, wo es schwer wäre, ein so hohes Einkommen zu erzielen wie Joe. Wenn die Gehaltsunterschiede *zwischen den Standorten* viel größer sind als die Unterschiede zwischen den Berufstätigen *an einem bestimmten Ort*, dann wäre der Ort die Ursache erster Ordnung und die harte Arbeit und der Beruf wären nur Ursachen zweiter Ordnung.

Halten Sie die geografische Lage Kanadas angrenzend an die USA für eine Ursache erster, zweiter oder dritter Ordnung des florierenden Handels zwischen Kanada und den Vereinigten Staaten? Zunächst neigen Sie vielleicht dazu, die Nähe Kanadas nicht als Ursache erster Ordnung zu betrachten; möglicherweise sind Sie der Auffassung, dass die Ursache erster Ordnung eher darin zu suchen ist, dass Kanada ein hoch industrialisiertes Land mit einer modernen Produktion und dass sein Standort bloß ein zweitrangiger Faktor ist. Aber dann erhalten Sie eine zusätzliche Information: Der drittgrößte Handelspartner der USA (gleich nach China) ist offenbar Mexiko. Wenn dieses Land an dritter Stelle steht, trotz eines Geschäftsumfelds, das viel weniger industrialisiert und hoch entwickelt ist als das kanadische, könnte man zu der Überzeugung kommen, dass Kanada tatsächlich einen großen Vorteil aus dieser Nähe zieht, die wohl doch eine Ursache erster Ordnung sein muss.

Das Verstehen der Welt in Form von kausalen Faktoren erster, zweiter, dritter Ordnung und so weiter hat die enormen wissenschaftlichen Fortschritte und die daraus resultierenden technologischen Sprünge ermöglicht, die unsere Welt heute charakterisieren.[2] Selbst die einfachsten Vorhersagen der Bewegungen von Objekten erfordern, dass wir eine Vielzahl von Faktoren zweiter und dritter Ordnung beiseitelassen, wie den Luftwiderstand und den Druck aufgrund von Sonneneinstrahlung (dieser letzte Faktor ist vermutlich in der Regel nur vierter Ordnung, aber erster Ordnung für die Bewegung bestimmter Objekte im Weltraum). Noch offensichtlicher ist, dass diese Ordnungen des Verstehens eine Schlüsselrolle dabei spielen, ob eine von uns getroffene Entscheidung effektiv ist oder nicht. Wenn wir uns von den Ursachen zweiter und dritter Ordnung ablenken lassen, können wir keine Veränderung bewirken. Wir müssen die Ursachen erster Ordnung identifizieren und uns auf sie konzentrieren.

Manchmal sind wir gut darin, diese Art von Triage der Ordnungen des Verstehens ganz automatisch zu erledigen. Wenn das Lenkrad Ihres Autos plötzlich anfängt zu vibrieren und auszubrechen, dann denken Sie an einen platten Reifen als wahrscheinliche Ursache erster Ordnung und machen sich keine Gedanken über Ursachen zweiter Ordnung wie ausgeleierte Stoßdämpfer oder Fluchtungsfehler der Radaufhängung. Aber manchmal fallen uns auch einfach lauter Erklärungen zweiter Ordnung ein, und wir übersehen die zentrale Ursache erster Ordnung. Wir suchen vielleicht nach hintergründigen Erklärungen dafür, warum wir selbst oder unser Kind schlecht gelaunt sind (Bin ich mit meinem Beruf zufrieden? Geht der Lehrer meines Sohnes genügend auf ihn ein?), und übersehen dabei den wichtigsten Faktor: Schlafmangel. Die technischen Kunden-Hotlines wissen sehr wohl, dass wir nicht immer an die Ursache erster Ordnung eines Problems denken: Wenn wir dort anrufen, fragen sie uns zunächst, ob wir das Gerät überhaupt an die Stromversorgung angeschlossen haben! (Nebenbei bemerkt würden die meisten von uns wirklich von einer guten, mithilfe der Ordnungen des Verstehens durchgeführten Analyse der ursächlichen Faktoren für gesunden Nachtschlaf profitieren. Wir könnten aufhören, abwechselnd verschiedene Mittel gegen Schlaflosigkeit auszuprobieren: Sport am Tag, Meditation und Dehnübungen am Abend, Wahl des richtigen Zeitpunkts für die letzte Mahlzeit des Tages und Entlastung unseres Gewissens, indem wir Gutes tun, damit uns nicht die Frage gestellt wird: »Wie können Sie dabei nachts noch *schlafen*?«[3])

Nehmen wir ein Beispiel mit weitreichenderen Auswirkungen: Stellen Sie sich vor, Sie sitzen im Stadtrat und wollen die Zahl der Verkehrsunfälle in Ihrer Stadt verringern. Natürlich ist es für Sie wichtig zu wissen, welches die Ursachen erster Ordnung von Verkehrsunfällen sind, denn daran werden Sie Ihre politischen Maßnahmen, Ihre neuen Gesetze und Verordnungen ausrichten wollen. Wahrscheinlich werden Sie sich bemühen, das Fahren unter Alkoholeinfluss, die Ablenkung des Fahrers, Geschwindigkeitsübertretungen und Ermüdung am Steuer zu reduzieren. Sie würden zuerst Untersuchungen durchführen wollen, um nachzuweisen, dass dies alles Ursachen erster Ordnung sind, oder um herauszufinden, dass eine dieser Ursachen Ihnen viel weniger Sorgen bereitet als die anderen und somit eine Ursache zweiter Ordnung ist. Sie würden sich nicht die Mühe machen, Bestimmungen gegen das Fahren mit verbundenen Augen einzuführen – zwar würde ein solches Verhalten zweifellos Unfälle verursachen, aber in der aktuellen Unfallstatistik ist dies keine Ursache erster, zweiter oder dritter (nicht einmal vierter) Ordnung. (Eine wichtige Differenzierung: Die Unterscheidung zwischen Ursache erster Ordnung und Ursache zweiter Ordnung hängt davon ab, wie Sie das Thema angehen. Wenn Sie beispielsweise jemanden, der selbstfahrende Autos entwickelt, nach den Ursachen erster Ordnung von Verkehrsunfällen fragen, könnte er sagen, dass es in zehn Jahren selbstverständlich sein wird, dass die einzige Ursache erster Ordnung ein Mensch am Steuer ist.)

Bleiben wir bei der Annahme, Sie würden später einmal Karriere machen wollen als Gesetzgeber, der versucht, gesellschaftliche Probleme zu lösen: Wenn Sie im amerikanischen Kongress sitzen und das Haushaltsdefizit reduzieren wollen und man Ihnen sagt, die Ausgaben für Versorgungsansprüche wie die Sozialversicherung seien die Hauptursache für das Minus im Budget, dann sollten Sie sich fragen – und herausfinden –, ob das wirklich eine Ursache erster Ordnung für das Problem ist. Oder vielleicht sagt einer Ihrer Senatorenkollegen zu Ihnen: »Ach, wissen Sie, wir geben doch unser ganzes Geld für die Subventionen von Erdnussfarmen aus«, und Sie werden ihm antworten: »Zuschüsse für Erdnussfarmen? Die sind nicht einmal eine Ursache dritter Ordnung für das Defizit!«

Schwierigkeiten im Paradies

Eine Welt, die es uns erlaubt, Probleme in Ordnungen zu ihrem Verständnis aufzuteilen, hat etwas Magisches an sich. Es scheint ein Glücksfall zu sein, dass man in der Regel weit kommt, wenn man einfach nur nach den dominanten und wichtigsten Kausalfaktoren für etwas sucht, das man erklären möchte. Und wenn Sie dann noch die offensichtlichsten Ausnahmen von diesen einfachen Erklärungen erster Ordnung berücksichtigen – diese Ausnahmen sind Ihre »Erklärungen zweiter Ordnung« –, dann haben Sie in der Regel Ihre Arbeit getan, Sie sind fertig. Die Erklärungen erster und zweiter Ordnung sind in den meisten Fällen alles, was Sie benötigen; Sie müssen nicht 127 verschiedene Variablen im Kopf haben, um etwas zu ergründen. Wahrscheinlich gibt es eine ganze Reihe von Dingen in der Welt, die wir nicht verstehen, weil wir dafür 127 Variablen in Betracht ziehen müssten, die alle ähnlich wichtige Faktoren darstellen. Dennoch ist es bemerkenswert, wie viel wir mit dieser Methode über die Welt in Erfahrung bringen können.

Es gibt dabei allerdings einen Haken (den gibt es immer!), aufgrund dessen Sie womöglich ein wenig unzufrieden mit der bisherigen Darstellung der Ordnungen des Verstehens sind: Niemand sagt uns im Voraus, welche Faktoren die Faktoren erster Ordnung sind, und es ist weder immer offensichtlich, noch sind unsere anfänglichen Vermutungen immer richtig.

Betrachten wir noch einmal das Thema der Verwaltungshaushalte, denn als Bürger sind wir oft dazu aufgerufen, durch die Abgabe unserer Stimme auf dem Wahlzettel den Schiedsrichter zu spielen zwischen den diesbezüglichen Argumenten der Kandidaten für politische Ämter. Stellen Sie sich vor, ein Kandidat würde argumentieren, dass wir durch eine Reduzierung der Haftstrafen die langfristige Finanzierbarkeit der Sozialversicherung oder die

Qualität des Erziehungswesens drastisch verbessern könnten. Versuchen Sie zunächst – nur auf der Grundlage Ihres nicht fachspezifischen Wissens oder Eindrucks – aufzuschreiben, welchen Anteil Ihres Erachtens Inhaftierung, Bildung und Sozialversicherung an der Gesamtsumme der staatlichen Sozialausgaben haben. (Nehmen Sie an, dass wir die Ausgaben auf allen Ebenen berücksichtigen, auf Bundes-, Landes- und Kommunalebene.) Wofür geben wir am meisten aus, wofür am zweitmeisten und wofür am wenigsten? Bewahren Sie das Blatt mit Ihren Notizen dazu auf. Wir werden gleich darauf zurückkommen.

Wie sicher sind Sie sich, die Haushaltskosten für Inhaftierung, Bildung und Sozialversicherung in die richtige Reihenfolge gebracht zu haben? Es ist gar nicht so einfach, bei einem Problem wie diesem die Faktoren erster Ordnung von den Faktoren zweiter Ordnung zu unterscheiden, sodass Ihr Vertrauen in Ihre Entscheidung möglicherweise nicht sehr groß ist. An dieser Stelle führen wir das nächste wichtige Instrument aus unserem wissenschaftlichen Werkzeugkasten ein: die Fermi-Schätzung. Sie ist kein Wundermittel – sie kann nicht alle derartigen Probleme lösen –, aber sie bringt uns auf die richtige Spur und kann uns davor bewahren, Faktoren zweiter Ordnung für Faktoren erster Ordnung zu halten und anschließend falsche Prioritäten zu setzen, wodurch jahrelange Bemühungen und enorme Ausgaben nutzlos werden können. (Und machen Sie sich keine Sorgen, falls »Fermi-Schätzung« in Ihren Ohren erschreckend technisch klingt: Das ist sie in Wirklichkeit gar nicht, und Sie werden vielleicht sogar feststellen, dass Sie diese Methode in der Vergangenheit bereits angewandt haben.)

Die Machbarkeitshaltung zahlt sich aus

Das Konzept der Fermi-Probleme geht zurück auf den berühmten Physiker Enrico Fermi, der seine Studenten stets mit Aufgaben herausforderte, die rasche, auf der Stelle vorzunehmende Schätzungen erforderten. Vermutlich nannte Fermi selbst diese Aufgaben nicht Fermi-Schätzungen, aber seit seiner Zeit werden Generationen von Physikern aufgefordert, schnelle Schätzungen abzugeben, um diese »Fermi-Probleme« zu lösen.[4] Ein bekanntes Beispiel von Fermi lautete: Wie viele Klavierstimmer gibt es in Chicago? (Lassen Sie uns dieses Fermi-Problem als Herausforderung für uns Autoren verwenden: Bis zum Ende dieses Kapitels sollten wir die Leser befähigt haben, die Frage selbst zu beantworten.)

Fermi-Schätzungen können uns auf sehr praktische Weise dabei unterstützen, Erklärungen erster Ordnung von denen zweiter Ordnung zu unterscheiden. Und in einer Welt, in der man mit Zahlen nur so um sich wirft, wenn man etwas beweisen möchte, ist es auch eine bemerkenswert nützliche Technik, um zu überprüfen, ob diese Zahlen überhaupt einen Sinn ergeben. Aber Fermi war wahrscheinlich auch an der Machbarkeitshaltung interessiert, die die Studenten entwickelten, als sie sich mit der Methode der schnellen Schätzung vertraut gemacht hatten. Die Erkenntnis, dass wir die Welt auf diese Weise in den Griff bekommen können, ist sehr ermutigend.

Bevor wir Fermis Schätzungsansatz auf unsere Prognosen der staatlichen Sozialausgaben anwenden, wollen wir mit einem anderen, etwas einfacheren Beispiel beginnen. Stellen Sie sich vor, Sie versuchen zu schätzen, wie viele Autos es in den Vereinigten Staaten gibt. Sie haben dabei keinen Zugang zum Internet, sind also auf die Vorkenntnisse angewiesen, die Sie im Kopf haben. Der erste Schritt besteht darin, sich zu fragen, wie Sie zu einer Schätzung kommen könnten, wenn Sie andere Schätzungen verwenden, die einfacher durchzuführen sein dürften, weil sie Ihnen vertrauter sind. Sie probieren ein paar Ideen aus und verwerfen sie schnell wieder, weil sie Ihnen nicht einfacher erscheinen: beispielsweise die Schätzung der Straßenkilometer in den USA und die Anzahl der Autos pro Straßenkilometer oder die Schätzung der Anzahl der Städte in den USA und der Anzahl der Autos in jeder Stadt. Aber dann fällt Ihnen ein, dass Sie ausprobieren könnten, zunächst die Anzahl der Menschen in den Vereinigten Staaten zu schätzen, und dann, welcher Anteil davon vermutlich ein Auto besitzt, da viele von uns etwas über die Bevölkerung der USA wissen und da die Häufigkeit des Autobesitzes in unserem Freundes- und Bekanntenkreis uns helfen kann, die Anzahl der Autos pro Person im ganzen Land zu schätzen.

Sie erinnern sich vielleicht daran, dass die Bevölkerung der USA in den letzten Jahrzehnten die 300-Millionen-Grenze überschritten hat. Diese Zahl können Sie also verwenden oder eine etwas höher angesetzte, um das Bevölkerungswachstum seitdem zu berücksichtigen. Rechnen wir doch einfach mit 330 Millionen, 10 Prozent mehr.

Wenn jeder von ihnen ein Auto hätte, gäbe es etwa 330 Millionen Autos. Aber nicht jeder hat ein Auto. Babys und Kinder haben keine Autos. Viele junge Erwachsene haben kein Auto. Viele ältere Menschen teilen sich ein Auto. Andererseits haben einige Menschen auch mehr als ein Auto, und manche Familien haben fast so viele Autos wie Familienmitglieder. Vielleicht gibt es also etwa halb so viele Autos wie Menschen. Das würde bedeuten, dass 165 Millionen Autos auf den Straßen unterwegs sind. Wir liegen wahrscheinlich um einige Millionen oder Dutzende von Millionen Autos daneben, aber wir können ziemlich sicher sein, dass wir mit unserer Schätzung die richtige Größenordnung getroffen haben. Das ist es, was gemeint ist, wenn von einer *ungefähren* Kalkulation gesprochen wird: Man versucht nicht, eine endgültige, genau richtige Zahl zu ermitteln, weil man weiß, dass dies mit den zur Verfügung stehenden Informationen nicht möglich ist. (Nebenbei bemerkt: Wir haben unsere Schätzung überprüft und haben etwa 30 Prozent Abweichung festgestellt. Eine Rolle spielt dabei, welche Art von Fahrzeugen man zählt.)

Wenn Sie zögern, welche Zahlen Sie für Ihre Schätzungen verwenden sollen, kann es hilfreich sein, obere und untere Grenzwerte festzulegen. Es könnte zum Beispiel sein, dass Sie einfach nicht wissen, wie viele Menschen es in den Vereinigten Staaten gibt, aber Sie wissen genug, um eine Ober- und eine Untergrenze anzugeben. Sie können damit beginnen, die Plausibilität einiger runder Zahlen zu testen. Es gibt mit Sicherheit mehr als 100 000 Menschen in den USA, aber sind es auch mehr als eine Million? Wenn Letzteres gut klingt, dann denken Sie über den oberen Grenzwert nach. Könnte es mehr als eine Milliarde Einwohner geben? Nein, das klingt nach zu viel. Sie können also davon ausgehen, dass die Bevölkerung irgendwo zwischen einer Million und einer Milliarde liegt. Für viele Zwecke genügt Ihnen das bereits. (Sie können nun die interesseheischende Klickköder-Behauptung verwerfen, eine nationale »Schick einen Dollarschein«-Kampagne als Reaktion auf ein herzzerreißendes Schicksal habe einen sofortigen Milliardär geschaffen.)

Hier ist ein rasches Beispiel dafür, wann Sie sowohl die obere als auch die untere Grenze verwenden können. Angenommen, Sie möchten wissen, wie viel Geld die Amerikaner im vergangenen Jahr für Benzin für ihre privaten Fahrzeuge ausgegeben haben. Denken Sie nach: Wissen Sie, dass es mehr als 10 Millionen Dollar sein müssen? Wissen Sie, dass es mehr als 100 Millionen Dollar sein müssen? Wissen Sie, dass es mehr sein muss als eine Milliarde Dollar? Was ist die höchste Zahl, bei der Sie sicher sind, dass sie immer noch niedriger ist als der tatsächliche Betrag? Das wäre dann Ihre untere Grenze.

Gehen wir nun in die andere Richtung. Was ist die obere Grenze? Ist der Betrag definitiv kleiner als 100 Billionen Dollar? Ja. Ist er definitiv kleiner als 10 Billionen Dollar? Ja. Liegt er definitiv unter einer Billion Dollar? Vermutlich. Wenn wir eine Untergrenze von einer Milliarde Dollar und eine Obergrenze von einer Billion Dollar festlegen, reicht uns das womöglich schon. Es wäre bereits ersichtlich, dass dieser Betrag einen erheblichen Teil der jährlichen Einfuhren Amerikas ausmachen könnte. Diese Unter- und Obergrenzen könnten der Ausgangspunkt dafür sein, unsere Schätzung weiter zu verfeinern.

Spezielle Tricks

Bei diesen ersten Beispielen haben wir drei nützliche Tricks zur Erstellung von Fermi-Schätzungen angewandt, die es wert sind, aufgelistet zu werden:

> *Schätzen Sie in einem Ihnen vertrauten Rahmen.* Verwandeln Sie Ihnen fremde, weniger erschließbare Mengen in vertraute, leichter greifbare Mengen. (In unserem ersten Fall hatten wir mehr Ahnung von der Einwohnerzahl der USA als von den im Land vorhandenen Autos, weshalb unsere Schätzung der Kraftfahrzeuge auf der Schätzung der Bevölkerung beruhte.)

Begnügen Sie sich mit einer ungefähren Zahl. Schätzungen sind definitionsgemäß Annäherungen, aber es ist wichtig, sich bewusst zu machen, dass es in der Regel ausreicht, »nahe genug« an der wirklichen Zahl zu sein. Oftmals genügt Ihnen eine Antwort, die gut ist, wenn die Abweichung innerhalb des Faktors 3 liegt. Mit anderen Worten: Beläuft sich die wahre Menge, die Sie zu schätzen versuchen, auf 100, dann ist jede Schätzung zwischen 33 und 300 häufig gut genug. Das bedeutet, dass die Ihnen bekannten Zahlen, die Sie zur Erstellung Ihrer Schätzung verwenden, auch nicht genauer sein müssen.

Wenn Sie unsicher sind, *dann schätzen Sie zunächst die Ober- und Untergrenze.*

Wir werden versuchen, diese Schätztricks noch ein wenig weiterzuentwickeln, und zwar anhand der Frage, die wir gerade gestellt haben: Wie viel haben die Amerikaner im letzten Jahr für Benzin ausgegeben? Bemühen wir uns, zu einem Ergebnis zu gelangen, das etwas präziser ist als die große Spanne zwischen einer Milliarde und einer Billion Dollar, die wir uns soeben erarbeitet haben.

Beginnen wir damit, die Frage in ihre Bestandteile aufzuschlüsseln. Wir haben den Ball bereits ins Rollen gebracht, indem wir geschätzt haben, wie viele Autos es in den Vereinigten Staaten gibt; nehmen wir dies also als Ausgangspunkt. Wenn wir wissen, wie viele Autos es gibt, können wir das vielleicht zusammen mit der Anzahl der Kilometer pro Jahr verwenden, die ein Auto im Durchschnitt zurücklegt. Dann können wir schätzen, wie viele Kilometer pro Liter Benzin ein Auto schafft; und anschließend, wie viel ein Liter Benzin kostet. Vielleicht sind Sie schon im Besitz dieser Informationen, sodass Sie diese Angaben kombinieren können, um zu einer vernünftigen Schätzung zu gelangen.

Gehen wir also die Liste dieser Bestandteile durch, so gut wir können. Wir haben bereits geschätzt, dass es in den USA 165 Millionen Autos gibt. Wie viele Kilometer pro Jahr fährt ein Auto durchschnittlich ungefähr? Wenn Sie jemals einen Gebrauchtwagen kaufen wollten oder wenn Sie jemals verfolgt haben, wie jemand ein gebrauchtes Auto verkauft oder kauft, haben Sie vielleicht eine Vorstellung davon. In der Regel hat ein anständiger Gebrauchtwagen nicht viel mehr als 16 000 Kilometer pro Jahr zurückgelegt (oder vielleicht 19 000?). Lassen Sie uns bei den 16 000 Kilometern bleiben. Kommen wir nun zum Benzinverbrauch pro Kilometer. Wie viele Kilometer pro Liter legt ein Auto im Durchschnitt zurück? Viele Lastwagen und SUVs schaffen weniger als 8 Kilometer pro Liter, aber Hybride schaffen über 16. Nehmen wir an, dass der Durchschnitt bei 8 Kilometer pro Liter liegt. Für unsere Zwecke müssen wir wissen, wie viele Liter pro Kilometer verbraucht werden, also brauchen wir den Kehrwert davon: 0,125 Liter pro Kilometer.

Unsere bisher zusammengestellten Zahlen verraten uns, wie viele Liter Benzin alle diese Autos in einem Jahr verbrauchen. Jetzt müssen wir noch wissen, wie viel das Benzin pro Liter kostet. Was wäre eine gute Zahl hierfür? Bei uns in Kalifornien lag der Preis zu dem Zeitpunkt, als wir das Buch verfassten, in der Regel bei ziemlich genau einem Dollar pro Liter. Lassen Sie uns diese Zahl verwenden und dabei berücksichtigen, dass das Benzin in Kalifornien vielleicht ein klein wenig teurer ist als im Rest des Landes. Verbinden wir nun alle unsere Erkenntnisse und schauen wir, was dabei herauskommt.

165 000 000 Autos × 16 000 Kilometer pro Jahr pro Auto × 0,125 Liter pro Kilometer × 1 Dollar pro Liter = 330 000 000 000 Dollar pro Jahr

Unsere Schätzung liegt bei 330 Milliarden Dollar. Das liegt innerhalb der Spanne, die wir zuvor mit unserer Untergrenze von einer Milliarde Dollar und unserer Obergrenze von einer Billion Dollar festgelegt haben.

Nachdem wir diese Fermi-Schätzung vorgenommen haben, können wir nun auch etwas über den Glaubwürdigkeitsgrad unserer Schätzung, unser Vertrauen in dieselbe, sagen. Schauen Sie sich alle Zahlen an, die wir für unsere Schätzung verwendet haben, und überlegen Sie, in welchem Maß Sie bereit gewesen wären, deutlich höher oder niedriger zu gehen. Auf diese Weise können Sie überschlagen, wie viel Vertrauen Sie in die von uns erreichte Zahl haben. In Kapitel 4 haben wir ein Spiel gespielt, in dem Sie aufgefordert wurden, ein Vertrauensniveau für jede von Ihnen formulierte Tatsachenbehauptung anzugeben. Jetzt, nachdem sie die Fermi-Schätzung kennengelernt haben, werden die meisten Leser sich wahrscheinlich ziemlich sicher sein (sagen wir, sogar zu 80 bis 90 Prozent sicher), dass der tatsächliche Betrag, den die Amerikaner pro Jahr für Benzin ausgeben, zwischen 100 Milliarden und 1 Billion Dollar liegt. Natürlich würden nicht Sie Ihr Haus darauf verwetten wollen, was auch in Ordnung ist. Das scheint mir das richtige Maß an Zuversicht zu sein. (Im Prinzip könnten wir auch sagen, wie sicher wir sind, dass die tatsächliche Zahl innerhalb einer engeren Spanne liegt, für die unsere Schätzung von 330 Milliarden Dollar den Mittelwert darstellt. Zum Beispiel könnten wir immer noch 70 Prozent Zuversicht haben, dass der tatsächliche Betrag zwischen 200 und 460 Milliarden Dollar liegt.)

In diesem speziellen Fall liegt die Antwort tatsächlich zwischen 100 Milliarden und 1 Billion Dollar. Wir haben nachgeschaut und herausgefunden, dass die Amerikaner im Jahr 2012 etwa 400 Milliarden Dollar für Benzin ausgaben (und etwa 560 Milliarden Dollar im Jahr 2022, als die Preise hoch waren). Wir lagen also mit unserer Fermi-Schätzung ziemlich gut; und anzunehmen, dass wir jährlich 330 Milliarden Dollar für Benzin ausgeben, ist vielleicht ebenso brauchbar, wie zu wissen, dass wir exakt 400 Milliarden Dollar ausgeben. Stellen Sie sich zum Beispiel vor, jemand sagt zu Ihnen: »Mit meiner neuen Erfindung habe ich einen Weg gefunden, Autos fünfmal so effizient zu machen. Damit werde ich den Vereinigten Staaten im nächsten Jahr eine Einsparung bei den Benzinkosten in Höhe von 10 Billionen Dollar ermöglichen!« Mit strengem Blick würden Sie erwidern: »Nein, das werden Sie nicht. Wir geben pro Jahr gar nicht so viel Geld für Benzin aus. Deshalb können die USA durch Sie niemals so viel Geld sparen.« (Wir werden nicht immer die nervigen Personen sein, die jemandem die Illusionen zerstören, denn manchmal kann unsere Fermi-Schätzung derartige Behauptungen auch bestätigen!)

Ja, aber Fermi hatte kein Internet

An dieser Stelle sollte man vermutlich erwähnen, dass sich die Rahmenbedingungen der Fermi-Schätzungen seit Fermis Zeiten drastisch verändert haben, weil Sie heute viele Zahlen online überprüfen können. So viele Fakten und Daten sind mit ein paar Tipps und Wischbewegungen auf Ihrem Touchscreen verfügbar, dass Ihr Ausgangspunkt für ein Fermi-Problem in der Praxis ganz anders aussehen könnte als vor einer Reihe von Jahren.

Aber selbst im digitalen Zeitalter sind Fermi-Schätzungen aus drei Gründen weiterhin von Nutzen. Erstens müssen Sie immer noch herausfinden, was Sie als Ausgangspunkt für die Schätzung einer Menge, die Sie vielleicht nicht direkt finden können, online nachschlagen sollen. Das ist vergleichbar mit der Überlegung, welche Dinge, die Sie als Grundlage für eine Schätzung verwenden könnten, Sie vielleicht bereits wissen. Zweitens: Wenn Sie im Laufe Ihres Alltags im Internet (und nicht nur dort) auf bestimmte Behauptungen stoßen, müssen Sie sich fragen: »Ergibt das überhaupt einen Sinn?« Die Leute behaupten auf Websites alles Mögliche darüber, wie groß oder klein etwas sei, und Ihre Aufgabe als Fermi-Schätzer ist es, ständig zu kommentieren: »Moment mal! Das kann unmöglich stimmen, denn ich weiß (beispielsweise), dass es nur soundso viele Menschen auf der Welt gibt, also kann diese Zahl nicht zutreffen.« Sie sollten immer Fermi-Schätzungen verwenden, um die Zahlen zu überprüfen, die Sie lesen oder hören, um sicherzugehen, dass sie eine gewisse Plausibilität besitzen. Das ist die »Vernunftprüfung« eines Physikers. In Fermi-Kategorien zu denken, bringt Sie auch dazu, zu analysieren, aus welchen Elementen das Problem besteht, und das ist an sich schon ein entscheidender Schritt, um zu verstehen, wo möglicherweise die Faktoren erster Ordnung zu finden sind; außerdem können Sie dabei weitere Faktoren registrieren, die nicht erster oder zweiter Ordnung sind, die Sie aber im Kopf behalten sollten.

Die Dinge ins rechte Licht rücken

Lassen Sie uns abschließend noch einmal auf das Beispiel für die Ordnungen des Verstehens anhand der staatlichen Ausgaben zurückkommen. Es ging darum, was im Rahmen des nationalen Sozialhaushalts in finanzieller Hinsicht ein Faktor erster Ordnung war und was nur ein Faktor zweiter Ordnung, bezogen auf die Ausgaben für: 1. Haftanstalten, 2. Bildungswesen und 3. Sozialversicherung. Bei dieser Frage sollten Sie den folgenden hilfreichen Tipp berücksichtigen: Da Sie drei verschiedene Größen schätzen, um sie miteinander zu vergleichen, ist es wichtig, dass Sie versuchen, sie auf ähnliche Weise zu ermitteln, damit Sie ihr Verhältnis zueinander beurteilen können. Selbst wenn Ihre Schätzungen falsch sein sollten, kann die Ratio dann richtig sein. Folgende Strategie ist empfehlenswert: Schätzen Sie jeweils, welcher Anteil der US-Bevölkerung (wie oben geschätzt) persönlich entweder das Bildungswesen, die Haftanstalten oder die Sozialversicherung benötigt. Schätzen Sie dann, wie viel es pro Person dieser Bevölkerungsgruppe kosten dürfte, jeden Einzelnen entweder zu erziehen und auszubilden, zu inhaftieren oder sozial abzusichern. Am besten nehmen Sie dabei eine Tabelle zu Hilfe, damit Sie die Zahlenverhältnisse bequem vergleichen können.

Schätzungen, wie viele Menschen pro Jahr zu den Empfängern oder Betroffenen verschiedener Arten von Staatsausgaben zählen, sind nicht sonderlich schwierig. Bei einer Lebenserwartung von etwa 85 Jahren ist höchstens ein Viertel der Bevölkerung alt genug, um von der Sozialversicherung in Form einer Rente zu profitieren. Ein ungefähr gleich großer Teil der Einwohnerschaft besucht eine Bildungseinrichtung. Die Zahl der Menschen im Gefängnis ist sehr viel niedriger, mit Sicherheit im einstelligen Prozentbereich. Vermutlich haben Sie davon gehört, dass die Vereinigten Staaten eine der höchsten Inhaftierungsquoten der Welt aufweisen. Sie besitzen eine ungefähre Vorstellung davon, wie hoch die Inhaftierungsrate in Ihrem gesellschaftlichen Umfeld ist, wissen aber auch, dass diese sehr stark abhängt von Geschlecht, Wohnort, Alter, sozioökonomischer Lage und Hautfarbe. Unter Berücksichtigung dieser Faktoren können wir als anfängliche Schätzung davon ausgehen, dass etwa 2 Prozent der US-Amerikaner sich im Gefängnis befindet (1 von 50 Menschen, ein beträchtlicher Anteil!).

Die Kosten pro Person und Jahr sind vielleicht etwas schwieriger zu schätzen. Welche Ausgaben fallen bei der Bildung an? Da wären die Gehälter der Lehrer, Verwaltungsangestellten und Hausmeister, die Kosten für Gebäudeunterhalt und Versorgung, das Investitionskapital für den Bau von Schulen, die Ausgaben für den Kauf von Zubehör und Lehrbüchern. Wenn wir davon ausgehen, dass ein Grundschullehrer durchschnittlich 50 000 Dollar pro Jahr verdient und 25 Schüler hat, entfallen auf jeden Schüler etwa 2000 Dollar der Gehaltskosten. Durch eine Verdreifachung dieser Zahl würden vermutlich auch die anderen Gehälter und die übrigen Kosten abgedeckt. Vielleicht ist das zu niedrig angesetzt, aber es geht ja wohlgemerkt nur um eine grobe Schätzung.

Für die Inhaftierung sind ähnliche Ausgaben nötig, nur dass hier an die Stelle der Lehrer die Wärter treten und an die der Schulen die Gefängnisse. Es gibt keine Schulbücher (zumindest für viele Häftlinge), aber die Insassen müssen eingekleidet und dreimal am Tag verköstigt werden. Und sie benötigen medizinische Versorgung. Wenn man die Kosten des Bildungswesens und jene der Haftanstalten miteinander vergleicht, kommt man zu dem Schluss, dass es viel teurer ist, Menschen rund um die Uhr einzusperren, als sie sechs oder sieben Stunden pro Tag zu unterrichten. Nehmen wir also an, die Ausgaben sind dreimal so hoch, 18 000 Dollar pro Häftling und Jahr.

Die Schätzung der jährlichen Kosten der Sozialversicherung pro Person ist einfacher, denn Sie wissen vielleicht schon, wie hoch die monatliche Rente Ihres Vaters oder Ihrer Großmutter ist. Oder Sie gehen von der Ihnen ebenfalls bekannten Tatsache aus, dass die Rente einer Person im Ruhestand zumindest das Existenzminimum sichern soll. In den meisten Teilen der USA wären das etwa 20 000 Dollar pro Jahr. Wenn wir all diese groben, aber plausiblen Schätzungen in eine Tabelle eintragen, erhalten wir Folgendes:

Fermi-Schätzungen für staatliche Ausgaben in drei sozialen Bereichen

	Prozent der jährlich betroffenen Bevölkerung	Zahl der betroffenen Personen	Kosten pro Person und Jahr	Jährliche Kosten insgesamt
Bildung	25 %	80 Millionen	6000 $	480 Mrd. $
Inhaftierung	2 %	6 Millionen	18 000 $	108 Mrd. $
Renten	25 %	80 Millionen	20 000 $	1600 Mrd. $

Anhand der Einträge in der Tabelle können Sie sehen, dass Sie nicht einmal die Berechnung der Summen in der rechten Spalte vornehmen müssen, um Vergleiche anstellen zu können. Die geschätzten jährlichen Kosten pro Person für die Inhaftierung und die von der Sozialversicherung zu zahlende Rente liegen sehr nahe beieinander, aber da wir geschätzt haben, dass es weit mehr Rentenempfänger als Häftlinge gibt, würde für die Sozialversicherung mehr ausgegeben werden als für die Haftanstalten. Ebenso sind schätzungsweise etwa gleich viele Menschen entweder Empfänger von Leistungen im Bildungswesen oder vonseiten der Sozialversicherung, aber es ist anzunehmen, dass pro Person in der Schule weniger ausgegeben wird als für die Rentner. Wenn Sie Bildung und Inhaftierung miteinander vergleichen, sehen Sie, dass die Zahl der Menschen, die vom Bildungssystem profitieren, etwa zehnmal höher ist als die Zahl der Strafgefangenen, während die Kosten pro Person für die Inhaftierung wahrscheinlich nur etwa dreimal so hoch sind wie jene für die Schulbildung. Das bedeutet, dass insgesamt mehr für das Bildungswesen ausgegeben werden würde.

Ohne die Gesamtsummen zu berechnen, können wir also bereits mit einem bestimmten Grad an Gewissheit die relative Reihenfolge der drei Regierungsfunktionen in Bezug auf die Ausgaben erkennen: Die Sozialversicherung kostet am meisten, gefolgt von der Bildung und dann der Inhaftierung. Die tatsächlichen Zahlen zeigen, dass wir recht haben. Die jährlichen, vom Steuerzahler finanzierten Ausgaben beliefen sich unlängst auf etwa 800 Milliarden Dollar für das Bildungswesen, 60 Milliarden Dollar für die Haftanstalten und 1100 Milliarden Dollar für die Auszahlung der Renten. Keine unserer am Ende vorgenommenen Schätzungen weicht um mehr als den Faktor 2 davon ab.

Nun sehen Sie nach, was Sie als Vermutung bezüglich der Rangordnung notiert haben (falls Sie dieses kleine Spiel wirklich mitgemacht haben), und vergleichen Sie dies mit der Anordnung gemäß den Fermi-Schätzungen, die offenbar zutreffend ist. Wir haben herausgefunden, dass die meisten Menschen zunächst annehmen, für die Inhaftierung würde mehr ausgegeben als für die Bildung, aber unsere Problemlösungsstrategie nach Fermi hat gezeigt, dass es sehr unwahrscheinlich ist, dass diese Reihenfolge zutrifft. Tatsächlich ist es laut der Fermi-Schätzung ziemlich unwahrscheinlich, dass die Haftanstalten überhaupt ein Faktor erster Ordnung sein könnten. Und wenn wir uns an den Ausgangspunkt dieser Frage erinnern, wird klar, dass das Vorhaben des politischen Kandidaten, mehr Finanzmittel für die Renten oder das Bildungswesen zur Verfügung zu stellen, indem man einfach die Zahl der Gefängnisinsassen reduziert, kaum funktionieren dürfte.

Natürlich sind diese Kostenschätzungen und ihr relativer Rang in einem Staatshaushalt nur dann von Nutzen, wenn man versucht, sich ein Bild von den gesamten Sozialausgaben zu machen (auch um zu erfahren, ob ein politischer Kandidat vielleicht die aktuelle Lage falsch darstellt). Diese Zahlen sagen uns nicht, wie die Rangordnung dieser Kostenfaktoren *sein sollte*, sondern nur, wie sie *ist*. (Später in diesem Buch werden wir uns damit befassen, wie man effektiv darüber nachdenken kann, was *sein sollte* – wodurch Fragen der Bewertung ins Spiel kommen.)

Ein letzter wichtiger Aspekt der Fermi-Schätzungen muss noch erwähnt werden: Wenn Sie nicht jemand sind, der ohnehin ständig kleine Berechnungen dieser Art durchführt, wird Ihnen die Vorstellung, eine Fermi-Schätzung vorzunehmen, womöglich nicht besonders verlockend erscheinen; doch wenn Sie Ihr anfängliches Unbehagen überwinden, werden Sie erstaunt sein, wie viel Sie damit herausfinden können. Wir haben sehr oft erlebt, wie begeistert Menschen von dieser Erfahrung waren. Falls Sie solche Schätzungen noch nie durchgeführt haben, sollten Sie ein paar davon ausprobieren, einfach um zu sehen, wie befriedigend das sein kann.[5] Das Ziel dabei ist, derart gestärkt daraus hervorzugehen, dass Sie, wann immer Sie sich – aus welchem Grund auch immer – niedergeschlagen fühlen, sich mit dem Wissen aufmuntern können, hinaus in die Welt gehen und deren Probleme mit bemerkenswert effektiven Schätzverfahren in den Griff bekommen zu können!

Wissenschaftlicher Optimismus, Ordnungen des Verstehens und Fermi-Schätzungen stellen uns so etwas wie ein Machbarkeits-Instrumentarium zur Verfügung, mit dem wir die großen (und kleinen) Probleme der Welt angehen können. Sie sollten beispielsweise immer dann an diese Hilfsmittel denken, wenn jemand mit

Zahlen um sich wirft oder vorgibt, etwas sei ein wichtigerer Faktor als alle anderen. Kommt Ihnen eine solche Prioritätsbehauptung zu Ohren, sollten Sie sich sofort fragen: »Okay, aber was sind all die anderen Kausalfaktoren, und gibt es Gründe für die Annahme, dass sie keine Rolle spielen?« Und wenn jemand zu Ihnen sagt: »Das werden wir nie herausfinden. Es gibt viel zu viele zu berücksichtigende Faktoren«, dann sollten Sie erwidern: »Nun, es könnte Millionen von Gründen geben, warum zum Beispiel die Analphabetenrate in der Bevölkerung ansteigt, aber das bedeutet nicht, dass wir nicht einen oder zwei führende Kausalfaktoren erster Ordnung finden und mit ihnen arbeiten können, um schrittweise Fortschritte zu erzielen. Lassen Sie uns ein paar Schätzungen ausprobieren!«

Teil IV

Die Lücken im Blick behalten

Kapitel 12

Warum es schwer ist, aus der Erfahrung zu lernen

In diesem vierten Teil des Buches befassen wir uns mit einigen Beispielen dafür, auf welche besondere und überraschende Weise das individuelle menschliche Denken in die Irre führen kann. Lassen Sie uns diese Erörterung damit beginnen, dass wir kurz daran erinnern, wovon in diesem Buch bisher die Rede war. In den drei vorhergehenden Teilen haben wir ein breites Spektrum an Denkinstrumenten aus der Wissenschaft vorgestellt, mit mindestens drei konkreten Zielen vor Augen: Erstens könnte – sollte! – jeder von uns diesen Werkzeugkasten ständig nutzen, um im Alltag Entscheidungen zu treffen und Pläne zu machen; diese Hilfsmittel schützen uns in der Regel vor einer Vielzahl von Selbsttäuschungen, denen wir ohne sie zum Opfer fallen würden, und versetzen uns in die Lage, die Komplexität der Welt zu bewältigen. Zweitens hilft uns eine grundlegende Vertrautheit mit diesen Tools dabei, die Aussagen von Wissenschaftlern, Ärzten und anderen Forschenden, die uns mit wichtigen Informationen für unsere Entscheidungen versorgen, richtig einzuordnen (und manchmal auch zu überprüfen). Außerdem können wir bei der Suche nach Experten, die in der Lage sind, Erkenntnisse über die Welt zu referieren, darauf achten, ob diese mit den Hilfsmitteln umzugehen wissen, was ein Zeichen für vertrauenswürdige Quellen ist. Wenn wir Autoren unsere Arbeit gut gemacht haben, sollten Ihnen all diese Verwendungsmöglichkeiten der Instrumente aus den vergangenen Kapiteln bekannt sein.

Dennoch ist es naheliegend, sich zu fragen: Wozu braucht man diese manchmal sehr komplizierten Denkwerkzeuge überhaupt? Können wir nicht einfach das, was wir über die Welt wissen müssen, aus der Erfahrung lernen? In der Kindererziehung, der Zusammenarbeit mit Kollegen, der Zubereitung des Abendessens oder der Abstimmung über lokale Initiativen haben wir die relevanten Variablen doch direkt vor unserer Nase (wörtlich oder im übertragenen Sinne) und können sie ganz ohne spezielle Ausrüstung erkennen. Mit der Versuch-und-Irrtum-Methode kann man die Dinge doch in den Griff bekommen, oder? Immerhin haben wir schnell gelernt, eine heiße Herdplatte nicht zu berühren, vollkommen ohne die Anleitung durch Experten.

Man kann sich nur schwer des Eindrucks erwehren, dass wir gut darin sind, aus der Erfahrung zu lernen. In den englischsprachigen Ländern ist es üblich, damit zu prahlen, wir hätten »die harte Schule« durchlaufen. Der Philosoph John Dewey behauptete bekanntlich, dass »jede echte Erziehung durch Erfahrung zustande kommt«, und seine Ideen sind durch die populäre Bewegung des Erfahrungslernens im Bildungswesen nach wie vor von Einfluss. Wenn wir einen Chirurgen benötigen, um unseren Körper operieren zu lassen, oder einen Bauunternehmer, der unser Haus repariert, dann bevorzugen viele von uns den Experten mit der größten Erfahrung.

Dennoch gibt es zahlreiche Belege dafür, dass Erfahrung oft ein schlechter Lehrer ist. Zum Beispiel legen Arbeitgeber bei der Auswahl von Bewerbern viel Wert auf die Berufserfahrung, aber nichtsdestotrotz ist die Berufserfahrung überraschenderweise kaum geeignet, die spätere Arbeitsleistung vorherzusagen.[1] Es stimmt zwar, dass erfahrene Arbeitnehmer bessere Leistungen erbringen als völlige Neulinge, aber besonders erfahrene Berufstätige sind nicht unbedingt besser als ihre Kollegen, die gerade die Einarbeitungsphase hinter sich gebracht haben. In vielen Berufen, die ein großes Fachwissen erfordern, wie beispielsweise in der Medizin, gelingt es älteren Berufstätigen, die geistig und körperlich noch im Besitz ihrer vollen Leistungsfähigkeit sind, oftmals nicht, mit den neuen Entwicklungen auf ihrem Gebiet Schritt zu halten. Sie lernen einfach nichts mehr hinzu.

Wenn wir uns die Geschichte der Innovationen in Technik, Medizin und Wissenschaft ansehen, stellen wir erstaunt fest, dass viele Entdeckungen und Erfindungen keine aufwendigen Gerätschaften, keine komplexe Mathematik und auch keine großen Geldsummen erforderten. Beispiele dafür sind der Hebel, das phonetische Alphabet, der Nagel, das Fließband und die kontrollierten Experimente. Warum hat es dann so lange gedauert, bis manche Erfindungen gemacht wurden? So wurde beispielsweise die Keimtheorie zur Erklärung von Krankheiten erstmals in den 1500er-Jahren formuliert, aber es dauerte noch weitere drei Jahrhunderte, bis Louis Pasteur und John Snow andere davon überzeugen konnten, diese Hypothese ernst zu nehmen. Da die menschlichen Gehirne bereits lange vor dem Beginn schriftlicher Aufzeichnungen ihre heutige Gestalt erreichten, ist es durchaus denkbar, dass viele derartige Neuerungen sich schon viel früher hätten durchsetzen können.

Und überlegen Sie, wie wenig von dem, was Sie heute tun, möglich wäre, wenn Sie bei null anfangen müssten. Wären Sie dazu in der Lage, für sich selbst langlebige und bequeme Schuhe herzustellen? Eine Zahnbürste, eine Brille oder Klebeband auszuklügeln? Oder die Entdeckung zu machen, dass gebrühte Kaffeebohnen das Aufwachen erleichtern können? Unsere Kinder fragen uns in gespielter Verzweiflung, warum wir Eltern nicht einmal die einfachsten Funktionen entdeckt haben, die bereits seit dem Update vom letzten Jahr auf ihren Smartphones zur Verfügung stehen.

Gründe dafür, dass es schwierig ist, aus Erfahrungen zu lernen, sind bestimmte Umweltfaktoren. Unsere Sinne werden ständig mit Reizen bombardiert, aber wie in Kapitel 6 erwähnt, sind einige von ihnen nützliche Signale, während es sich bei anderen um zufälliges Rauschen handelt. Manche dieser Signale korrelieren mit anderen, aber es ist schwer, verlässliche Zusammenhänge in der Welt zu entdecken, weil viele Beziehungen zwischen Dingen probabilistisch sind (»Auf A folgt wahrscheinlich B«) und nicht deterministisch (»Wenn A, dann B«).

»In Ordnung«, erwidern Sie, »vielleicht gelingt es mir nicht beim ersten Mal, aber durch Versuch und Irrtum werde ich sie doch irgendwann finden, oder etwa nicht?« Versuch und Irrtum sind jedoch extrem schwierig, wenn sich das Umfeld ständig ändert – daher kommt auch die bekannte Kritik, jemand sei zu sehr damit beschäftigt, »die Kriege der Vergangenheit zu führen« – oder wenn die Rückmeldung über das Ergebnis häufig verspätet eintrifft (manchmal erst Monate oder Jahre danach). Und da Beziehungen probabilistisch sind, führen manchmal falsche Vorgehensweisen zu positiven Ergebnissen, oder schlechte Ergebnisse treten trotz optimaler Durchführung ein. Erschwerend kommt hinzu, dass unsere Bemühungen, durch Versuch und Irrtum etwas zu lernen, selten auch nur annähernd die Bedingungen eines kontrollierten Experiments erfüllen. Wir versuchen nur sehr selten, jeweils eine Variable zu isolieren und alles andere konstant zu halten. Wir haben kaum jemals die Möglichkeit, das kontrafaktische Ergebnis zu beobachten – was passiert wäre, wenn wir B (oder gar nichts) anstelle von A getan hätten.

Aber viele der Faktoren, die es uns schwer machen, aus Erfahrungen zu lernen, sind eher psychologischer Natur als umgebungsbedingt. In diesem Kapitel werden wir uns einige der wichtigsten derartigen Faktoren ansehen.

Gleich zu Beginn möchten wir klarstellen, dass bei keinem dieser Faktoren die Unterscheidung zwischen »Laien« und Wissenschaftlern sowie anderen Experten eine Rolle spielt. Wir alle sind täglich diesen Einflüssen ausgesetzt. Wissenschaftler sind diesbezüglich nicht weniger anfällig, was in den nächsten beiden Kapiteln ausführlich gezeigt wird. Wie wir in einem späteren Kapitel erfahren werden, hat das, was es der Wissenschaft ermöglicht, sich (manchmal) vor diesen psychologischen Faktoren zu schützen, weniger mit den Eigenschaften der *Wissenschaftler* zu tun, sondern mehr damit, wie *wissenschaftliche Methoden* und Denkhaltungen uns helfen können, unsere Beschränkungen zu überwinden.

Wir sollten auch hervorheben, dass die psychologischen Faktoren, die wir jetzt betrachten werden, keine »Pathologien« sind, sondern Eigenschaften der normalen menschlichen Kognition. Als solche sind sie wahrscheinlich deshalb so weitverbreitet, weil sie auf irgendeine Weise anpassungsfähig sind. Bei den meisten von ihnen geht es darum, unser Gehirn in bestimmten Situationen effizient arbeiten zu lassen, in denen systematischere Denkprozesse schwierig oder anstrengend sind.

Gewohnheiten

Wenn Sie alle Fähigkeiten betrachten, die Sie im Laufe Ihres Lebens erworben haben, werden Sie feststellen, dass die meisten von ihnen mit wenig oder gar keinem bewussten Nachdenken ausgeübt werden können. Wann haben Sie sich das letzte Mal darüber Gedanken gemacht, wie stark Sie das Gaspedal heruntertreten sollten, wie Sie das heiße Wasser aufdrehen können oder Ihre Schuhe zubinden? Das alles sind Gewohnheiten. Sie ermöglichen uns nicht nur Multitasking, sondern sparen auch mentale Energie, denn es ist anstrengend, über jede einzelne Sache, die man tut, bewusst nachzudenken. (Wenn Sie schon einmal die buddhistische Achtsamkeitsmeditation ausprobiert haben, wissen Sie, was wir meinen.) Die Fähigkeit unseres Gehirns, seine Leistung zu »automatisieren«, gibt uns die Möglichkeit, unsere Aufmerksamkeit anderen Dingen zu widmen, wie zum Beispiel der Geschichte, die uns der Beifahrer im Auto erzählt. Gewohnheiten sind für das normale Funktionieren so wichtig, dass William James sie als »das große Schwungrad der Gesellschaft« bezeichnete. Alfred North Whitehead argumentierte, dass »die Zivilisation voranschreitet, indem sie die Zahl der wichtigen Tätigkeiten, die wir ausführen können, ohne darüber nachzudenken, erweitert«.

Gewohnheiten sind nicht völlig unbewusst, aber wir können sie nur schwer beobachten und kontrollieren, da wir sie so schnell und mühelos umsetzen. Wenn wir eine Fähigkeit zum ersten Mal erwerben, haben wir die Gelegenheit, ihre Wirkung auf die Ergebnisse zu beobachten, die uns wichtig sind, sodass wir sie anpassen oder verwerfen können. Aber sobald eine Fähigkeit zu einem Automatismus wird, gestaltet sich die sorgfältige Überwachung ihrer gewünschten Funktionsweise immer schwieriger für uns. »Schlechte Gewohnheiten« sind solche, die dysfunktional geworden sind, aber weil sie so mühelos ablaufen, fällt es uns bisweilen schwer, sie uns abzugewöhnen. Gewohnheiten können uns also daran hindern, aus Erfahrungen zu lernen, weil sie uns erlauben, zu handeln, ohne unserer Aktivität viel Aufmerksamkeit zu schenken.

Heuristik und Voreingenommenheit

Eine weitere Gruppe von Faktoren, die es uns schwer machen, aus Erfahrungen zu lernen, beinhaltet verschiedene Formen von Voreingenommenheit in unserem Urteilsvermögen, die dazu führen können, dass wir wichtige Informationen in unserer Umgebung übersehen, verzerren oder bestreiten. Wie die Gewohnheit entsteht auch die Voreingenommenheit oft dadurch, dass unser Gehirn versucht, bestimmte Dinge schnell zu erledigen, ohne ihnen viel Aufmerksamkeit zu schenken. Der Preis dafür ist, dass wir die uns zur Verfügung stehenden Erkenntnisse nicht vollständig nutzen.

Mit dem Ausdruck »voreingenommen« wird wahrscheinlich zu lässig umgegangen. Es ist leicht, jemanden zu beschuldigen, »voreingenommen« zu sein, nur weil uns der Standpunkt dieser Person nicht gefällt. Wie in Kapitel 9 erläutert, kann ein auf diese Weise verzerrtes Urteil zum Glück recht objektiv definiert werden. Rufen Sie sich noch einmal ins Gedächtnis, dass ein Prozess als *verrauscht* bezeichnet wird, wenn darin viele zufällige Fehler vorkommen, aber als *voreingenommen* gilt, wenn darin systematische Fehler nachweisbar sind – entweder durchgängig über oder durchgängig unter dem Wert der richtigen Antwort. Besitzen wir also ein objektives Kriterium oder wissen den richtigen Wert, können wir die Voreingenommenheit einer Person erkennen, wenn wir ihre Antworten mit diesem Kriterium oder Wert vergleichen. Wissen wir nicht, was objektiv richtig ist, wird dieser Ansatz nicht funktionieren, aber Forschende haben eine Reihe von experimentellen Strategien entwickelt, um diese Form von Befangenheit zu entdecken.[2]

Wikipedia bietet eine Liste der dokumentierten kognitiven Verzerrungen,[3] und als wir die Seite das letzte Mal aufriefen, enthielt die Liste nicht weniger als 123 Einträge! Das könnte den Eindruck erwecken, dass Psychologen pro nachgewiesener Voreingenommenheit bezahlt werden, und vielleicht ist das bei manchen auch tatsächlich der Fall. Viele dieser Befangenheiten wurden erstmals registriert von den Psychologen Daniel Kahneman und Amos Tversky. Letzterer verstarb 1996 in jungen Jahren, aber Kahneman erhielt später den Nobelpreis für ihre gemeinsame Arbeit. Kahnemans Bestseller *Schnelles Denken, langsames Denken* ist die beste Einführung in das Thema der Verzerrungen, und wenn Sie es noch nicht gelesen haben, sollten Sie das unbedingt nachholen.

Manche dieser Phänomene werden als »Bestätigungsfehler«, andere werden als »Heuristik« bezeichnet (u. a. die Verfügbarkeitsheuristik). Die Unterscheidung zwischen den beiden Konzepten ist nicht völlig trennscharf, aber im Wesentlichen geht es darum, dass die Bezeichnung »Verzerrung« das Ergebnis beschreibt (eine systematische Abweichung vom richtigen Wert, der zu beurteilen ist), während sich »Heuristik« auf den Prozess bezieht, der eine bestimmte Verzerrung erzeugt. Eine Heuristik ist eine bestimmte rasch verfügbare (aber fehleranfällige) Methode, die wir erlernt haben, um ein schnelles Urteil zu fällen und die harte kognitive Arbeit des sorgfältigen Abwägens zu vermeiden.

Die Verzerrungen können entlang eines Kontinuums von »heiß« bis »kalt« variieren (um eine Temperaturmetapher zu verwenden). Heiße Verzerrungen sind am einfachsten zu beschreiben, weil sie uns vertraut sind. Sie entstehen aufgrund von Emotionen (insbesondere Wut oder Furcht) und Motivationen (was wir uns wünschen oder was wir glauben wollen). Die am anderen Ende der Skala angesiedelten kalten Vorurteile scheinen Nebenprodukte unserer typischen Art zu sein, ein schnelles Urteil zu fällen, sogar in Situationen, in denen wir ruhig und gelassen sind und keine besonderen Ziele oder Wünsche haben. Gerd Gigerenzer und seine Kollegen führen als Beispiel dafür unsere Tendenz an, die relative Größe von Städten aus unserer Vertrautheit mit deren Namen abzuleiten.[4] In der Regel funktioniert es, weil große Städte bekannter sind als kleine. Aber es kann uns auch in die Irre führen. So würden beispielsweise die meisten Menschen vermuten, dass San Francisco größer ist als San José, obwohl es in Wirklichkeit umgekehrt ist, denn die erstgenannte Stadt hat etwa 815 000 Einwohner, die letztgenannte aber 983 000. Und warum ist das so? Es gibt zwar den populären Song »Do You Know the Way to San José«, doch weitaus mehr Bezüge zu San Francisco in der Popkultur (wozu seine steilen Hügel, seine Straßenbahnen und die Golden Gate Bridge beigetragen haben).

Wir werden nur wenig Zeit darauf verwenden, heiße Verzerrungen zu beschreiben, nicht weil sie unwichtig wären, sondern weil Sie zweifellos bereits genug Erfahrung darin besitzen, sie zu identifizieren. Wir alle kennen Menschen, die verblendet zu sein scheinen von ihren Gefühlen und Begehrlichkeiten. Aber auch wenn man es nur ungern zugibt, waren wir alle schon einige Male in solch einer Gemütsverfassung. Tatsächlich steht in der Regel hinter der Kognition eine bestimmte *Motivation*, in dem Sinne, dass es einige Überzeugungen und Ergebnisse gibt, von denen wir hoffen, dass sie zutreffen, und andere, bei denen das nicht der Fall ist. Heiße Voreingenommenheit ist oft schädlicher als kalte Voreingenommenheit, denn Menschen können mit viel Aufwand empirische Belege verfälschen, wenn sie ein bestimmtes Resultat erzielen wollen, und sie können andere Personen, die zu gegenteiligen Urteilen kommen, deshalb diskreditieren. Daraus können schwer zu bewältigende Konflikte erwachsen, wenn Menschen darauf bestehen, dass sie neutral seien, und behaupten, die andere Seite sei voreingenommen. Wir haben mit einer ganzen Reihe von Kollegen gesprochen, die immer wieder als Sachverständige vor Gericht aussagen. Die meisten von ihnen stimmten der grundsätzlichen Feststellung zu, dass viele Sachverständige voreingenommen sind und dass die Bezahlung durch eine von zwei Seiten einen potenziellen Interessenkonflikt schafft. Aber die meisten von ihnen betonten auch, dass sie selbst nicht die Art von Menschen sind, die sich von Geld beeinflussen lassen würden.

Wir werden nicht versuchen, die vielfältigen Formen von Voreingenommenheit, die in der psychologischen Fachliteratur dokumentiert sind, hier alle zu erörtern. Stattdessen werden wir uns auf diejenigen konzentrieren, die uns wahrscheinlich am stärksten davon abhalten, aus unseren Erfahrungen zu lernen.

Verfügbarkeitsheuristik

Bei dieser Heuristik handelt es sich meistens um eine kalte Voreingenommenheit. Die zuerst von Kahneman und Tversky definierte Verfügbarkeitsheuristik bezieht sich auf unsere Tendenz, »die Häufigkeit einer Klasse von Ereignissen oder die Wahrscheinlichkeit eines Ereignisses nach der Leichtigkeit zu beurteilen, mit der man sich an Beispielfälle oder Vorkommnisse erinnern kann«. Kahneman und Tversky haben beschrieben, wie manche Dinge besonders stark unsere Aufmerksamkeit in Beschlag nehmen: beispielsweise Konzepte, die mit vielen anderen vertrauten Konzepten in unserem Gedächtnis verknüpft sind; Ereignisse, die erst vor Kurzem stattgefunden haben; Erlebnisse, die besonders eindringlich waren, oder Situationen, die man sich leicht vorstellen kann. Hier ist ein einfaches Beispiel aus ihren frühen Beweisführungen: Ist es wahrscheinlicher, dass der Buchstabe »K« im Englischen der erste Buchstabe oder der dritte Buchstabe eines Wortes ist? Als wir das letzte Mal eine Gruppe von Studierenden befragten, sagten 61 Prozent von ihnen, dass ein zufällig gewähltes Wort eher mit einem »K« beginnen würde, während nur 39 Prozent meinten, es sei wahrscheinlicher, dass das »K« der dritte Buchstabe sei. Die Mehrheit von 61 Prozent hatte sich getäuscht. Der Buchstabe »K« steht in einem englischen Wort häufiger an dritter als an erster Stelle. Aber es ist schwieriger, in unserem auditiven oder visuellen Gedächtnis nach Wörtern mit einem bestimmten dritten Buchstaben zu suchen, denn wenn wir ein Wort erlernen, fällt uns der »K«-Laut oder -Buchstabe nur dann auf, wenn er an erster Stelle steht. Die meisten von uns haben mit ihren Eltern ABC-Fibeln gelesen, aber darin wurde nicht gefragt, welches Wort beispielsweise das »I« als dritten Buchstaben hat (wie »Rhinozeros«).[5]

Die häufige Behandlung eines Themas in den Medien ist ein wichtiger Grund dafür, dass manche Informationen kognitiv verfügbarer sind als andere. Eine Studie aus den 1970er-Jahren ergab, dass die Menschen glaubten, Tornados seien eine häufigere Todesursache als Asthma, obwohl der Tod durch Asthma 20-mal häufiger vorkam.[6] Aber die meisten Leute lesen lieber einen Zeitungsartikel über Tornados oder sehen sich einen Film darüber an, weil sie dramatischer sind als ein Beitrag über Asthma, sodass wir mit mehr Geschichten über durch Tornados verursachte Todesfälle in Berührung kommen.

Hier liegt ein konkretes Beispiel dafür vor, dass die Verfügbarkeitsheuristik in politischen Debatten eine Rolle spielen kann. Viele Menschen glauben, Geschworene würden sich bei Personenschäden für unverschämt hohe und willkürliche Entschädigungen aussprechen. Eine von Robs Studien untersuchte die landesweite Berichterstattung über Geschworenenprozesse und verglich diese mit den tatsächlichen Gerichtsstatistiken aus anderen Erhebungen.[7] In der Stichprobe aus Fällen, über die in den Medien berichtet worden war, gewannen die Personen, die Klage eingereicht hatten, 85 Prozent der Prozesse. In Wirklichkeit lag die Quote zwischen 30 und 55 Prozent, abhängig von der Art des Rechtsstreits. Und wo lag die durchschnittliche Höhe der Entschädigung, wenn der Prozess gewonnen worden war? Nimmt man die in den Zeitungs- und Zeitschriftenartikeln erwähnten Gerichtsverfahren, so betrug die durchschnittliche Geldstrafe fast 2 Millionen Dollar. Der tatsächliche Durchschnittsbetrag aller Prozesse lag jedoch nur zwischen 50 000 und 300 000 Dollar. Auf diese Weise können die Medien – und die Verfügbarkeitsheuristik – die Menschen zu einer übertriebenen Erwartung der Höhe der Summen verleiten, die man erhält, wenn man eine Klage einreicht.

Die Anker- und Anpassungsheuristik

Hier haben wir es mit einer weiteren kalten Voreingenommenheit zu tun. Wenn wir quantitative Schätzungen vornehmen müssen, wissen wir oft nicht, wo wir anfangen sollen. In einer Szene der bekannten Filmkomödie mit dem britischen Meisterspion Austin Powers wurde dessen Erzfeind Dr. Evil aus jahrzehntelanger Kältestarre erweckt und machte sich sofort daran, die Regierungen der Welt zu erpressen. Er forderte »Eine … Million … Dollar!«, nicht ahnend, dass dieser Betrag mittlerweile viel zu gering war, um dafür ein Verbrechen zu begehen.

Aber nicht nur Dr. Evil ergeht es so. Uns allen fällt es schwer, das richtige Verfahren zum Schätzen von Mengen zu finden. Laut Kahneman und Tversky bemühen wir uns üblicherweise um die Lösung dieser Aufgabe, indem wir nach einer willkürlich ausgewählten, aber markanten Zahl suchen, die wir als groben Ausgangspunkt verwenden können, und dann entscheiden, ob wir sie nach oben oder unten noch etwas anpassen sollen. Aber hier ist der Haken: Diese Anpassung ist meist unzureichend. Das führt dazu, dass unsere sorgfältig durchdachte Schätzung häufig zu nah an unserem subjektiven Ausgangspunkt liegt. Dem aufmerksamen Leser wird an dieser Stelle auffallen, dass dieses den Anker- und Anpassungsprozessen inhärente Risiko auch bei Fermi-Schätzungen immer besteht.

Hier ist ein weiteres juristisches Beispiel. Rob und seine Kollegen haben untersucht, wie die Menschen einen angemessenen Betrag für monatliche Unterhaltszahlungen für Kinder nach einer Scheidung festlegen.[8] Da es sich hier um eine schwierige Aufgabe handelt, klaffen die Schätzungen verschiedener Personen weit auseinander. Eine Möglichkeit, diese Spannbreite zu verringern, besteht darin, den Menschen einen bestimmten Wert als Beispiel vorzugeben. Wenn man den Befragten 800 Dollar als Vorschlag nannte, empfahlen sie im Durchschnitt einen Betrag von etwa 1000 Dollar. Wenn man ihnen jedoch 1400 Dollar vorschlug, rieten sie durchschnittlich zu etwa 1300 Dollar. Es gibt keinen objektiven Standard für die richtige Höhe des Unterhalts für ein Kind, aber die Angabe von Referenzbeträgen ist eine der Manipulation dienende Taktik von Anwälten, um den Richter zu beeinflussen.

Rückschaufehler

Ein altes Sprichwort besagt: »Im Nachhinein sieht man 20 von 20.« Die augenärztliche Notation 20/20 bedeutet, dass Sie in 20 Fuß Entfernung das sehen, was ein normalsichtiger Mensch in 20 Fuß Entfernung sehen würde. (In Ländern mit metrischem System gibt es offenbar eine entsprechende Formulierung in Metern: »6/6 Sicht«.) 20/40 bedeutet also, dass Sie kurzsichtig sind. Die Redewendung soll den Gedanken ausdrücken, dass es nach dem Eintreten eines Ereignisses einfach ist, die richtige »Vorhersage« zu treffen; im Nachhinein ist es viel einfacher als im Voraus. Der Psychologe Baruch Fischhoff leitete daraus eine generelle Eigenschaft des menschlichen Urteilsvermögens ab: Nachdem wir ein Ergebnis erfahren haben, halten wir dessen Eintritt für offensichtlicher, als es zuvor tatsächlich der Fall war.[9]

Hier ist ein Beispiel: In den frühen 1970er-Jahren untersuchte Fischhoff Wahrscheinlichkeitsurteile und wählte dafür zukünftige

Ergebnisse aus, die ihm entweder sehr unwahrscheinlich oder sehr wahrscheinlich erschienen. Das war zur Zeit der Nixon-Regierung, und Nixon war ein glühender Antikommunist. Es wirkte somit sehr unwahrscheinlich, dass Nixon vor dem Ende seiner Amtszeit zu einem diplomatischen Besuch nach China reisen würde, und Fischhoff fragte die Leute, für wie wahrscheinlich sie eine solche Reise hielten. Nixon begab sich im Jahr 1972 aber tatsächlich zu einer Stippvisite nach China, was sogar die Außenpolitikexperten überraschte. Fischhoff hatte den brillanten Einfall, seine Probanden später noch einmal danach zu befragen, welche Wahrscheinlichkeit sie dem Ereignis »Nixon reist nach China« beigemessen hatten. Er fand heraus, dass die Leute sich fälschlicherweise erinnerten, das Ereignis für wahrscheinlicher gehalten zu haben, als sie es zuvor in Wirklichkeit getan hatten. Die meisten von ihnen glaubten, sie hätten erwartet, dass so etwas geschehen würde – dass sie es »schon immer gewusst« hätten.

Rückschaufehler schaffen Probleme für Studierende, die Lehrveranstaltungen in den Sozialwissenschaften besuchen. Wenn ich Ihnen von neuen Erkenntnissen in der Psychologie oder Soziologie berichte, sind Sie wahrscheinlich klug genug, einen plausiblen Grund dafür zu finden, dass man zu diesem Ergebnis gekommen ist. Infolgedessen könnten Sie zu dem Schluss kommen, dass die Erkenntnis ziemlich offensichtlich ist, und Sie könnten glauben, Sie hätten es schon immer gewusst. Eine gängige Methode, dieses Phänomen im Unterricht zu demonstrieren, besteht darin, den Studierenden eine kurze Beschreibung einer Studie über romantische Beziehungen zu geben. Der Hälfte der Studierenden wird gesagt, die Untersuchung habe gezeigt, »Gleich und Gleich gesellt sich gern«; der anderen Hälfte wird gesagt, die Studie habe erwiesen, »Gegensätze ziehen sich an«. Beide Redensarten sind Zeugnisse des »gesunden Menschenverstandes« – aber sie widersprechen einander völlig. Leider ist es so, dass jede der beiden Gruppen von Studierenden die ihnen mitgeteilten Forschungsergebnisse mehrheitlich als »offensichtlich« bewertet, sobald sie davon erfahren hat, und sich vielleicht fragt, wieso der Professor ihnen solch triviale Einsichten vermitteln will.

Es gibt inzwischen viele Hunderte von Beispielen für Rückschaufehler. Manche sind harmlos, aber andere sind schwerwiegender. Vor einigen Jahren wurde der Ex-Footballspieler und Schauspieler O. J. Simpson des Mordes an seiner von ihm geschiedenen Ehefrau angeklagt. Vor der Urteilsverkündung waren die meisten Menschen, darunter auch Experten (Anwälte und Profispieler), der Überzeugung, dass er höchstwahrscheinlich schuldig gesprochen werden würde. Nachdem er schließlich für »nicht schuldig« befunden worden war, hätten wir gern von den Fachleuten das Eingeständnis gehört, sich getäuscht zu haben: »Oje, da lagen wir falsch.« Aber stattdessen traten viele von ihnen in Nachrichtensendungen auf und »erklärten«, dass afroamerikanische Geschworene (in diesem Fall die Mehrheit der Jury) dazu neigen, gegenüber afroamerikanischen Angeklagten Milde walten zu lassen. Die damals verfügbaren Statistiken zeigten, dass dieser Vorwurf nicht haltbar war; außerdem stellte sich die Frage, warum die Experten aufgrund der Annahme der Voreingenommenheit der Jury nicht von vornherein einen Freispruch vorhergesagt hatten. Auf diese Weise wurden falsche Gerüchte über die Befangenheit schwarzer Geschworener verbreitet.

Eigengruppenbevorzugung und Kennzeichnung

In den 1970er-Jahren entwickelte der Psychologe Henri Tajfel das Paradigma der »Minimalgruppen«, bei dem Menschen anhand offenkundig willkürlicher Kriterien (beispielsweise, ob sie die Anzahl der auf einem Bildschirm blinkenden Punkte über- oder unterschätzt haben) in Gruppen eingeteilt werden. Tajfel zeigte, dass selbst solche Minimalgruppierungen ausreichen, um eine Begünstigung von Mitgliedern der eigenen Gruppe bei der Zuteilung von Belohnungen für eine damit nicht zusammenhängende Aufgabe zu bewirken.[10]

Sozialpsychologen haben herausgefunden, dass die geäußerte Einstellung einer Person manchmal weniger durch deren Überzeugung vom Wahrheitsgehalt einer Aussage motiviert ist (etwa einer Behauptung über die Auswirkung der Todesstrafe oder der Waffenkontrolle auf die Zahl der Tötungsdelikte) als durch das Bestreben, ihre Werte öffentlich zum Ausdruck zu bringen (»Ich bin konservativ/liberal.«). Wir halten den Begriff der »Kennzeichnung« für geeignet, um dieses Phänomen treffend zu beschreiben, und werden an anderer Stelle in diesem Buch noch einmal darauf zurückkommen.[11]

Dispositionelle Voreingenommenheit

Beim Autofahren ertappt sich Rob oft dabei, dass er im Stillen andere Fahrer verflucht, die zu langsam fahren, während sie am Straßenrand nach Hausnummern suchen. Diese Leute sind offenbar so sehr mit sich selbst beschäftigt, dass sie sich nicht um andere Autofahrer kümmern. Nichtsdestotrotz passiert es auch Rob häufig, dass er in der Nähe eines Einkaufszentrums langsamer fährt, um zu sehen, ob es dort das Geschäft gibt, das er sucht. Wenn jemand hinter ihm hupt, ist er vollkommen überrascht: Sehen denn diese Leute nicht, dass die idiotischen Bauunternehmer schuld an seiner Fahrweise sind, die das Einkaufszentrum so schlecht geplant haben? Und Rob ist nicht der Einzige, der diese merkwürdige Inkonsequenz an den Tag legt. Eine 1991 durchgeführte Umfrage unter Unfallopfern ergab, dass bei Unfällen mit mehreren Fahrzeugen 91 Prozent der Fahrer jemand anderem die Schuld gaben, in der Regel dem anderen Fahrer.[12]

Unter der Kategorie der »Attributionstheorie« erforschen Psychologen seit Langem, wie Individuen die Ursachen ihres eigenen Verhaltens und des Verhaltens anderer erklären. Fritz Heider stellte 1958 die These auf, dass wir Menschen, wann immer möglich, das Verhalten anderer Personen eher auf »interne« Ursachen zurückführen (beispielsweise persönliche Eigenschaften wie »Gier« oder »Intelligenz«) als auf »externe« Ursachen (etwa Störung durch die Umgebung oder schlechte Sichtbarkeit). Umgekehrt neigen wir dazu, wenn wir selbst etwas falsch gemacht haben, unser Verhalten auf externe Ursachen zurückzuführen. Im Jahr 1977 argumentierte Lee Ross, diese Tendenz sei so weitverbreitet, dass sie als »grundlegender Attributionsfehler« gelten müsse.[13] In seinen späteren Forschungen wies er nach, dass zwischenmenschliche Konflikte aufgrund dieser Neigung oftmals verstärkt werden, da jede Konfliktpartei die Motive und Unzulänglichkeiten ihres Gegenübers kritisiert, unter Vernachlässigung der einflussreichen Umgebungsfaktoren, die zur Schaffung der Situation beigetragen haben.

In den 1990er-Jahren lieferte eine Reihe von kulturübergreifenden Studien erste Belege dafür, dass diese Voreingenommenheit doch nicht so durchgreifend ist. So zeigten beispielsweise Menschen in asiatischen Ländern eine größere Tendenz zu externen (situativen) Erklärungen als Bewohner der westlichen Länder.[14] Aus diesem Grund ziehen es viele Forschende vor, das Phänomen als »dispositionelle Voreingenommenheit« zu bezeichnen, die heute als besonders charakteristisch für die abendländische Kultur gilt. Nichtsdestotrotz ist die Neigung, »Dinge zu persönlich zu nehmen«, auch in Asien bekannt. Eine dem in vorchristlicher Zeit lebenden chinesischen Philosophen Zhuangzi zugeschriebene Bemerkung lautet: »Wenn ein Mann einen Fluss überquert und ein leeres Boot mit seiner Segeljolle zusammenstößt, wird er, auch wenn er ein übellauniger Mensch ist, nicht besonders wütend werden. Sieht er jedoch zuvor einen Mann in dem Boot, wird er ihn anschreien, er solle vorbeisteuern. Wenn auf seinen Schrei nicht gehört wird, wird er erneut schreien und zu fluchen beginnen.«[15]

Bestätigungsfehler

Das Beste haben wir uns für den Schluss aufgehoben – »das Beste« in dem Sinne, dass es vielleicht die wichtigste Voreingenommenheit ist, die zu überwinden wir helfen wollen. Ein Bestätigungsfehler ist die Tendenz, vor allem nach Belegen zu suchen, die mit einer Hypothese übereinstimmen, und dabei Belege außer Acht zu lassen, die dieser Hypothese widersprechen könnten. Er liegt auch dann vor, wenn wir zwar alle Belege gesammelt haben, aber den Fakten, die unsere Hypothese unterstützen, mehr Gewicht beimessen als denjenigen, die sie als nicht zutreffend erscheinen lassen. Diese Haltung liegt auch dem Verhalten zugrunde, dass wir zumeist unliebsame Belege häufiger kritisch hinterfragen als erwünschte Beweise. Bestätigungsfehler treten entlang des gesamten Spektrums von heiß bis kalt auf. Die heiße Version ist uns allen vertraut: jemand, der selektiv nur jene Fakten anführt, mit denen er seine Argumentation bekräftigen oder seinen Willen durchsetzen kann, oder jemand, der unliebsame Fakten einfach leugnet. Aber die kalte Version ist ebenso wichtig: Menschen suchen oftmals nach Tatsachen, die ihre Hypothese stützen, und zitieren diese, weil es ihnen einfach logisch erscheint, damit zu beginnen. Wenn wir nämlich keine bestätigenden Beispiele finden, ist unsere Hypothese von Anfang an hinfällig. Zu einem Problem wird dieses Vorgehen, wenn wir nicht nur zuerst die Fälle aufspüren, die uns recht geben, sondern es dabei dann belassen. Wir werden in späteren Kapiteln erneut auf den Bestätigungsfehler zurückkommen.

Das Gegenteil bedenken: Ein nützlicher Trick, um die eigene Voreingenommenheit zu überwinden

> »Ich glaube nicht, Sir, dass Sie das Recht haben, mir Befehle zu erteilen, nur weil Sie älter sind als ich, oder weil Sie mehr von der Welt gesehen haben als ich; Ihr Anspruch auf Überlegenheit hängt davon ab, wie Sie Ihre Zeit und Erfahrung genutzt haben.«
>
> Charlotte Brontë, *Jane Eyre*

> »Übung macht nicht den Meister. Nur perfekte Übung macht perfekt.«
>
> Vince Lombardi

Wie wir gesehen haben, gibt es viele Gründe, warum wir nicht so viel aus unseren Lebenserfahrungen lernen, wie wir könnten. Aber es sei betont, dass wir nicht behaupten, es sei unmöglich, aus Erfahrungen zu lernen. Wäre das der Fall, wäre die Wissenschaft reine Zeitverschwendung. Vielmehr ist es schwierig, aus Erfahrungen zu lernen; dazu müssen wir unsere Erfahrungen sorgfältig analysieren. K. Anders Ericsson, der vielleicht führende Experte in der Entwicklung von Kompetenz, hat dazu Folgendes gesagt: »Die Wirkungen der bloßen Erfahrung unterscheiden sich erheblich von denen des absichtlichen Übens, bei dem der Einzelne sich darauf konzentriert, seine vorhandenen Fähigkeiten aktiv zu verbessern. ... Bewusstes Üben erfordert Konzentration, die nur für begrenzte Zeit aufrechterhalten werden kann.«

Doch haben wir Sie weniger voreingenommen gemacht, indem wir Sie über diese Formen von Befangenheit aufgeklärt (oder zumindest daran erinnert) haben? Wir wünschten, es wäre so einfach. Studien zeigen, dass das Wissen um diese Einstellungen deren Einfluss verringern kann, allerdings nur geringfügig. Ein anderer Ansatz besteht darin, Leute dafür zu bezahlen, dass sie ein möglichst genaues Urteil fällen. Die Idee dahinter ist, dass diese Personen vielleicht auf mentale Abkürzungen verzichten und systematischere Überlegungen anstellen, wenn sie dafür eine finanzielle Belohnung erhalten. Aber überraschenderweise scheint auch das nicht immer viel zu helfen. Sogar wenn sehr viel auf dem Spiel steht, gelingt es den Menschen oftmals nicht, ihre grundsätzliche Voreingenommenheit zu überwinden.

Die wahrscheinlich erfolgreichste Strategie gegen Befangenheit, die bisher ermittelt wurde, nennt sich »Bedenken des Gegenteils« – oder, in komplexeren Fällen, »Bedenken der Alternative«.[16] Falls Sie ein zukünftiges Ergebnis mit ziemlicher Sicherheit erwarten, dann sollten Sie innehalten und alle Gründe bedenken, weshalb das genaue Gegenteil eintreten könnte. Wenn Sie diese Übung durchführen, stellen Sie in der Regel fest, dass Sie tatsächlich gute Gründe für Ihre ursprüngliche Einschätzung hatten, dass es aber ebenso gute Gründe für ein anderes Urteil gibt. In Kapitel 4 haben wir von einer Diskussionsaktivität berichtet (über das Thema der zunehmend standardisierten Tests in Schulen), bei der die Teilnehmenden gebeten wurden, jeder Aussage, die sie machen und die wahr oder falsch sein könnte, einen Vertrauensgrad zuzuordnen (zum Beispiel »75 Prozent«). Eines der interessanten Ergebnisse war, dass dies automatisch dazu führte, dass die Teilnehmenden »das Gegenteil in Betracht zogen«, da ihnen bewusst wurde, dass ihr Vertrauen in die meisten ihrer eigenen Aussagen weniger als 99 Prozent betrug. Das »Bedenken des Gegenteils« wird üblicherweise nicht im naturwissenschaftlichen Unterricht gelehrt, dabei ist es eng verwoben mit der Methodik der meisten naturwissenschaftlichen Fächer. So gibt es beispielsweise Experimente mit zufälligen Zuordnungen, um herauszufinden, was unter gegensätzlichen (»kontrafaktischen«) Umständen geschehen würde.

Im nächsten Kapitel werden wir sehen, dass motivierte Kognition die wissenschaftliche Praxis verzerren kann, selbst wenn die Forschenden vorgeben, ehrliche Vermittler der Fakten zu sein. Anschließend werden wir uns einige fachspezifische Tricks ansehen, die Wissenschaftler entwickelt haben, um ihre Voreingenommenheit zu überwinden.

Kapitel 13

Wissenschaft auf Abwegen

Im Jahr 1988 veröffentlichten der renommierte Leiter eines französischen Labors und sein Forschungsteam in der angesehenen Fachzeitschrift *Nature* einen Artikel, der eine außergewöhnliche Behauptung aufstellte. Offenbar hatten sie herausgefunden, dass, nachdem sie eine Lösung, die ursprünglich einen bestimmten Antikörper enthielt, mehrfach mit Wasser verdünnt hatten (nicht weniger als 10^{120}-mal!), das nun recht reine Wasser, das aus dieser übermäßigen Verdünnung hervorging, immer noch Anzeichen der gleichen Reaktivität wie die ursprüngliche Antikörperlösung aufwies. Und das trotz der astronomisch geringen Wahrscheinlichkeit, dass noch etwas von der ursprünglichen Lösung im Wasser vorhanden sein könnte. In dem Forschungsartikel wurde vermutet, dass die molekulare Struktur des Wassers eine Art von Erinnerung daran bewahrt hatte, was einmal in einer früheren Phase des Verdünnungsvorgangs darin vorhanden gewesen war.

Was sollen wir nun aber von solch einem Zeitschriftenbeitrag halten? Da dieses Kapitel die Überschrift »Wissenschaft auf Abwegen« trägt, können Sie sich denken, dass es hier nicht darum gehen wird, eine bedeutende Entdeckung enthusiastisch zu feiern. Doch diese Geschichte berührt ein großes Problem, mit dem wir alle konfrontiert sind. Es gibt kein Etikett auf einem Aufsatz in einer wissenschaftlichen Fachzeitschrift oder auf einem entsprechenden Nachrichtenartikel, das uns verraten würde, welcher Beitrag aufregende neue Erkenntnisse enthält und welcher ein Beispiel für Wissenschaft auf Abwegen darstellt. Dabei kann diese Unterscheidung wirklich wichtig sein. Wenn eine uns nahestehende Person an einer schweren Krankheit leidet, könnte ein Artikel, der vermuten lässt, dass Wasser ein molekulares Gedächtnis besitzen könnte, uns an die Wirksamkeit der angebotenen homöopathischen Heilmittel glauben lassen, denn die Homöopathie basiert auf ähnlich astronomischen Mikroverdünnungen. Und wenn dieser Artikel uns in die Irre führt (wir werden noch erläutern, warum wir der Auffassung sind, dass dies der Fall ist), könnte er Millionen von Menschen dazu bringen, ihr Geld zu verschwenden und, was noch schlimmer wäre, ihre Gesundheit zu gefährden, indem sie auf andere, wirklich wirksame Therapien verzichten.

Das Problem, gute und schlechte Wissenschaft zu erkennen, ist sogar noch komplexer, denn dabei geht es um eine Vielzahl unterschiedlicher Situationen, in denen entweder die Wissenschaft die in sie gesetzten Erwartungen nicht erfüllt oder aber in denen Menschen etwas eindeutig Falsches als Wissenschaft ausgeben, um ihrer Aussage Legitimität zu verleihen. Auf derartige Abwege kann die Wissenschaft ungewollt und guten Glaubens geraten, aber auch, weil sich jemand etwas vormacht oder eine trügerische Absicht verfolgt.

Die Bandbreite der Möglichkeiten, wie Wissenschaft danebengehen kann

Lassen Sie uns mit guter Wissenschaft beginnen, um diese als Maßstab zu nehmen. Im Idealfall wird Wissenschaft richtig praktiziert und liefert verlässliche Ergebnisse. Diese hofft man zu finden, wenn man einen Zeitungsartikel über eine wissenschaftliche Erkenntnis oder einen Aufsatz in einer Fachzeitschrift liest. Ein Teil der guten wissenschaftlichen Forschung kommt nichtsdestotrotz zu falschen Ergebnissen. Wie Sie aus unserer Diskussion in Kapitel 4 über Vertrauensgrade wissen, ist es *unvermeidlich*, dass seriöse Wissenschaft auch einige unzutreffende Resultate erzielt. Ein guter Wissenschaftler sollte Ihnen ein Konfidenzniveau angeben, also die Wahrscheinlichkeit dafür benennen, dass das Ergebnis seiner Forschungen richtig sein wird. Mehr können Sie von ihm nicht verlangen. Aber wenn der Forscher Ihnen einen Vertrauensgrad von 95 Prozent für seine Resultate zusagt, dann wird er mit jedem zwanzigsten seiner Aufsätze falschliegen, obwohl er seinen Job gut macht. Es gibt also zweifellos gute Wissenschaft, deren Erkenntnisse zum Teil unzutreffend sind.

Kommen wir nun zur schlechten Wissenschaft. Die harmloseste Art von schlechter Wissenschaft wird von Forschenden betrieben, die das meiste richtig machen, aber etwas Wichtiges falsch machen. Es gibt zum Beispiel Arbeiten, deren Autoren keine Ahnung von der Auswirkung des in Kapitel 7 besprochenen Look-Elsewhere-Effekts haben: Wenn eine Untersuchung mehr Variablen berücksichtigt als ursprünglich vorgesehen, ist die Wahrscheinlichkeit groß, dass zufällige Verbindungen als aussagekräftige Ergebnisse fehlinterpretiert werden. Sie als Leserin oder Leser verstehen diesen Effekt jetzt, sodass Sie diesen Fehler nie begehen werden, aber einigen Wissenschaftlern ist es nicht bewusst, dass sie in die Falle des Zur-Seite-Blickens tappen, sie behaupten weiterhin in ihren Forschungsaufsätzen, ein Ergebnis sei zuverlässig, obwohl es das keineswegs ist. Aber hier haben wir nur ein Beispiel dafür, wie Wissenschaft falschlaufen kann.

An dieser Stelle sollten wir innehalten, um unser Verständnis für Fehler in der Wissenschaft zu äußern. Es kann außerordentlich schwierig sein, eine gut konzipierte wissenschaftliche Studie und Analyse richtig durchzuführen. Es gibt so viele Ausrutscher, die dabei passieren können. In diesem Buch beschreiben wir einige der großen Fallstricke, die Wissenschaftler im Laufe der Jahre zu vermeiden gelernt haben, was aber nicht bedeutet, dass dies für sie selbstverständlich wäre. (Es ist wohl so, dass sowohl Sie, die Leserinnen und Leser dieses Buches, als auch wir, die Autoren – das müssen wir zugeben –, manchmal selbst den Fehler machen und dem Look-Elsewhere-Effekt aufsitzen.) Einer der Vorteile einer wissenschaftlichen Gemeinschaft, in der mittels Peer Review eine gegenseitige Kontrolle stattfindet und Ergebnisse überprüft werden, besteht darin, dass jeder Wissenschaftler darauf vertrauen kann, dass seine Kollegen die Fehler, die er unweigerlich macht, erkennen werden.

Deshalb sollten wir übermäßige Selbstgefälligkeit vermeiden, wenn in einer wissenschaftlichen Arbeit ein Fehler nachgewiesen wird – so funktioniert Wissenschaft nun einmal. (Und jene Wissenschaftler, die es überdurchschnittlich gut verstehen, Studien so zu konzipieren, dass Fehler leicht zu entdecken sind, werden besonders geschätzt. Umgekehrt werden Kollegen, die ständig Ergebnisse vorlegen, die auf Fehlern beruhen, oder sich weigern, Fehler zu korrigieren, nachdem diese identifiziert wurden, weitaus weniger respektiert.) Wenn wir einen wissenschaftlichen Artikel lesen, der gerade erst veröffentlicht wurde, sollten wir zunächst davon ausgehen, dass er noch Fehler enthalten könnte, die ans Licht kommen könnten, sobald andere Untersuchungen sich mit seinen Ergebnissen auseinandergesetzt haben – wohlgemerkt auch dann, wenn der Forschungsbeitrag zuvor den oftmals strengen wissenschaftlichen Überprüfungsprozess durchlaufen hat, den jede Fachzeitschrift organisiert.

Die nächste Kategorie auf der Skala an möglichen Abwegen ist die pathologische Wissenschaft. Dieses Konzept wurde erstmals 1953 in einem Vortrag des Chemienobelpreisträgers Irving Langmuir präsentiert.[1] Er führte eine Reihe von Beispielen an, in denen ein Forscher mit echter Wissenschaft beginnt, sich dann aber in ein überraschendes Ergebnis verliebt und fortan alle Hinweise darauf, dass es falsch ist, ignoriert. Hier gerät der Wissenschaftler auf die schiefe Bahn: Es ist nicht so, dass er einen geringfügigen Fehler übersehen würde wie in den vorherigen Fällen, in denen Wissenschaftler sich ernsthaft bemühten, herauszufinden, auf welche Weise ihr Ergebnis falsch sein könnte. Wovon Langmuir berichtet, sind Forscher, die versuchen, ihre Ergebnisse um jeden Preis zu verteidigen, selbst angesichts von Beweisen, dass sie falsch sind.[2] Diese Art des Versagens ehrlicher Wissenschaftler ist so beunruhigend, dass wir nach diesem Überblick der Irrwege der Wissenschaft noch einmal darauf zurückkommen werden.

Nach der pathologischen Wissenschaft kommt das, was manchmal Pseudowissenschaft genannt wird. Leute, die diese Art von Forschung betreiben, benutzen die Sprache der Wissenschaft. Sie mögen deren Terminologie, aber die eigentliche Tätigkeit gefällt ihnen offenbar nicht. Wollen sie einen von ihnen behaupteten Zusammenhang von Ursache und Wirkung verteidigen, dann bemühen sie sich nicht, diesen durch Experimente zu belegen. Und sie versuchen auch nicht, ihre These in den größeren Zusammenhang des bestehenden Wissens einzuordnen – in das, was wir zuvor als »Floß« aus miteinander verwobenen wissenschaftlichen Erkenntnissen bezeichnet haben. Dabei verwenden sie eine Menge großartig klingender Worthülsen.

Manchmal ist es leicht zu erkennen, dass es sich um Pseudowissenschaft handelt, aber oftmals müssen Sie auch ein wenig genauer hinschauen. Womöglich hat der Autor seinen Internetauftritt schön gestaltet und gut aussehende Gleichungen verwendet, aber sobald Sie sich den Beitrag im Detail ansehen, werden Sie stutzig. Es werden zwar wissenschaftlich klingende Begriffe verwendet, aber nicht korrekt angewandt, und auf der Grundlage dieses Missverständnisses werden dann Schlussfolgerungen gezogen. Außerdem bemüht sich die pseudowissenschaftliche Veröffentlichung nicht ernsthaft um die Suche nach Fehlern oder Schwächen in ihren eigenen Ergebnissen oder ihrer Argumentation.

Pseudowissenschaft geht in etwas über, das manchmal als Cargo-Kult-Wissenschaft bezeichnet wird. Dieser Begriff für eine bestimmte Art von Wissenschaft auf Abwegen wurde eingeführt von dem berühmten Nobelpreisträger für Physik Richard Feynman, der ihn in seinem Vortrag bei der Eröffnungsfeier des California Institute of Technology (Caltech) im Jahr 1974 gebrauchte:

> »In der Südsee gibt es unter der Bevölkerung einen Cargo-Kult. Während des Krieges sahen die Menschen, wie Flugzeuge mit vielen guten Frachtstücken landeten, und sie wollten, dass das später wieder passierte. Also haben sie Landebahnen gebaut, deren Ränder mit Feuerstellen markiert, eine Holzhütte errichtet, in die sich ein Mann setzt, der auf den Ohren zwei Holzstücke als Kopfhörer trägt, aus denen Bambusstangen wie Antennen herausragen – er ist der Fluglotse –, und nun warteten die Einheimischen auf die Landung der Flugzeuge. Sie hatten alles richtig gemacht. Die Form war perfekt. Es sah genauso aus wie zuvor. Aber es funktionierte nicht. Kein Flugzeug landete. Davon leite ich den Begriff der Cargo-Kult-Wissenschaft ab, die äußerlich betrachtet die Regeln und Formen wissenschaftlicher Forschung respektiert, der aber etwas Wesentliches fehlt: Es landen keine Flugzeuge.«

Feynman benutzte den Ausdruck »Cargo-Kult-Wissenschaft«, um über etwas zu sprechen, das der Pseudowissenschaft ähnelt, aber möglicherweise noch schlimmer ist, weil es sich lediglich um eine ungenaue Karikatur der echten Wissenschaft handelt – genauso wie der Südseebewohner Holzkopfhörer mit Bambusantennen trug und sich dadurch die Landung von Flugzeugen erhoffte. Ebenso wenig können Sie mit Cargo-Kult-Wissenschaft echte wissenschaftliche Ergebnisse erzielen.

Aber es kann sogar noch übler kommen. Ganz unten auf der Liste – am äußersten Ende des Spektrums – steht die betrügerische Wissenschaft, das absichtliche und aktive Bemühen, andere durch die falsche Darstellung der eigenen Forschungsergebnisse zu täuschen. Derartiges Fehlverhalten kann motiviert sein durch die Aussicht auf finanziellen Profit, durch die Angst vor dem Verlust des Arbeitsplatzes oder durch persönlichen Ehrgeiz. Es ist schwierig, die Häufigkeit von wissenschaftlichem Betrug genau zu erfassen, aber obwohl er alles andere als typisch ist, tritt er vielleicht gar nicht so selten auf. Umfragen unter Wissenschaftlern zeigen, dass fast 2 Prozent (anonym) zugeben, bereits betrügerische wissenschaftliche Praktiken angewandt zu haben, und etwa 1 von 7 glaubt, dass seine Kollegen dies tun.[3] Das ist ein erschreckender Befund.

Betrug ist immer schlecht, aber die Wissenschaft kann ihn hin und wieder verkraften, weil durch ihre üblichen Verfahren – das Überprüfen von Ergebnissen; der Versuch, bestimmte Experimente zu wiederholen; das Testen neuer Hypothesen, die auf diesen Resultaten basieren – die Fälschungen wahrscheinlich herausgefiltert werden, hoffentlich, bevor zu viel Schaden angerichtet wurde.

Wenn jemand, der betrügerische Wissenschaft praktiziert, ein hinreichend abseitiges Thema wählt, wird er vielleicht nie erwischt werden, aber natürlich bringt es nicht viel, etwas zu erforschen, das so abseitig ist, dass sich niemand dafür interessiert. Deshalb ist zu erwarten – oder zumindest zu hoffen –, dass betrügerische Wissenschaft sich auf diese Weise selbst beschränkt. Und angesichts der Tatsache, dass die Wissenschaft sich als effektiver Weg erwiesen hat, die Realität zu erfassen und auf der Grundlage von deren Verständnis wirksame Lösungen zu entwickeln, können wir davon ausgehen, dass in der wissenschaftlichen Literatur nicht allzu viele gefälschte Forschungsresultate zu finden sind. Nichtsdestotrotz wird unter den Millionen von wissenschaftlichen Ergebnissen, die jedes Jahr veröffentlicht werden, alle paar Monate ein drastisches Beispiel absichtlicher Täuschung aufgedeckt.

Doch Sie werden gerade darauf vorbereitet, solche Betrügereien auf eine erst seit Kurzem anerkannte Weise zu identifizieren. Einige Forscher haben sich die Streuung von Daten in den Publikationen angesehen, vor allem dann, wenn sie einem bestimmten Ergebnis leicht misstrauten, und dabei festgestellt, dass Menschen, die Daten fälschen, nicht besonders gut darin sind, zufälliges Rauschen vorzutäuschen. In der grafischen Darstellung dieser Daten ist entweder eine perfekt glockenförmige Verteilung statistischer Ungewissheit abgebildet, ohne Indikatoren anderer Arten von Rauschen (einschließlich der in Kapitel 9 erwähnten systematischen Unsicherheiten), die man bei dieser spezifischen Messung erwartet hätte. Oder aber, was noch schlimmer wäre, es gibt erst gar keine glockenförmige Verteilung des Rauschens, und in diesem Fall sehen die Daten viel zu gut aus. Sie spiegeln dann nicht einmal das Äquivalent der Abfolgen von Kopf oder Zahl, die man (wie in Kapitel 7 erörtert) in echten Daten findet.[4]

Warum aber stellen wir hier all die Arten des Versagens wissenschaftlicher Ansprüche dar? Mit der Erklärung der möglichen Varianten von Fehlern in unserem Denken verfolgen wir mehrere Ziele: Wir wollen diese Fehler erkennen, wenn wir etwas über wissenschaftliche Ergebnisse lesen; wir wollen vor allem Experten finden, die uns helfen, diese Fehler zu erkennen; wir wollen vermeiden, in unserem Alltag in diese Denkfallen zu tappen (unabhängig davon, ob es um wissenschaftliche Fragen geht oder nicht); und wir wollen verhindern, zu jenen Wissenschaftlern zu gehören, die diese Fehler bei ihrer Arbeit machen. Obwohl die meisten von uns keine Wissenschaftler sind, ist es dennoch sehr nützlich und erhellend, sich diese Formen des Versagens aus der Sicht der Wissenschaftler anhand von Geschichten anzuschauen, in denen manche in die Falle tappen und auf Abwege geraten und andere hart daran arbeiten, ihnen aus dem Weg zu gehen. (Wäre sogar jemand wie Mr. Spock auf eine dieser Arten gescheitert, hätte sich uns dieses Ereignis sicher ins Gedächtnis gebrannt.)

Was die pathologische Wissenschaft besonders beunruhigend macht

Auch wenn wir die ganze Bandbreite der Probleme betrachten, sollten wir uns auf die in der Mitte des Spektrums konzentrieren und nicht auf die an den Rändern. Gegen die Fehlerhaftigkeit guter wissenschaftlicher Forschung, von der aufgrund statistischer Wahrscheinlichkeit ein bestimmter Teil zu falschen Ergebnissen kommt (in 1 von 20 Fällen bei einem Vertrauensgrad von 95 Prozent), können wir nichts anderes tun, als auf die Hilfe anderer Wissenschaftler zu vertrauen, die unsere in gutem Glauben begangenen Fehler aufdecken, indem sie die Wege dorthin nachvollziehen. Die Extremfälle dürften uns weniger betreffen, denn die meisten von uns werfen nicht mit wissenschaftlichem Vokabular um sich, ohne zu verstehen, was es bedeutet, und erfinden auch nicht in unverhohlen betrügerischer Absicht Daten, um eine Hypothese zu stützen. Aber das mittlere Beispiel für pathologische Wissenschaft – wenn man sich in ein aufregendes Ergebnis hineinsteigert und verliebt und dabei alle Daten ignoriert, die darauf hindeuten, dass man falschliegen könnte –, weist viele Aspekte auf, in denen wir uns alle wiedererkennen können (und Fallen, in die wir womöglich bereits getappt sind).

Der erwähnte Langmuir-Vortrag über pathologische Wissenschaft enthielt den Vorschlag einer Liste (die wir leicht umformuliert haben) von verräterischen Anzeichen dafür, dass ein Forschungsergebnis wahrscheinlich in diese fragwürdige Kategorie gehört:

1. Die Wirkung wird durch eine kaum nachweisbare Ursache hervorgerufen, und die Stärke der Wirkung ist im Wesentlichen unabhängig von der Intensität der Ursache.
2. Die Wirkung selbst ist kaum feststellbar oder hat eine sehr geringe statistische Signifikanz.
3. Es wird eine große Genauigkeit behauptet.
4. Die Arbeit enthält ausgefallene Theorien, die der Erfahrung widersprechen.
5. Kritik an der Arbeit wird mit improvisierten Ausreden begegnet.

6. Das Verhältnis von Befürwortern zu Kritikern steigt zu Beginn auf fast 50 Prozent und sinkt dann auf beinahe 0.

Wenn man also mit einem problematischen Forschungsergebnis konfrontiert wird, fragt man sich zunächst: »Sind die Wirkung oder ihre Ursache kaum nachweisbar?« Wenn Sie befürchten, es könne sich um pathologische Wissenschaft handeln, dann ist es wahrscheinlich, dass entweder die Ursache oder die Wirkung kaum feststellbar sind, denn wenn sie klar zu erkennen wären, würden Sie sich vermutlich keine Sorgen machen. Die nächste Frage ist vielleicht ein wenig subtiler: »Hängt das Ausmaß der Wirkung von der Intensität der Ursache ab?« Nun sind wir bei der Annahme, die wir in Kapitel 3 bei der Erörterung von Hills Kriterien als Beziehung zwischen Dosis und Reaktion bezeichnet haben: Man erwartet, bei etwas höherer Dosierung der Ursache als Wirkung eine etwas stärkere Reaktion zu sehen. Diese Skalierung tritt aber nicht immer ein. Zum Beispiel kann sich eine kleine Dosis eines Antibiotikums als völlig wirkungslos erweisen, aber wenn Sie einen bestimmten Schwellenwert der Dosis überschreiten, erhalten Sie schnell die volle Wirkung, mit der die Infektion beseitigt werden kann. Wenn Sie allerdings Ursache und Wirkung kaum noch erkennen, benötigen Sie zusätzliche Beweise dafür, dass Sie sich nicht vormachen, einen kausalen Zusammenhang zu sehen, der gar nicht existiert. Dann wird eine reproduzierbare Korrelation zwischen Ursache und Wirkung, also die Beziehung zwischen Dosis und Reaktion, zu einem wichtigen Indikator. Damit haben Sie natürlich ein anspruchsvolleres Kriterium als die bloße Entdeckung von Ursache und Wirkung, das Sie zudem daran erinnert, wie leicht es ist, bei kaum nachweisbaren Dingen in die eigenen Ergebnisse hineinzulesen, was Sie zu sehen hoffen. Deshalb sollten Sie Ihre Hypothese einer strengen Prüfung unterziehen.

Viele von Langmuirs Kriterien scheinen daraus zu folgen, dass sich Menschen in ihre Ergebnisse verlieben, um die Metaphorik aufzugreifen, mit der wir die pathologische Wissenschaft eingeführt haben. Tatsächlich ist die Formulierung »sich in seine Ergebnisse verlieben« eine sehr gute Analogie. Wenn man sich in jemanden verliebt, gibt es eine Zeit, in der alles, was diese Person tut, wunderbar und liebenswert erscheint (Sie wissen schon: »Oh, ist es nicht toll, wie sie sich über meine Freunde lustig machen?«). Wenn sich dann aber all die Zutaten der Liebe verflüchtigt haben und man Jahre später in die Realität zurückkehrt, fragt man sich: »Was habe ich mir bloß dabei gedacht?«

Ist man in eine Person verliebt, kommt einem alles an ihr perfekt vor, und das scheint auch der Fall zu sein, wenn man in eine Idee oder ein wissenschaftliches Ergebnis verliebt ist. Sie glauben, Sie sind auf einen erstaunlichen Aspekt der Funktionsweise der Welt gestoßen und die Welt wird sich durch Ihre Entdeckung verändern. Sie sind aufgeregt. Sie fangen an, Daten zu ignorieren, die nicht exakt das Ergebnis liefern, das Sie erhalten wollten, und achten nur auf das »genaue Ergebnis« (was zu Langmuirs Punkt 3 führt). Sie fangen an, erstaunliche, weit hergeholte Theorien zu entwickeln, die erklären, wie all dies funktionieren muss (Langmuirs Punkt 4), und Sie kümmern sich nicht darum, ob diese Theorien vereinbar sind mit den vielen anderen, etablierteren wissenschaftlichen Konzepten und empirischen Belegen unseres metaphorischen Floßes von Ideen, das über Jahrtausende hinweg entstanden ist. In der Wissenschaft geht es darum, kohärente Zusammenhänge aufzubauen, und passt Ihre spezielle Erklärung nicht in diese Zusammenhänge, sollte das ein Warnsignal für Sie sein.

Wenn Sie sich jedoch Hals über Kopf in eine Idee verliebt haben, nehmen Sie solche Stoppzeichen zu diesem Zeitpunkt nicht wahr. Erschwerend kommt hinzu, dass Sie als liebestoller Forscher dazu neigen, Ihr Herzblatt gegen jegliche Kritik vonseiten anderer Wissenschaftler zu verteidigen. Wenn andere Sie darauf hinweisen, was an Ihrem Experiment oder seinen Ergebnissen falsch ist, erfinden Sie tolle Ausreden. »Ach, das lag nur daran, dass Sie am falschen Tag gekommen sind. An diesem Tag war die Luftfeuchtigkeit besonders hoch, deshalb hat das Experiment nicht funktioniert. Wenn die Luftfeuchtigkeit niedrig gewesen wäre, hätte es funktioniert!« Sie fangen an, sich solche Ad-hoc-Argumente auszudenken, um alle Arten von Kritik abzuwehren (Langmuirs Punkt 5).

Ein weiteres Indiz findet sich in der Reaktion der wissenschaftlichen Gemeinschaft (Langmuirs Punkt 6). Andere Forschende sind zunächst begeistert von Ihrem Ergebnis, weil es so aussieht, als könne es völlig neue Perspektiven eröffnen. Doch als es ihnen nicht gelingt, Ihr Experiment mit demselben Ergebnis zu wiederholen, werden Ihre Kollegen nach und nach immer skeptischer. Am Ende glaubt praktisch niemand mehr an Ihre Entdeckung.

Wer hat Angst vor der großen bösen pathologischen Wissenschaft?

Es ist wahrscheinlich erwähnenswert, dass dieses von Langmuir skizzierte Porträt der pathologischen Wissenschaft keine strenge oder exklusive Definition bedeutet. Es fehlt die trennscharfe Grenze zwischen der pathologischen Wissenschaft und benachbarten Phänomenen. Langmuirs Liste ist lediglich eine Ansammlung von Warnzeichen: Wenn Sie etwas über ein Forschungsergebnis lesen und Ihnen dabei etwas auffällt, das den Punkten der Liste nahe kommt, sollten Sie auf der Hut sein. Und ganz gleich, ob Sie ein Wissenschaftler sind, der mitten in einem Experiment steckt, oder eine Privatperson, die versucht, einen kausalen Zusammenhang zu erkennen, um eine Entscheidung zu treffen: Wenn Ihnen bei Ihren Aktivitäten Übereinstimmungen mit Langmuirs Liste auffallen, sollten Sie sich einen Tag freinehmen und sich fragen, ob Sie auf dem richtigen Weg sind. (Es geht darum, nicht der Letzte zu sein, der merkt, dass Ihr großartiger Umstrukturierungsplan einfach nicht funktioniert.)

Da es sich hierbei um eine Liste von Warnzeichen handelt, braucht es mehr als eine Übereinstimmung, um ein Ergebnis verdächtig zu machen. Nehmen wir an, ein Ergebnis hat eine deutlich messbare Ursache und eine klar erkennbare Beziehung zu einer deutlich messbaren Wirkung. Jeder andere Wissenschaftler kann das Experiment wiederholen und kommt zum gleichen Ergebnis. Es ist einfach noch niemand vor Ihnen auf die Idee gekommen, diese Messungen durchzuführen, und weil Sie das zuerst getan haben, sind Sie gelobt worden: »Wow! Sie haben recht! Auf mehr von diesem Input folgt mehr von jenem Output.« Die statistische Signifikanz war großartig, und es war keine absolute Genauigkeit erforderlich, um dies zu erkennen. In solch einem Fall nehmen Sie das Ergebnis ernster, selbst wenn es gegen alle anderen etablierten Theorien verstößt. Sie tun es nicht einfach als pathologische Wissenschaft ab. In gewisser Weise ist genau das passiert, als sowohl Sauls Team als auch ein konkurrierendes Team erstmals Messungen durchführten, die auf eine Beschleunigung der Expansion des Universums hinwiesen. Die Forscher konnten eine hinreichend große Wirkung beobachten (gemessen an der Helligkeit von in der Ferne explodierenden Sternen), um das Phänomen zu verstehen und festzustellen: »Wir müssen unsere Kombination von ineinandergreifenden Narrativen überdenken, aus denen sich unser derzeitiges wissenschaftliches Weltbild zusammensetzt.«

Wenn Sie jedoch ein Ergebnis erhalten, das die geltenden Theorien infrage stellt, wird die Wissenschaftlichkeit Ihrer Forschung sehr viel strenger geprüft. Ein höheres Niveau an Beweisen ist erforderlich, um akzeptiert zu werden. Um unsere Metapher vom Floß aufzugreifen, ist das herausfordernde Ergebnis wie ein neuer Stamm, der überhaupt nicht in die vorhandene Struktur passt. Sie wollen dieses Element nicht verwerfen, nur weil es sich nicht in das Gesamtnarrativ einfügen lässt, also halten Sie es eine Zeit lang unter Quarantäne. Und wenn Sie dann genug weitere Stämme gesammelt haben, um rund um Ihr Ergebnis ein neues und verbessertes Floß zu bauen, dann tun Sie das. So geschehen auch, als Einstein seine Relativitätstheorie präsentierte, zu der die Idee von der Krümmung des Raumes gehört. Wenn man auf einen ausgefallenen Gedanken wie diesen gekommen ist, der aus herkömmlicher Sicht keinen Sinn ergibt, möchte man ihn nicht wieder aufgeben, nur weil seine Funktionsweise schwer vorstellbar ist.

Wenn es konkret wird

Was sollen wir nun aber, nachdem wir die ganze Bandbreite fehlgeschlagener Wissenschaft kennengelernt haben und auch vor dem Abgleiten in die pathologische Wissenschaft gewarnt wurden, mit neuen Erkenntnissen aus der Wissenschaft anfangen, von denen wir lesen oder auf die sich ein glaubwürdiger Experte beruft? Selbst für Forschende kann es extrem schwierig sein, wissenschaftliche Artikel benachbarter Teildisziplinen zu lesen, zu verstehen und richtig einzuschätzen, ganz zu schweigen von Bereichen, in denen sie weder mit dem Vokabular noch mit feldspezifischen Anforderungen an experimentelle Verfahren hinreichend vertraut sind. Aber auch wenn die wissenschaftliche Argumentation häufig schwer nachvollziehbar ist, kann man doch manchmal den Stil eines Forschungsbeitrags erfassen und erkennen, dass die Autoren sich darum bemüht haben, eigene Fehler und eventuelle Irrtümer aufzuspüren.[5] (Nicht zufällig ähnelt ein solches Vorgehen unserem besten Ratschlag der Strategien zur Reduzierung der kognitiven Voreingenommenheit, und zwar dem Erwägen des Gegenteils.) Und die Langmuir-Liste hilft uns dabei, bestimmte Indizien in der Machart eines wissenschaftlichen Artikels zu erkennen.

Einige Fallstudien

Kalte Fusion

Ein spektakuläres Beispiel für Meldungen aus der Wissenschaft, die solch eine Evaluierung erfordern, ist das stets populäre und zugegebenermaßen wichtige Thema der Energieerzeugung durch Kernfusion. Alle paar Jahre gibt es eine Flut von Presseartikeln über wissenschaftliche Durchbrüche bei der Erforschung der Kernfusion als Energiequelle. Es ist keine Überraschung, dass derartige Behauptungen wissenschaftlicher Erfolge für Schlagzeilen sorgen: Wenn es uns gelänge, große Mengen nutzbarer Energie aus einem reichlich vorhandenen Rohstoff (der beispielsweise im Meerwasser zu finden ist) zu erzeugen und dabei nur geringe Mengen leicht zu entsorgender Abfallprodukte und keine zusätzlichen Treibhausgase zu produzieren, könnten wir das Leben aller Menschen auf der Erde drastisch verbessern. Dieses ultimative Ziel hat zu zwei großen und langfristigen internationalen Initiativen geführt, die zwei verschiedene technologische Ansätze verfolgen (jeweils mit sukzessiven Fortschritten), um herauszufinden, wie man einen kontrollierbaren und dauerhaft betreibbaren Fusionsreaktor konstruieren und zu einer industriell einsetzbaren Energiequelle machen kann. Doch neben den Nachrichten über diese beiden langsam, aber sicher vorankommenden, mit vielen Milliarden Dollar finanzierten Forschungsbemühungen tauchen in den Medien auch hin und wieder Meldungen über Teams auf, die behaupten, einen Durchbruch erzielt zu haben, der die aufwendigen jahrzehntelangen Anstrengungen überflüssig erscheinen lässt. Schauen wir uns eine solche Erfolgsmeldung an, die 1989 formulierte Annahme der »kalten Fusion«.

Sie wird so genannt, um sie von den Verfahren mit extrem hohen Temperaturen (heißer als die Sonne) zu unterscheiden, die mit energieverschlingenden Maschinen von der Größe eines Fußballstadions erreicht werden und für die beiden wichtigsten technologischen Ansätze zur Herbeiführung von Fusion erforderlich sind. Im Frühjahr 1989 hielten zwei renommierte Chemiker, Stanley Pons und Martin Fleischmann, eine Pressekonferenz ab, auf der sie behaupteten, in einem Experiment auf einer Fläche nicht größer als eine Tischplatte Energie durch Fusion gewonnen zu haben: Dazu hätten sie elektrischen Strom durch einen chemischen Standardaufbau (eine Elektrolysezelle) geleitet, jedoch unter Verwendung von Palladium und »schwerem« (mit Deuterium angereichertem) Wasser. Die Wissenschaftswelt – und auch alle anderen – war begeistert vom Konzept dieses Experiments, das von etablierten Wissenschaftlern präsentiert wurde (kein Fall von Pseudowissenschaft, denn sie beherrschten die Fachsprache), und machte sich sofort daran, das Funktionsprinzip nachzuvollziehen, um zu denselben Ergebnissen zu gelangen und diese zu überprüfen.

Doch die vielen Versuche, das Experiment zu wiederholen, schlugen alle fehl, und nach und nach entdeckten immer mehr Wissenschaftler Mängel und Fehlerquellen in dem Experiment. Zum Beispiel wiesen Physiker darauf hin, dass bei der Fusion, die laut Pons und Fleischmann erreicht worden war, eine starke Strahlung freigesetzt worden sein müsste – stark genug, um alle im Zimmer befindlichen Personen zu töten –, und dass dennoch offenbar niemand verletzt wurde. Seltsam war auch, dass die Freisetzung von zusätzlicher Energie erst lange nach Beginn des Experiments auftrat, ohne dass die Stromzufuhr in der Elektrolysezelle verändert worden war. Pons konnte weder die Zweifel ausräumen noch die Fragen zum Versuchsaufbau zufriedenstellend beantworten, und so war für die meisten Wissenschaftler das Thema der kalten Fusion am Jahresende Geschichte, obwohl sich Fleischmann und Pons nach wie vor von ihren Ergebnissen überzeugt zeigten.

Viele der Einwände wurden auch von den journalistischen Medien aufgegriffen. In der *New York Times* schrieb Malcolm Browne: »Dr. Pons und Dr. Fleischmann ... weigerten sich, Details preiszugeben, die für Folgeexperimente nötig gewesen wären.« Robert L. Park bemerkte in seinem etwa zehn Jahre später verfassten Buch *Voodoo Science*: »Bei der von Pons und Fleischmann behaupteten Energiestärke wäre zu erwarten gewesen, dass ihre Testzelle tödliche Dosen nuklearer Strahlung abgegeben hätte. ... Sie hätte die heißeste Strahlungsquelle westlich von Tschernobyl sein müssen.« Und in einem Rückblick der Fachzeitschrift *Scientific American* aus jener Zeit hieß es schließlich: »In einem Punkt sind sich alle Anhänger der kalten Fusion einig: Ihre Ergebnisse sind nicht reproduzierbar. Für die meisten Wissenschaftler bedeutet dies, dass die Ergebnisse der kalten Fusion nicht glaubwürdig sind, aber die wahren Anhänger behaupten, dass diese Unvorhersehbarkeit das Experiment noch interessanter macht!«

Welche von Langmuirs Kriterien sind hier im Spiel? Man hat keineswegs den Eindruck, dass der Umfang der Wirkung (die Menge der erzeugten Fusionsenergie) von der Intensität der Ursache abhängt – als der behauptete Effekt einsetzte, war die Energie des zugeführten elektrischen Stroms zuvor nicht verändert worden. Gemäß all unserer physikalischen Erfahrung und der darauf aufbauenden, bewährten physikalischen Theorien wäre zu erwarten gewesen, dass die Kernfusion empirisch nachweisbare Nebeneffekte hervorbringen würde; dass dies nicht eintrat, würde zumindest eine Theorie erfordern, die nicht Teil des aktuellen »Floßes der Wissenschaft« wäre, wenn nicht gar eine völlig ausgefallene neue Theorie. Auch dass es in Experimenten nicht gelang, das Ergebnis zu reproduzieren, machte die Sache nicht besser, sondern wurde mit improvisierten Ausreden erklärt (wobei nicht klar ist, ob diese in erster Linie von dem ursprünglichen Forscherteam oder von dessen Unterstützern stammten). Mit der Zeit, als immer mehr Informationen ans Licht kamen, nahm die Zahl der Personen, die der Behauptung Glauben schenkten, erst zu und dann wieder ab. Vier von Langmuirs Kriterien scheinen also zuzutreffen. Auch wenn die beiden anderen Kriterien (eine kaum nachweisbare Wirkung und große Genauigkeit) in dieser Geschichte nicht vorkommen, gab es genug Gründe, die Verlässlichkeit dieses Experiments anzuzweifeln, sodass Ende des Jahres 1989 vermutlich kaum noch jemand dazu bereit gewesen wäre, in eine Firma zu investieren, die mit kalter Fusion hätte arbeiten wollen.

Dabei muss betont werden, dass die Idee, nach einem neuen, ungewöhnlichen und einfacheren Weg zur Fusion zu suchen, ein großartiges Beispiel für praktizierte Wissenschaft ist. Selbst wenn dabei nur ein Ergebnis herauskommen sollte, das sich als nicht reproduzierbar erweist oder experimentelle Fehler aufweist, ist das nicht unbedingt schlecht. Was wir aber alle anstreben, ist die Fähigkeit, einen Schritt zurückzutreten und proaktiv nach Fehlern zu suchen. Den Einsatz stattdessen zu verdoppeln, ist in diesem Fall keine Tugend. Die offensichtliche Weigerung, die Möglichkeit in Betracht zu ziehen, dass etwas ernsthaft danebengegangen sein könnte, ist in diesem Fall ein Warnsignal.

Vergessliches Wasser

Lassen Sie uns nun vor dem Hintergrund dieses beunruhigenden Beispiels auf die Möglichkeit zurückkommen, dass Wasser in extremen Mikroverdünnungen ein gewisses molekulares Gedächtnis beibehalten könnte. Wie bereits erwähnt, hatte diese angebliche wissenschaftliche Entdeckung für viele Menschen eine unmittelbarere persönliche Bedeutung als die Hoffnung auf die kalte Fusion, da sie als ein von außen kommender Beweis für den therapeutischen Ansatz der homöopathischen Medizin verstanden werden konnte. Wie allerdings die Fachzeitschrift *Nature* mit der Hypothese des Wassergedächtnisses umging, war sehr aufschlussreich, denn es zeugt von einem Dilemma, mit dem sich deren Herausgeber, John Maddox, konfrontiert sah. Als ein angesehener Wissenschaftler, Jacques Benveniste, einen Artikel zur Veröffentlichung einreichte, in dem er die außergewöhnliche (fantastische?) Behauptung aufstellte, eine Verdünnung im Verhältnis von 1 zu 10^{120} einer Antikörperlösung mit Wasser enthalte immer noch Spuren der biologischen Aktivität des ursprünglichen Antikörpers, hatte Maddox ein Problem. Einerseits wollte er offenbar eine innovative und bahnbrechende Forschungsleistung fördern, die aktuelle Konventionen infrage stellte; andererseits war in diesem Fall das Ergebnis nicht nur nicht vereinbar mit den Überzeugungen des Mainstreams des wissenschaftlichen Establishments, sondern passte einfach nicht in das Weltbild – unseres metaphorischen Floßes – der Wissenschaft. Wie Maddox später erklärte: »Unser Verstand war nicht so sehr verschlossen, als dass wir nicht dazu bereit waren, unsere gesamte Vorstellung davon zu ändern, wie die Wissenschaft aufgebaut ist.«[6]

Maddox schlug einen Kompromiss vor, um mit der ungewöhnlichen Situation zurechtzukommen. Vorausgesetzt, die Gutachter würden keine Fehler finden, würde er den Beitrag zur Veröffentlichung in *Nature* akzeptieren (und da er von einem angesehenen Labor kam, hatte man es eindeutig nicht mit Pseudowissenschaft zu tun). Aber angesichts des Risikos, dass der Artikel ein großes internationales Publikum irreführen können würde – so nutzte beispielsweise die Hälfte der französischen Bevölkerung bereits Homöopathie –, fügte er eine redaktionelle Warnung hinzu: »Es gibt gute und spezifische Gründe, warum umsichtige Menschen ihr Urteil vorerst zurückstellen sollten.«[7] Außerdem bestand er darauf, dass *Nature* ein Team in Benvenistes Labor schickte, um die Wiederholung des Experiments zu überwachen. Da die Selbsttäuschung und Täuschung durch andere so schwer zu erkennen ist, nahm Maddox Walter Stewart, einen Physiker von den US National Institutes of Health mit Erfahrung in der Entlarvung zweifelhafter Wissenschaft, ins Team und … James Randi, genannt »the Amazing Randi«, einen Bühnenmagier, der aufgedeckt hatte, dass scheinbar paranormale Effekte von Menschen wie Uri Geller, die behaupteten, übersinnliche Kräfte zu besitzen, inszeniert worden waren.

Den Berichten zufolge müssen sich zu Beginn der Wiederholung des Experiments in Benvenistes Labor recht unterhaltsame Szenen abgespielt haben, wobei Randi hin und wieder die Stimmung mit kleinen Zaubertricks zusätzlich auflockerte. Zunächst sah das Besucherteam zu, wie das Experiment mehrere Male so ablief wie üblicherweise im Labor, wobei all die verschiedenen chemischen Fläschchen für die Experimentatoren erkennbar markiert waren. Wie zuvor vereinbart, führten sie das Experiment anschließend mehrmals nach dem Zufallsprinzip und mit verborgener (»blinder«) Etikettierung auf den Phiolen durch. Offenbar umwickelte Randi die Etiketten, die man nicht sehen sollte, und klebte das Paket mit der Auflösung an die Zimmerdecke (was wohl der Dramatik diente), bis die Experimente abgeschlossen waren und verraten werden konnte, was die einzelnen Fläschchen enthielten. Als die Ergebnisse verkündet wurden, stellte sich heraus, dass das »blinde« Experiment nicht funktioniert hatte: Nur relativ unverdünnte Lösungen waren biologisch aktiv, nicht die extremen Verdünnungen, die für Aufregung gesorgt hatten. Die Schlussfolgerung lautete, dass es an irgendeiner Stelle des Verfahrens zu dem falschen Ergebnis gekommen sein musste, und zwar in einer Phase, in der die Forscher nicht »blind« waren und sehr wohl wussten, welche Phiole welchen Effekt erzielen würde. In der darauffolgenden Ausgabe von *Nature* berichteten Maddox, Randi und Stewart daraufhin: »Wir kommen zu dem Schluss, dass es keine substanzielle Grundlage für die Behauptung gibt, dass [der Antikörper] Anti-IgE bei hoher Verdünnung (um den Faktor 10^{120}) seine biologische Wirksamkeit beibehält, und dass die Hypothese, dass Wasser mit der Erinnerung an frühere darin aufgelöste Stoffe versehen werden kann, ebenso unnötig wie unrealistisch ist.«[8]

Maddox, Randi und Stewart zeigten in ihrem Bericht eine Reihe von Problemen bei der Vorgehensweise des Labors von Benveniste auf, die bei unserer Langmuir-Liste die Alarmglocken schrillen lassen. So war zum Beispiel bekannt, dass das Experiment manchmal »nicht funktionierte« (Langmuir Nr. 5), und das Team von Benveniste bemerkte, dass es einige Zeiträume gab, in denen nicht ein Experiment erfolgreich war. Sie spekulierten darüber, ob dies an dem für die Verdünnung verwendeten Wasser liegen könnte. Es gab auch interne Labor-»Legenden« darüber, dass das Umfüllen einer Verdünnung von einem Reagenzglas in ein anderes die Wirkung verderben würde, sowie über ähnliche Fehlresultate aufgrund einer mehrfachen Verdünnung mit den Faktoren 3 oder 7 statt mit dem Faktor 10. Im Maddox-Bericht wurde zudem darauf hingewiesen, dass die Messung der Wirkung eine anspruchsvolle Aufgabe sei (das Zählen einer Art von Blutzellen unter vielen anderen), die einige Labormitarbeiter dem Hörensagen nach besonders gut beherrschten (vielleicht Langmuir Nr. 2, die kaum nachweisbare Wirkung?). Und schließlich schien die Genauigkeit der Zählung besser zu sein als theoretisch möglich (Langmuir Nr. 3). Insbesondere stimmten zwei Messungen von identischen Proben zu gut miteinander überein und wiesen nicht den Messfehler auf, der bei solchen zählbasierten Experimenten stets auftritt.

Die vom Originalartikel ausgelöste Überraschung zeigte bereits unverkennbar Langmuirs Punkt Nr. 1: Die Wirkung stand in keinem Zusammenhang mit der Ursache, da behauptet wurde, dass sukzessive Verdünnungen von Verdünnungen immer noch biologisch reaktiv seien. Und die Vorstellung, dass die molekulare Struktur des Wassers eine Erinnerung an eine der unzähligen Substanzen bewahrt, die einmal in ihr vorhanden waren, klingt wie eine fantastische Theorie, die der Erfahrung widerspricht (Langmuir Nr. 4). Es drängt sich der Eindruck auf, dass es sich bei diesem Ergebnis um einen Fall von pathologischer Wissenschaft handelt. In dem Bericht von Maddox, Randi und Stewart heißt es: »Wir sind der Auffassung, dass das Labor eine wahnhafte Interpretation seiner Daten erst gefördert und dann verteidigt hat.« Benveniste hat seine Hypothese nie widerrufen.

Wer damals gehofft hatte, dass es nach mehr als 200 Jahren endlich wissenschaftliche Belege für die Wirksamkeit der Homöopathie geben würde, wurde zweifellos enttäuscht. Die Leserinnen und Leser dieses Buches wird es interessieren, dass durch den direktesten Weg, diese Behauptung zu überprüfen – die kontrollierten Testreihen nach dem Zufallsprinzip aus Kapitel 3 –, die Homöopathie stets diskreditiert wurde.[9] Tatsächlich gibt es eine lange Geschichte von diesbezüglichen Untersuchungen, denn in der Vergangenheit war einer der ersten doppelblinden, randomisierten und überwachten Tests eine 1835 der Homöopathie gewidmete Studie![10]

Die Verdrehungs-Schizophrenie-Hypothese

Da wir den Lesern und Leserinnen nicht den Eindruck vermitteln wollen, dass Forschende, die sich ehrgeizige Ziele stecken (wie der Baseballspieler Babe Ruth), zwangsläufig pathologische Wissenschaft betreiben müssen, ist es lehrreich, einen Fall zu betrachten, der wie pathologische Wissenschaft aussieht, und zu zeigen, warum er diesem Schicksal entgangen ist. In seiner 1977 gehaltenen Rede als Vorsitzender der American Psychological Association nutzte Theodore Blau, ein hoch angesehener Kliniker, die Gelegenheit zur Formulierung einer wahrhaft kühnen Hypothese: *Wir können das Risiko, an Schizophrenie zu erkranken, vorhersagen, indem wir Kinder bitten, Kreise um den Buchstaben X zu zeichnen!*

Blau behauptete (und präsentierte einige Belege dafür), dass Kinder, die Kreise gegen den Uhrzeigersinn malen (eine Neigung, die er Verdrehung nannte), ein wesentlich höheres Risiko für Schizophrenie aufweisen. Das ist gar nicht so verrückt, wie es vielleicht klingt. Blau erklärte, mit seinem einfachen Test ein Problem der »gemischten zerebralen Dominanz« aufzeigen zu können, das die Kommunikationssignale zwischen der linken und der rechten Gehirnhälfte beeinträchtige. Durch im darauffolgenden Jahrzehnt zahlreich durchgeführte Studien wurde Blaus Hypothese jedoch nicht bestätigt.

Warum war dies kein weiteres Beispiel von »kalter Fusion« oder »Wasser mit Gedächtnis«? Wir glauben, dass Blaus Fall anders gelagert ist, weil er so offen darüber sprach, in welcher Hinsicht er sich geirrt haben könnte. Blau räumte ein, dass »die vorliegende Untersuchung ernsthafte Probleme bei der Methodik und der Basisrate aufweist, die analysiert und berücksichtigt werden müssen, wenn diese Forschung einen Beitrag zu Präventivmaßnahmen für gefährdete Kinder darstellen soll«, und er schlug vor, weitere empirische Daten zu sammeln, um seine Idee zu überprüfen. Vielleicht erklärt seine Vorsicht, warum die Kritiker derart professionell und respektvoll mit Blaus Hypothese umgingen (wenngleich es sich einer von ihnen nicht verkneifen konnte, mit dem Untertitel »Ins Schleudern geraten?« ein wenig über die Drehungsinterpretation zu spotten).

Warum ist das von Belang für Sie?

Vielleicht werden nur wenige von uns viel Zeit mit der Durchführung wissenschaftlicher Experimente verbringen und sich dann Sorgen machen, auf den Abweg pathologischer Wissenschaft zu geraten. Aber wir *alle* müssen regelmäßig Entscheidungen treffen, von denen wir uns wünschen, dass sie auf dem bestmöglichen Verständnis der Realität beruhen (beispielsweise ob wir ein homöopathisches Präparat einnehmen sollen). Deshalb wollen wir Wege finden, um fehlgeleitete Wissenschaft zu erkennen und um den Experten auf die Finger zu schauen, ob sie bei der Prüfung der empirischen Belege, auf denen sie ihre Empfehlungen aufbauen, die richtigen Kriterien verwenden. Dies ist einer der Gründe, warum wir zwei dramatische Beispiele von etablierten Forschern vorgestellt haben, die mit ihrer Vorgehensweise in die Langmuir-Liste der pathologischen Wissenschaft abgerutscht sind.

Aber vielleicht gibt es ein noch grundlegenderes Problem, das unsere Fallgeschichten veranschaulichen. Unabhängig davon, ob wir tatsächlich wissenschaftliche Untersuchungen durchführen oder nicht, kann es uns allen passieren, dass wir uns in bestimmte Auffassungen davon, was wahr sein muss, verlieben und dann daran festhalten, wie sehr es auch mit unserem sonstigen Wissen in Konflikt gerät. (»Überraschenderweise bin ich am produktivsten, wenn ich überlastet bin und Multitasking betreibe.«) Wir erfinden auch schlechte Ausreden, wenn diese Überzeugungen nicht funktionieren, und, wie im vorherigen Kapitel ansatzweise erörtert, nehmen nur jene Belege zur Kenntnis, die von der Richtigkeit unserer Sichtweise zu zeugen scheinen. (»Natürlich konnte mir der Multitasking-Vorteil am Freitag nicht helfen, weil ich zuvor nicht gut geschlafen hatte!«) Sogar etablierte Forschende, die anerkannte Entdeckungen gemacht haben und durch ihre wissenschaftliche Ausbildung gegen dieses mentale Versagen weitgehend immun sein sollten, können in diese Falle tappen, wie unsere beiden Fallstudien zeigen. Sobald Sie bemerken, in eine derartige Situation geraten zu sein, sollten Sie innehalten und an das »Wasser mit Gedächtnis« und die »kalte Fusion« denken, um anschließend zurückzuweichen und sich zu sagen: »Ich muss hier eher skeptisch sein.«

Betrachten wir das Gesamtbild der »Wissenschaft auf Abwegen«, muss uns klar sein, dass auch die häufige Verwendung wissenschaftlicher Sprache zur Verschleierung von pseudowissenschaftlichen Fiktionen sowie angebliche Forschungsergebnisse, die auf eindeutig betrügerischen Belegen beruhen, dazugehören.

Doch das hat auch etwas Positives, denn wenn wir uns dessen bewusst sind, können wir mehr Verständnis für die echte, ehrlich betriebene Wissenschaft aufbringen, die aufgrund von statistischen Schwankungen zufälligen Rauschens und sogar gelegentlichen Fehlern, die von anderen Forschenden aufgedeckt werden, bisweilen zu falschen Ergebnissen kommt. Allerdings gibt es, auch wenn Täuschung bei den Daten bereits als das schlimmste Fehlverhalten von Wissenschaftlern zu gelten scheint, historisch gesehen einen noch bösartigeren Missbrauch des Banners der Wissenschaft, wenn nämlich deren Sprache und Anspruch benutzt werden, um Diskriminierung, Unterdrückung und sogar Massenmord rational zu rechtfertigen.

Bei diesen ungeheuerlichen Aberrationen handelt es sich in erster Linie um die Verwendung von Studien über Bevölkerungsgruppen zur Begründung von Maßnahmen zulasten dieser Gruppen (oder zugunsten der Gruppe, die die Untersuchung durchführt). Das Ausmaß der Schädigung reicht von leichter Diskriminierung über tiefgreifende, gesetzlich untermauerte Benachteiligung bis hin zur Gettoisierung und zum Völkermord. Berüchtigte Beispiele dafür sind die Phrenologie, die Eugenikbewegung, Dr. Mengele und die Naziwissenschaft sowie das Tuskegee-Experiment. Unbestreitbar geht es dabei um ein tiefreichendes und beunruhigendes Element menschlichen Verhaltens und ein grundlegendes Versagen von Kulturen und Zivilisationen und nicht einfach um fehlgeleitete Wissenschaft. Aber es ist wichtig, dass wir uns fragen, wie wir mithilfe der Wissenschaft solche Gefahren bekämpfen und wie wir uns dagegen wehren können, zur Unterstützung oder gar als Komplizen derartiger Unterdrückung vereinnahmt zu werden.

In diesem Buch wollen wir die verschiedenen Wege aufzeigen, die wir über die Jahre entdeckt haben (oftmals durch die Kultur der Wissenschaft), wie wir uns selbst zum Narren zu halten und versucht sind, die Wirklichkeit falsch zu verstehen – wobei die unterdrückerische Nutzung der Wissenschaft als eine unheilvolle Version dieser Selbsttäuschung betrachtet werden könnte. Wir können in der Regel nicht verhindern, uns immer wieder auf diese Weise zu irren, aber wir können erstens unser Bewusstsein für diese Arten zu versagen schärfen, damit wir eine Chance haben, sie zu erkennen, wenn wir auf sie hereinzufallen drohen, und unser Verhalten dann noch korrigieren können; und zweitens hin und wieder bestimmte Techniken und Vorsichtsmaßnahmen verwenden, um nicht in einen bestimmten Fehlermodus zu geraten. Um den Gefahren, die von Studien über menschliche Teilgruppen ausgehen, zu begegnen, verwenden wir häufig den ersten dieser beiden Ansätze, indem wir mit den erschreckenden historischen Präzedenzfällen unser Bewusstsein schärfen. Auf diese Weise bemerken wir es sofort, wenn politische Maßnahmen ergriffen werden, die auf solchen Untersuchungen beruhen, und sind empfänglicher für Warnzeichen, wenn wir an der Durchführung oder Verwendung von Forschungen beteiligt sind, die uns in irgendeiner Hinsicht an diese schauerlichen Vorläufer erinnern.

Auch für den zweiten Ansatz, die Entwicklung vorbeugender Maßnahmen, können wir zumindest einige Beispiele nennen. Nach den Berichten über die Menschenversuche der Nazis, das Tuskegee-Experiment und mehrere andere schlimme Fälle schuf der US-Kongress eine Nationale Kommission für den Schutz von Menschen in der Biomedizin- und Verhaltensforschung.[11] Im »Belmont Report« legte diese Kommission drei ethische Prinzipien für die wissenschaftliche Untersuchung von Menschen fest: *Respekt vor der Person*, was den Schutz ihrer Autonomie beinhaltet; *Wohltätigkeit*, gemäß der Philosophie, anderen nicht zu schaden, sondern zu nützen; und *Gerechtigkeit*, zu der die ausgewogene Verteilung von Kosten und Erträgen gehört. Diese Grundsätze wurden zu den flankierenden Kriterien, die von den unabhängigen Institutional Review Boards (IRBs) bei der Genehmigung und Beaufsichtigung von beantragten Studien mit Menschen berücksichtigt werden. So muss heute beispielsweise jede amerikanische Universität und Forschungsorganisation, die Bundesmittel erhält, über ein ständiges IRB verfügen, das alle geplanten Forschungsprojekte, die Menschen zum Gegenstand haben, überprüft, selbst wenn die Forschung nicht staatlich finanziert wird. Diese IRBs konzentrierten sich anfangs auf medizinische Studien, bezogen aber bald sozialwissenschaftliche Untersuchungen mit ein. In vielen anderen Ländern existieren ähnliche Verfahren, und oftmals gibt es separate IRBs, die Experimente mit Tieren kontrollieren.

Wie alle menschlichen Unternehmungen ist auch der IRB-Prozess unvollkommen, und er veranschaulicht das Spannungsfeld zwischen »falsch positiven« und »falsch negativen« Folgen, von dem in diesem Buch bereits die Rede war. So vermag das IRB beispielsweise einen sehr hohen Standard vorzugeben, der von den Forschungsprojekten kaum erfüllt werden kann, was zwar jede Art von Schädigung Teilnehmender verhindert, aber auch eine Vielzahl von Forschungen blockiert, die potenziell zum zukünftigen Wohlergehen der Menschheit beitragen könnten.

Bei einem weiteren vor Kurzem angestrengten Vorhaben, ethische Richtlinien zu schaffen und zu etablieren, handelt es sich um die Entwicklung der »gemeinschaftsbasierten partizipativen Forschung«, die im Englischen manchmal als CBPR abgekürzt wird. Dabei geht es darum, die Mitglieder der untersuchten Gemeinschaft als vollwertige Partner in die Forschungsbemühungen einzubeziehen. Sie selbst oder von ihnen Beauftragte nehmen an jeder Phase der Forschung teil, von der Identifizierung der zielführenden Forschungsfragen über die Forschungsplanung und Datenerfassung bis hin zur Datenanalyse und Interpretation der Ergebnisse. Das ist nicht immer leicht durchführbar, aber es auszuprobieren, ergibt besonders bei umstrittenen Themen Sinn, bei denen für die Gemeinschaft viel auf dem Spiel steht. Mit diesem Ansatz will man sicherstellen, dass die Gemeinschaft von den Erkenntnissen und politischen Maßnahmen profitiert, die aus der Forschung hervorgehen, und zumindest diese Studien über menschliche Teilpopulationen den betroffenen Gruppen von Nutzen sind.

Derartige Versuche, den möglichen Missbrauch der Wissenschaft bei Forschungen über Menschen durch andere Menschen zu unterbinden, sind lobenswert, aber es gibt dabei keine einfachen Lösungen. Wir müssen uns immer noch mit der ganzen Komplexität des Themas auseinandersetzen, denn es bleiben gewichtige Gründe, menschliche Teilpopulationen zu untersuchen, selbst wenn die Gemeinschaft selbst nicht daran teilnehmen kann oder wenn es keine definierbare Gemeinschaft gibt, die man konsultieren könnte.

Ein großer Teil dieses Buches dient dem Aufzeigen der Vorzüge der wissenschaftlichen Denkweise und Methodik als Mittel zum Verständnis der Welt, damit wir auf dieser Grundlage effektive Entscheidungen treffen können. Aber wir wissen sehr wohl, dass der Hinweis »entstanden mithilfe der Wissenschaft« kein hinreichender Grund ist, ein Argument zu akzeptieren. Wir hoffen, dass Sie als Leserin und Leser sich nun gebührend vorsehen vor all den dubiosen Möglichkeiten, sich auf die »Wissenschaft« zu berufen, und sich nicht dazu verleiten lassen, etwas ungeprüft hinzunehmen. Im nächsten Kapitel werden wir uns als Kontrast zu diesen düsteren Überlegungen einem relativ neuen Ansatz zuwenden, um es mit einem Schlüsselaspekt all dieser Arten des Scheiterns aufzunehmen.

Kapitel 14

Bestätigungsfehler und Blindanalyse

Gibt es bei der Arbeit an einem anspruchsvollen Projekt einen Bogen der Gefühle? Bei der Darstellung des Konzepts eines wissenschaftlichen Optimismus haben wir beschrieben, wie er uns hilft, während der vielen Schritte zur Lösung eines Problems, die oftmals nötig sind, um überhaupt voranzukommen, nicht aufzugeben. Herausfordernde Projekte durchlaufen in der Regel einige schwierige Phasen, unabhängig davon, ob sie am Ende erfolgreich sind oder nicht. Auch das große Vorhaben der Menschheit, klar denken zu lernen, um die Welt so genug zu verstehen, dass wir unser Leben meistern – oder wenigstens effiziente Entscheidungen treffen – können, hat seine Tücken. Jetzt könnten wir an dieser Stelle des Buches, nachdem wir die letzten Kapitel gelesen haben, verzweifeln oder zumindest die menschliche Fähigkeit, klar zu denken, infrage stellen.

Es sind genau diese Momente möglicher Hoffnungslosigkeit, in denen wir mit einer resignierten Geste aufgeben könnten, die wissenschaftlichen Optimismus und sein Motto »Verzweifle nicht!« erfordern. Unser Denken des dritten Jahrtausends hat zum Ziel, dieses Versagen unseres Verstandes einfach als ein weiteres, größeres Problem zu betrachten, an dem wir sukzessiv arbeiten können, solange wir Anzeichen für Fortschritte sehen, was zweifellos der Fall ist. Viele der Denkansätze, die wir besprochen haben, stellen drastische konzeptionelle Verbesserungen dar und stammen alle aus dem letzten Jahrhundert. Das ist nicht der richtige Moment, um aufzugeben. Stattdessen müssen wir damit beginnen, genau dieses Problem zu diagnostizieren und nach möglichen Lösungen Ausschau zu halten.

Sowohl in den besorgniserregenden Geschichten aus der pathologischen Wissenschaft als auch in den geradezu furchterregenden Berichten über wissenschaftliche Thesen im Dienste der Unterdrückung von Menschen nehmen die Protagonisten denselben Weg, um ihre Behauptungen zu stützen. Dieser Weg ist gepflastert mit Bestätigungsfehlern, der kognitiven Schwäche der Menschen, die wir am Ende von Kapitel 12 als besonders verhängnisvoll herausgestellt haben.

Nehmen wir uns etwas Zeit, um zu sehen, welchen Schaden der Bestätigungsfehler anrichten kann. Menschen beginnen oft damit, eine Auffassung zu überprüfen, indem sie nach Fakten suchen, die sie untermauern. Das scheint eine logische Reaktion zu sein. Eine berühmte Denksportaufgabe, das Wason-Vier-Karten-Problem, verdeutlicht diesen Ablauf sehr gut. Die folgenden vier Karten mit jeweils einem Buchstaben auf der einen Seite und einer Zahl auf der anderen Seite werden vor Ihnen auf den Tisch gelegt:

A K 2 7

Sie werden gefragt: Welche Karte oder Karten müssen Sie umdrehen, um folgende Behauptung zu überprüfen? »Wenn sich auf der einen Seite der Karte ein Vokal befindet, dann befindet sich auf der anderen Seite eine gerade Zahl.«

Wie würde Ihre Antwort lauten? Versuchen Sie es doch einmal – wir warten so lange.

Nach den Prinzipien der deduktiven Logik ist die richtige Antwort, die Karten »A« und »7« umzudrehen. »A« muss man umdrehen, um sich zu vergewissern, dass auf der anderen Seite eine gerade Zahl steht, und »7«, um sicherzustellen, dass sich auf der anderen Seite kein Vokal befindet. Aber normalerweise treffen weniger als 5 Prozent der Menschen beide Entscheidungen, und etwa ein Drittel der Probanden dreht nur die Karte »A« um. Es ist richtig, die »A«-Karte umzudrehen, um die Hypothese zu *bestätigen*, aber die Leute übersehen die »7er«-Karte, um die Hypothese zu *widerlegen*, wenn sie falsch ist – ein weiteres Beispiel für einen Bestätigungsfehler. (Fast die Hälfte entscheidet sich dafür, sowohl die Karte »A« als auch die Karte »2« umzudrehen, aber mit dem Umdrehen der Karte »2« lässt sich die Behauptung nicht überprüfen, denn »Wenn *Vokal*, dann *gerade Zahl* auf der anderen Seite« impliziert nicht »Wenn *gerade Zahl*, dann *Vokal* auf der anderen Seite«.)[1]

Diese Art von Voreingenommenheit verleitet uns dazu, nur nach bestätigenden Belegen zu suchen, während wir es versäumen, nach unserer Vermutung widersprechenden Belegen Ausschau zu halten. Aber es gibt eine Art logischer Entsprechung – einen »Widerlegungsfehler«: Die Menschen neigen zwar nicht dazu, von sich aus nach gegensätzlichen Belegen zu suchen, aber wenn sie auf Elemente stoßen, die mit ihrer Hypothese unvereinbar sind, unterziehen sie diese oftmals einer viel strengeren Prüfung, als sie es bei ihnen genehmen Belegen tun würden. Während ein einfaches Missverständnis der deduktiven Logik einen »kalten Bestätigungsfehler« darstellen würde, ist eine strengere Haltung gegenüber Elementen, die uns ungelegen kommen, ein »heißer Bestätigungsfehler« – eine Form des motivierten Denkens, bei dem unsere Voreingenommenheit bewirkt, dass wir bemüht sind, die von uns bevorzugte Schlussfolgerung gewinnen zu lassen, statt zugeben zu müssen, dass wir uns getäuscht haben.[2]

Rob zieht zur Veranschaulichung der heißen Voreingenommenheit gerne sein eigenes Verhalten heran, als er die Auswirkungen der Regierungspolitik auf den Drogenkonsum untersuchte. Im Jahr 1975 wurde in Italien der Besitz (aber nicht der Verkauf) aller psychoaktiven Drogen entkriminalisiert. Ein Bürgerentscheid im Jahr 1990 stellte den Drogenbesitz wieder unter Strafe. Nur drei Jahre später wurde der Besitz durch ein weiteres Referendum erneut legal. Rob erschien diese Entwicklung wie ein »natürliches Experiment«, das sehr aufschlussreich bezüglich des Zusammenhangs von Drogengesetzen und Drogenproblemen wäre. Leider gab es in Italien in jenen Jahren keine Statistik zum Drogenkonsum, aber immerhin wurden »drogenbedingte Todesfälle« verzeichnet. Als er die Daten in eine Grafik übertrug, stellte er fest, dass die auf Drogenkonsum zurückzuführenden Todesfälle seit Mitte der 1980er-Jahre stetig zugenommen hatten. Doch zu seiner Überraschung ging die Todesrate nach der Rekriminalisierung von 1990 deutlich zurück, und nach der erneuten Entkriminalisierung von 1993 stieg sie wieder an. Vordergründig betrachtet schien die Sache klar: Die Bestrafung von Drogenbesitz rettet Leben. Warum also war Rob erstaunt? Weil er 1993 eine umfassende Analyse veröffentlicht hatte, die zu dem Schluss gekommen war, dass die Entkriminalisierung von Drogenbesitz fast keine nachweisbaren Auswirkungen auf den Drogenkonsum hat, und verschiedene theoretische Gründe dafür angeführt hatte.

Die Daten aus Italien drohten zu zeigen, dass es sich bei Robs früherer Folgerung um einen schwerwiegenden Irrtum handelte, was ihm äußerst unangenehm war; also begann er, tiefer zu graben und fand zwei andere europäische Länder, die für den gleichen Zeitraum ebenfalls die drogenbedingten Todesfälle erfasst hatten. Eines dieser Länder, Spanien, hatte den Drogenbesitz etwa zur gleichen Zeit wie Italien entkriminalisiert, ihn aber nie wieder unter Strafe gestellt. Trotz dieser unterschiedlichen Gesetzesgeschichte zeigten die Daten, dass alle drei Länder um das Jahr 1991 herum einen vorübergehenden Anstieg der Zahl an Drogentoten verzeichneten, was die Hypothese widerlegte, die Straffreiheit führe zu einer höheren Todesrate. Rob war erleichtert, denn auf diese Weise war seine Argumentation von 1993 weiterhin haltbar.

Aber ist Robs Verhalten ein Beispiel für gutes wissenschaftliches Vorgehen? Im Nachhinein bemerkt er dazu (mit großer Verlegenheit), die Geschichte zeige den kalten Bestätigungsfehler in der Praxis, da er nach Belegen gesucht hatte, die seine Erwartungen stützten, ohne nach Belegen zu forschen, die ihnen widersprechen könnten. Aber die Geschichte berge auch die heiße Voreingenommenheit, da er neue Daten und eine gründlichere Kontrolle erst dann einführte, als ihm die anfänglichen Ergebnisse nicht gefielen.

Man könnte meinen, dass es in der ruhigeren Welt der physikalischen Messungen oder, noch weiter entfernt, der kosmologischen Berechnungen weniger Gründe für heiße Voreingenommenheit gibt. Schließlich hat es keinen Einfluss auf unsere politischen Ziele oder unsere finanzielle Lage, ob sich herausstellt, dass die Expansionsrate des Universums 50 km/sec pro Megaparsec (Mpc) oder 100 km/sec/Mpc beträgt.[3] Aber genau darüber wurde seit Mitte der 1970er-Jahre fast 20 Jahre lang heftig gestritten. Ein Team von Wissenschaftlern veröffentlichte Aufsatz nach Aufsatz, in denen sie als Ergebnis die 50 km/sec/Mpc präsentierten, während ein anderes Team einen Forschungsbeitrag nach dem anderen lancierte, in dem behauptet wurde, 100 km/sec/Mpc sei das richtige Ergebnis. Beide Teams bestanden aus exzellenten Wissenschaftlern, und beide brachten gute Argumente vor und lieferten in ihren Artikeln überzeugende Daten, die zu den jeweiligen Resultaten führten. Und dennoch konnte man anhand der Schlussfolgerungen der Forschungsbeiträge deren Autoren meistens erraten. Was war schiefgegangen?

Ähnlich merkwürdige Trends wurden kürzlich bei den teilchenphysikalischen Messungen entdeckt, von denen in Kapitel 5 die Rede war und die mit über viele Jahrzehnte weiterentwickelten Techniken durchgeführt wurden. Die Auffälligkeiten bestanden in der Regel darin, dass Messungen besser mit früheren Messdaten übereinstimmten, als es angesichts des Messrauschens eigentlich möglich gewesen wäre. Auch in diesem Fall wurden die Daten von hochqualifizierten Wissenschaftlern erhoben, und ihre Ergebnisse sind definitiv weder als Betrug noch als Auswuchs pathologischer Wissenschaft einzustufen. Auch hier stellt sich die Frage, was nicht in Ordnung war.

Letztendlich wurde als wahrscheinliche Ursache dieser beiden Probleme eine weitere tückische Auswirkung eines versehentlichen Bestätigungsfehlers identifiziert. Diese spezielle Art von Voreingenommenheit war vermutlich in früheren Zeiten weniger häufig, als eine wissenschaftliche Analyse noch darin bestehen konnte, 12 Messungen vorzunehmen, sie zu addieren und dann durch 12 zu teilen, um den Durchschnitt zu erhalten. Heute sind physikalische Messungen jedoch viel komplexer, erfordern in der Regel die Erhebung riesiger Datenmengen, deren Einspeisung in einen Computer und die Entwicklung von Computerprogrammen, um diese Angaben interpretieren zu können. Dabei verbringt man viel Zeit damit, die zuverlässigen Daten auszuwählen und die Programme von Fehlern zu befreien. Für alle Wissenschaftler sind dies wichtige Aufgaben. Ein großer Datensatz enthält oft einen Teil nicht ordnungsgemäß erhobener Angaben – vielleicht war das Messgerät nicht vorgewärmt worden oder einer Studie mit einer Gruppe von Erwachsenen wurden versehentlich Ergebnisse von Teenagern beigefügt; in beiden Fällen müssen die unbrauchbaren Daten identifiziert und entfernt werden. Und jedes halbwegs komplexe Computerprogramm enthält zwangsläufig eine Reihe von schwer zu entdeckenden Schwächen. Einige davon werden die Ergebnisse ernsthaft beeinträchtigen, und die müssen behoben werden.

Das Problem dabei ist, dass es eine deutliche Tendenz gibt, nur so lange nach unzuverlässigen Daten zu suchen und diese zu verwerfen sowie Softwarefehler ausfindig zu machen und zu beheben, bis man ein Resultat erhält, das einen nicht länger überrascht. Das heißt, man bemüht sich um Korrekturen, wenn man unerwartete Ergebnisse bekommt, aber man stellt diese Bemühungen ein, wenn die Ergebnisse »richtig« aussehen – auch auf die Gefahr hin, dass diese gut aussehenden Ergebnisse auf verbleibenden schlechten Daten oder unentdeckten Fehlern im Computerprogramm beruhen. Die Folge davon ist, dass die endgültigen Messungen und die daraus resultierenden wissenschaftlichen Veröffentlichungen tendenziell vor allem Ergebnisse aufweisen, die systematisch der Voreingenommenheit der Wissenschaftler entsprechen. Dies scheint die Erklärung dafür zu sein, warum die physikalischen Messungen in der Vergangenheit nicht so stark variierten, wie sie es aufgrund des für diese Messungen zu erwartenden Zufallsrauschens hätten tun sollen. Und im noch dramatischeren Fall der Messungen der Expansion des Universums ist zu vermuten, dass der Unterschied zwischen den Ergebnissen der 50 und der 100 km/sec/Mpc stark beeinflusst wurde von der Auffassung jedes Teams, welche Daten als vertrauenswürdig zu gelten hatten.

Es ist ein wenig überraschend, dass dieser spezielle Bestätigungsfehler keinen größeren Schaden angerichtet hat. Anhand dieser historischen Beispiele können wir sehen, dass der Fortschritt der Wissenschaft manche Probleme beseitigt, denn im Laufe der Zeit verbesserte sich die Messgenauigkeit derart, dass diese schlechten Ergebnisse erkannt wurden. Aber in beiden Fällen haben wir durch die verzerrten Resultate Jahre an Forschungs- und Entdeckungszeit verloren. Und die Gefahr, Entscheidungen auf der Grundlage solcher von Bestätigungsfehlern geprägter Messungen zu treffen, besteht immer noch in Situationen, in denen wir nicht den Vorteil haben, die damals gesammelten Daten durch neuere Messverfahren im Rückblick besser beurteilen zu können.

Zu den wiederkehrenden Themen dieses Buches zählt die Überlegung, dass wir aus unseren Erfahrungen in der Welt der Wissenschaft lernen können, vor allem der verschiedenen Arten des Scheiterns des rationalen Denkens, und diese Lektionen auf unseren Alltag übertragen können. Bei dem vorliegenden Fall ist ziemlich klar, dass es sich um einen Irrweg handelt, den wir alle bereits erlebt haben. Wer von uns hat nicht schon einmal eine erfahrene Person um Rat gefragt und dann, wenn uns deren Antwort nicht gefiel, weitere Bekannte um ihre Meinung gebeten, bis jemand, dem wir vertrauten, uns endlich den Rat gab, den wir hören wollten? An diesem Punkt haben wir wahrscheinlich aufgehört, weitere Personen zu befragen, genau wie der Wissenschaftler, der die Fehlersuche einstellte, als er die von ihm erwarteten Ergebnisse erhalten hatte.

Unser Ziel bei der Zusammenstellung von Beispielen aus der Welt der Wissenschaft ist es jedoch, uns die Tricks, Tipps und Methoden zunutze zu machen, die die Wissenschaft erfunden hat, um uns bei diesen mentalen Schwächen zu helfen. In diesem Fall begannen die Physiker, sobald sie erkannt hatten, wie weitreichend das neu entdeckte Problem war, Verfahren zu entwickeln, um es zu vermeiden – Vorgehensweisen, die wir alle kennen sollten. Dieser Teil der wissenschaftlichen Methodik ist relativ neu, sodass er sich noch nicht einmal in allen Fachrichtungen durchgesetzt hat. Sie erhalten nun also die Chance, selbst einigen Wissenschaftler voraus zu sein, zumindest für die nächsten paar Jahre.

Eine Lösung, bei der Unwissenheit ein Segen ist

Auf den ersten Blick scheinen diese Bestätigungsfehler schwer zu bekämpfen zu sein. Wir können von den Leuten nicht erwarten, ewig an einem Problem zu arbeiten, nach Bugs in ihren Computerprogrammen zu suchen oder immer noch mehr Berater zu konsultieren, selbst wenn sie das gewünschte Ergebnis bereits erhalten haben. Das Kernstück einer der effektivsten Lösungen kommt dabei von einer überraschenden Stelle, einer »Instanz der Unwissenheit«. Schon als Kinder lernen wir eine Entscheidungsfindungstechnik, die sicher zu den lustigsten zählt: die Strategie des Kuchenteilens. Um einen Kuchen gerecht aufzuteilen, nahmen wir einen Algorithmus zu Hilfe: »Du schneidest und ich wähle aus.« Da die Person, die den Kuchen anschneidet, nicht weiß, welches Stück sie bekommen wird, ist sie hinreichend motiviert, beim Schneiden gewissenhaft darauf zu achten, fair zu sein. Diese Unwissenheit wird also genutzt, um ein ausgewogenes Ergebnis zu erhalten.

Derselbe Ansatz lässt sich auch auf das Problem des Bestätigungsfehlers anwenden. Stellen Sie sich vor, Sie sind der Wissenschaftler, der schlechte Daten aufspürt und aussondert und Fehler in seinem Computerprogramm beseitigt, aber Sie wissen nicht, ob diese für die überraschenden Ergebnisse, die Sie herausbekommen, verantwortlich sind. Nehmen wir einmal an, Sie sehen sich erst dann die vollständige Wirkung Ihrer Datenbereinigung und Fehlerbehebung an, wenn Sie ausdrücklich beschlossen haben, dass Sie mit der Analyse fertig und bereit sind, sie zu veröffentlichen – unabhängig davon, ob die Ergebnisse Ihren Erwartungen entsprechen oder nicht und ob Ihnen die Ergebnisse gefallen oder nicht.

Sie wissen nun tatsächlich nicht, welche »Hälfte des Kuchens« Sie schlussendlich bekommen – ob Sie zufrieden oder enttäuscht sein werden –, wenn Sie die Entscheidung treffen, welche Daten Sie verwerfen oder wann Sie die Suche nach Fehlern einstellen. Diese Unwissenheit zwingt Sie dazu, ehrlich zu sich selbst zu sein, wenn es um all die kleinen Abwägungen geht, die Sie beim Abschluss einer Analyse vornehmen müssen, sodass Ihr Vorgehen niemals im Sinne eines Bestätigungsfehlers von den Ergebnissen beeinflusst wird, die Sie gerne sehen würden oder die Sie erwarten. Physiker bezeichnen diese wissenschaftliche Innovation als Blindanalyse, in Analogie zu »Doppelblind«-Experimenten, bei denen Ärzte und ihre Patienten nicht wissen, wer eine echte Therapie und wer nur ein Placebo verabreicht bekommt.[4]

Warum aber wendet nicht jeder Wissenschaftler dieses Verfahren sofort an, nachdem er davon gehört hat? Die Blindanalyse ist etwas gewöhnungsbedürftig, denn die meisten Wissenschaftler haben sich daran gewöhnt, die Charakteristik der Ergebnisse zu betrachten, um herauszufinden, ob sie ein Problem mit ihren Daten oder ihrem Computerprogramm haben. Wir müssen neue Wege finden, um nach solchen Schwachstellen zu suchen, ohne die wichtigsten Ergebnisse offenzulegen, und das erfordert spezielle Schulungen und manchmal auch Kreativität. Stellen Sie sich zum Beispiel eine wissenschaftliche Studie vor, bei der das zentrale Resultat vom Durchschnitt einer großen Anzahl von Messungen abhängt. Eine einfache Methode zur Verblindung besteht darin, den Durchschnittswert vor sich selbst zu verbergen, indem Sie vor Beginn der Analyse von einem Freund zu jedem Datenpunkt eine bestimmte Zahl hinzufügen lassen, die vor Ihnen geheim gehalten wird. Wenn Sie dann den Eindruck haben, mit Ihrer abschließenden Analyse fertig zu sein, verrät Ihr Freund Ihnen die versteckte Zahl, damit Sie sie subtrahieren und den tatsächlichen Durchschnittswert herausfinden können. Auf diese Weise können Sie Ihr Experiment von Fehlern befreien, indem Sie beispielsweise Datenpunkte untersuchen, die weit vom (verborgenen) Durchschnittswert entfernt liegen, und diese eventuell als schlecht verwerfen (vielleicht, weil der Spannungsdetektor an diesem Tag kaputt war?), ohne dass das zentrale Ergebnis vorzeitig enthüllt werden müsste.

Diese Herangehensweise an die Blindanalyse ist derjenigen sehr ähnlich, mit der Sauls Gruppe einige Jahre nach der Debatte über die aktuelle Expansionsrate des Universums die nächste kosmologische Frage untersuchte: Wie stark hat sich die Expansionsrate im Laufe der Äonen *verändert?* Sauls Team erfuhr von dem damals neuen Ansatz der Blindanalyse, und angesichts der Erfahrungen früherer Forschender, die über die verwandten kosmologischen Messungen gestritten hatten, schien er ihm einen Versuch wert. Letztendlich wurde die Blindanalyse zu einem Standardverfahren für viele Berechnungen im Weltall. Auch wenn es eine Menge zusätzlicher Arbeit zu sein schien, zeigte sich ihre Notwendigkeit, als Sauls Gruppe frühere Messungen anderer Teams neu analysierte und eindeutige Beweise dafür fand, dass die Fehler nur bis zu dem

Punkt aufgespürt worden waren, an dem die Ergebnisse den erwarteten entsprachen. Schlimmer noch war, dass sie bei der Überprüfung ihrer eigenen Daten aus der Vergangenheit einen ähnlichen Fall entdeckten. Obwohl Saul davon überzeugt gewesen war, dass sein Team (und vermutlich auch das andere) sorgfältig gearbeitet hatte, hatte sich dieser Bestätigungsfehler eingeschlichen. Wenn man einmal erkannt hat, wie tückisch Voreingenommenheit sein kann, fällt es einem schwer, Vertrauen in ein Ergebnis zu haben, das nicht durch ein Verfahren wie die Blindanalyse kontrolliert wurde, um auf diese Weise ein so häufig auftretendes Problem zu vermeiden.

Überraschung!

Der spielerische Aspekt, etwas vor sich selbst zu verbergen, führt zu dramatischen Geschichten, sobald ganze Forschungsteams diesen Ansatz verfolgen. Nach 40 Jahren sukzessiver Entwicklung bereitete sich das internationale Team, das auf der Jagd nach Gravitationswellen war, auf den ersten Einsatz eines Instruments vor, das empfindlich genug sein sollte, um diese nahezu unvorstellbar winzigen Signale aufzuspüren. Die Mitarbeitenden des Laser-Interferometer Gravitationswellen-Observatoriums (LIGO) hatten Sorge, dass sie entweder echte Signale verpassen würden (von denen sie annahmen, dass sie ziemlich selten aufträten) oder dass sie Rauschen fälschlicherweise als Gravitationswellen identifizieren würden (da davon auszugehen war, dass es echten Signalen zum Verwechseln ähnlich sein, aber viel häufiger auftreten würde, sodass der Detektor ständig zu Unrecht Alarm schlüge). Das große Team beschloss daher, folgendes Spiel mit sich selbst zu spielen: Es wurde ein kleineres Unterteam bestimmt, das dafür verantwortlich war, gelegentlich ein Signal in sein System einzuspeisen – mal sehr schwach, mal etwas stärker –, das wie eine Gravitationswelle aussehen würde, um zu prüfen, ob die anderen Mitarbeitenden jedes dieser seltenen Signale ernst nehmen würden. Die Untergruppe würde erst dann verraten, ob ein Signal echt war oder nicht, nachdem der andere Teil des Teams die Analyse abgeschlossen, den wissenschaftlichen Artikel verfasst und, falls das Signal echt war, die Veröffentlichung fest vereinbart hatte.

Als Saul das erste Mal von diesem System erfuhr, hatte das große Team schon monatelang an der Analyse gearbeitet und den Forschungsbeitrag bereits verfasst. Am Ende stellte sich jedoch heraus, dass das Signal, das es für den Artikel untersucht hatte, eine Fälschung war. Einige Jahre später entdeckte das Team dann ein Signal, das ihm wie eine offensichtliche Fälschung vorkam – das Signal war stark, viel stärker als für die Aufmerksamkeit ihres Detektors erforderlich. Doch dieses Mal stellte sich das Signal zu seinem großen Erstaunen als echt heraus – der erste je erfolgte Nachweis von Gravitationswellen!

Ein weiteres Beispiel für eine Blindanalyse wäre das Folgende: Stellen Sie sich vor, Sie testen die Wirksamkeit verschiedener Dosierungen einer biologischen Behandlung, indem Sie Therapien mit jeweils steigender Dosis miteinander vergleichen. Sie könnten Ihren Freund bitten, die Reihenfolge der Reagenzgläser nach dem Zufallsprinzip festzulegen und Ihnen erst dann zu sagen, welches Reagenzglas was enthält, wenn Sie alle Ihre Analysen abgeschlossen haben. Das Beispiel sollte Ihnen bekannt vorkommen, denn es ist im Wesentlichen das, was Amazing Randi tat, um einen Blindtest der angeblichen Erinnerung des Wassers durchzuführen. Und natürlich wäre es schön gewesen, wenn auch die Wissenschaftler, die Untersuchungen zur kalten Fusion anstellten, etwas von solchen Techniken mentaler Hygiene gehört hätten.

Probieren Sie es zu Hause aus

Die Blindanalyse ist für wissenschaftliche Experimente bereits von großem Nutzen, aber sie kann auch im Alltag durchaus hilfreich sein. Wollen Sie beispielsweise herausfinden, welcher Wein Ihnen wirklich am besten schmeckt, ganz unabhängig von Preis und Etikett, dann können Sie eine Blindverkostung durchführen – was natürlich auch die Weinexperten tun.

Eines unserer Lieblingsbeispiele für Blindtests im wahren Leben stammt aus dem Buch von Annie Duke, einer Psychologin und ehemaligen professionellen Pokerspielerin: *Thinking in Bets – Wie man immer die richtige Karte spielt: Kluge Entscheidungen treffen, selbst wenn man nicht alle Fakten kennt.* Darin beschreibt Duke, dass Profipokerspieler oftmals das Ergebnis eines Blattes nicht erwähnen, wenn sie mit Kollegen über gute und schlechte Spielzüge diskutieren: »Wenn man jemandem erzählt, wie eine Geschichte ausgeht, ermutigt man ihn, deren Details so zu interpretieren, dass sie zu diesem Resultat passen. ... Wenn das Ergebnis bekannt ist, führt dies zu einer Voreingenommenheit bei der Bewertung der Qualität der Entscheidungen, um dieses Urteil an die Qualität des Ergebnisses anzugleichen.«

Duke gibt zu, dass die fachfremden unter ihren Zuhörern oft frustriert sind, wenn sie starke und schwache Pokerspiele bespricht, ohne den Ausgang des Spiels zu verraten. Fragt das Publikum danach, erklärt sie: »Darauf kommt es nicht an.« Beim Poker wie auch im Leben werden bestimmte Ergebnisse nicht nur von unseren Strategien beeinflusst, sondern auch von Zufallsfaktoren, die wir nicht kontrollieren können. Gute Pokerspieler sind sich bewusst, dass kluge Strategien unsere Chancen auf lange Sicht verbessern, auch wenn sie nicht in jedem einzelnen Fall erfolgreich sind.

Blindtests werden vermehrt von gewissenhaften Arbeitgebern bei der Entscheidung über die Neubesetzung einer Stelle eingesetzt, um einer Diskriminierung von unterrepräsentierten Gruppen entgegenzuwirken. Das bekannteste Beispiel ist die Verwendung eines Sichtschutzes, um das physische Erscheinungsbild von Musikern zu verbergen, wenn sie für einen Platz in einem professionellen Orchester vorspielen – ein Verfahren, das die Anzahl von Musikerinnen bei der Besetzung offener Stellen deutlich erhöht hat. Vor allem in Europa entfernen Arbeitgeber immer häufiger demografische Informationen aus den Bewerbungen, bevor sie die Kandidaten zu den Vorstellungsgesprächen einladen.[5]

Die Verblindung ist aber kein Allheilmittel und kann unbeabsichtigte Folgen nach sich ziehen. So haben beispielsweise viele Gerichtsbarkeiten in den USA eine »Ban the Box«-Maßnahme eingeführt, die es Arbeitgebern untersagt, ein Kästchen zum Ankreuzen für »Vorstrafen« in Bewerbungsformulare einzufügen. Mehrere Studien legen jedoch nahe, dass dies dazu führen kann, dass

Arbeitgeber die Zugehörigkeit zu einer Minderheit stellvertretend als (verdeckten) Hinweis auf eine Vorstrafe werten, was wiederum Diskriminierung begünstigt.[6]

Ein Spiel namens »P-Hacking« zur (bestätigenden) Gewichtung Ihrer politischen Überzeugungen

Sie erinnern sich vielleicht noch an unsere Ausführungen zum Look-Elsewhere-Effekt in Kapitel 7, bei dem es darum geht, dass, wenn man Daten auf ausreichend verschiedene Art und Weise betrachtet und mit unterschiedlichen Analysemethoden auswertet, am Ende zu einem Ergebnis kommt, das die Hypothese zu stützen scheint, deren Nachweis man erhofft hatte, bei dem es sich aber in Wirklichkeit nur um zufällige Schwankungen von Rauschen handelt. Das ist genau die Art von Gefahr, der die Blindanalyse entgegenwirken soll. Menschen sind sehr gut darin, nachträgliche Rechtfertigungen dafür zu finden, sich genau auf jene Analyse konzentriert zu haben, die zufällig ihre Annahme bestätigt, auch wenn dies bei den anderen Analysen nicht der Fall ist. Verschiedene Untersuchungsansätze auszuprobieren, bis man das gewünschte Ergebnis erhält, wurde von den Psychologen Uri Simonsohn, Joseph Simmons und Leif Nelson »P-Hacking« genannt.

Wenn Sie erfahren möchten, wie der Look-Elsewhere-Effekt funktioniert und wie sich die Tendenz, die erwarteten Ergebnisse zu erhalten, wenn man keine Blindanalyse vornimmt, auswirkt, sollten Sie im Internet das interaktive P-Hacking-Spiel von FiveThirtyEight ausprobieren (projects.fivethirtyeight.com/p-hacking). Dabei können Sie einer wichtigen und umstrittenen Frage nachgehen: Wer ist besser für die Wirtschaft, Demokraten oder Republikaner? Als Grundlage wird ein echter Datensatz verwendet. Der Trick ist, dass Sie sowohl die unabhängige Variable (wer an der Macht ist) als auch die abhängige Variable (wie es um die Wirtschaft steht) auf viele verschiedene Arten definieren können. Ist es ausschlaggebend, wer Präsident ist, oder vielmehr, wer Gouverneur ist? Soll »die Wirtschaft« eine Funktion des Bruttoinlandsprodukts, der Beschäftigung, der Inflation, der Aktienkurse oder einer Kombination aus allen vieren sein? Je nachdem, wie Sie Ihre Variablen definieren, können Sie ein statistisch signifikantes Muster erhalten, das den Anschein erweckt, Ihre Partei – welche auch immer das sein mag – sei definitiv besser für die Wirtschaft.

Sobald Sie dann einen Analyseansatz gefunden haben, der zeigt, dass Ihre Partei besser ist, können Sie nachträglich begründen, warum Sie Ihre Variablen genau so definiert haben. Anschließend sind Sie vielleicht sogar noch stärker davon überzeugt, dass Ihre Partei wirklich besser für die Wirtschaft *ist*, als davor. Die einzige Möglichkeit, eine solche Verzerrung zu vermeiden, ist die Blindanalyse. Sie könnten beispielsweise vor sich selbst so lange verbergen, wer die beiden Parteien sind, bis Sie eine für Sie zufriedenstellende Definition der Variablen gefunden haben. Wenn Sie sich dann von der Blindheit befreien, müssen Sie sich an dieses Ergebnis halten, auch wenn es nicht das von Ihnen erhoffte ist. Und manchmal wird es das nicht sein. Die Realität entspricht nicht immer unseren Wünschen.

Verblindung der Experten

Ein weiterer wichtiger Anwendungsbereich der Blindanalyse außerhalb der wissenschaftlichen Forschung ist die Bewertung von Expertenmeinungen. Ein drastisches Beispiel hierfür ist der Einsatz von Forensikern in Kriminalfällen. Es hat sich herausgestellt, dass einige der beliebtesten Gemeinplätze von Krimis, darunter der den Schuldigen verdammende Fingerabdruckbeweis, unter dem Problem des Bestätigungsfehlers leiden. In der beruflichen Praxis von Fingerabdruckexperten spielte die Blindanalyse lange Zeit keine Rolle, und es herrschte eine starke Voreingenommenheit bei der Identifizierung der Fingerabdrücke. Als moderne wissenschaftliche Praktiken in die Diskussion eingebracht wurden, ließen neue Studien Zweifel an der Ausrichtung der Fingerabdruckexperten aufkommen, und in Berichten führender wissenschaftlicher Institutionen wurde empfohlen, juristische Beweismittel neu zu kalibrieren.[7] (Bemerkenswerterweise änderten mehrere angesehene Fachleute ihre Befunde, als man ihnen in einem Blindtest von ihnen zuvor identifizierte Fingerabdrücke erneut vorlegte.)[8] Mittlerweile hält eine solche verblindete Kalibrierung zunehmend Einzug in den Alltag von Forensikern.

Vor diesem Hintergrund sollten wir von den Experten verschiedener Fachgebiete, die wir zurate ziehen, erwarten, dass sie versuchen, sich ihre Meinung so weit wie möglich mithilfe einer Blindanalyse zu bilden. Das wird oftmals eine nicht unerhebliche Umstellung der bisherigen Gepflogenheiten erfordern. Beispielsweise sehen Ärzte in der Regel die Diagnosen der zuvor konsultierten Ärzte, bevor sie eine zweite Meinung abgeben.[9] Aber als Patient würden Sie wahrscheinlich davon profitieren, wenn der Arzt die früheren Befunde nicht kennen würde. In ähnlicher Weise wären aus unserer Sicht auch für Richter und Geschworene auf Blindanalysen beruhende Expertenmeinungen von Vorteil, wenngleich einige Streitparteien den derzeit vorherrschenden unverblindeten Ansatz bevorzugen dürften.

Offene Wissenschaft

Die ergebnisblinde Analyse ist nur eine von mehreren Möglichkeiten, Bestätigungsfehler zu reduzieren. Es gibt noch weitere, und sie werden zunehmend gemeinsam als Teil eines Trends diskutiert, der häufig als »Bewegung der offenen Wissenschaft« bezeichnet wird.[10] Wir sind begeistert von dieser Entwicklung, denn sie ist ein wichtiger Bestandteil dessen, was wir Denken des dritten Jahrtausends nennen. Während viele der Methoden, die die Open-Science-Bewegung befürwortet, ihr zeitlich vorausgehen, liegt die Stärke dieser Bewegung darin, dass sie alle diese Anstrengungen in einem umfassenden Ansatz zur Verbesserung der Glaubwürdigkeit und Integrität der wissenschaftlichen Praxis vereint.

Ein derartiges Verfahren der offenen Wissenschaft – das zunehmend von führenden akademischen Zeitschriften verlangt wird – ist die *Vorregistrierung*, bei der Forscher vor der Durchführung einer Studie die geplante Methodik, die zu prüfenden Hypothesen und das Konzept für die verwendete Datenanalyse öffentlich dokumentieren. Von einigen Seiten wurde argumentiert, durch eine

Vorregistrierung sei eine ergebnisblinde Analyse nicht länger nötig (oder umgekehrt), aber die beiden Ansätze ergänzen sich und sollten zusammen angewandt werden. Die Vorregistrierung zwingt die Forschenden, ihre Methoden und Analysestrategien bereits vor der Datenerhebung sorgfältig zu durchdenken, während die Blindanalyse es dem Team ermöglicht, neue Ideen zu erproben, die ihm zuvor nicht in den Sinn gekommen waren, oder neue analytische Probleme zu bewältigen, mit denen es nicht gerechnet hatte, ohne befürchten zu müssen, dass seine Erwartungen seine Forschung verzerren.

Die Verfechter der offenen Wissenschaft haben sich für eine ganze Reihe weiterer Praktiken eingesetzt, von denen wir nur einige wenige erwähnen werden. Eine davon ist der routinemäßige Einsatz von Multilabor-Untersuchungen, bei denen sich mehrere Labore darauf einigen, eine bestimmte Hypothese jeweils eigenständig zu testen. Dies geschieht meist bei dem Versuch, überraschende Ergebnisse aus wissenschaftlichen Veröffentlichungen zu replizieren, kann aber auch bei wichtigen neuen Forschungsfragen eingesetzt werden. Eine Variante davon sind Projekte mit vielen Analysten, bei denen voneinander unabhängige Teams denselben Datensatz erhalten und den Auftrag erhalten, die gleiche Hypothese zu überprüfen. (Dabei wird ein Netz von trigonometrischen Punkten zwischen der Voreingenommenheit verschiedener Laboratorien und Analysten erstellt, in der Hoffnung, dass nicht alle zum selben Bestätigungsfehler tendieren.) Eine andere Strategie, die immer mehr Anhänger findet, besteht darin, dass Zeitschriften *registrierten Forschungsberichten* besonderen Platz einräumen. Dabei schlagen die Wissenschaftler der Zeitschrift eine Studie vor, und die Zeitschrift verpflichtet sich, sie zu veröffentlichen, bevor die Untersuchung durchgeführt wurde, sofern die theoretische Begründung und die vorgeschlagenen Methoden durch Peer Review formell akzeptiert werden. Auf diese Weise wird nicht nur der Bestätigungsfehler vermieden, der dadurch zustande kommt, dass Zeitschriften weniger geneigt sind, ein Ergebnis zu publizieren, das ihren Erwartungen widerspricht, sondern auch die natürliche Voreingenommenheit von Zeitschriften, nur Resultate zu veröffentlichen, die interessante Hypothesen belegen, und diejenigen zu missachten, die sie widerlegen. Und wenn zwei oder mehr Forschende bezüglich einer Hypothese völlig unterschiedlicher Meinung sind, können sie eine *Zusammenarbeit als Streitgegner* vereinbaren. Bei diesem Ansatz konzipieren, organisieren und publizieren die Konkurrenten gemeinsam ein oder mehrere Experimente, die beide als faire Tests ihrer konkurrierenden Sichtweisen betrachten. Jeder Forscher behält sich das Recht vor, am Ende der Publikation seine eigenen Schlussfolgerungen darzulegen, aber dadurch, dass alle zuvor die Methodik akzeptiert haben, können sie unerwünschte Ergebnisse nicht mit einem Angriff auf die Vorgehensweise der Studie abtun.[11]

Die Befürworter der offenen Wissenschaft haben sich zudem sehr bemüht, Zeitschriften davon zu überzeugen, entweder einige oder alle dieser Praktiken vorzuschreiben oder die Autoren, die sich daran halten, durch Symbole oder »Open-Science-Plaketten« für die gewählten Verfahrensweisen zu belohnen.[12] Überdies machen sie sich für verschiedene Wege stark, um Wissenschaftler, die der Auffassung sind, ihre frühere Forschung sei falsch oder fehlerhaft, zu ermutigen, dies unverhohlen zuzugeben (das in Kapitel 5 vorgestellte Vertrauensverlust-Projekt ist ein gutes Beispiel dafür).[13] Wichtig ist, dass die Forschenden die Instrumente der Wissenschaft nutzen, um die Vorschläge zu überprüfen, und dass die ersten empirischen Evaluierungen dieser Methoden verfügbar sind. Wir hoffen, dass die Palette der Hilfsmittel der offenen Wissenschaft mit der Zeit noch erweitert und verfeinert werden kann.

Was Sie mitnehmen sollten

Da Sie nun mit der Blindanalyse vertraut sind, sollten Sie diese jedes Mal, wenn Sie einen Experten auswählen oder die Meinung eines Fachmanns einholen, auch einbeziehen (oder eine der anderen Methoden zur Reduzierung von Bestätigungsfehlern). Wir haben festgestellt, dass derjenige ein vertrauenswürdiger Experte ist, der Selbsttäuschungen erkennen kann, und so sollten wir nach Sachverständigen Ausschau halten, die zeigen, dass sie ihre Ergebnisse (und die von anderen übernommenen Resultate) mit den

Methoden der Verblindung, Vorregistrierung oder anderen Sicherheitsvorkehrungen gegen Bestätigungsfehler erzielt haben. Und ganz persönlich sollten Sie immer dann, wenn Sie zwischen Ja oder Nein entscheiden, einen Zahlenwert bestimmen oder zwischen verschiedenen Handlungsoptionen wählen müssen, darauf achten, ob Sie sich anmaßen, die Antwort zu kennen, bevor Sie das Problem untersucht haben. Vielleicht müssen Sie entscheiden, ob Sie mit der Einnahme von Statinen beginnen sollen, um Ihr »böses Cholesterin« herunterzufahren, oder ob Sie für Werbeanzeigen Geld ausgeben sollen, um das Geschäft anzukurbeln. Vielleicht versuchen Sie, Ihrem Kind nach dem Schulabschluss bei der Wahl eines Studienfachs zu helfen, mit dem es seinen Lebensunterhalt verdienen kann.

Um auf derartige Fragen eine Antwort zu finden, die der Realität am besten entspricht, werden Sie zweifellos entscheiden müssen, welche Daten Sie verwenden und wie Sie diese verwenden, beispielsweise den Angaben welcher Website Sie vertrauen wollen. (Sie könnten versucht sein, zu sagen: »Nehmen wir doch einfach die im Internet von WebMD bereitgestellten Daten und nicht die der Mayo-Klinik, denn sie sind leichter verständlich und schüren weniger Ängste vor den zu erwarteten gesundheitlichen Folgen.«) Sie werden abzuwägen haben, welche Angaben Ihrem Fall nahe genug kommen, um für Sie relevant zu sein. (Und wenn Ihnen die ersten Ergebnisse, auf die Sie stoßen, nicht gefallen, kommen Sie vielleicht auf die Idee: »Ich möchte nur die medizinischen Daten berücksichtigen, die meiner Altersgruppe und meinem Fitnessniveau entsprechen.«) Doch Sie sollten keine solche Entscheidung treffen, wenn Sie die Folgen dieser Auswahl für das endgültige Ergebnis schon vor Augen haben – denn dann werden Sie unbewusst diejenigen Informationen heraussuchen, die die gewünschten Antworten enthalten. Um die Qualität der Methodik einer Website zu beurteilen, ohne deren Resultate zu sehen, kann es nötig sein, einen Freund darum zu bitten, die Informationen dieser Internetadresse in ein separates Dokument zu kopieren, ohne dass die Herkunft der Angaben oder die sich daraus ergebenden Schlussfolgerungen einsehbar sind.

Wann immer Sie sich also zukünftig in einer Situation befinden, in der die Auswahl von Fakten durch die Entscheidung, zu der diese führen würde, beeinflusst werden könnte, sollten Sie innehalten und in einem dramatischen Tonfall den Anwesenden (die idealerweise dasselbe Problem haben) mitteilen: »Wir müssen diese Studie (oder das Nachdenken über diese Fragestellung oder diese Maßnahmen) sofort unterbrechen, weil wir dabei sind, Dinge zu tun, die das Ergebnis durch unsere Voreingenommenheit verfälschen würden. Wir dürfen uns das Resultat nicht ansehen, bevor wir nicht alle unsere Daten ausgewählt und alle unsere Entscheidungsverfahren überprüft haben!«

Es wird nicht das letzte Mal sein, dass wir eine neue Vorgehensweise erfinden müssen, um uns nicht zu täuschen, und auch nicht das letzte Mal, dass wir uns verzweifelt fragen, ob wir jemals dauerhaft klar werden denken können. Denn jedes Mal, wenn wir eine neue Technologie erfinden, durch die sich unsere Interaktion mit der Welt, unser Verhältnis untereinander und unsere gemeinsame Auffassung der Realität verändern, stoßen wir auf völlig neue Wege, uns zum Narren zu halten. Das nächste Mal wird es sich nicht nur darum handeln, dass Computer die Spielregeln verändern, indem sie uns die Möglichkeit zu komplexeren Analysen und gleichzeitig zu mehr Programmierfehlern bieten. Sobald wir alle beispielsweise mit Implantaten im Kopf ausgestattet und die Antworten auf unsere Gedanken in realistisch aussehenden Bildern auf unsere Brillen projiziert werden (ein beängstigendes Szenario!), müssen wir neue Techniken erfinden, um uns nicht selbst zu täuschen.

Das Leben im Zeichen des wissenschaftlichen Optimismus – mit dem Denken des dritten Jahrtausends – ist notgedrungen ein wahrhaft kreatives Leben.

Teil V

Mit vereinten Kräften

Kapitel 15

Die Weisheit und der Irrsinn von Menschenmengen

Bisher haben wir uns mit der Rationalität *einzelner* Gehirne befasst. Aber natürlich werden die meisten großen Probleme von Gruppen von Individuen in Angriff genommen, die zusammenarbeiten – Ehepaare, die ihr Budget überprüfen; Nachbarn, die einen Plan zur Erdbebenvorsorge entwickeln; Kollegen, die ein komplexes Projekt koordinieren: NASA-Ingenieure, die einen Marsrover sicher landen, und all die Arbeit von Stadträten, Landesparlamenten, dem Kongress der USA und den Vereinten Nationen.

Aber ist denn der Verstand einer Gruppe etwas anderes als eine Ansammlung von Einzelgehirnen? Sind Gruppen mehr – oder weniger – als die Summe ihrer Teile? Historisch gesehen gibt es zwei sehr unterschiedliche Ansichten über Gruppen – eine pessimistische und eine optimistische. Das Problem ist, dass keine der beiden Auffassungen völlig zu überzeugen vermag. Die düstere Sichtweise beruht auf dem Rückblick auf Gruppen aus dem wirklichen Leben, die einen sehr schlechten Eindruck hinterlassen haben. Die rosige Sichtweise entstammt dem frühen 20. Jahrhundert und lässt Gruppen brillant aussehen ... bis man merkt, dass dabei überhaupt keine echte Gruppendiskussion im Spiel ist.

Schauen wir uns also an, was durch systematischere experimentelle Forschung unter Veränderung der Parameter einer Gruppe und ihrer Aufgabe über die Leistung von Kleingruppen herausgefunden wurde, insbesondere, wie die Gruppe zu einer endgültigen

Entscheidung kommt. Diese Untersuchungen zeigen, dass sowohl die pessimistische als auch die optimistische Sichtweise zeitweilig zutreffend ist – eine Entscheidung in der Gruppe herbeizuführen, kann die Lage verbessern oder verschlechtern. Glücklicherweise können wir einige der Faktoren identifizieren, die dafür verantwortlich sind, dass Gruppenprozesse gut oder schlecht ablaufen. Wenn wir die Bedingungen verstehen, unter denen sich Gruppen in Richtung des einen oder anderen Extrems entwickeln, können wir eine Anleitung dafür entwerfen, wie und wann Gruppen am besten funktionieren; zu diesem Punkt werden wir am Ende dieses Kapitels gelangen, und er wird in den beiden folgenden Kapiteln noch weiter ausgeführt.

Mobverhalten und Gruppendenken

Eine frühe pessimistische Sicht auf Gruppen bot Charles Mackay im Jahr 1841 mit seinem Buch *Zeichen und Wunder – Aus den Annalen des Wahns*, in dem er das Konzept der »Herdenmentalität« einführte. Mackay liefert zahlreiche Fallstudien über Massenwahn und Massenhysterie, darunter die berühmte holländische Tulpenmanie, bei der die Menschen sich derart vom Anlagewert von Tulpen überzeugen ließen, dass einige sogar ihre Häuser verkauften, um genug Kapital für den Kauf einer einzigen Zwiebel aufzubringen. (Eine mehr theoretisch orientierte Darstellung einer ähnlichen Thematik ist Gustave Le Bons 1895 erschienenes Buch *Psychologie der Massen*.)

Die meisten von Mackays Beispielen betreffen kollektives Verhalten, aber nicht formelle Gruppen, die gemeinsam Entscheidungen treffen (Ausschüsse und so weiter), und in vielen Fällen kennen sich die Beteiligten nicht einmal untereinander. Derartige Vorkommnisse werden oftmals als »Mobverhalten« bezeichnet. Einige der erschreckendsten empirischen Untersuchungen befassen sich mit historischen Berichten über Lynchmobs, die schwarze Amerikaner terrorisierten. Statistische Analysen zeigen, dass die Wahrscheinlichkeit, dass die Gruppen ihre Opfer töteten (in der Regel durch Erhängen), mit der Größe der Menschenmenge zunahm und dass sie höher war, wenn die Ereignisse bei oder nach Sonnenuntergang stattfanden.

Die Anzahl der Menschen und die Dunkelheit erhöhen die Anonymität. Ihre individuelle Identität zählt umso weniger, je mehr Personen sich in der Menge befinden; und je weniger Licht vorhanden ist, desto geringer ist die Wahrscheinlichkeit, dass andere Sie erkennen. In dem Maße, in dem Ihre eigene individuelle Identität eine geringere Rolle spielt und Ihr Gefühl der Anonymität wächst, kommt es zu einer Streuung der Verantwortung, sodass sich niemand mehr als Täter fühlt. Psychologen nennen dieses Phänomen *Deindividuation*, zu dem ein weiteres hinzukommt, das Mobverhalten befördert: *emotionale Ansteckung*, wenn also die Gefühle eines anderen ähnliche Emotionen in uns auslösen. Bringen Sie Ihre Traurigkeit über etwas zum Ausdruck, beginne ich sie auch zu fühlen; Sie nehmen dann meine Emotionen wahr, und das verstärkt wiederum Ihre ursprüngliche Traurigkeit, in einer verhängnisvollen Rückkopplungsschleife.[1]

Viele der Beispiele für Deindividuation und emotionale Ansteckung scheinen extrem zu sein und selten aufzutreten. Zumindest weniger heftige Fälle kommen aber recht häufig vor, wie Sie vielleicht schon festgestellt haben, wenn Sie jemals an Sitzungen eines Schulausschusses oder Stadtrats zu strittigen Themen teilgenommen haben.

Einen ebenso düsteren Blick auf die Irrationalität, die in Gruppen aufkommen kann, warf Irving Janis im Jahr 1972 in seinem Buch *Victims of Groupthink: A Psychological Study of Foreign-Policy Decisions and Fiascoes*. Anstatt den unorganisierten öffentlichen »Mob« zu analysieren, untersuchte Janis detailliert die Entscheidungsfindung von Eliten, darunter John F. Kennedys berühmtes Präsidialkabinett zur Zeit des Fiaskos der Schweinebucht – des gescheiterten Versuchs, einen Umsturz in Fidel Castros Kuba herbeizuführen – und der späteren kubanischen Raketenkrise. Janis wurde scharf kritisiert sowohl von seinen akademischen Psychologenkollegen (die ihm vorwarfen, seine angeführten Fälle seien nicht randomisiert worden und folgten nicht den Regeln von kontrollierten Laborexperimenten) als auch von Historikern (die die Genauigkeit der Berichte anzweifelten). Aber sein Buch hat langfristig Einfluss ausgeübt, und das zu Recht, denn Janis vermochte nicht nur Gruppenpathologien besonders gut zu erkennen und zu benennen, es gibt auch hinreichend Belege dafür, dass die von ihm beschriebenen Fälle auch im Alltag durchaus vorkommen.

Obwohl der Begriff bereits 1952 von William Whyte eingeführt worden war, formulierte Janis 1971 in *Psychology Today* eine eigene Definition des Gruppendenkens vor:

> »[Eine] schnelle und einfache Art, sich auf die Denkweise zu beziehen, die Menschen annehmen, wenn in einer eng verbundenen Gruppe das Streben nach Übereinstimmung so dominant wird, dass es die realistische Berücksichtigung alternativer Handlungsweisen verdrängt. Gruppendenken ist ein Terminus vom gleichen Rang wie das Neusprech-Vokabular in George Orwells bestürzender Welt von *1984*.«

Janis listete acht Hauptsymptome des Gruppendenkens auf: Illusionen von Unverwundbarkeit, der Glaube an die der Gruppe innewohnende Moral, kollektive Rationalisierungen, Stereotypen bezüglich Außenstehender, Selbstzensur, Illusionen von Einhelligkeit, direkter Druck auf Andersdenkende und »selbst ernannte Gedankenaufseher« (Mitglieder, die den Anführer vor widersprüchlichen Standpunkten oder Informationen schützen). Er nannte außerdem zwei Hauptrisikofaktoren, die diese Symptome hervorrufen. Der erste – ein »provokativer situativer Kontext« mit einer drohenden Gefahr und ohne offensichtliche Lösungen, um diese zu vermeiden – liegt weitgehend außerhalb der Kontrolle der Gruppe. Der zweite Risikofaktor ist eine besondere Form von ungesunder Organisationskultur, gekennzeichnet durch die Isolierung der Gruppe, das Fehlen einer unparteiischen Führung und die mangelnde Heterogenität von Herkunft und Ideologie der Mitglieder.

Janis schlug eine Reihe von möglichen Lösungen für das Problem des Gruppendenkens vor. Führungspersönlichkeiten sollten ihre Meinung nicht äußern und vielleicht auch an einigen Treffen nicht teilnehmen, damit die Mitglieder sich frei fühlen würden, offen zu sprechen. Die Gruppenangehörigen sollten zudem ermutigt werden, konträre Gedanken zu äußern, die von der Gruppe geplante Lösung zu kritisieren und für die Vorzüge alternativer Vorgehensweisen zu plädieren. Die Gruppen sollten in Untergruppen aufgeteilt werden, die sich unabhängig voneinander beraten sollten.[2] Das Konzept des Gruppendenkens bezog sich ursprünglich nicht auf das Verhalten wissenschaftlicher Teams und wurde auch nicht auf diese angewandt; es entstand als Analyseinstrument für politische Eliten, nicht für gewöhnliche Bürger. Aber es scheint ohne Weiteres übertragbar auf Forschergruppen, Elternbeiräte, universitäre Fakultätssitzungen und mehr oder weniger jede Situation, in der Menschen zusammenarbeiten müssen, um Probleme zu lösen.

Die Weisheit der Menschenmengen

So viel zur pessimistischen Sichtweise von Gruppen. Eine viel optimistischere Auffassung ist die Perspektive der »Weisheit der Menschenmengen«. Im Jahr 1907 veröffentlichte Francis Galton einen Artikel in der Zeitschrift *Nature*, in dem er ein bemerkenswertes Forschungsergebnis dokumentierte. Galton hatte eine große Anzahl von Personen gebeten, verschiedene Quantitäten zu schätzen, beispielsweise die Größe oder das Gewicht eines Gegenstandes. Er wies nach, dass selbst dann, wenn die Schätzungen der meisten Menschen weit danebenlagen, der Durchschnitt aller Antworten dem wahren Wert recht nahe kam. Hier ist ein Beispiel: In einer Unterrichtsstunde haben wir alle Studierenden gebeten, das Gewicht (in Pfund) des schwersten lebenden Straußes zu schätzen. Die Angaben reichten von 15 Pfund bis zu 2 Tonnen! Aber der Mittelwert aller Antworten lag bei 326 Pfund – sehr nahe an dem richtigen Gewicht von 345 Pfund. Auch wenn wir wissen (und es Ihnen bald verraten werden), warum dieses Schätzverfahren funktioniert, kommt es uns trotzdem vor wie Zauberei. Man hat den Eindruck, als gäbe es einen unsichtbaren Gruppengeist.

Viele Beispiele aus der realen Welt für die Wirksamkeit dieser Weisheit der Menschenmengen wurden 1992 von Benjamin Page und Robert Shapiro in ihrem Buch *The Rational Public* und 2004 von James Surowiecki in seinem Bestseller *Die Weisheit der Vielen* dokumentiert. Beide Bücher sind in einem optimistischen Ton, geradezu wie in Feierlaune verfasst. Die Autoren schwelgen in der

Überzeugung, dass wir, obwohl jeder von uns auf seine Weise unwissend sein kann, mit vereinten Kräften brillant zu sein vermögen, ohne etwas dazulernen zu müssen.

Wir wollen die gute Stimmung nicht trüben, aber so magisch ist das Ganze dann doch nicht. Was hier vor sich geht, hat nichts mit einem angeblichen Gruppengeist, nicht einmal mit menschlichen Fähigkeiten zu tun. Vielmehr ist die Wirksamkeit der Weisheit der Vielen, wie die erwähnten Autoren einräumen, ein rein automatisches Ergebnis eines grundlegenden Prinzips der Statistik – des »Gesetzes der großen Zahlen«. Erinnern Sie sich an die Unterscheidung zwischen Rauschen (zufälliger oder statistischer Fehler) und Verzerrung (systematischer Fehler)? Wenn wir eine Größe messen oder diese von anderen Personen schätzen lassen, wird jeder Wert einen gewissen Zufallsfehler enthalten. Das Gesetz der großen Zahlen besagt stark vereinfacht, dass durch das Zusammenrechnen (das Bilden des Durchschnittswertes aus) einer großen Menge von Schätzungen deren zufällige Fehler sich gegenseitig ausgleichen. Nehmen Sie die Angaben unserer Studierenden über das Gewicht von Straußenvögeln. Die meisten Menschen wissen nicht viel über diese Tiere, aber mit der Hilfe von Fermi-Schätzungen (siehe Kapitel 11) kann man darauf kommen, dass die richtige Zahl größer ist als das Gewicht der meisten Menschen – also wahrscheinlich mehr als 200 Pfund – und deutlich kleiner als das Gewicht eines Autos – also wahrscheinlich weit unter 1000 Pfund. Anschließend können wir nur raten, und da die Zufallsfehler wahrscheinlich ebenso häufig zu niedrige wie zu hohe Werte ergeben, können wir diese Abweichungen reduzieren, indem wir die Antworten der Probanden zusammenrechnen. Wenn beispielsweise meine Schätzung um 50 Pfund zu hoch ist und Ihre Schätzung um 30 Pfund zu niedrig, dann liegen wir zusammen nur 20 Pfund daneben.

Sobald wir diesen Effekt verstehen, ist offensichtlich, dass er nichts mit gemeinsamen Überlegungen oder Gruppenintelligenz zu tun hat. Es lässt sich sogar nachweisen, dass eine Interaktion der Gruppenmitglieder die Leistung verschlechtern kann. Wir haben zum Beispiel einmal Studierende gebeten, den Prozentsatz der Wähler in Alameda County (wozu Berkeley und Oakland gehören) zu schätzen, die bei der Wahl im Jahr 2012 den republikanischen Kandidaten Mitt Romney unterstützt haben. Der Durchschnittswert lag bei 19,8 Prozent, ziemlich nah an der richtigen Antwort von 18,4 Prozent. Aber bevor wir ihnen das sagten, baten wir die Studierenden, ihre kollektive Intelligenz zu nutzen und über ihre Schätzungen miteinander zu diskutieren. Das Ergebnis der gemeinsam angestellten Überlegungen war eine neue Schätzung mit einem Mittelwert von 24,2 Prozent – mit anderen Worten, sie hatten sich verschlechtert. Dies veranschaulicht ein schmutziges kleines Geheimnis der Forschungsliteratur über die Leistung von Kleingruppen, nämlich dass viele der Vorteile des Zusammenrechnens von Einzelmeinungen verloren gehen können, sobald die Personen miteinander sprechen! Natürlich plädieren wir trotz allem dafür, dass die Leute sich untereinander austauschen, nur eben mit einer sorgfältigen Strukturierung der Beratungen.

Experimente mit Kleingruppen zeigen, wann Gruppen erfolgreich sind und wann sie scheitern

Wir haben argumentiert, dass die Literatur über den »Irrsinn von Menschenmengen«, das »Gruppendenken« und die »Weisheit der Vielen« kein vollständig glaubwürdiges Bild davon zeichnet, welche Leistung Entscheidungsgemeinschaften üblicherweise erbringen. Daher wenden wir uns nun der Forschungsliteratur über experimentelle Kleingruppen zu, in denen eine bestimmte Anzahl von Personen Aufgaben erledigen, Probleme lösen oder Entscheidungen treffen soll, unter verschiedenen zufällig zugewiesenen und kontrollierten Bedingungen. Wir werden die Details dieser Experimente hier in der Regel nicht erwähnen, sondern uns allein auf einige der wichtigsten Erkenntnisse daraus konzentrieren.

Bei der Ordnung der Ergebnisse hilft die zentrale Unterscheidung zwischen zwei verschiedenen Arten des Einflusses in Gruppen. Der erste ist der *informatorische Einfluss* (oder »Stärke der Argumente«) – die Fähigkeit, das kollektive Wissen der Gruppe zu bündeln und es zu nutzen, um eine vernünftige Lösung zu finden. Der zweite ist der *normative Einfluss* (oder »Stärke der Zahlen«) –

die Tendenz, der größten Fraktion oder dem größten Stimmenblock in der Gruppe Respekt zu zollen. Diese beiden Arten von Einfluss sind manchmal schwer auseinanderzuhalten, da Mehrheiten oftmals die Haltung mit den besten Beweisen und Argumenten bevorzugen. In Experimenten ist es jedoch möglich, sie voneinander zu trennen, indem man die Fraktionsgrößen innerhalb der Gruppen variiert (unter Beibehaltung der Beweise) oder indem man die Stärke der Argumente verändert (bei gleichbleibenden Fraktionsgrößen).[3]

Für manche Situationen scheint »Stärke der Zahlen« – beispielsweise in Gestalt der Regel »die einfache Mehrheit gewinnt« – völlig angemessen. Gruppen müssen häufig Entscheidungen treffen, für die weder Logik noch Beweise eine »richtige« Antwort bereitstellen können. Wer war zum Beispiel der bessere Gitarrist, Jimi Hendrix oder Andrés Segovia? Das ist nichts als eine Frage des Geschmacks. Der eine kann argumentieren: »Segovia ist ein besserer Gitarrist, weil seine Technik perfekt ist; seine Etüden erfordern ein Maß an manueller Geschicklichkeit, das Hendrix niemals hätte erreichen können.« Ein anderer kann kontern: »Hendrix ist besser, weil der starke Ausdruck seiner Gefühle und die schiere Dramatik seiner einhändigen (oder zweihändigen) Spielweise die Grenzen der Popmusik erweitert haben.« Daher entscheiden Gruppen häufig nach dem Mehrheitsprinzip, wenn die Antwort auf eine bestimmte Frage meinungs- oder geschmacksabhängig ist – welche Band man für eine Veranstaltung engagieren, welches Logo für eine neue Firma wählen oder welchen Kandidaten man vor einer Wahl unterstützen soll. Für besonders schwerwiegende Entscheidungen kann eine größere Mehrheit (beispielsweise zwei Drittel) erforderlich sein, aber für viele Angelegenheiten dürfte eine einfache Mehrheit ausreichen. Gerade bei Themen, bei denen sich Meinungsverschiedenheiten nicht anderweitig beilegen lassen, kann ein Mehrheitsvotum eine Diskussion zu einem sinnvollen Abschluss bringen.

Nichtsdestotrotz kann es große Nachteile haben, wenn sich immer die Mehrheit durchsetzt. Fraktionen können auf Einschüchterung oder Mobbing zurückgreifen, um Anhänger zu gewinnen. Die Mitglieder der Minderheitsfraktion könnten es ihnen übel nehmen oder sie könnten ausgegrenzt werden. Und wenn die Eigenschaften von Gruppenteilen mit persönlichen Merkmalen wie Geschlecht oder Hautfarbe korreliert sind, dann müssen einige Mitglieder der Gemeinschaft damit rechnen, immer auf der »Verliererseite« zu stehen.

Für viele Probleme gibt es jedoch Lösungen, die, sind sie erst einmal gefunden, als »nachweislich richtig« gelten dürfen. Sobald sie klar formuliert sind, erkennen die meisten oder alle Mitglieder der Gruppe, dass dieser Weg vernünftig ist, weshalb man von »Stärke der Argumente« sprechen kann. Doch dafür muss zunächst natürlich jemand die beste Lösung vorschlagen, aber das reicht nicht aus. Die Gruppenmitglieder müssen über eine Art gemeinsames Bewertungssystem verfügen, um stärkere von schwächeren Argumenten unterscheiden zu können. Auf diesen Punkt werden wir gleich noch einmal zurückkommen.

Auch ohne die Beratungen einer Gruppe zu beobachten, ist es oftmals möglich, Aufschluss über das Kräfteverhältnis zwischen normativem und informativem Einfluss in der Gruppe zu erhalten, wenn man weiß, wie die Mitglieder zu Beginn der Diskussion auf die verschiedenen Ansichten (also Fraktionen) verteilt waren.[4] Sozialpsychologen haben herausgefunden, dass Gruppenentscheidungen über Geschmacks- oder Meinungsfragen tendenziell dadurch gelenkt werden, welche Fraktion zu Beginn die größte ist. Dies trifft sogar dann zu, wenn die Gruppen nicht ausdrücklich vereinbart haben, bei ihrer Entscheidung der Mehrheit zu folgen.

Und woran würden wir einen starken informationellen Einfluss erkennen? Im Extremfall wird eine Gruppe, die nach dem Prinzip »Stärke der Argumente« arbeitet, die beste Lösung oder das beste Argument sogar dann annehmen, wenn diese Auffassung zu Beginn der Diskussion nur von einem einzigen Anhänger vertreten wird. Sozialpsychologen nennen dies einen Vorgang, bei dem die Wahrheit gewinnt.

Wie bereits erwähnt, muss es dafür eine Art gemeinsames Wertesystem geben, gemäß dem bestimmte Haltungen nachweislich richtig oder zumindest nachweislich besser sind als die anderen. Mit »nachweislich richtig« meinen wir, dass die Mitglieder der Gruppe über eine gemeinsame Methode verfügen, um eine mögliche Antwort zu bewerten – gemeinsame konzeptionelle Richtlinien, anhand derer überprüft werden kann, ob sie zutreffend ist.

Die Arithmetik ist ein solches von allen akzeptiertes System. Werden wir gefragt »Was ist 12 mal 321?«, fällt den meisten von uns wahrscheinlich nicht gleich die Antwort ein. Aber wenn ein Gruppenmitglied dann ausruft: »3852!«, kann jeder, der die Grundregeln der Multiplikation beherrscht, überprüfen, ob das Ergebnis richtig ist.

Ein weiteres Beispiel ist ein gemeinsames Verständnis von Logik. Sehen Sie sich den folgenden Fall an: *Jack blickt auf Anne, aber Anne blickt auf George. Jack ist verheiratet, George nicht. Blickt eine verheiratete Person auf eine unverheiratete Person? Ja, nein oder nicht feststellbar?* In Gruppen entscheiden sich die meisten Personen rasch für eine der drei Antworten, aber nach Erklärung der Sachlage wird schnell klar, dass in Wirklichkeit eine der anderen Antworten zutrifft. (Wir lassen Sie – oder Ihre Lieblingsgruppe – selbst entscheiden.)

Auch geteiltes Wissen kann als gemeinsames konzeptuelles System dienen. Nehmen wir zum Beispiel an, Sie sind mit einer Gruppe auf einer Wanderung und alle haben die Orientierung verloren. Sie sind sich einig, dass Sie nach Norden gehen müssen, aber Sie sind sich nicht einig, in welcher Richtung sich Norden befindet, bis eine Person auf die Hügel zeigt, von denen allerdings jeder weiß, dass sie im Osten liegen.

Die Wissenschaft ist ein Bereich, in dem wir hoffen, dass sich die Wahrheit durchsetzt. Gute wissenschaftliche Theorien können als allgemein akzeptierte konzeptionelle Systeme dienen, sofern sie eine starke interne Logik und eine gute Unterstützung durch externe Beweise haben. Gewinnt also in der Wissenschaft tatsächlich das, was richtig ist? Wir glauben, dass die Antwort »letztendlich« lautet, aber der Weg dorthin kann sehr langwierig sein, und es steht außer Frage, dass vorübergehend eine Mehrheit von Wissenschaftlern die Diskurshoheit auch dann gewinnen kann, wenn sie falschliegt. (Man könnte argumentieren, dass alle wissenschaftlichen Mehrheiten teilweise unrecht haben – nur haben sie etwas mehr Recht als ihre Vorgänger.) Als man ihm von einem während der Nazizeit erschienenen Buch mit dem Titel *100 Autoren gegen*

Einstein berichtete, spottete der Betroffene: »Warum hundert? Wenn ich mich irren würde, wäre einer schon genug.« Für Einstein schien es auf der Hand zu liegen, dass die Wahrheit gewänne, wenn wir alle »unsere Rechenaufgaben erledigen« würden. Im Falle Einsteins ging es natürlich nicht um einfache Arithmetik, sondern um physikalische Berechnungen über das Verhalten des Lichts. Der Nachweis der Richtigkeit oder Fehlerhaftigkeit einer physikalischen Kalkulation ist nur möglich unter Personen, die über einen gemeinsamen Referenzrahmen zur Lösung des Problems verfügen (in diesem Fall eine Reihe von empirisch erprobten physikalischen Konzepten und unterstützende Mathematik). Wenn die drei Verfasser dieses Buches ein Physikproblem lösen müssten, würden John und Rob wahrscheinlich eine Kaffeepause einlegen und Saul die Lösung überlassen.[5] Viele Kleingruppenexperimente beinhalten Gedächtnisaufgaben, mathematische Probleme und Logikrätsel, bei denen es in der Regel möglich ist, die meisten Personen davon zu überzeugen, dass eine bestimmte Antwort richtig ist, weshalb Gruppen hierbei in der Regel besser abschneiden als ihr *durchschnittliches* Mitglied. Aber der Weg dahin wirkt oftmals mehr wie »Wahrheit gewinnt mit Unterstützung« als wie »Wahrheit gewinnt«, denn häufig müssen mindestens zwei oder drei Gruppenangehörige für eine bestimmte Lösung eintreten, bevor die anderen innehalten und ernsthaft genug darüber nachdenken, um zu erkennen, warum sie richtig ist. In solch einem Fall übertreffen Gruppen nicht immer ihre fähigsten Mitglieder. Und Gruppen schneiden noch viel schlechter ab, wenn sie über keinen gemeinsamen Bezugsrahmen wie Logik, Arithmetik oder wissenschaftliches Denken verfügen, mithilfe dessen sie ermitteln können, warum ein Lösungsvorschlag vermutlich richtig ist.

Es gibt noch eine weitere Art von Situation, in der die »Stärke der Anzahl« oft eine unglückliche Rolle spielt. In einem früheren Kapitel haben wir gesehen, dass Einzelpersonen unter einer Vielzahl systematischer Urteilsverzerrungen leiden (die Verfügbarkeitsheuristik, der Rückschaufehler und so weiter). Es hat sich herausgestellt, dass Gruppen diese Voreingenommenheit bei der Urteilsfindung sowohl vergrößern als auch verkleinern können.[6] Wenn eine Gruppe in erster Linie nach dem Prinzip der »Stärke der Anzahl« funktioniert (die Mehrheit entscheidet), dann kann diese Gruppe jede Art von individueller Voreingenommenheit durch deren Übernahme sogar noch *verstärken*, sodass sich die Qualität des Urteils verschlechtert. Und dafür braucht es nicht einmal die institutionellen Pathologien, die Janis als Risikofaktoren für das Gruppendenken identifizierte – ein Mangel an unparteiischer Führung, Abschottung gegenüber Stimmen von außen und so weiter. Wenn Sie eine Schar von Fremden zusammenbringen und ihnen eine Aufgabe stellen, bei der der Rückschaufehler oder die Verfügbarkeitsheuristik eine Rolle spielen, dann ist die Verstärkung der Voreingenommenheit sozusagen vorprogrammiert, so lange, wie es nach der »Stärke der Anzahl« geht.

Können Gruppen eine Voreingenommenheit denn jemals reduzieren? Glücklicherweise lautet die Antwort ja, und zwar unter zwei Bedingungen. Die erste tritt ein, wenn die Mitglieder unterschiedliche Arten von Befangenheit aufweisen. Wir haben gesehen, dass Zufallsfehler durch das Zusammenrechnen ausgeglichen werden. Die Formen von Voreingenommenheit sind aber ihrem Wesen nach nicht zufällig, sodass wir nicht erwarten können, dass sie sich gegenseitig aufheben. Die Schlüsselfrage lautet nun, ob jeder Gruppenangehörige die gleiche Befangenheit aufweist wie die anderen (beispielsweise bezüglich der politischen Einstellung). Falls sich diese Vorprägungen unterscheiden, können sie einander ausgleichen. Dies ist einer von mehreren Gründen, warum die Verschiedenartigkeit der Mitglieder einer Gruppe zu einer besseren Leistung führen kann.[7]

Bitte beachten Sie, dass wir sagen, dass diese Diversität innerhalb der Gruppe eine effektivere Leistung fördern *kann*, nicht dass sie dies *wird*. Denn das kann auch davon abhängen, ob die Vielfalt eine Eigenschaft beinhaltet, die der Gruppe hilft, neue Ideen für die Lösung der Aufgabe zu finden. Und um von der Diversität zu profitieren, benötigt die Gruppe eine Kultur des Respekts und der Teilhabe, die es ermöglicht, die Standpunkte von Minderheiten zur Sprache zu bringen und ernst zu nehmen. Aber natürlich kann die Vielfalt noch weitere Vorteile mit sich bringen (Fairness, Legitimität, Abwechslung, Spaß), ganz unabhängig von ihrer Auswirkung auf die Leistung.

Die zweite alternative Bedingung, die es Gruppen erlaubt, Voreingenommenheiten zu überwinden, die ihr Urteilsvermögen verzerren, funktioniert nach dem Prinzip »Wahrheit gewinnt«. Nehmen wir zum Beispiel die in Kapitel 12 beschriebene Ankerheuristik: Wenn eine Gruppe versucht zu schätzen, wie viel die Renovierung eines Gebäudes kosten wird, kann ihre anfängliche Schätzung leicht durch einen markanten Ankerwert verzerrt werden, beispielsweise durch den Vorschlag des Vorsitzenden, mit einer willkürlichen Schätzung von 100 000 Dollar zu beginnen und den Betrag dann anzupassen. Sagt nun aber jemand: »Moment mal, 100 000 Dollar sind nicht annähernd genug« und zeigt dann auf, dass die wahrscheinlichen Ausgaben leicht eine weitaus höhere Summe ergeben könnten, verliert der Ankerwert an Bedeutung, vorausgesetzt, die anderen Mitglieder finden die Berechnungen plausibel.

Wie können wir das Beste aus Gruppen herausholen?

Wie wir gesehen haben, gibt es gute Gründe sowohl für Optimismus als auch für Pessimismus bezüglich der Frage, ob Entscheidungen durch Gruppen die Voreingenommenheit und Irrationalität, die den Einzelnen oftmals in die Irre führen, korrigieren können. Glücklicherweise hängt es nicht nur vom Zufall ab, ob Gruppen individuelle Urteile verbessern können. Es ist durchaus möglich, die Bedingungen zusammenzufassen, die eine optimale Entscheidungsfindung in der Gruppe begünstigen, und wir können uns bemühen, dies in den Gruppen, an denen wir teilhaben, umzusetzen.

- Wann immer möglich, sollten Gruppenleiter, die gute Lösungen finden wollen, davon absehen, frühzeitig eine Präferenz zu äußern. Gruppen können auch eine vorzeitige Festlegung vermeiden, indem sie Abstimmungen verschieben, bis eine gründliche Diskussion über die Sachlage stattgefunden hat.
- Gruppen sollten eine Kultur der respektvollen Argumentation pflegen, in der sich die Menschen gegenseitig Gehör schenken und niemand aus Furcht, von der Mehrheit bedrängt zu wer-

den, seine Meinung verschweigt. Diese Kultur kann gefördert werden, indem einige Teilnehmende ausdrücklich gebeten werden, Argumente zugunsten einer Minderheitenposition vorzubringen.

- Diskussionen in der Gruppe können einfacher sein, wenn die Gruppenmitglieder einen ähnlichen Hintergrund, ähnliche Vorurteile und ähnliche Vorlieben haben. Aber Homogenität ist ein schlechtes Rezept für eine effektive Entscheidungsfindung. In heterogenen Gruppen ist es wahrscheinlicher, dass zufälliges Rauschen reduziert, anfängliche Voreingenommenheit überwunden und effektivere Lösungen gefunden werden, auch wenn dafür mehr Aufwand erforderlich ist. Hinreichende Diversität in einer Gruppe hat den zusätzlichen Vorteil, dass sie die Legitimität dieser Gruppe in den Augen der Gesellschaft erhöht.
- Gruppen können den Einfluss der Voreingenommenheit bei der Urteilsfindung und Heuristik reduzieren, aber das gelingt am ehesten, wenn sie über gemeinsame konzeptionelle Tools verfügen, um gute Antworten zu erkennen, sobald sie diese zu hören bekommen. Wir betrachten das Material in unserem Buch als ein derartiges Instrumentarium, das Ihnen dabei helfen kann, genau das zu tun sowie auf diesen guten Ideen aufzubauen und sie noch weiter zu verbessern.

Sehen wir uns diesen letzten Punkt etwas genauer an: Die Herausforderung hierbei besteht darin, Hilfsmittel zu entwickeln, die es wahrscheinlicher machen, dass eine Gruppe richtige Antworten als solche erkennt. Was meinen wir damit? Zunächst einmal wollen wir, dass unsere Gruppenentscheidungen in der real existierenden Welt eine gewisse Wirksamkeit entfalten. Dafür ist es natürlich wichtig, dass die Gruppe in der Lage ist, so weit wie möglich zu erkennen, was in der Welt wahr ist. Im Gruppenprozess muss die gemeinsame Auffassung von der Realität identifiziert werden, von der in Kapitel 2 die Rede war. Dies ist sicher einfacher, wenn die gesamte Gruppe die Konzepte kennengelernt hat, die wir in diesem Buch besprochen haben, wie etwa probabilistisches Denken, kausale Logik und im Idealfall sogar »Ordnungen des Verstehens« und Fermi-Probleme, denn diese Notionen sind eingebettet in ein Gesamtsystem von Möglichkeiten zur Überprüfung, ob Hypothesen durch beobachtbare, verifizierbare und reproduzierbare Beweise gestützt werden.

Doch es gibt noch einen weiteren Aspekt, der die Entscheidungsfindung in der Gruppe komplizierter macht als bei Einzelpersonen, denn in der Regel spielt es dabei nicht nur eine Rolle, dass man die Faktizität der Welt richtig erkennt. Die meisten Entscheidungen hängen stark von unseren Werten ab sowie den Emotionen, die uns dazu bewegen, diese Beschlüsse zu fassen, unabhängig davon, ob die Gefühle auf unseren Ängsten und Wünschen oder unseren Ambitionen und Zielen basieren. Tatsächlich sind Werte und Emotionen derart wichtige Triebfedern für Entscheidungen, dass ohne einen rigorosen Plan, wie eine Gruppe den Prozess der Entscheidungsfindung absolvieren soll, das Ergebnis sehr wahrscheinlich von ihnen abhängen wird und nicht von den rationalen Verfahren der Rückversicherung in der Realität, von denen in diesem Buch die Rede war. Im nächsten Kapitel befassen wir uns daher mit verschiedenen prinzipiengeleiteten Ansätzen für die Entscheidungsfindung in Gruppen, wobei die Werte berücksichtigt werden, die den einzelnen Menschen motivieren und ihm wichtig sind – spirituelle, moralische, philosophische, politische, emotionale und relationale Aspekte –, mit dem ehrgeizigen Ziel, unsere Fähigkeit zu rationalem Denken und Handeln zu bewahren. Und im darauffolgenden Kapitel werden wir uns einige aktuelle Innovationen ansehen, die offenbar dazu beitragen, dass Gruppenberatungen effektiver ablaufen.

Kapitel 16

Verflechtung von Fakten und Werten

Stellen Sie sich vor, Sie sind der Bürgermeister einer großen europäischen Stadt und Ihre Fachreferenten empfehlen Ihnen, stadtweit ein neues Programm zu testen, das die Kriminalität und das Risiko einer Überdosis bei Heroinabhängigen verringern soll, indem es Möglichkeiten schafft, kostenlos Heroin unter medizinischer Aufsicht zu erhalten. Sollten Sie diesen Testlauf genehmigen? Und falls die erwünschten Ergebnisse eintreten, das Programm dauerhaft etablieren? Inwiefern können Fakten und Werte bei dieser Entscheidung eine Rolle spielen? Was ist, wenn die Fakten in eine Richtung weisen (Rückgang der Kriminalität und der Überdosen), unsere Werte aber in eine andere (wenn die Abgabe von Heroin an Süchtige sich falsch anfühlt)? Und was passiert, wenn man sich hinsichtlich der Werte nicht einigen kann?

Für die meisten wichtigen Entscheidungen, die wir treffen, ist die Ermittlung der relevanten Fakten zwar notwendig, aber nicht ausreichend. Die Fakten sagen uns nicht, was wir tun sollen, sobald wir über sie verfügen. Selbst wenn die Fakten zur Zufriedenheit aller Beteiligten festgestellt wurden, müssen wir bei unseren Handlungsentscheidungen auch unsere Werte und Gefühle berücksichtigen. Wie wir in diesem Buch dargelegt haben, gibt es produktive Wege, um über Fakten zu diskutieren – aber ist es denn möglich, Wertekonflikte konstruktiv zu erörtern? Und wenn es leidenschaftliche Meinungsverschiedenheiten über Werte gibt, kann man dann nichtsdestotrotz einen Konsens darüber erzielen, was zu tun ist?

Fakten gegen Werte

Wir beginnen mit der groben Vorstellung, dass es einen Unterschied gibt zwischen einerseits faktischen oder beschreibenden Aussagen wie zum Beispiel:

- Die Erde ist 4543 Milliarden Jahre alt.
- Die Grand Central Station in New York befindet sich an der 42. Straße.
- Die Grippe ist ein Virus.

und andererseits normativen oder wertenden Aussagen wie etwa:

- Ich sollte dieses Angebot nicht annehmen.
- Es ist nicht in Ordnung zu sagen, dass man etwas tun wird, und dann einen Rückzieher zu machen.
- Die Regierung sollte die Schlaglöcher beseitigen.

Es erscheint sinnvoll, den Prozess der Entscheidungsfindung aufzuteilen: erstens die Bestimmung der Werte und Ziele, die für Sie bei der Entscheidung am wichtigsten sind, und zweitens die Ermittlung der objektiven Fakten darüber, wie sich die verschiedenen Vorgehensweisen, die als Optionen infrage kommen, auf diese Werte und Ziele auswirken werden. Sie könnten also eine Studie in Auftrag geben, in der a) die gesellschaftlichen Werte ermittelt werden, die für die Identifizierung der von den Wählern gewünschten Ergebnisse relevant sind, und b) Experten die Auswirkungen des Programms auf diese Ergebnisse einschätzen. Sie könnten mit der Erstellung einer Liste von Punkten beginnen, von denen Sie glauben, dass sie den Menschen wichtig sind, und diese dann mit Bürgerinitiativen, Interessengruppen und der Öffentlichkeit durchgehen, um festzulegen, was besondere Berücksichtigung verdient, zum Beispiel die Drogenpolitik. Im Fall des medizinisch überwachten Heroinprogramms notieren wir drei Auswirkungen – hinsichtlich der Überdosen, der Kriminalität und der Anzahl der Personen, die Heroin konsumieren –, aber es gibt daneben wahrscheinlich noch viele weitere (die Kosten des Programms, Einsparungen bei den Ausgaben für die Notaufnahme in den Krankenhäusern, die Strafverfolgung und so weiter). Wir könnten sogar Faktoren in Betracht ziehen, die vielleicht etwas weniger zentral sind, wie zum Beispiel die Auswirkungen der Drogenpolitik auf den Tourismus. Diesen Randerscheinungen könnte man entsprechend weniger Gewicht beimessen.

Eine grafische Darstellung der Vorgehensweise bei der Entscheidungsfindung könnte folgendermaßen aussehen:

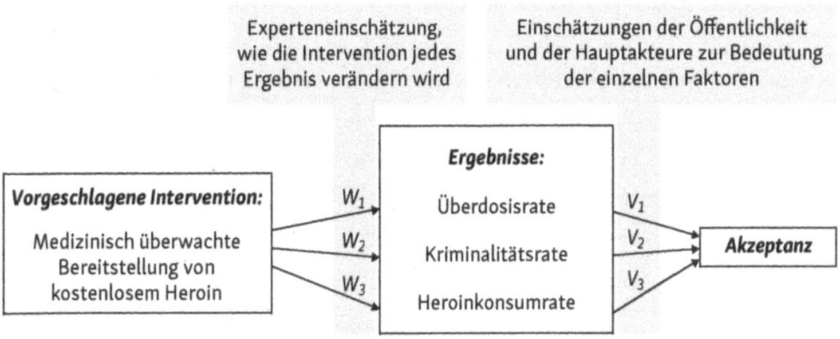

Die Art und Weise, wie wir die Gesamtakzeptanz eines Pakets politischer Änderungen – in diesem Fall bestand die geplante neue Maßnahme in der medizinisch überwachten Bereitstellung von Heroin – berechnen könnten, würde dann etwa so aussehen. Wir können unsere Experten bitten, zu bestimmen, wie stark sich ein bestimmtes Maßnahmenpaket auf jeden Ergebnisfaktor auswirken würde (darunter die Überdosisrate, die Kriminalitätsrate und so weiter; die Faktoren in der mittleren Spalte), der für die Sozialverträglichkeit des Vorschlags von Bedeutung ist. Sie können sich zum Beispiel ansehen, wie stark sich eine medizinisch kontrollierte Heroinversorgung auf die Kriminalitätsrate auswirken würde, und sie können dann mit einer Zahl, *W*, angeben, wie stark die Maßnahme den Ergebnisfaktor beeinflusst. Je größer die Auswirkung ist, desto größer ist die Zahl *W*.

In der Zwischenzeit können wir die Öffentlichkeit und die Hauptakteure bitten, jedem Ergebnisfaktor eine Zahl, *V*, zuzuordnen, die den Wert angibt, den die Menschen diesem Ergebnisfaktor verliehen haben. Je wichtiger der Faktor für die Akzeptanz des Vorschlags ist, desto größer ist die Zahl *V*. Jetzt ist die Verknüpfung von Faktoren und Werten nur noch eine Frage der einfachen Arithmetik. Für jeden Ergebnisfaktor multiplizieren wir das *W* mit dem *V* und addieren die Zahlen dann, um die Gesamtakzeptanz eines bestimmten Maßnahmenpakets zu ermitteln:

$$\text{Akzeptanz} = (W_1 \times V_1) + (W_2 \times V_2) + (W_3 \times V_3) + \ldots$$

Wenn wir diese Akzeptanzzahl mit den Werten anderer vorgeschlagener Maßnahmen – oder der aktuell gültigen Regelung – vergleichen, können wir das Maßnahmenpaket mit dem höchsten Gesamtakzeptanzwert wählen.

Wir müssen uns also nicht erst die Faktoren und Werte wirr durch den Kopf gehen lassen, bevor wir eine Entscheidung treffen. Wir können ihnen stattdessen einige Zahlen zuordnen und eine einfache Rechnung durchführen. Der große Vorteil dieser Vorgehensweise liegt darin, dass sie eine rationale Überprüfung der eigenen Position ermöglicht. Sie könnten zum Beispiel feststellen, dass Sie mit Ihrem politischen Gegner in vielerlei Hinsicht bezüglich einer zu entscheidenden Maßnahme einer Meinung sind, dass es für Sie beide aber unterschiedlich wichtig ist, die Menschen vor einer Überdosis zu bewahren. Jetzt können Sie die Diskussion besser fokussieren. Vielleicht kann einer von Ihnen beiden nun den anderen von seinen Prioritäten überzeugen.

Sie könnten trotz allem einwenden, dass diese Art der Entscheidungsfindung etwas kompliziert ist, dass sie im wirklichen Leben nicht funktionieren würde. Wenn den Leuten ein Thema leidenschaftlich am Herzen liegt, werden sie nicht für diese Art von Übung innehalten. Sie werden sich eher gegenseitig die Köpfe einschlagen und versuchen, dem anderen die eigene Lösung aufzuzwingen.

Gleich werden wir jedoch sehen, dass diese Methode sich tatsächlich in der realen Welt bewährt hat, überdies in einer besonders angespannten Situation. Sie hat nicht perfekt funktioniert – ganz und gar nicht –, aber angesichts der Tatsache, dass es ein erster Versuch war, hat sie besser funktioniert als erwartet.

Die Kugelstudie von Denver

Im Jahr 1974 traf die Polizei in Denver die Entscheidung, von normalen Kugeln auf Hohlspitzgeschosse umzusteigen.[1] Der Beschluss war äußerst kontrovers; viele meinten, solche Deformationsgeschosse seien nichts anderes als »Dumdum«-Geschosse, die verboten waren, weil sie durch ihre abgeflachte Form beim Aufprall schwere Verletzungen verursachten. Es gab Proteste vonseiten der Menschenrechtsorganisation ACLU und verschiedener Aktivisten- und Bürgergruppen. Die Leute waren empört.

Dann wurde ein Polizeibeamter durch eine Hohlspitzkugel getötet. Hunderte von Polizisten versammelten sich vor dem Rathaus. Sie wollten waffentechnisch nicht Kriminellen unterlegen sein, die Hohlspitzgeschosse benutzten. Die Atmosphäre war ziemlich aufgeladen, und die Diskussion ging heftig weiter. Die eine Seite plädierte für die Geschosse, die andere Seite lehnte ihre Verwendung durch die Polizei ab. Die Auseinandersetzung ähnelte einem Gerichtsstreit.

Auf beiden Seiten wurden Experten hinzugezogen, aber je länger die Meinungsverschiedenheit dauerte, desto aussichtsloser schien es, eine Einigung zu erreichen. Die Menschen hatten den Eindruck, das gesamte System von Recht und Ordnung in der Stadt sei dabei zusammenzubrechen. Die Stadträte und andere Beobachter zeigten sich überzeugt, dass ein Austausch von gegensätzlichen Argumenten gescheitert war und sie in einer gefährlichen Sackgasse steckten.

Die Stadtverwaltung bat daraufhin Ballistikexperten um Rat, welche Art von Geschoss »am besten« sei. Da sich diese Frage jedoch nicht allein anhand von technischen Kriterien beantworten ließ, waren die Experten überfordert. Fachwissen war bei diesem Thema zwar von Bedeutung, aber auch Werturteile waren nötig, insbesondere hinsichtlich des Aspekts, wessen Sicherheit Vorrang haben sollte. Und die Ballistikexperten waren nicht besonders qualifiziert, diese ethischen Normen zu definieren, genauso wenig wie Sie oder ich.

Gleichzeitig sprachen sich die Stadtverordneten aber für oder gegen Hohlspitzgeschosse aus, ohne genug über die technischen

Eigenschaften aller verfügbaren Geschosstypen zu wissen, um darüber kompetent diskutieren zu können. Ihre Meinungen beruhten ausschließlich auf Werturteilen, ohne Kenntnis der Fakten, die für eine ausgewogene Entscheidung nötig gewesen wäre. Das Problem war Folgendes: Fakten und Werte waren nicht voneinander getrennt worden, was wesentlich zum Versagen der üblichen Methoden städtischer Verwaltung beitrug.

Während die Debatte erbittert und fruchtlos weitergeführt wurde, Recht und Ordnung kaum noch gewährleistet waren und Hunderte von Polizeibeamten vor dem Rathaus demonstrierten – wen hätten Sie zu Hilfe rufen können, um die festgefahrene Situation zu beenden und eine Lösung zu finden? Der Stadtrat entschloss sich also zur Zusammenarbeit mit einem Expertenteam unter der Leitung von Kenneth Hammond, einem Psychologieprofessor an der Universität von Colorado.

Nachdem Hammond und seine Kollegen die Angelegenheit analysiert hatten, erkannten sie, dass die Merkmale der Kugeln in der Debatte wirklich von Bedeutung waren. Sie unterschieden zwei Faktoren: einerseits die Schwere der Verletzung der Person, die von der Kugel getroffen wird, und anderseits die Wirksamkeit der Kugel, um einen Angreifer zu stoppen. Der Verletzungsgrad wurde an der Höhe der Wahrscheinlichkeit gemessen, dass die von der Kugel getroffene Person innerhalb von zwei Wochen sterben würde. Die Stoppwirkung wurde definiert als die Wahrscheinlichkeit, dass eine von der Kugel getroffene Person in der Lage sein würde, das Feuer zu erwidern. Diese Faktoren waren bei der früheren Argumentation nicht getrennt worden, aber es handelte sich um unterschiedliche Aspekte. Und ein weiteres Kriterium spielte ebenfalls eine Rolle: die Gefahr für Umstehende. Wie wahrscheinlich war es, dass die Kugel abprallte und Personen in der Nähe traf? Es mag ein wenig herzlos oder kaltblütig klingen, auf solche Details zu achten, aber sie sind wichtig in der Praxis. Alles muss explizit erwähnt werden, wenn die Hoffnung bestehen soll, bei Gesprächen über solch umstrittene Themen einen Konsens zu erzielen. Jedes auf dem Markt befindliche Geschoss hatte bestimmte technische Eigenschaften: das Gewicht, wie schnell es aus der Waffe kommt, die Menge an kinetischer Energie, die beim Aufprall auf das Ziel freigesetzt wird. Jedes dieser Merkmale hatte Folgen für die Schwere der Verletzung, die Stoppwirkung und die Gefahr für Umstehende, und da sich die Kugeln in diesen Punkten voneinander unterschieden, war ihr Effekt jeweils ein anderer. Nun hatte man Fakten, die von den Ballistikexperten bestimmt werden konnten.

Was ebenfalls der Klärung bedurfte, waren Fragen der Bewertung. Welche Anforderungen hatten die Beteiligten in Bezug auf den Grad der Verletzung, die Effektivität der Stoppwirkung und die Bedrohung für Passanten?

Inmitten all der Aufregung setzte Hammonds Team Mitglieder des Stadtrats, der Bürgerinitiativen, der Interessenverbände und zufällig ausgewählte Bürger vor Computerbildschirme, auf denen hypothetische Geschosse hinsichtlich ihrer Stoppwirkung, Verletzungsschwere und Gefahr für Umstehende beschrieben wurden. Bei jeder Kugel wurden sie gebeten, den Grad der Akzeptanz zu bewerten. Dann zeigten die Wissenschaftler den Bewertern das Diagramm ihrer Ergebnisse. Je höher der Grad der durch die Kugel verursachten Verletzung anstieg, desto tiefer sank die Akzeptanz. Mit zunehmender Stoppwirkung wuchs ebenso die Akzeptanz. In dem Maße, wie die Bedrohung für Unbeteiligte zunahm, schwand die Akzeptanz. Dann wurde die Gewichtung all dieser Faktoren bei jedem Einzelnen erfasst. Um herauszufinden, wie schwer die Werte jeweils wogen, wurde systematisch vorgegangen, unter Berücksichtigung der deutlichen Gefühlsreaktionen angesichts der Verletzungen von Menschen.

Sobald die Wissenschaftler zu diesem Punkt gekommen waren, baten sie ihre Ballistikexperten, die grundlegenden technischen Eigenschaften aller auf dem Markt erhältlichen Geschosse nochmals zu überprüfen: die Mündungsgeschwindigkeit; den Verlust an kinetischer Energie beim Eintritt in den Körper; die Art, Größe und Form der zugefügten Wunde sowie die Tiefe des Eindringens des Geschosses. Anschließend sollten die Experten beurteilen, welche Folgen daraus jeweils für die Verletzungen, die Stoppwirkung und die Gefahr für Umstehende erwuchsen.

Nun erst entdeckten sie, dass es eine Kugel gab, die sie zuvor nicht in Betracht gezogen hatten. Es handelte sich um ein Hohlspitzgeschoss, das sich aber von den bis dahin berücksichtigten Geschossen unterschied, und die Ballistikexperten stellten fest, dass es die von den Befragten aufgestellten Akzeptanzkriterien besser erfüllte als jedes andere der zuvor diskutierten Geschosse. Es hatte eine gute Stoppwirkung, wodurch sich die Polizei sicherer fühlte, verursachte eine relativ leichte Verletzung und brachte ein geringes Risiko für Umstehende mit sich.

Alle erkannten an, dass diese Vorgehensweise keine Voreingenommenheit zugunsten einer Seite aufwies – weder zugunsten der Polizei noch zugunsten der Bürgerinitiativen, die sich gegen den Einsatz von »Dumdum«-Geschossen durch die Polizei aussprachen. Alle waren sich einig, dass die Polizei genau jene Kugel verwenden sollte, zu der die Überlegungen geführt hatten.

Tatsächlich wurde das Geschoss dann jahrelang benutzt, ohne dass es zu weiteren Kontroversen gekommen wäre. Wichtig dabei war, dass eine Trennung von Fakten und Werten stattgefunden hatte, sodass die Beurteilung den dafür jeweils am besten qualifizierten Personen überlassen werden konnten. Teil des Entscheidungsprozesses war eine Art Blindstudie, denn die Experten wussten nicht, welche Gewichtung die Mitglieder der Bevölkerung den relevanten Faktoren beimaßen, sodass sie nicht vorhersehen konnten, welche Kugeln sie mit ihren Fachgutachten empfehlen würden; ebenso wenig wussten die Personen, die vor den Computerbildschirmen saßen, um ihre Bewertungen vorzunehmen, wie die Experten die verschiedenen Kugeln einschätzten. Auf diese Weise spielte es keine Rolle, ob man ursprünglich auf der Seite der Polizei oder der lokalen Aktivisten gestanden hatte, denn man wusste nicht, welche Folgen die eigene Stellungnahme haben würde. Ein weiterer Vorteil des Verfahrens bestand darin, dass es völlig klar strukturiert war. Die Argumentation konnte überprüft und explizit evaluiert werden.

Warum machen wir das nicht öfter?

Viele Auseinandersetzungen über politische Maßnahmen würden von einer solchen Herangehensweise profitieren. Ein Vorteil ist, dass sie dazu beiträgt, das Problem der »Markierung« zu verringern, von dem bereits die Rede war: dass man durch eine Stellungnahme – beispielsweise für oder gegen die Kontrolle des Waffenbesitzes – zum Mitglied einer bestimmten Gesellschaftsgruppe wird. Dabei kann es passieren, dass Menschen, wenn sie zu ihrer Haltung zum Waffenbesitz befragt werden, einfach die Antwort geben, die ihrer Gruppenidentität entspricht. Anders verhält es sich jedoch, wenn man gefragt wird, wie man verschiedene Faktoren gewichten würde, die von Bestimmungen zum Waffenbesitz beeinflusst werden könnten. In diesem Fall könnte man auf Antworten hoffen, die durch Nachdenken zustande gekommen sind, anstatt bloßer Reaktionen gemäß dem Diktat der Gruppe. Aber es gibt natürlich auch Fälle, bei denen eine solche Herangehensweise keinen Erfolg verspricht. Manchmal sind die Wertvorstellungen der verschiedenen Parteien so diametral entgegengesetzt, dass die gemeinsame Akzeptanz einer politischen Maßnahme auch dann nicht stärker wird, wenn zuvor unter Mitwirkung von Experten der Sachverhalt detailliert analysiert wurde. Eine Entscheidung über die Änderung der Amtssprache einer Region mit einer gleichmäßig zwischen zwei Sprachen aufgeteilten Bevölkerung wäre wahrscheinlich ein solcher Fall.

Bei seinen Untersuchungen über die Auswirkungen von Drogenverboten auf die Gesellschaft bemühte sich Rob, die Leute dabei zu unterstützen, Fakten von Werten zu trennen. In einem zusammen mit den Wirtschaftswissenschaftlern Peter Reuter und Tom Schelling verfassten Aufsatz erstellte er beispielsweise eine detaillierte Systematik aller drogenbedingten Schäden, von Todesfällen durch Überdosis über Verkehrsunfälle bis hin zu Gewalt unter Drogenhändlern.[2] Sie klassifizierten jeden Schaden als primär auf die Wirkung der Droge oder primär auf das Drogenverbot zurückzuführen. Zum Beispiel sind Drogen nur wegen der Prohibition (insbesondere wegen des fehlenden Zugangs zu sauberen Nadeln) eine Quelle für die Übertragung von AIDS, während Verkehrsunfälle auf die psychoaktiven Wirkungen der Droge selbst zurückzuführen sind. Die Autoren glaubten – leicht naiv –, dass diese Taxonomie den Befürwortern der Drogenlegalisierung und den Vertretern des Drogenverbots helfen würde, produktivere und rationalere Debatten über die jeweiligen Vorzüge ihrer Positionen führen zu können. Sie erwarteten mehr Widerspruch von den Prohibitionisten, aber die meisten Einwände kamen von den Legalisierern. (Möglicherweise haben die Verbotsanhänger diese Publikation überhaupt nie gelesen!) Die Befürworter der Freigabe beschwerten sich nicht völlig zu Unrecht, dass die Ausgangsfrage nach den schädlichen Auswirkungen der Legalisierung des Drogenkonsums dessen mögliche *Vorteile* (Genuss, Spaß, Selbsterkundung, Schmerzlinderung und so weiter) völlig außer Acht ließ, wodurch ein wesentlicher Teil jeder Kosten-Nutzen-Analyse fehlte.

Dieses Beispiel zeigt vielleicht nur Robs Scheuklappen beim Blick auf dieses Thema, aber wir denken, dass es außerdem verdeutlicht, wie wichtig eine klare Darstellung von Fakten und Werten in jeder öffentlichen Debatte ist. Wie wir soeben gesehen haben, sind Experten bei großen politischen Entscheidungen nicht unbedingt die besten Ratgeber hinsichtlich der Frage, auf welche Faktoren es *ankommt* und wie sehr. Hier können alle Bürger mitreden.

Es ist bestimmt nicht immer einfach, die ausschlaggebende Liste der relevanten Faktoren zu erstellen, die dieser Ansatz zur Entscheidungsfindung erfordert. Nichtsdestotrotz ist die Kugelstudie von Denver sehr lehrreich. Selbst wenn die Emotionen bei einem bestimmten Thema hochkochen, ist es möglich, vor dem Ergreifen politischer Maßnahmen eine besonnene Haltung einzunehmen, bei der unsere Argumentation explizit und damit überprüfbar und diskutierbar wird.

Werte, die zu verzerrten Tatsachenbehauptungen und Methoden führen

Selbst wenn die Hauptfaktoren für eine politische Entscheidung klar sind, gibt es noch ein weiteres Problem, das die Anwendung des Fakten/Werte-Ansatzes erschweren kann. In der zweiten Hälfte des 20. Jahrhunderts wurde uns zunehmend bewusst, wie stark unsere verschiedenen Kulturen, Ziele und die ungleichen Verhältnisse in den Gesellschaften unser Handeln und unsere Überzeugungen prägen können – und wie in Kapitel 13 erörtert, sind auch Wissenschaftler nicht immun gegen solche Einflüsse. Während Fakten grundlegende Elemente der gemeinsamen, objektiven Realität sind, die unsere Effizienz bestimmen, können Tatsachen*behauptungen* gemeinsam mit ihrem methodischen Unterbau (den wir Faktennarrativ nennen werden) durch diese gesellschaftlichen Kräfte geformt und verzerrt werden. Für manche Menschen ist es daher schwer vorstellbar, bei der politischen Entscheidungsfindung Fakten von Werten zu trennen.

Das ist keine geringfügige Sorge. Während wir bei einer physikalischen Erkenntnis wie »Kraft ist gleich Masse mal Beschleunigung« weniger Befürchtungen hegen, dass Werte die Darstellung von Fakten verzerren könnten, ist die Lage bei vielen sozialwissenschaftlichen Erkenntnissen weniger eindeutig. Ein gutes Beispiel für ein Faktennarrativ aus diesem Fachgebiet, das uns beunruhigen könnte, wurde von Alice Eagly und Linda Carli in ihrer 1981 vorgelegten Analyse des Datenbestands aus 148 veröffentlichten Experimenten präsentiert, in denen es um die Frage der geschlechtsspezifischen Unterschiede und deren Übereinstimmung mit den Ansichten anderer Menschen ging. Insgesamt ergab die Auswertung, dass Frauen stärker beeinflussbar waren als Männer. (Die meisten Studien stammten aus den 1970er-Jahren oder aus der Zeit davor und sind nicht übertragbar auf die Gegenwart.) Als sie die Publikationen jedoch nach dem Geschlecht der Erstautoren aufschlüsselten, stellten sie fest, dass der geschlechtsspezifische Konformitätseffekt bei Untersuchungen von weiblichen Forschern nicht mehr feststellbar war.

Ist es eine Tatsache, dass Frauen (zumindest vor 1981) konformistischer waren als Männer? Vielleicht, aber wenn das so ist, warum wird diese Tatsache dann nur von männlichen Beobachtern dokumentiert? Tendieren männliche Forscher auf irgendeine Weise dazu, Arbeiten zu verfassen oder Ergebnisse vorzulegen, die Frauen als konformistischer zeigen, oder neigen weibliche Forscher zu Forschungen, die weibliche Konformität herunterspielen? Wir wissen es nicht. Aber die vorliegenden Erkenntnisse deuten darauf hin, dass die Ansichten von männlichen und weiblichen Forschenden über Geschlechterrollen ihre angeblichen Ergebnisse beeinflussen könnten. Die Wissenschaftler zweifeln nicht daran, dass sich hinter dieser Verwirrung eine faktische Realität verbirgt – weshalb sie sehr daran interessiert sind, herauszufinden, in welcher Hinsicht die Strukturierung und Auswahl der experimentellen Tests durch Kultur- oder Genderfaktoren geprägt sind –, aber zum Zeitpunkt der Studie von 1981 war es klar, dass es ein Problem mit den Behauptungen und Methoden dieser Experimente gab.

Auf einer abstrakten Ebene wurde bisweilen argumentiert, das Problem der Verzerrung von Faktennarrativen durch Werte untergrabe die Möglichkeit, Fakten überhaupt von Werten zu trennen, aber diese Auffassung teilen wir nicht. Wie bei vielen der in den vorherigen Kapiteln besprochenen Konzepten ist es von praktischem Nutzen, bei der Erörterung zu unterscheiden zwischen Aspekten, die eine faktische Grundlage haben, und Aspekten, die in erster Linie von Werten, Zielen und Emotionen abhängen. Auch wenn diese Trennung auf Definitionen und Klassifizierungen beruht, die angefochten werden können, ist viel gewonnen, wenn man auf dieses Ziel hinarbeitet, denn dadurch werden die Beteiligten dazu gezwungen, die Art und Weise, in der Entscheidungen durch die Realität beeinflusst werden, gesondert zu betrachten.

Werte und Konflikte

Welche Werte haben die Menschen? Ist es möglich, eine systemische Beschreibung dessen zu geben, was ihnen wichtig ist, wer auch immer sie sind, und zwar auf eine Weise, die wir in die praktische Entscheidungsfindung einbringen können? Ein Ansatz ist, die Leute einfach zu *fragen*, was ihnen wichtig ist und wie sehr. Natürlich ist es eine Sache, von welchen Werten sie sprechen, und eine andere, welche sie in der Praxis tatsächlich berücksichtigen. Aber sie dazu zu befragen, ist keineswegs nutzlos.

Stehen Werte immer im Widerspruch zueinander? Nein, und wenn doch, dann ist es eine Frage des Grades. In den Sozialwissenschaften wurde der wichtigste Rahmen für die Erfassung von Wertekonflikten von Schalom Schwartz entwickelt.[3] Er befragte Menschen aus 20 Nationen und bat sie, die Bedeutung von 56 verschiedenen Werten »als Leitprinzip in meinem Leben« zu gewichten. Die statistische Modellierung zeigte, dass die Kernwerte Macht,

Leistung, Hedonismus, Stimulation, Selbstbestimmung, Universalismus, Wohlwollen, Konformität/Tradition und Sicherheit entweder eng miteinander verbunden sein können (Menschen, die einen dieser Werte priorisieren, neigen auch dazu, einen bestimmten anderen Wert zu bevorzugen), gegensätzlich sein können (die Priorisierung des einen Wertes schließt die Vorliebe für den anderen Wert tendenziell aus) oder überhaupt keinen Bezug zueinander haben können. Das heißt, für die meisten Menschen sind einige dieser Werte (wie Hedonismus und Tradition) sehr schwer miteinander zu vereinbaren, wenn bei einer Entscheidung beide zu berücksichtigen sind, da sie in entgegengesetzte Richtungen weisen. Andere Wertepaare (etwa Macht und Leistung) können beide gleichzeitig beachtet werden – sie werden bei Handlungsentscheidungen nicht zu einander widersprechenden Zielen führen. Die Vielfalt von Werten hat eine umfangreiche internationale Forschungsliteratur hervorgebracht, die reale Divergenzen zwischen Gruppen in vielen Regionen der Welt untersucht, zu Themen wie Einwanderung, Klimawandel und ethnischen Konflikten.

In Philip Tetlocks Modell des Wertepluralismus[4] wird die Auffassung vertreten, Wertekonflikte (die beispielsweise dazu führen können, einen Kompromiss zwischen Gleichheit und wirtschaftlicher Effizienz finden zu müssen) seien psychologisch aversiv. Die Menschen haben unterschiedliche Strategien, um mit diesen für sie unangenehmen Zugeständnissen umzugehen. Sie können die Verleugnung wählen, indem sie einen der einander widersprechenden Werte einfach ignorieren. Müssen sie beispielsweise vor einem Publikum mit vielfältigen oder nicht bekannten Ansichten Rechenschaft ablegen, können sie sich vor einer Entscheidung drücken (und diese jemand anderem überlassen) oder sie aufschieben. Treten sie vor einem homogenen Publikum mit einem bekannten Standpunkt auf, können sie mit ihrer Oppositionshaltung prahlen, indem sie dem Publikum erzählen, was es hören will und gleichzeitig die (meist nicht anwesenden) Gegner verteufeln.

Aber es kann produktive Wege geben, um Kompromisse bei den Werten verträglicher zu gestalten. Claude Steele argumentiert, dass die selbstverteidigenden und werteorientierten Funktionen von Haltungen auf ein psychologisches System der Selbstbestätigung zurückzuführen sind, das sich darum bemüht, eine positive Sicht unserer eigenen Identität als moralisch gut, vernünftig, unabhängig und kompetent aufrechtzuerhalten.[5] Wenn wir mit Informationen konfrontiert werden, die diese Sichtweise bedrohen, löst dies Widerstand, Verleugnung, Rationalisierung und weitere Anstrengungen zur Zurückweisung dieser Informationen aus. Bis zu diesem Punkt scheinen Steeles Ideen mit dem übereinzustimmen, was wir gerade bezüglich der Wertekompromisse und Einstellungsfunktionen erörtert haben. Besonders interessant sind jedoch eine von Steele aus diesen Ideen abgeleitete Schlussfolgerung und ein Verfahren für den konstruktiven Umgang mit Wertkonflikten. Steele behauptete, dass es angesichts der Bedrohung unserer Ansichten durch bestimmte Informationen möglich sei, den Einzelnen gegenüber dieser Gefahr robuster und widerstandsfähiger zu machen, indem man ihm die Möglichkeit gibt, seine Werte zu bekräftigen. In einer Reihe von Experimenten haben Steele und seine Kollegen nachgewiesen, dass Personen, die mit neuen Erkenntnissen konfrontiert werden, diese eher in Betracht ziehen und sogar ihre Meinung ändern, wenn sie zunächst die Möglichkeit haben, sich offen zu ihren Grundwerten zu bekennen – beispielsweise durch das Ausfüllen eines Fragebogens zum Wertebestand –, wodurch sich ihr Bedürfnis verringert, ihre Werte rigide zu verteidigen. Forschende haben Programme zur Selbstbestätigung in verschiedenen realen Lebenswelten wie Schulen durchgeführt und gezeigt, dass regelmäßige Eigenbehauptung die Bereitschaft der Schüler erhöhen kann, neue Informationen so aufzunehmen, dass sich ihre schulischen Leistungen verbessern.[6]

Gemeinsame Werte jenseits der Kennzeichnung

Diese Elemente und Sichtweisen unserer Beziehung zu unseren Werten und deren Ursprüngen führen uns zu einer etwas weitreichenderen Frage: Wie kommt es, dass wir manchmal anscheinend kollektive Fortschritte in Bezug auf ein gemeinsames Werteverständnis machen, obwohl wir sehr unterschiedliche kulturelle Voraussetzungen und verschieden gekennzeichnete Identitäten besitzen? So haben sich die Menschen zum Beispiel im Laufe der Jahrhunderte auf gemeinsame Schlüsselwerte geeinigt. Wer würde heute noch bestreiten, dass Sklaverei, Vergewaltigung oder die absichtliche Erniedrigung verletzlicher Menschen verabscheuenswürdig sind? Offensichtlich gibt es Wege, zu einer Wertegemeinschaft zu gelangen.

Wie können wir also über Wertfragen nachdenken? In früheren Kapiteln haben wir über die Rolle der Metapher des Floßes bei der wissenschaftlichen Argumentation gesprochen. Dieses Bild ist auf andere Weise auch hier von Nutzen, um unser Denken über Werte zu beschreiben. Tatsächlich beginnen Kinder schon sehr früh damit, Wertvorstellungen zu entwickeln, oftmals im Dialog mit einem Elternteil:

Kind: »Ting-An hat mir ihren Stift geliehen, aber ich glaube nicht, dass ich ihn ihr zurückgeben werde. Wenn ich das tun würde, hätte ich keinen Stift mehr. Warum sollte ich das also tun?«

Vater oder Mutter: »Du glaubst also nicht, dass man Dinge, die man sich geliehen hat, zurückgeben sollte?«

Kind: »Nun, vielleicht sollte man das normalerweise tun, aber in diesem Fall ist es anders.«

Vater oder Mutter: »Und warum ist es anders?«

Kind: »Weil Ting-An jünger ist als ich.«

Vater oder Mutter: »Aber wenn man Dinge, die man von jüngeren Menschen geliehen hat, nicht zurückgeben muss, dann müsste James dir auch den Kreisel nicht zurückgeben, den er sich von dir geliehen hat.«

Und so weiter. Die Argumentation bewegt sich hier hin und her zwischen 1. Urteilen darüber, was in bestimmten Fällen in Ordnung ist (Ting-An ihren Stift zurückzugeben, da James dir deinen Kreisel zurückgibt), und 2. Urteilen über allgemeine Verhaltensregeln (Menschen sollten Dinge zurückgeben, die sie sich geliehen haben). Wir treffen Entscheidungen darüber, was in einem bestimmten Fall in Ordnung ist, aber wir erwarten, dass sich diese Einschätzung durch grundlegende Prinzipien bestätigen lässt, die durch diesen speziellen Fall illustriert werden. Wenn der allgemeingültige Grundsatz in Ordnung zu sein scheint, könnten wir es dabei belassen. Wenn jedoch die Grundregel nicht zu überzeugen vermag – wenn Sie beispielsweise behaupten, niemand müsse Dinge zurückgeben, die er sich von einer jüngeren Person geliehen hat –, dann müssen Sie entweder Ihr Urteil über den speziellen Fall ändern (es war nicht in Ordnung, den Stift zu behalten) oder das Basisprinzip neu formulieren, bis Sie eines finden, das Ihnen richtig erscheint. Wir springen stets zwischen unserer Einschätzung von Einzelfällen und unserem Urteil über allgemeine Regeln hin und her und schreiten zur Tat, wenn sich beide in einem ausgewogenen Verhältnis zueinander befinden, wenn wir sowohl mit der Handlung in der speziellen Situation als auch mit dem übergeordneten Prinzip einverstanden sind. Diese Vorgehensweise nennt man »reflexives Gleichgewicht«.[7]

Ein ähnlicher Prozess findet unter kompetenten Erwachsenen statt, nur dass die Belehrungen dann in beide Richtungen erfolgen (und Erwachsene wissen zumindest, dass sie Rücksicht auf die Belange anderer Menschen nehmen sollten). Wir lernen voneinander und lernen sogar über die Grenzen zwischen Kulturen hinweg. Wenn zum Beispiel jemand nicht verstanden hat, was an Sklaverei oder Erniedrigung falsch ist, könnte man ihn anhand eines anschaulichen Beispiels aufklären, bis er einsieht, dass das nicht in Ordnung ist. Dann würden wir in einem weiteren Denkschritt herauszufinden versuchen, welche allgemeinen Prinzipien hier im Spiel sind – dass Menschen nicht das Recht haben, andere Menschen zu besitzen, sie schlecht zu behandeln oder ihnen Gewalt anzutun; dass Macht nicht gleich Recht ist und so weiter –, und nachdem wir diese Grundregeln formuliert haben, können wir nochmals kontrollieren, ob sie so haltbar scheinen, oder nötigenfalls weitere Beispiele und deren Beurteilung mithilfe dieser Prinzipien betrachten.

Unsere zuvor eingeführte Floßmetapher ist auch hier hilfreich. Wir müssen beim Nachdenken über Werte nicht ganz vorne anfangen und alles von Grund auf rechtfertigen. Wir beginnen mit dem uns von der Gesellschaft zur Verfügung gestellten Floß aus Werturteilen und nutzen unseren gesunden Menschenverstand, um zu überlegen, was man tun darf und was nicht. Und während wir auf dieser Ansammlung von Werturteilen stehen, können wir einige von ihnen einzeln herausnehmen und überprüfen, ob sie wirklich richtig sind. Wenn es sich um eine Grundregel handelt, können wir kontrollieren, ob sie Einschätzungen zu bestimmten Fällen bereithält, die in Ordnung zu sein scheinen. Wenn es um die Beurteilung eines Einzelfalls geht, können wir uns fragen, welches allgemeine Prinzip dabei angewandt wird, um zu sehen, ob dieses tragfähig erscheint. Es gibt hier also Raum für schrittweise Überlegungen zu Werten, genauso wie wir sukzessive Überlegungen nutzen, um zwischen verschiedenen Quellen von Beweisen und Fachwissen zu entscheiden, wenn wir Fakten ermitteln wollen.

In der Praxis zeigen diese Diskussionen und aktuellen Erkenntnisse Wege auf, wertbezogene Überlegungen zu verbessern:

- Erwarten Sie zunächst viele Wiederholungen des »reflexiven Gleichgewichts« zwischen Ihnen und Ihren Gesprächspartnern, wobei Ihre Diskussionen sich zwischen konkreten Beispielen, bei denen die Gesprächsteilnehmenden emotionale Reaktionen zeigen, sowie allgemeinen Prinzipien, die diese erklären könnten, hin- und herbewegen werden.
- Bieten Sie den Teilnehmenden bereits zu einem frühen Zeitpunkt respektvoll die Gelegenheit, offen über Werte zu sprechen, die Ihnen wichtig sind.
- Wenn Sie und Ihr Kontrahent zugunsten unterschiedlicher Werte argumentieren, die in Konflikt miteinander zu stehen scheinen, sollten Sie anerkennen, dass Sie beide diese Werte teilen können, auch wenn Sie dabei andere Prioritäten setzen, und nach kreativen Wegen suchen, darüber zu sprechen.

Der Wert der Bedächtigkeit

Von dem Philosophen Peter Strawson stammt das Zitat:

> »Ein schottischer Richter des späten 18. Jahrhunderts, der gefragt wurde, wie er zu seinen Entscheidungen komme, soll in etwa Folgendes geantwortet haben: ›Ich lese zuerst alle Schriftsätze, lasse sie mir dann zwei oder

drei Tage lang im Kopf herumgehen (zusammen mit etwas Grog), und anschließend fälle ich mein Urteil.‹ Aber vielleicht war er kein sehr guter Richter.«[8]

Das ist keine schlechte Beschreibung dessen, was viele von uns tun: Wenn wir an einem Volksentscheid teilnehmen sollen, lesen wir zunächst alles, was uns zugänglich ist, über die geplante Maßnahme, denken ein paar Tage lang darüber nach und geben dann unsere Stimme ab. Doch die Schilderungen in diesem Kapitel des Verhältnisses von Fakten zu Werten sollte uns schmerzlich vor Augen geführt haben, wie unbefriedigend diese Vorgehensweise häufig ist: Wir sind uns über die Bestandteile einer politischen Entscheidung nicht wirklich im Klaren, wir wissen nicht, wie wir sie überprüfen sollen, und haben keine Ahnung, wie wir uns mit jemandem auseinandersetzen können, der bezüglich der letztendlich zu treffenden Entscheidung anderer Meinung ist.

Wir haben dieses Kapitel mit einem praktisch nachvollziehbaren Verfahren begonnen, das eine Gruppe anwenden kann, wenn sie eine Maßnahme beschließen muss, bei der sowohl Fakten als auch Werte im Spiel sind. Vielleicht war das bereits eine Verbesserung gegenüber dem »Durcheinanderwerfen der Argumente in meinem Kopf«, aber das Beispiel der Kugelstudie von Denver kann dennoch nicht als ideales Vorbild für einen Prozess gelten, der Fakten von Werten unterscheidet und beide berücksichtigt. Im algebraischen und algorithmischen Verfahren der Geschossauswahl fehlen einige der prinzipienorientierten Elemente, die wir in einer Erwägung sowohl der Fakten- als auch der Werteseite für wünschenswert erachten. So sollte beispielsweise nicht einfach nur der Durchschnitt der Faktenzahlen der Experten oder der Wertegewichtung der Bürger gebildet werden, sondern es sollte Raum geben für schrittweises Nachdenken über diese Input-Quellen, vielleicht zunächst unter Verwendung der Selbstbestätigungsstrategie von Steele. Solche dynamischen Überlegungen sind das Thema unseres nächsten Kapitels.

Kapitel 17

Die Nachdenk-Herausforderung

Zu Beginn dieses vorletzten Kapitels möchten wir eine verblüffende These formulieren und Sie zu einer nüchternen Betrachtung herausfordern. Zuerst die These: *Wir sind vielleicht die erste Generation in der Geschichte der Menschheit, die sich vernünftigerweise zum Ziel setzen könnte, eine nachhaltige Welt zu schaffen, in der alle Menschen gut leben können.* Diese Behauptung ist sicher diskutabel, vielleicht sogar unwahrscheinlich, aber allein die Möglichkeit, dass sie wahr sein könnte, sollte uns wachrütteln. Was meinen wir damit? Zuvorderst dass, wie in Kapitel 10 erörtert, erst unsere Generation – die heute lebenden Menschen – in der Lage war, die Folgen der weltweiten Bemühungen um die Ernährung des Planeten zu beobachten: Allein in den letzten vier Jahrzehnten des 20. Jahrhunderts ist der Anteil der Weltbevölkerung, der in extremer Armut lebt, von über der Hälfte aller Menschen auf weniger als ein Zehntel gesunken, obwohl die Zahl der Erdbewohner um das Zweieinhalbfache gewachsen ist. Die Alphabetisierungsrate ist im gleichen Zeitraum von weniger als der Hälfte auf 87 Prozent gestiegen. Außerdem ließ sich zum ersten Mal in der Geschichte eine Verlangsamung des Bevölkerungswachstums feststellen, und in vielen Ländern – darunter das seit Langem weltweit größte – ist die Bevölkerung sogar ein wenig geschrumpft. Es ist also wieder möglich, alle Menschen zu versorgen; unsere Welt bildet nicht mehr die Theorie von Malthus ab, derzufolge die Ressourcen der Erde auf Dauer nicht für die auf unserem Planeten lebende Bevölkerung ausreichen würden.

Die jüngste Pandemie war beängstigend, aber sie hat auch gezeigt, dass wir unser rasch wachsendes biologisches Wissen nutzen können, um im Handumdrehen eine Impfung zu entwickeln. Wir haben noch einen weiten Weg vor uns, bevor wir sicher sein können, dass wir jede zukünftige Bedrohung rechtzeitig in den Griff bekommen können, aber wir scheinen uns diesem Ziel ganz eindeutig zu nähern.

Auf einer noch höheren, planetarischen Ebene sind wir die ersten Generationen der ersten Spezies, die in der Lage ist, unsere globale Umwelt willentlich zu gestalten. Die menschliche Industrie kann zwar ursächlich für die Erderwärmung sein, aber unsere bloße Fähigkeit, diese zu bewirken, zeigt auch, welchen Einfluss wir als Akteure auf unserem Planeten haben und dass wir die unterschiedlichen Umweltbedingungen nicht einfach hinnehmen müssen. Frühere Völker sind aufgestiegen und gefallen, während Eiszeiten (oder Dürren) unsere Geschichte geprägt haben. Und obwohl wir – um es deutlich zu sagen – noch nicht wissen, wie wir unser Klima sicher steuern können, um diese Schwankungen zu stabilisieren, verfügen wir zum ersten Mal über Werkzeuge, die wir in Betracht ziehen (und weiterentwickeln) können, wenn das nächste Mal Gletscher unsere Bevölkerungen bedrohen.

Wir sind offenbar auch die erste Spezies, die in der Lage ist, das nächste Massensterben zu verhindern, das etwa alle 26 Millionen Jahre eintritt, wenn ein großer Komet oder Asteroid mit der Erde kollidiert und die meisten Artenfamilien auslöscht. Wir besitzen mittlerweile Teleskope, mit denen wir die sich unserem Planeten nähernden Kometen und Asteroiden bereits lange bevor sie bei uns eintreffen, entdecken können, und wir sind in der Lage, ein Raumschiff ins All zu schicken, das den fernen Asteroiden anstößt, sodass er uns verfehlt.

Auch wenn wir also noch nicht wissen, wie wir die Aufgabe bewältigen können, so wissen wir doch, dass die heute lebenden Generationen die inspirierende Möglichkeit haben, eine funktionierende Welt aufzubauen, die alle außer die Mikroorganismen überdauern kann. Wir gehen davon aus, dass Sie angesichts dieser überraschenden These auf die gleiche Weise reagieren werden, wie wir es getan haben: »Ja, aber …! Nun, vielleicht, jedoch …!« Es ist zwar schön und gut, in unsere auf wissenschaftlichem Optimismus basierende Beharrlichkeit zu vertrauen, aber leider ist die Welt nicht das von uns erträumte Paradies. Wir nutzen nicht einmal unser *derzeitiges* Wissen so gut, wie es möglich wäre, und wir sind ganz und gar nicht bereit, uns so hehre Ziele für die Zukunft zu stecken.

Damit kommen wir zur Charakterisierung der nüchternen Herausforderung, die wir Ihnen zu Beginn dieses Kapitels angekündigt haben. Man könnte argumentieren, dass aus heutiger Sicht die wichtigsten Tools, die uns fehlen, um diese Ziele zu erreichen, Techniken für konstruktives und weitreichendes kollektives Denken sind. Wenn wir Menschen gut gemeinsam nachdenken, können wir erstaunliche, unlösbar scheinende Aufgaben bewältigen. Tun wir es nicht, geraten wir schnell in eine Sackgasse – oder schlimmer noch, wir werden destruktiv. Unsere kollektive Herausforderung – möglicherweise die wichtigste Herausforderung unserer Zeit – besteht darin, solche Tools für produktives gemeinsames Denken zu erfinden und sie dann auch zu nutzen. Wenn wir dieser Herausforderung jetzt, zu Beginn des dritten Jahrtausends, angemessen begegnen, haben wir eine gute Chance, die Grundlage für einen blühenden Planeten zu schaffen.

Sobald wir Menschen ein Problem erst einmal identifiziert haben, sind wir bemerkenswert leistungsfähig darin, Lösungswege zu finden. Wenn wir produktives kollektives Denken fördern wollen, dann können wir bereits auf einige Ausgangspunkte zurückgreifen. So wie wir erkannt haben, dass unsere Industrie die Fähigkeit hat, unser globales Klima zu beeinflussen (im positiven wie im negativen Sinne), sollten wir uns auch bewusst machen, dass unsere industriell betriebene Informationstechnologie einen nationalen, ja sogar globalen Einfluss auf das kollektive Denken haben kann.

Im letzten Jahrzehnt hat sich beispielsweise gezeigt, dass unsere Informationstechnologie es ermöglicht, Nachrichten so an ein ausgewähltes Publikum zu verbreiten, dass »gedankliche Echokammern« entstehen, in denen wir nur Botschaften zu hören bekommen, die unsere Ansichten bestätigen. Dies ist ein wirkungsvoller Verstärker von Bestätigungsfehlern und hat eindeutig zu einer parteipolitischen Polarisierung geführt, die uns daran hindert, bei vielen Problemen in zahlreichen Ländern der Welt Fortschritte zu erzielen. Aber wenn wir in der Lage sind, einseitige Denkgemeinschaften zu schaffen, sollten wir auch in der Lage sein, ein produktiveres Umfeld für kollektives Denken zu erzeugen. Wir müssen nur herausfinden, wie wir unsere Technologie anders nutzen können.

Im Laufe dieses Buches haben wir mentale Ansätze, Tricks und Denkweisen erörtert, die uns als Einzelpersonen viel effektiver machen, doch das kann auch für unsere kollektive Leistung gelten. Wenn wir uns der großen Herausforderung stellen, spezifische Tools für kollektives Denken zu entwickeln, die sich in unserer digitalen Welt wirksam anwenden lassen, werden wir feststellen, dass sie auf verschiedenen Ebenen von Nutzen sind. Jeder Ansatz, den wir entwickeln, kann uns helfen, einen blühenden Planeten zu schaffen, aber er kann uns auch dabei unterstützen, eine funktionierende Stadt, ein Unternehmen oder eine gemeinnützige Organisation aufzubauen – sogar auf Familien oder Freundesgruppen lässt sich dieser Effekt übertragen.

Überlegungstechnologie

Um diese Herausforderung zu bewältigen, kann es äußerst hilfreich sein, sich Beispiele für erfolgreiches und effektives Kollektivdenken anzusehen. Auch wenn jeder Fall für sich genommen nicht alle unsere Anforderungen erfüllt, zeigt er uns doch etwas, worauf wir aufbauen können. Im vorhergehenden Kapitel haben wir ein Beispiel für eine Technik zur Gewichtung von Fakten und Werten gezeigt, die in bestimmten Situationen nützlich sein konnte. Doch unklar blieb, ob die Kugelstudie von Denver genug jener Elemente enthielt, die für ein konstruktives kollektives Denken notwendig sind, um ein wichtiges Werkzeug in unserem mentalen Instrumentarium für das dritte Jahrtausend zu werden. Schauen wir uns nun eine Technik an, die diesbezüglich eine größere Rolle spielen könnte. Das sogenannte Deliberationsforum zählt zu den inspirierendsten Beispielen eines transformativen Tools für produktives kollektives Denken, das wir kennen.

Die Kugelstudie von Denver hat gezeigt, wie schwierig es ist, in Diskussionen, bei denen die Beteiligten unterschiedliche Werte und Prioritäten haben, die Fakten zum Tragen zu bringen. In solchen Fällen werden die Ansichten der Leute häufig von ihren Ängsten, Wünschen, Ambitionen und Zielen bestimmt. Das trifft zweifellos auf unsere aktuelle politische Situation zu, in der die Menschen oft das Gefühl haben, nicht miteinander reden zu können. Die Bevölkerungsteile mit entgegengesetzten politischen Auffassungen sind sich völlig uneinig, sodass nach einer Wahl fast die Hälfte des Landes meint, vollständig aus dem politischen System verdrängt worden zu sein. Dann kommt die nächste Wahl, und die andere Hälfte des Landes fühlt sich wie vom Platz gestellt. Das kann nicht der richtige Weg sein, um ein Land zu regieren. Es muss eine Möglichkeit geben, die Menschen dazu zu bringen, ihre unterschiedlichen Interessen, Ziele und Wünsche mit sachlichen Informationen zu verknüpfen, um gemeinsam Probleme zu lösen, Entscheidungen zu treffen, Pläne zu entwickeln und sich auf politische Maßnahmen zu einigen. Diesem Zweck soll das Deliberationsforum dienen.

Dieses Verfahren mit der englischen Bezeichnung »Deliberative Polling« wurde in den späten 1980er-Jahren von Jim Fishkin entwickelt, der damals Professor an der Universität von Texas war, bevor er nach Stanford ging, wo er heute das Deliberative Democracy Lab leitet (das »Labor für Überlegungsdemokratie«). Die Idee des Deliberationsforums war Fishkin gekommen, als er über den üblichen Ablauf von Umfragen nachdachte, wie er selbst berichtet. Ein Meinungsforschungs- oder Medienunternehmen – nehmen wir die *New York Times* – stellt etwa 1000 zufällig ausgewählten Personen der amerikanischen Öffentlichkeit eine Frage wie »Sollte Amerika ein transpazifisches Handelsabkommen unterzeichnen?« Die meisten denken wahrscheinlich zunächst: »Na ja, das weiß ich nicht.« Überraschenderweise können aber ganz gewöhnliche Leute auch zu Themen, von denen sie keine Ahnung haben, eine Meinung äußern, etwas wie: »In Ordnung ... ja« (oder »nein«).[1] Am nächsten Tag lautet die Schlagzeile der *New York Times*: »Zwei Drittel der amerikanischen Bevölkerung befürworten das Handelsabkommen.« Wenn man berücksichtigt, wie diese Umfrage durchgeführt wurde, kann man sich des Eindrucks nicht erwehren, dass diese

Schlussfolgerung ziemlich nutzlos ist. Die befragten Personen wissen wahrscheinlich nicht viel (oder gar nichts) über das Thema; sie geben nur irgendeine Antwort, von der sie vermuten, dass man sie von ihnen hören will.

Wirklich von Interesse wäre zu erfahren, was US-Bürger aus einer repräsentativen Stichprobe über ein Thema denken würden, wenn sie tatsächlich etwas darüber wüssten. Im Idealfall möchte man herausbekommen, was sie denken, nachdem sie sich darüber informiert und die verschiedenen Optionen und deren Konsequenzen sorgfältig abgewogen haben. Fishkin fragte sich: Warum versuchen wir das nicht? Warum versammeln wir nicht eine repräsentative Auswahl von US-Bürgern in einem Kongresszentrum und schaffen ein Verfahren, im Rahmen dessen die Teilnehmenden mehr Wissen erlangen, während sie sich mit dem Thema auseinandersetzen, indem sie Informationen sowohl von Experten als auch von anderen teilnehmenden Bürgern einholen, und es dann diskutieren und durchdenken?

Fishkin und seine Kollegen entwickelten einen folgenden Ablauf: Sie wählen zufällig mehrere Hundert Bürger aus und bringen sie zusammen, in der Regel für eine dreitägige Veranstaltung, um über ein bestimmtes politisches Thema wie die Reform der Sozialhilfe nachzudenken. Zunächst führen sie eine Vorabbefragung durch, um das Wissen und die Meinungen der Teilnehmenden zu den Kerninhalten zu ermitteln. Im Fall der Reform der Sozialhilfe könnten sie beispielsweise Fragen zur politischen Einstellung in Bezug auf dieses Thema, dem Grundlagenwissen über Wirtschaftstheorie und Ähnliches stellen. Sobald die ersten Meinungen gesammelt sind, teilen sie die Befragten in kleine Gruppen von ungefähr einem Dutzend Personen auf, jede mit einem geschulten Moderator. Dann beginnen die Beratungen, und zwar auf der Grundlage sorgfältig vorbereiteter Informationsmaterialien, die alle gelesen haben (oder sich als Video angesehen haben). Dieses Briefing hat zum Ziel, die politische Problematik vorzustellen, indem es die anerkannten und umstrittenen Fakten und Werte, die Belege für diese Positionen sowie die Pro- und Kontraargumente für die in Betracht gezogenen Maßnahmen beschreibt – ganz so, wie Experten mit unterschiedlichen Haltungen zu dem Thema raten. Die

Überlegungen sind zwar ergebnisoffen, werden aber moderiert, damit eine möglichst produktive Diskussion entsteht. Der Moderator ist nicht befugt, von sich aus Inhalte beizusteuern, sondern soll lediglich sicherstellen, dass jeder Teilnehmer zu Wort kommt; außerdem kann er die Gruppe auf relevante Informationen in den verteilten Materialien hinweisen. Der Moderator achtet auch darauf, dass während der Beratung keine Abstimmungen durchgeführt werden; ganz im Gegensatz zu vielen Geschworenenprozessen, die wir aus Filmen kennen, dürfen Reflexionsgruppen während des Nachdenkens über nichts abstimmen – allenfalls über die Fragen, die sie den Experten stellen wollen.

Üblicherweise kommt jede Gruppe bei ihren Überlegungen an einen Punkt, an dem sich ihre Mitglieder nicht entscheiden können, was die richtige Entscheidung ist. Die Gruppen identifizieren dann alles, was ihnen bezüglich der Folgen bestimmter politischer Maßnahmen noch unklar ist: wie man unerwünschte Auswirkungen vermeiden könnte, wie man ein bestimmtes Ergebnis herbeiführen könnte und so weiter. Die Gruppen sammeln diese Fragen und legen sie einem Gremium von Experten vor, unter denen die ganze Spannbreite von Ansichten zu diesem Thema vertreten ist.

Aufgrund ihrer unterschiedlichen Positionen sind die Fachleute natürlich nicht immer einer Meinung, aber alle kennen sich mit dem Sachgebiet aus. Die Experten dürfen die im Überlegungsprozess befindlichen Bürger nicht belehren; sie sollen nicht versuchen, deren Einstellungen zu ändern. Sie sind nur dazu da, Fragen zu beantworten. Nachdem die Fachleute hinreichend Auskunft gegeben haben, gehen die Beratungen in den Kleingruppen weiter, die nun besser informiert sind als zuvor und auf dieser Basis weiterarbeiten können. Jemand aus der Gruppe könnte anmerken: »Nun, dieser Experte hat Folgendes gesagt.« Worauf ein anderes Gruppenmitglied erwidern könnte: »Ja, aber das ergibt keinen Sinn, wenn man bedenkt, was der andere Experte gesagt hat.« Nach dieser Art von Diskussion entwickelt die Gruppe in der Regel ein Gespür dafür, welcher Experte mehr über einen bestimmten Aspekt weiß – und im Idealfall auch, welcher Experte besser in der Lage ist zu erkennen, wann eine Antwort nicht gegeben werden kann, und ihr Vertrauen in eine bestimmte These daher gering sein sollte (in der

Formulierung von Kapitel 5, welcher Experte »gut kalibriert« ist). Wenn sie weiter nachdenken, werden ihnen noch mehr Fragen in den Sinn kommen, mit denen sie sich wiederum an die Fachleute wenden können. Diesen iterativen Prozess durchlaufen sie während des langen Wochenendes mehrere Male. Das Ziel dabei ist nicht, einen Konsens zu erreichen. Es ist nicht wie bei einer Jury, wo sich alle einigen müssen. Am Ende der Veranstaltung haben die Teilnehmenden dennoch oft ihre Meinung geändert. Fishkin und seine Kollegen können verfolgen und quantifizieren, was mit den Ansichten passiert, weil sie die Teilnehmenden sowohl vor als auch nach der Veranstaltung befragen. Dabei haben sie herausgefunden, dass die Mitwirkenden sich bei der Modifizierung ihrer Auffassungen nicht daran orientieren, wer der charismatischste Experte ist oder wer in der Überlegungsgruppe am eloquentesten spricht oder den höchsten Status besitzt. Sie ändern ihre Meinung anhand der neuen Informationen, die sie zu dem Problem erhalten.

Nach den Beratungen sagen die Leute oft, dass sie mit einer bestimmten Ansicht gekommen sind und dann gemerkt haben, dass sie einfach falschlagen. Jemand in ihrer Gruppe könnte ihnen beispielsweise von einem Verwandten erzählt haben, der sich in einer bestimmten Situation befand, wodurch sie einen persönlichen Blick auf das Thema erhalten und erkannt haben, dass es auch andere zu berücksichtigende Perspektiven gibt. Oder vielleicht wurde ihnen klar, nachdem sie den Experten zugehört hatten, dass sie eine bestimmte Tatsache, die bei dem Thema eine wichtige Rolle spielt, nicht bedacht hatten.

Apathie und »Kennzeichnung« ins Abseits stellen

Deliberationsforen können auch eine ermutigende Antwort auf die Apathie und das mangelnde Engagement darstellen, die das Funktionieren der Demokratie behindern. Bei den Veranstaltungen des Deliberative Polling, die von Fishkin und seine Kollegen organisiert werden, nehmen die Leute in der Regel ihre Rolle ernst. Fishkin und seine Mitstreiter haben unter den Teilnehmenden, die sie nach dem Zufallsprinzip ausgewählt haben, bisweilen bemerkenswert hohe Mitwirkungsquoten erreicht, und mehr als 95 Prozent der Personen, die mit den Beratungen beginnen, bleiben bis zum Ende dabei. Außerdem ließ sich feststellen, dass diejenigen, die ihre Teilnahme zugesagt haben, sich vor den Veranstaltungen häufig verstärkt in journalistischen Medien informieren. Es gibt Beispiele von Personen, die bis dahin noch nie eine Zeitung gelesen haben und plötzlich anfangen, drei Zeitungen pro Tag zu lesen. Die Leute fassen die Einladung zur Teilnahme als echte Verpflichtung auf, diese Aufgabe gut zu erfüllen.

Auch das Phänomen der Kennzeichnung, von dem in Kapitel 12 die Rede war, scheint dabei auf der Strecke zu bleiben. Während des Deliberationsforums beginnen die Menschen, sich mit der Gruppe zu identifizieren, mit der sie gemeinsame Überlegungen anstellen, und legen ihre vorherige politische Identität ab, beispielsweise die eines überzeugten Liberalen oder ökonomisch Konservativen. Diese Etikettierungen stehen nicht im Vordergrund, wenn die Leute sich auf diese Weise beraten.

Angesichts von Fishkins Schilderungen seiner Deliberative-Polling-Veranstaltungen erscheint es vielversprechend, eine zufällig ausgewählte »Jury« von Menschen aus der amerikanischen Bevölkerung unterstützt durch Expertenwissen zusammenarbeiten zu lassen, um gemeinsam ein Problem zu lösen, anstatt sich allein auf unsere gewählten Volksvertreter zu verlassen. Wer mit unseren Stimmen ins Parlament kommt, fühlt sich oft unter Druck gesetzt, den Teil der Bevölkerung zufriedenzustellen, der ihm ideologisch am nächsten steht, anstatt die Interessen aller Menschen in seinem Bezirk oder Bundesstaat zu vertreten (ganz zu schweigen von den Belangen des gesamten Landes).

Könnten wir Wege finden, die Wirksamkeit eines Deliberationsforums in viel größerem Maßstab zu reproduzieren? Beispielsweise mithilfe einer großen Anzahl kleiner Online-Videokonferenzen? Oder vielleicht könnte ein Konsortium philanthropischer Stiftungen jedes Jahr ein paar landesweite Deliberative Polls als Präsenzveranstaltungen finanzieren und dann noch eine beträchtliche Summe für Öffentlichkeitsarbeit ausgeben, um zu zeigen, wie und warum die Menschen ihre Meinung zu den diskutierten Themen geändert haben, um auf diese Weise das nationale Nachdenken über diese Sachverhalte in Schwung zu bringen? Solche groß angelegten Deliberationsforen könnten den Menschen helfen, sich ein unvoreingenommenes Bild von den Fakten zu machen, sie zu berücksichtigen und Kompromisse zu finden – und natürlich auch, anderen Personen zuzuhören und deren Ansichten besser zu verstehen. Vielleicht hätten wir dann besser informierte Wähler und Volksvertreter.

Szenarienplanung

Das Konzept des Deliberationsforums ist inspirierend aufgrund seiner Fähigkeit, Fachwissen mit Legitimität – dem berechtigten Anspruch, gehört zu werden – zu kombinieren, denn es basiert auf einer zufälligen Stichprobe aus der Bevölkerung, die groß genug ist, um die Werte und Emotionen aller Beteiligten angemessen zu repräsentieren. Aber was ist mit Planungsentscheidungen, bei denen noch viel mehr Faktoren unbekannt sind, bei denen das Expertenwissen nur bis zu einem gewissen Grad hilft und bei denen der unvorhersehbare zukünftige Zustand der Welt sich auf unsere Entscheidungen auswirken könnte? Die Technik der »Szenarienplanung« wurde genau für solche Situationen entwickelt.

Entstanden ist die Technik in den 1960er-Jahren durch Herman Kahn von der RAND Corporation und später dem Hudson Institute. (Kahn war ein wichtiges Vorbild für die von Peter Sellers gespielte Titelfigur in Stanley Kubricks Filmsatire *Dr. Seltsam* von 1964.) Andere frühe Entwickler dieses Konzepts waren das Stanford Research Institute und die Royal Dutch Shell Group, insbesondere während der Amtszeit von Peter Schwartz als Leiter der Planungsabteilung. In *The Art of the Long View* schildert Schwartz, wie die Szenarienplanung für geschäftliche Anwendungen weiterentwickelt wurde und schließlich erfolgreich für die unterschiedlichsten Zwecke eingesetzt wurde, von »edlen« Vorhaben wie der Planung des Neuaufbaus der Gesellschaft nach dem Ende der Apartheid in Südafrika bis hin zu »lächerlichen« Projekten wie der Erschaffung einer Zukunft für den Science-Fiction-Film *Minority Report*.

Die Grundidee der Szenarienplanung besteht darin, eine Reihe möglicher Zukunftsbilder zu entwickeln, um die Tragfähigkeit unserer Entscheidungen in verschiedenen Kontexten zu überprüfen.[2] Die Übung beginnt mit der Identifizierung einer anstehenden wichtigen Entscheidung durch die Teilnehmenden, die getroffen werden muss. (Man kann eine derartige Planung durchführen, ohne sich auf konkrete Beschlussfassungen zu beziehen, aber wenn man sie mit hineinnimmt, wird die Übung weniger abstrakt und weitaus nützlicher.) Es kann sich zum Beispiel um ein Unternehmen handeln, das entscheiden muss, welche personellen Veränderungen in den nächsten Jahrzehnten vorgenommen werden müssen, oder um den individuellen Fall eines Studenten, der sich entscheiden muss, welches Fach er weiter belegen möchte und wie er seine universitäre Ausbildung vervollständigen soll.

Die Teilnehmenden identifizieren dann »Schlüsselkräfte« im unmittelbaren, lokalen Umfeld sowie »treibende Kräfte« im größeren Makroumfeld, die für die anstehende Entscheidung relevant sind. Da die Anzahl der potenziellen Kräfte im nahen und weiten Umfeld unbegrenzt ist, werden die Mitwirkenden dazu angehalten, die Liste auf jene Faktoren zu beschränken, von denen am ehesten anzunehmen ist, dass sie einen Einfluss auf den Erfolg oder Misserfolg der Entscheidung haben. Für die Beschlüsse zum Thema Personal und Ausbildung könnten zu den treibenden Kräften zählen:

- Hochwertige Bildung (kostenlos und allgemein zugänglich oder teuer und Eliten vorbehalten?)
- Wirtschaft (Wachstum oder Stagnation bzw. Depression?)
- Verteilung von Reichtum und Macht (stark konzentriert oder gleichmäßiger verteilt?)
- Altersdurchschnitt (wird er sich weiter in Richtung einer älteren Bevölkerung entwickeln?)
- KI und Robotik (auf welche Weise werden sie in der Zukunft eine größere Rolle spielen als heute?)
- Künftige Pandemien (und unsere Fähigkeit, sie zu bewältigen)
- Mögliche kulturelle Verschiebungen bei der Work-Life-Balance
- Grad der Globalisierung (Interdependenz und geringe Konflikte oder Isolationismus und sehr konfliktiv?)
- Energiekosten (werden sie vernachlässigbar oder steigen sie an?)

Anschließend bewerten die Teilnehmenden jede Kraft nach ihrer Wichtigkeit und ihrer Unsicherheit. Dabei ist es sinnvoll, die unsicheren treibenden Kräfte zu berücksichtigen, da die »unmöglichen« oder »vorherbestimmten« Kräfte ohnehin in allen Szenarien vorkommen, die Sie (im nächsten Schritt) erstellen werden. So besteht zum Beispiel größere Ungewissheit über die zukünftigen Energiekosten als über die demografische Entwicklung hin zu einer immer älteren Bevölkerung. Daher ist es von größerem Nutzen, die Frage der Energie zu untersuchen als die des demografischen Wandels, der in allen Ihren Zukunftsszenarien eine Rolle spielen wird.

Obwohl es möglicherweise relevante Daten zu den verschiedenen treibenden Kräften gibt, wäre es ein Fehler, wenn die Verfügbarkeit von Daten Einfluss darauf haben würde, was in die Rangliste aufgenommen wird und wo es platziert wird, denn das Ziel ist hier ein ganz anderes als bei der Erarbeitung unserer Kausalfaktoren erster und zweiter Ordnung. Dort haben wir uns auf die aktuelle Wirklichkeit bezogen, sodass die Daten bei der Priorisierung bestimmter Faktoren sehr nützlich waren, während wir hier eine große Spannbreite möglicher Szenarien berücksichtigen wollen, die die Zukunft für uns bereithalten könnte, darunter auch unwahrscheinliche Varianten. Diese Vielzahl möglicher Entwicklungen in Betracht zu ziehen, hilft uns bei unseren Planungen, auch wenn der spezielle Ausschnitt, den wir untersuchen, nicht alle Arten zukünftiger Ereignisse abdeckt.

Die Mitwirkenden wählen dann eine kleine Anzahl von Zukunftsszenarien aus und entwickeln sie. Wie beim Verfassen von Romanen oder Drehbüchern gibt es keine Begrenzung für die Anzahl oder Komplexität der Szenarien, die die Teilnehmenden entwerfen können, aber diese Art von Planung ist am effektivsten, wenn sie sich eine begrenzte Zahl von Szenarien ausdenken, in der Regel vier. Diese basieren in der Regel auf einer Matrix der zwei wichtigsten treibenden Kräfte, jeweils unterteilt in die beiden Richtungen, in die sie sich jeweils in der Zukunft entwickeln könnte (beispielsweise »Wohlstand ist gleichmäßig verteilt« gegen »Wohlstand ist stark konzentriert«). Aufgrund dieser zwei Hauptantriebskräfte und den zwei Ebenen jeder Kraft gibt es also 2 mal 2 oder4 Zellen in der Matrix. Jede dieser Zellen repräsentiert dann einen Teil des Spektrums an Möglichkeiten, die für den Erfolg oder Misserfolg der Entscheidung besonders wichtig erscheinen. Die Mitwirkenden werden aufgefordert, jedem Szenario einen prägnanten und aussagekräftigen Namen zu geben, der so treffend ist, dass er bei künftigen Überlegungen zu dem Beschluss verwendet werden kann. Die Szenarien werden dann in kurze Erzählungen umgewandelt, ähnlich wie imaginäre Nachrichtenberichte, nachdem ein Ereignis stattgefunden hat. Jede Schilderung sollte erklären, wie das Szenario, selbst wenn es unwahrscheinlich ist, plausibel ablaufen könnte.

Nehmen wir zum Beispiel an, dass wir für unsere Entscheidungen über Arbeitskräfte und Studierendenausbildung als die eine der zwei wichtigsten treibenden Kräfte die »Konzentration des Wohlstands« wählen und als die andere die »Effektivitätssteigerung von KI und Robotik«. Dann könnte die Matrix der Szenarien am Ende so aussehen wie in der Grafik auf der nachfolgenden Seite.

Am Ende des Verfahrens überlegen die Teilnehmenden, ob jede ihrer in Betracht gezogenen Entscheidungsoptionen »über alle Szenarien hinweg tragfähig« sein wird (wie Schwartz es ausdrückt). Die solideste Option ist vielleicht am wenigsten riskant, aber sie ist nicht unbedingt die optimale Wahl. Eine weniger robuste Option könnte vorzuziehen sein, weil sie in einem bestimmten Szenario das bestmögliche Ergebnis liefert und wir bereit sind, ein etwas höheres Risiko einzugehen, falls eines der anderen Szenarien zur Welt der Zukunft werden sollte. (Jemand, der risikoscheu ist, könnte sich für eine Ausbildung zum KI-Programmierer entscheiden, wenn dies in allen Szenarien als eine solide Berufswahl erscheint. Jemand mit einer höheren Risikotoleranz könnte sich jedoch für einen kreativen Beruf wie den des Architekten entscheiden, wenn er glaubt, dass dies in allen Szenarien außer dem links unten optimal wäre.) Aber die Übung, die Tragfähigkeit jeder Wahl zu ermitteln, ist von Nutzen, um das Wunschdenken und die Voreingenommenheit, die wir bei der Erörterung des »Gruppendenkens« beschrieben haben, zu verringern.

Um die Szenarien zu konkretisieren und die Folgen ihrer Entscheidung zu überwachen, verwenden die Teilnehmenden am Ende ihre Liste der Schlüsselkräfte, mit denen sie hilfreiche Indika-

KI und Robotik sind viel effektiver und zuverlässiger als heute

Dystopie

Nachrichten-Schlagzeile:
»Hungersnot löst Aufstand aus, aber die Roboter haben alles unter Kontrolle.«

Der größte Teil der Weltbevölkerung hat keine Arbeit, weil die KI und die Roboter alles erledigen können, und so haben die meisten Menschen keine Einkünfte, aber die Wohlhabenden können die erstaunlichen technischen Fortschritte nutzen. In diesem Szenario sollte die Ausbildung der Berufstätigen vor allem der Programmierung der KI dienen (die vermutlich auch die Wartung der Roboter übernimmt); daneben werden auch noch Entertainer für die Wohlhabenden benötigt.

Utopie

Nachrichten-Schlagzeile:
»Die besten Spiele, Konzerte und Entdeckungen von heute machen noch mehr Spaß als die von gestern!«

Die Produktivitätssteigerungen sind so dramatisch, dass niemand aus der Weltbevölkerung mehr arbeiten muss, um sich zu ernähren, einzukleiden und eine Unterkunft zu haben. Unterhaltung, Kunst und Wissenschaften, Basteln, Hobbys, Geselligkeit und Kindererziehung werden die einzigen Aktivitäten der Menschen, sodass die Tätigkeiten, für die man sich ausbilden lassen sollte, in erster Linie solche sind, die die Arbeiter interessieren und sie bei Laune halten.

Wohlstand ist stark konzentriert ⟵ ⟶ Wohlstand ist gleichmäßig verteilt

Die Reichen werden noch reicher, die Armen noch ärmer

Nachrichten-Schlagzeile:
»Wie das 21. Jahrhundert zu einem Dickens-Roman wurde.«

Die Volkswirtschaften werden wahrscheinlich stagnieren, wenn die technischen Möglichkeiten sich nicht verbessern. Nimmt die Konzentration von Reichtum und Ressourcen zu, könnte in diesem Szenario die Regel gelten, dass nur noch Familien mit arbeitenden Kindern Lebensmittelmarken erhalten. In diesem Szenario werden die derzeit gut bezahlten Berufe und Ausbildungen wahrscheinlich dieselben bleiben und einigen bessere Chancen bieten, auf der angenehmen Seite des Wohlstandsgefälles zu landen.

Stagnierend, aber egalitär

Nachrichten-Schlagzeile:
»Die Eltern von heute: hart arbeiten, viel spielen.«

Insgesamt hat sich die Welt kaum verändert, aber jetzt sind die beruflichen Aktivitäten gerechter verteilt, und das gilt auch für die Freizeit. (Eine gleichmäßige Verteilung der Ressourcen würde das Verhältnis zwischen Arbeit und Privatleben in den USA verändern, weil die Ängste und Risiken bezüglich eines zukünftigen Verlusts des Arbeitsplatzes, der Rentensicherheit und Gesundheitsversorgung zurückgingen.) In diesem Szenario gibt es eine größere Vielfalt gut funktionierender Berufe, sodass ein Student sich sicherer fühlen kann, wenn er seinen Interessen und Leidenschaften folgt.

Die Fähigkeiten von KI und Robotik stagnieren auf dem heutigen Niveau toren oder Wegweiser bestimmen, anhand derer sie erkennen können, ob irgendeines der Szenarien sich zu verwirklichen scheint. Tauchen in den folgenden Jahren Schlagzeilen in den Zeitungen auf, die Durchbrüche bei der Entwicklung der KI verkünden, dass sie zuverlässiger und effektiver werden, und wenn das »universelle Grundeinkommen« Teil der politischen Programme aller Parteien wird, dann könnte man zu dem Schluss kommen, dass das Szenario von unten links nicht übermäßig wahrscheinlich ist.

Aufgrund ihrer Konzeption ist die Szenarienplanung auch ein gutes Mittel gegen den Bestätigungsfehler. Sie hat viel gemeinsam mit der in Kapitel 12 erwähnten Methode der Vermeidung von Voreingenommenheit durch »Erwägung des Gegenteils«.

Vorhersagetechniken

Die Szenarienplanung ist ein nützliches Instrument zur Förderung sorgfältiger Überlegungen und Antizipationen hinsichtlich der Zukunft, was beim kollektiven Denken und Entscheiden häufig angestrebt wird. Aber sie ist nicht dazu angelegt, das wahrscheinlichste Szenario, in dem wir leben werden, vorherzusagen. Zu diesem Zweck wurden verschiedene kollektive Prognosemethoden entwickelt. Die Delphi-Methode ist ein bekanntes frühes Beispiel, das während der Zeit des Kalten Krieges bei RAND entstanden ist. Es gibt davon viele Varianten, aber die Grundidee basiert auf Francis Galtons früher Demonstration der Weisheit der Menge – der Idee, dass eine Ansammlung von Einzelurteilen in der Regel genauer ist als die meisten (oder alle) individuellen Einschätzungen für sich genommen. Experten für relevante Themen werden gebeten, ihre beste quantitative Einschätzung oder Vorhersage für eine Frage abzugeben – anonym, um zu Offenheit zu ermutigen und Zurückhaltung oder Effekthascherei zu vermeiden. Galtons Methode bestand einfach darin, die Bewertungen oder Vorhersagen einmal abzufragen. Aber zu Delphi gehören normalerweise mehrere Durchläufe, bei denen die Urteile an die Teilnehmenden zurückgesandt werden, die dann entscheiden können, ob sie ihre Einschätzungen im Lichte der anderen Meinungen revidieren wollen.

In einer Version dieser Methode wird der Vorgang mehrere Male wiederholt, und das Endprodukt ist der Durchschnitt des letzten Sets von Befragungen, ohne dass zu irgendeinem Zeitpunkt eine Diskussion stattgefunden hätte. In einer anderen Variante beraten sich die Experten, um alle verbliebenen Unstimmigkeiten zu klären und einen Konsens zu finden. Wie wir bereits erörtert haben, kann die Anpassung an die Meinungen anderer durchaus funktionieren, wenn die Experten einen guten Grund für die Änderung ihrer Einschätzung haben und einen gemeinsamen konzeptuellen Rahmen besitzen, der es ihnen ermöglicht, das Beste der abgegebenen Urteile zu identifizieren (ein »Die Wahrheit gewinnt«-Prozess). Aber es funktioniert weniger gut als die einfache Durchschnittsbildung der Expertenmeinungen, wenn ein Experte mit einem sehr genauen Urteil sich den anderen Mitgliedern der Befragungsgruppe anpasst (wie es beim »Die Mehrheit gewinnt«-Prozess passieren kann). Eine neuere Variante der kollektiven Vorhersagemethode ist der moderne *Prognosemarkt*. Glücksspieler haben mindestens seit Anfang des 20. Jahrhunderts (wahrscheinlich schon länger) auf den Ausgang von Wahlen gewettet, aber die moderne institutionalisierte Praxis wurde größtenteils in den späten 1980er-Jahren von Wirtschaftsprofessoren an der Universität von Iowa entwickelt, bevor sie dann von gewinnorientierten Unternehmen wie Intrade und PredictIt kommerzialisiert wurde. Bei gewöhnlichen Demonstrationen der »Weisheit der Menge« haben die Teilnehmenden keinen anderen Anreiz für Genauigkeit als den Wunsch, ihre Sache gut zu machen. Auf einem Prognosemarkt können die Teilnehmenden jedoch von ihrem Geldeinsatz profitieren, indem sie einen Kontrakt für ein bestimmtes Ergebnis kaufen (beispielsweise, dass ein bestimmter Kandidat die nächste Wahl gewinnen wird), vergleichbar mit den Abläufen beim Handel mit Schweinebäuchen oder anderen landwirtschaftlichen Produkten. Die Begeisterung für Prognosemärkte wuchs in den frühen 2000er-Jahren, nachdem sie bei der Vorhersage der US-Wahl von 1998 besser abgeschnitten hatten als professionelle Meinungsforschungsinstitute. Verschiedene Studien wiesen nach, dass die kommerziellen Statistiken häufig genauere Ergebnisse lieferten als die Durchschnittsbildung aus den Umfragen (die bereits eine Verbesserung gegenüber der Fehlerlastigkeit einzelner Umfragen darstellt). Prognosemärkte galten schnell als perfekte Synergie aus dem Phänomen der Weisheit der Menge und der von Ökonomen vertretenen »Hypothese der Markteffizienz«, die im Wesentlichen besagt, dass die Märkte durch die Berücksichtigung aller relevanten Informationen zu einer optimalen Leistung tendieren.

In den letzten ein oder zwei Jahrzehnten haben die Prognosemärkte etwas von ihrem anfänglichen Glanz verloren. Sie haben fälschlicherweise vorhergesagt, dass im ersten Golfkrieg Massenvernichtungswaffen gefunden werden würden, und sie waren nicht in der Lage, den Brexit oder den Sieg von Donald Trump über Hillary Clinton vorauszusehen. Auch das Abschneiden der Republikanischen Partei bei den US-Zwischenwahlen von 2022 haben sie überschätzt. Nichtsdestotrotz sind die beiden konzeptionellen Grundlagen der Prognosemärkte – das Phänomen der Fehlerbereinigung durch die Weisheit der Menge und die Effizienz der Märkte – »langfristige« Vorteile, auch wenn sie nicht unbedingt in jedem Einzelfall richtigliegen. Es scheint eine sichere Wette zu sein, dass Prognosemärkte dauerhaft Bestand haben werden und nützliche Ansätze für kollektives Denken bieten.

Unser letztes Beispiel für Vorhersagen ist das bemerkenswerte Good Judgment Project (GJP), das von Phil Tetlock und Barb Mellers an der Wharton School entwickelt wurde. Im Laufe ihrer Karriere haben Tetlock und Mellers einen wichtigen Beitrag zu unserem Verständnis der Stärken und Schwächen des menschlichen Urteilsvermögens geleistet. Im Jahr 2005 sorgte Tetlock mit einem Buch für Kontroversen, in dem er behauptete, dass professionelle Politikexperten laut sorgfältig durchgeführter Tests bei bestimmten Prognosen keine bessere Treffgenauigkeit aufweisen als »in einem Darts-Wettbewerb antretende Schimpansen«. (Tetlock behauptete nicht, dass diese Experten nutzlos seien, sondern vielmehr, ihr Mehrwert bestünde darin, dass sie uns helfen, die Welt zu verstehen; aufgrund der komplexen Zusammenhänge vielfältiger Ursachen, die diese Welt beeinflussen, gelänge es ihnen weniger gut, vorherzusagen, welches von zwei möglichen Ereignissen tatsächlich eintreten wird.) In seinem nur ein Jahrzehnt später, 2015, zusammen mit Dan Gardner veröffentlichten Buch *Superfore-*

casting erzählte er dann überraschenderweise eine weitaus optimistischere Geschichte über die Leistungsstärke politischer Vorhersagen, sofern diese sich auf Verfahren des GJP stützen.

Das GJP entstand aus einer Reihe von politischen Prognosewettbewerben, die finanziert wurden von der Intelligence Advanced Research Projects Activity (IARPA), einem Forschungsbereich der US-Geheimdienste. In vollem Bewusstsein der möglichen Quellen für das Versagen des menschlichen Urteilsvermögens entwickelten Tetlock und Mellers eine Methode, die auf dessen Stärken aufbauen sollte. Zusammengefasst lässt sich sagen, dass ihr Verfahren funktioniert, und zwar spektakulär gut. Das GJP-Team gewann nicht nur den ersten Wettbewerb im Jahr 2011, sondern bislang auch jeden weiteren dieser Veranstaltungsreihe. Das Programm erzielt bessere Ergebnisse als die Ansätze der Mengenweisheit (eine einfache Ansammlung von Urteilen), der Marktprognose oder der Vorgehensweisen nach dem Delphi-Modell, obwohl es selektiv Anregungen von allen dreien aufnimmt. Erstaunlicherweise übertrifft es sogar die Vorhersagen von professionellen Analytikern des Geheimdienstes, die Zugang zu vertraulichen Informationen haben, die dem GJP nicht zur Verfügung stehen.

Das Gesamtprogramm der GJP-Methode ist zu komplex, um es hier zu beschreiben, aber wir können eine grobe Skizze seiner zentralen Merkmale geben. GJP hat ein offenes Rekrutierungsverfahren – die Teilnehmenden benötigen keine besonderen akademischen oder beruflichen Qualifikationen. Sie erhalten Anreize für gute Leistungen durch eine öffentliche Rangliste, die es ihnen ermöglicht, ihre Performance in Echtzeit mit der ihrer Mitspieler zu vergleichen. Sie machen quantifizierte Vorhersagen (zur Wahrscheinlichkeit, dass ein bestimmtes Ereignis bis zu einem bestimmten Datum eintreten wird), und sie erklären, wie sie zu ihren Prognosen gekommen sind. Sie können ihre Vorhersagen aktualisieren, nachdem sie neue Informationen erhalten oder die Prognosen und Erläuterungen ihrer Kollegen gelesen haben. Die Bestenliste verwendet eine Bewertungsmethode, die sie für hohe Genauigkeit und Kalibrierung belohnt. Das GJP selektiert die ständigen Spitzenreiter (also nicht diejenigen, die nur bei einer bestimmten Vorhersage einen »Glückstreffer« gelandet haben), um Teams von

»Superforecastern« zu bilden. Bemerkenswert ist, dass es sich bei diesen Superprognostikern oft um ganz normale Menschen ohne besondere Qualifikationen handelt.

Es gibt noch viel herauszufinden über den scheinbar magischen Erfolg von GJP, aber laut Tetlock und Mellers lassen sich bereits einige zentrale Erkenntnisse nennen:

> »Wir entdeckten vier solche Antriebsfaktoren [für höhere Genauigkeit der Superforecaster]: (a) die Rekrutierung und Beibehaltung besserer Prognostiker (was etwa 10 Prozent des Vorteils der GJP-Prognostiker gegenüber denjenigen in anderen Forschungsprogrammen ausmacht); (b) das Training zum Abbau kognitiver Voreingenommenheit (wodurch unsere Trainingsbedingungen etwa 10 Prozent besser sind als die anderer Programme); (c) eine anregendere Arbeitsumgebung in Gestalt von kollegialem Teamwork und Prognosemärkten (was zu einer Leistungssteigerung von etwa 10 Prozent im Vergleich zu allein arbeitenden Prognostikern führt); und (d) bessere statistische Verfahren, um die Weisheit der Menge herauszudestillieren und deren Irrtümer auszuschließen (... was eine zusätzliche Verbesserung in Höhe von 35 Prozent gegenüber der ungewichteten Durchschnittsbildung der Prognosen mit sich bringt).«[3]

Was unterschied nun aber die Superforecaster von anderen Prognostikern? Wie bereits erwähnt, brauchten sie keine besonderen Diplome, obwohl sie häufig viele politische Vorkenntnisse besaßen und bei Tests zu geistigen Fähigkeiten gut abschnitten. Aber sie waren auch kognitiv aufgeschlossen und bereit, bestimmte Defizite einzuräumen: die Grenzen ihres Wissens, die Schwächen ihrer Argumente und die Möglichkeit, dass es nötig sein könnte, ihre Überzeugungen angesichts neuer Erkenntnisse zu revidieren. Diese Haltung fand ihren Niederschlag auch in ihren Kalibrierungsergebnissen, die zeigten, dass sie weniger zur Selbstüberschätzung neigten als die übrigen Prognostiker.

Die Beschreibung der Superforecaster und ihrer Vorgehensweise sollte Ihnen mittlerweile bekannt vorkommen. Die Superprognostiker scheinen viele der Elemente des Denkens des dritten Jahrtausends verwendet zu haben, von denen hier bereits die Rede war – und dabei waren sie offenbar ziemlich erfolgreich. Effektives Kollektivdenken in Aktion!

Online-Denktechnik

Bislang haben wir uns Beispiele für kollektives Denken angesehen, die ihren Ursprung in zwischenmenschlichen Gesprächen von Angesicht zu Angesicht haben, und wir hoffen, dass wir Wege finden können, sie auf die umfassendere Onlinewelt zu übertragen. Aber es gibt auch kollektive Denkansätze, die speziell für die Onlineumgebung entwickelt wurden. Hauptsächlich geht es darum, Algorithmensysteme zu schaffen, die es gezielt vermeiden, Bedingungen herzustellen, die produktiven Onlinediskursen entgegenwirken – die Echokammern der Gedanken, die absichtliche Verstärkung der »Kennzeichnung«, die zunehmend unfreundlichen Wortmeldungen in den Kommentaren.

Vor einigen Jahren sprach Saul mit dem Berkeley-Professor für Ingenieurwesen Ken Goldberg über das Online-Deliberationssystem, das seine Forschungsgruppe entwickelt hatte und mit dessen Hilfe die Mitwirkenden erkennen konnten, wie ihre Positionen zu verschiedenen Themen sich von denen anderer Nutzer des gleichen Systems unterschieden. Saul fragte, ob es möglich sei, einen alternativen Algorithmus für dieses Verfahren zu testen, der die Menschen dabei unterstützen würde, die entgegengesetzte Haltung zu verstehen, anstatt sich nur mit Personen zu identifizieren, die ihre eigene Auffassung teilten. Könnte man vielleicht jemandem Punkte dafür geben, dass er den gegnerischen Standpunkt gut zusammenfasst?

Am Ende schufen sie ein Demonstrationssystem, genannt DebateCAFE, das die Teilnehmenden aufforderte, die besten Argumente, die ihnen zu Pro und Kontra eines bestimmten Themas einfielen, zu notieren und außerdem auch die Argumente von anderen Mitwirkenden zu bewerten. Ungewöhnlich war, wie man einen Platz auf der Rangliste zugeteilt bekam: Die eigene Position richtete sich nach der schlechteren der beiden Bewertungen, die man erhalten hatte (dem jeweiligen Durchschnitt der Urteile vonseiten der anderen Nutzer für die eigenen Pro- und Kontraargumente). Auf diese Weise war man hinreichend motiviert, beide Sichtweisen auf das Thema gut zu begründen.

Ein anderer Ansatz für kollaboratives Denken in der Gruppe besteht darin, die Elemente einer Diskussion, beispielsweise in einem Nachrichtenartikel, in kleine »überprüfbare« Teile zu zerlegen. Zeigt dieser Satz ein klares probabilistisches Denken oder tappt er in eine der Fallen des Wahrscheinlichkeitsdenkens, die wir bereits besprochen haben, wie etwa den »Look-Elsewhere-Effekt« oder das »P-Hacking«? Zeugt dieser andere Ansatz von der Fähigkeit, »das Gegenteil in Betracht zu ziehen«, oder handelt es sich bei der Auswahl von Belegen um einen klassischen Bestätigungsfehler? Wenn jede Teilfrage einer repräsentativen Gruppe aus der Gesamtbevölkerung gestellt werden kann, lässt sich überprüfen, ob es bezüglich dieser Details einen Konsens gibt, der von Menschen aus allen Bereichen des politischen Spektrums geteilt wird. Sie würden etwas sagen wie: »Ich mag [oder mag nicht], worauf dieses Argument hinausläuft, aber zumindest gibt es hier kein Problem mit P-Hacking.« Wenn wir dann alle Bewertungen dieser Art für ein Argument, eine Website oder einen Zeitungsartikel zusammenstellen können, erhalten wir einen Eindruck von dessen Stärke und Vertrauenswürdigkeit.

Das klingt so, als ob es eine Menge Arbeit wäre, eine Meinungsäußerung, eine Website oder einen Zeitungsartikel mit diesem Ansatz zu analysieren, aber »gemeinsam ist das schnell getan«; und tatsächlich gibt es von Wissenschaftlern für Bürger geschaffene Websites, die solche Projekte mithilfe von Algorithmen an Hunderte und Tausende von interessierten Mitwirkenden weiterleiten. Normalerweise geht es dabei um komplizierte wissenschaftliche Probleme wie die Identifizierung bestimmter Merkmale von Hunderttausenden von Galaxien, deren Bilder vom Hubble-Weltraumteleskop stammen. Saul hatte bereits Erfahrung mit dieser Kooperation zwischen Wissenschaftlern und Bürgern über das Internet, weil er und seine Mitarbeiter sie in einem Projekt zur Supernova-Suche praktiziert hatten; deshalb wollte er wenigstens eine solche Website zur Erprobung des Ansatzes bei der Bewertung von Zeitungsartikeln schaffen. Dies führte zu einer Zusammenarbeit zwischen dem Berkeley Institute for Data Science, dessen Direktor Saul war, und den Goodly Labs, einer gemeinnützigen Organisation, die von Nicholas Brigham Adams geleitet wurde, der den Aufbau der Public-Editor-Website organisierte, um dieses Konzept zu testen.[4]

Eine anspruchsvolle und inspirierende Herausforderung für unsere Zeit

Haben wir die Herausforderung einer nüchternen Überlegung, mit der wir durch diese Beispiele konfrontiert waren, bestanden? Noch nicht ganz. Jeder unserer Ansätze liefert etwas von dem, was wir benötigen, aber nicht alles. Die Methode der Kugelstudie von Denver ließ Experten die Fakten beurteilen und Bürger die Werte, aber es fehlte unter anderem die Autorität und Unparteilichkeit einer wirklich zufällig ausgewählten und repräsentativen Gruppe von Teilnehmenden, die es bei den Deliberationsforen gibt. Ebenso wenig gab es in Denver die moderierten Phasen von Kleingruppenberatungen, die beim Deliberative Polling eine wichtige Rolle spielen. Andererseits leiten die Deliberationsforen ihre Teilnehmenden nicht dazu an, die Sachfragen von den Wertfragen zu trennen, und weder das Deliberative Polling noch das Verfahren der Kugelstudie von Denver zerlegen die Argumente in kleinere und leichter überprüfbare Teile, um Einverständnis bezüglich dieser Elemente zu erzielen, wie das bei Public Editor der Fall ist. Wenn wir darauf Wert legen, dass die Menschen auch solche Standpunkte verstehen, mit denen sie nicht einverstanden sind, damit sie die Vorteile des »Marktplatzes der Ideen« – laut US-Justiz eine der traditionellen Grundlagen des Rechts auf freie Meinungsäußerung – wirklich nutzen können, dann kommt aus unserem Arsenal von Methoden für uns allein DebateCAFE in Betracht.

Nur zwei unserer Verfahren beziehen das Kollektivdenken mit ein, wenn die wichtigsten Faktoren von der Zukunft abhängen: die Szenarienplanung und die GJP-Superforecaster. Und hier stellen wir fest, dass nur die Szenarienplanung dazu in der Lage ist, sich auf eine breite Spanne möglicher Ereignisse vorzubereiten, einschließlich unwahrscheinlicher, aber möglicher Vorfälle – eine mit Sicherheit wichtige Fähigkeit in einer Welt, in der überraschende Wendungen unsere Pläne oft durcheinanderbringen. Wenn wir jedoch auf das Eintreten eines bestimmten Ereignisses wetten müssen, um eine Entscheidung zu treffen, dann sollten wir uns an den Superforecastern orientieren.

Es gibt noch andere Ziele, die uns bei diesen Methoden des kollektiven Denkens wichtig sind, und sie stehen oft in Spannung zueinander. Zum Beispiel sollte das Verfahren idealerweise alle Angehörigen der betroffenen Bevölkerung einbeziehen, nicht nur eine kleine Gruppe, denn wir möchten, dass jeder, der von einer Entscheidung betroffen ist, die Gründe versteht, aus denen sie getroffen wurde, und das Gefühl hat, dass sie auf angemessene Art und Weise zustande gekommen ist, selbst wenn er nicht damit einverstanden ist. Dieses Ziel lässt sich wahrscheinlich nur schwer mit einem Vorgehen erreichen, das eine echte, persönliche Interaktion zwischen den Teilnehmenden erfordert, um das Vertrauen und gegenseitige Verständnis aufzubauen, die für eine faire und nachvollziehbare Entscheidung oftmals nötig sind. Außerdem leben wir in einer Welt, in der es immer schwieriger wird, sicher zu sein, dass man authentische Informationen erhält und keine erfundenen Angaben, erzeugt von KI und/oder von Personen, die keine Skrupel haben, ihre Mitmenschen in die Irre zu führen – sei es aus finanziellen, politischen oder anderen Gründen. Diese Sorge um die Echtheit von Nachrichten kann für unser Kollektivdenken die Notwendigkeit von mehr persönlicher und direkter Kommunikation bedeuten, was es noch aufwendiger macht, das Verfahren auf eine größere Bevölkerungsgruppe zu übertragen.

Das klingt alles sehr mühsam! Aber gerade bei dieser Art von Problem kann ein ernsthaft und schrittweise durchgeführter wissenschaftlicher Ansatz einen großen Unterschied machen. Die Lehre aus dem halben Dutzend von Beispielen, die wir erörtert haben, ist, dass jeder Versuch dazu beiträgt, produktives Kollektivdenken zu fördern – und es gibt noch viele weitere Iterationen, Varianten und Erfindungen, die es zu erproben gilt. Dabei muss nicht sofort alles perfekt sein, wir müssen es nur ständig besser machen. Eine nützliche Methode muss nicht alle unsere Anforderungen erfüllen; für bestimmte Bedürfnisse lassen sich spezielle Verfahren entwickeln. Und was das Internet betrifft, so ist uns dessen Gefahrenpotenzial hinsichtlich der Polarisierung und Verwirrung des öffentlichen Diskurses zwar sehr bewusst geworden, aber wir haben noch nicht alle Möglichkeiten zur Verbesserung des kollektiven Denkens genutzt, die es bietet.

Wir hoffen, Sie in eine halbwegs optimistische Stimmung versetzt zu haben: Es gibt zwar noch viel zu tun, aber nichts davon ist für die Menschheit unmöglich. Und die gute Nachricht ist, dass sich diese Anstrengungen enorm auszahlen. Fast jedes Problem unserer Zeit benötigt ein besseres kollektives Denken. Wir haben dieses Kapitel mit der »überraschenden These« eröffnet, dass wir vielleicht die erste Generation in der Geschichte der Menschheit sind, die mit Aussicht auf Erfolg das Ziel anstreben kann, eine nachhaltige Welt zu schaffen, in der alle zufrieden leben können. Aber zweifellos gibt es noch genug unmittelbare Herausforderungen und Etappen auf unserem Weg zur Verwirklichung dieser Utopie, um uns dazu zu motivieren, unser kollektives Denken auf eine höhere Ebene zu heben.

Kapitel 18

Neue Zuversicht für ein neues Jahrtausend

Wir haben das vorhergehende Kapitel mit der grandiosen Vision einer sicheren, blühenden Welt begonnen, die neue Tools für kollaboratives Denken erfordert. Aber lassen Sie uns das Buch mit einigen etwas persönlicheren Anmerkungen beenden: Warum sind jedem Einzelnen von uns die Instrumente des Denkens des dritten Jahrtausends wichtig, warum benötigen wir sie? Und warum haben wir Autoren uns gerade für diese spezielle Auswahl von Ideen gewissermaßen als Starterset entschieden?

Auf die erste Frage – Warum erscheint uns dies relevant? – antworten wir mit dem Bild von Zuckerbrot und Peitsche. Das Zuckerbrot: Es macht wirklich Spaß, die Welt mit den Tools des Denkens in den Griff zu bekommen und zu erleben, dass sie uns helfen, effektiver zu werden. Die Peitsche: Wir haben keine andere Wahl. Die Zeiten liegen hinter uns, in denen kleine Gruppen von Fachleuten (Nachrichtenorganisationen, Ärzteverbände, wissenschaftliche Akademien und so weiter), die durch Boten, Post und Telefon miteinander verbunden waren, die spärlichen Daten der Welt verarbeitet haben, um dem Rest der Menschheit die Antworten zu geben, die sie für ihre täglichen Entscheidungen brauchte. Das besondere Merkmal des dritten Jahrtausends ist vielleicht, dass wir jetzt alle »im Spiel« sind, alle untereinander vernetzt, ob wir es wollen oder nicht. Da wir heute alle direkten Zugang zu riesigen Datenuniversen haben, sind wir dazu gezwungen, uns zu überlegen, auf welche Informationen wir unsere Entscheidungen stützen, zu erkennen, wann wir eigene Nachforschungen anstellen können und wann wir uns an Experten wenden sollten, welche Fachleute vertrauenswürdig sind (und zu welchen Themen) und wann wir kluge Ratschläge zur Integration von Werten benötigen.

Doch diese für das dritte Jahrtausend charakteristische Entwicklung hat ganz eindeutig nicht nur Nachteile. Eine Welt selbstständig denkender Menschen ist sicher besser als eine Welt voller Schafe. Wir müssen uns dieser Herausforderung allerdings ausgerechnet in einer Zeit stellen, in der unsere nationalen und internationalen Debatten durch die Echokammern zielgruppenverengter Nachrichten und sozialer Medien zersplittert und gespalten sind; in der die virale und dramatisch wirksame Verbreitung von Fehlinformationen und Desinformationen unsere Sicht auf die Dinge trüben kann und in der die Technologien der künstlichen Intelligenz uns Trugbilder der Wirklichkeit zu präsentieren drohen, die schwerer denn je von der Wahrheit zu unterscheiden sind.

Warum also schlagen wir Ihnen zu diesem Zeitpunkt der Menschheitsgeschichte die speziellen Tools vor, die wir in diesem Buch präsentiert haben? Ein Grund dafür ist, dass diese Konzepte als die aktuellste Version wissenschaftlicher Praktiken gelten können, die es uns schon in der Vergangenheit ermöglicht haben, viele Krisen des Verstehens zu überwinden. Daneben gibt es noch weitere Konzepte (und neue werden hinzukommen), die diese Aufgabe leisten, aber die hier besprochenen sind gut genug, um uns anzutreiben, damit wir uns der Notwendigkeit stellen, einer Realität auf die Spur zu kommen, die weiterhin existieren wird, ob es uns gefällt oder nicht – eine Wirklichkeit, die für uns entweder ein Hindernis oder eine Stütze sein kann, je nachdem, wie gut wir sie verstehen.

Wir müssen verstehen, auf welche Weise wir uns selbst über diese Realität täuschen, wenn wir unsere wackeligen (verrauschten) Befunde nicht richtig interpretieren. Wir müssen auf den uns verfügbaren Anhaltspunkten für Wahrscheinlichkeitsannahmen sorgfältig aufbauen. Und wir kommen voran, wenn wir es schaffen, von den Einwänden der Leute, die uns widersprechen, zu profitieren, weil sie uns Hinweise darauf geben, was wir falsch sehen. Darüber hinaus können wir sogar noch größere Fortschritte machen, wenn wir den Rat von Experten einholen, die nachweislich mit diesen

Schlüsselkonzepten vertraut sind, beispielsweise, indem sie von sich aus gegenteilige Ansichten berücksichtigen.

Es gibt viele derartige Ideen in diesem Buch, aber in der folgenden Tabelle haben wir einige der wichtigsten zusammengefasst und sie vereinfachend unterteilt in solche, die jeder für sich allein umsetzen kann, und solche, die für die Zusammenarbeit mit anderen bestimmt sind.

Verstandesgewohnheiten	**Gemeinschaftsgewohnheiten**
 Konstruieren Sie bessere Instrumente.	 Geben Sie Ihr Vertrauensniveau an.
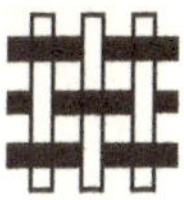 Versuchen Sie, Fakten von Werten zu trennen.	 Seien Sie skeptisch gegenüber möglichen Lösungen, aber nutzen Sie die Beharrlichkeit der wissenschaftlichen Machbarkeitskultur, um Lösungen zu ermöglichen.
 Denken Sie probabilistisch, nicht in der Dichotomie wahr/falsch.	 Achten Sie darauf, dass Sie alle ehrlich bleiben.
 Lassen Sie sich nicht von Mustern in zufälligem Rauschen täuschen.	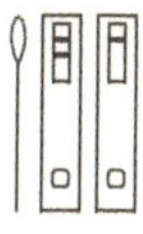 Einigen Sie sich auf eine gewünschte Risikobalance (falsch positive und falsch negative).
 Unterscheiden Sie zwischen Rauschen und Verzerrung.	 Verwenden Sie effiziente Überlegungsverfahren.
 Seien Sie auf der Hut vor geistigen Schnellschüssen.	  Aktualisieren Sie diese Tabelle fortlaufend, wenn Sie neue Wege entdecken, wie wir uns täuschen, und neuen Gewohnheiten des Verstandes und der Gemeinschaft, um diese Fehler zu vermeiden.
 Vermeiden Sie Bestätigungsfehler.	

Der Blick auf diese ganze Sammlung von Tools ist ein wenig einschüchternd. (Sogar wir Autoren vergessen noch viel zu oft, diese Hilfsmittel zu verwenden, wenn wir sie benötigen!) Wir sollten uns jedoch ermutigen lassen von einem der positiven Aspekte der sich verändernden Kultur, in der wir leben: Wenn wir diese Instrumente einsetzen und den gelisteten Ansätzen folgen, bekommen wir Rückenwind, denn auch die Welt um uns herum – und das wissenschaftliche Denken, das ein Teil davon ist – bewegt sich auf interessanten Wegen in diese Richtung. Vermutlich ist Ihnen bereits aufgefallen, dass die Tools und Konzepte, von denen wir hier sprechen, in Ihrer Umgebung schon in Gebrauch sind.

Der kulturelle Wandel, den wir gerade erleben – und der auch die Funktionsweise des wissenschaftlichen Denkens verändert –, lässt sich wahrscheinlich am einfachsten beschreiben, indem man ihn mit früheren kulturellen Epochen vergleicht, wie wir es in der folgenden Tabelle tun. Wir haben diese in drei Bereiche unterteilt, aber wir weisen vorsorglich darauf hin, dass damit nicht drei Jahrtausende gemeint sind. Spalte 1 erwähnt einige der enormen intellektuellen Errungenschaften der wissenschaftlichen Revolution und ihrer Nachwirkungen, hauptsätzlich während des letzten Jahrtausends. Spalte 2 beschreibt Ursachen der Enttäuschung und der Gegenreaktion, die gegen Ende des 20. Jahrhunderts aufkamen und zu Beginn des neuen Jahrtausends einen vorläufigen Höhepunkt zu erreichen schienen. Spalte 3 skizziert die aktuelle kulturelle Periode sowie unsere Vision eines Denkens für das dritte Jahrtausend zum Überbrücken der Kluft zwischen Wissenschaft und Gesellschaft.

Die Tabelle fasst alle Punkte stark verkürzt zusammen; wir behaupten weder, dass alle Ideen ausschließlich von uns stammen, noch, dass wir damit einen Meilenstein der Geistesgeschichte geschaffen hätten. Alles, was in den ersten beiden Spalten steht, wurde bereits von zahlreichen Gelehrten aus vielen verschiedenen Fachrichtungen erörtert und seziert. Aber wir glauben, dass die dritte Spalte Entwicklungsmuster beschreibt, die sich langsam zeigen und die bisher noch nicht vollständig oder hinreichend gewürdigt worden sind.

Wissenschaftlicher Erfolg (vor dem 20. Jahrhundert)	**Desillusionierung und Gegenreaktion (Schwierigkeiten in der Übergangszeit)**	**Die Erneuerung durch das Denken des dritten Jahrtausends**
Instrumentierung Experimente Replikation Berechnungen Wissenschaftliche Gesellschaften und Peer-Review-Zeitschriften Einzel- und Doppelblindkontrollen Wissenschaftliche Skepsis (Behauptungen brauchen eindeutige Beweise) Wissenschaftlicher Optimismus (mit Machbarkeits-Beharrlichkeit können wir etwas über die Wirklichkeit herausfinden, und Probleme können gelöst werden) Wissenschaftlicher Realismus	Institutionelle »Abschottung« von Wissenschaftlern Homogenität der Experten: • Hautfarbe, Ethnizität, Geschlecht • Gesellschaftsschicht • Geografischer Standort • Politische Ansichten Wirtschaftliche Interessenkonflikte Selbstüberschätzung der Experten und überzogene Behauptungen »Etwas bauen, weil wir es können« und die Zunahme technologischer Risiken:Nuklearwaffen • Klimawandel • Biologische Gefahren • Opioide • KI, Nanotechnologie usw. • Automatisierte Kriegsführung • Virale soziale Medien • Automatisierte Aktienmärkte	Übergang vom »faktischen Denken« zum »probabilistischen Denken« Übergang von »nur Reduktionismus zählt« zu einer mehrstufigen, nuancierten Sichtweise, die auch aufkommende Phänomene berücksichtigt Übergang von »Glanzstück-Lösungen« (Fortschritt durch große Sprünge) zu »iterativen Lösungen« (schrittweises, vorsichtiges Vorankommen) und einer »experimentierenden Gesellschaft« Übergang von »technokratischer Entscheidungsfindung« (Experten und Führungspersönlichkeiten bestimmen) zu »deliberativer Entscheidungsfindung« (kollektive Beratung und Suche nach einem Konsens) Übergang von Nullsummenspiel-Kompromissen zu ehrgeizigeren Lösungen, mit Machbarkeitshaltung, mehr vom Kuchen für alle und Gewinn für beide Seiten

Wissenschaftlicher Erfolg (vor dem 20. Jahrhundert)	Desillusionierung und Gegenreaktion (Schwierigkeiten in der Übergangszeit)	Die Erneuerung durch das Denken des dritten Jahrtausends
		Interdisziplinäre Teamarbeit Neue kollektive Tools: Offene Wissenschaft (Vorabregistrierung, gemeinsame Datennutzung), Blindanalyse, Multilabor-Zusammenarbeit und -Verifizierung, Beteiligung der Bürger an der Wissenschaft und Faktenüberprüfung, Deliberationsforen, Szenarienplanung, Prognosemärkte, Superforecasting, Onlineplattformen für Dialog und Debatte

Obwohl unser neues Jahrtausend noch in den Kinderschuhen steckt, fühlt es sich anders an als das vorherige. Auch wenn die großen Veränderungen uns manchmal das Gefühl geben, dass uns die Kräfte ausgehen und uns ein gemeinsames Ziel und eine Richtung fehlen, helfen uns diese Umbrüche dabei, unsere individuellen und kollektiven Probleme in Angriff zu nehmen und unsere nächsten Schritte zu planen.

Um aufzuschlüsseln, wie wir in diesen Zustand gelangt sind, sollten wir uns etwas genauer ansehen, was während der Zeitabschnitte geschehen ist, die in der Tabelle beschrieben werden. Die zweite Hälfte des letzten Jahrtausends war eine Epoche bemerkenswerter menschlicher Leistungen. Die europäische Renaissance des 15. und 16. Jahrhunderts führte zu einem neuen Aufblühen der Künste und der Philosophie und – besonders wichtig im Rahmen dieses Buches – einer Revolution in der Wissenschaft, ausgelöst durch die Erkenntnisse und Methoden von Galileo, Kepler und Bacon. Das 17. und 18. Jahrhundert wurden Zeugen einer bemerkenswerten Entfaltung von Ideen über Rationalität und Empirie sowie von moralischen und politischen Theorien, was wir heute als Aufklärung bezeichnen, mit bedeutenden konzeptionellen Fortschritten durch Newton und Leibniz sowie der Entstehung einer organisierten Wissenschaftsgemeinschaft mit Gesellschaften, Fachzeitschriften und Peer Review. Das 19. und 20. Jahrhundert brachten ein radikales Überdenken grundlegender Annahmen über Zeit und Raum (Einstein) sowie Lebensformen (Darwin); parallel dazu gab es ein exponentielles Wachstum der Technologie dank Erfindern wie Watt, Bell und Edison. Gegen Ende des Jahrtausends erlebten wir, wie die digitalen Technologien unserer Wirtschaft und Kultur eine radikal neue Form verliehen.

Doch wie wir bereits zu Beginn dieses Buches festgestellt haben, war dieses optimistische Gefühl des Fortschritts gegen Ende des 20. Jahrhunderts verflogen. Frühere Meilensteine der Entwicklung schienen nun weniger erstaunlich und wirkten wie bloße Routine, und viele hielten utopische Hoffnungen bezüglich der Zukunft der Menschheit mittlerweile für naiv oder unrettbar verwurzelt in den früheren, veralteten und diskreditierten Systemen kolonialer Macht. Schlimmer noch, in den letzten Jahren gab es Angriffe auf den wissenschaftlichen Optimismus, die weitaus tiefgreifender und vernichtender waren als selbst die schärfsten akademischen Kritiken. Der Glaube an zwei scheinbar unverrückbare Grundannahmen – dass Behauptungen durch Beweise belegt werden müssen und dass wissenschaftliche Untersuchungen unsere wirksamste Methode sind, um diese Beweise zu erbringen – scheint schneller zu erodieren, als viele es für möglich gehalten hätten.[1] (Sogar in der jüngsten Vergangenheit gehörten Wissenschaftler und Ärzte laut amerikanischen und internationalen Umfragen noch zu den vertrauenswürdigsten Fachleuten, wenngleich im Laufe der Zeit einige Verschiebungen je nach persönlicher Einstellung bemerkbar waren.)

Es geht nicht nur darum, dass manche Menschen keine Ahnung von der Wissenschaft haben. Selbst ihre größten Anhänger – und Sie haben sicher schon bemerkt, dass wir uns durchaus zu den begeisterten Wissenschaftsfans zählen – müssen zugeben, dass unsere wissenschaftlichen Erkenntnisse zwar technologischen Fortschritt ermöglicht haben, unsere Effizienz bei der Veränderung der

Welt aber ihren Preis hat. Mit dem Ausmaß unserer Eingriffe werden nicht nur die erwünschten Effekte größer, sondern auch die unerwünschten Nebenwirkungen. Bessere Schmerzmittel führen zu mehr Abhängigkeit. Schnellere Verkehrsmittel bringen Staus und Umweltverschmutzung mit sich. Raschere Kommunikation in den sozialen Medien erweitert die Information, aber auch die Desinformation.

Als Mitglieder einer Gesellschaft erwarten wir von der Wissenschaft nicht nur, dass sie unsere Kenntnisse vermehrt, sondern auch, dass sie unsere Probleme löst. Aber vielleicht ist der Begriff der »Lösung« von Problemen irreführend, weil er eine Endgültigkeit impliziert, die vermutlich illusorisch ist. Wir möchten vielleicht etwas ein für alle Mal bereinigen, damit wir uns anderen Dingen zuwenden können, aber vermutlich funktioniert es so nicht. Möglicherweise müssen wir Probleme als ein Phänomen betrachten, das wir durch ständige Anpassung in den Griff bekommen, wie die Pflege eines Gartens oder das Stimmen einer Gitarre.

Es gibt einen wunderbaren Aufsatz von Donald Campbell mit dem Titel »The Experimenting Society«,[2] in dem er seine Vision einer Gesellschaft darlegt, die »energisch mögliche Lösungen für wiederkehrende Probleme erprobt und realistische, mehrdimensionale Bewertungen der Ergebnisse vornimmt und die dann, wenn die Evaluierung einer Reform zeigt, dass diese unwirksam oder schädlich ist, dazu übergeht, andere Alternativen zu testen«. Campbell argumentierte, die experimentierende Gesellschaft sei keine statische Struktur, sondern ein fortlaufender Prozess, »im Zeichen der Realitätsprüfung, Selbstkritik und Vermeidung von Selbsttäuschung«.

Während also die linke Spalte unserer Tabelle mit den Konzepten aus diesem Buch darauf abzielt, einige der »Verstandesgewohnheiten« des Denkens des dritten Jahrtausends zu skizzieren, die eine solche Gesellschaft herbeiführen können, macht die rechte Spalte vor allem deutlich, dass Denkgewohnheiten nicht ausreichen. Sie müssen eingebettet sein in dazugehörige »Gemeinschaftsgewohnheiten«, was impliziert, dass wir alle aufrichtig bleiben und uns nicht entmutigen lassen sowie uns ständig daran erinnern, dass wir uns weiter verbessern können und dass sich dieser Verbesserungsprozess verbessern lässt.[3]

Vertrauen, die erste und letzte Grenze

Die zunehmende Bedeutung der Liste von »Gemeinschaftsgewohnheiten« verändert den Charakter des Denkens des dritten Jahrtausends. Deshalb haben wir unser Buch nicht im Stil einer Anleitung zur Selbsthilfe verfasst; dann hätte es beispielsweise heißen können: *Wie ein Wissenschaftler denken, um zu einem Siegertyp zu werden! Ein Leitfaden für viel beschäftigte Manager, Anwälte, Eltern, Ärzte und ihre Patienten.* Wir sind zwar der Auffassung, dass diese Denkwerkzeuge tatsächlich praktisch und nützlich für Ihren Alltag sind, und wir haben Ihnen auch viele Beispiele dafür gegeben. Aber unseres Erachtens interagieren die individuellen Geisteshaltungen mit den Gewohnheiten der Gemeinschaft, um ein größeres Ganzes zu bilden, das bedeutsam genug ist, um diesem Buch den Titel zu verleihen, den wir gewählt haben: Diese Ideen bestimmen den großen gesellschaftlichen Wandel, den wir in der obigen Tabelle als Erneuerung durch das Denken des dritten Jahrtausends bezeichnet haben. Und sie, so hoffen wir zumindest, bieten unserer Gesellschaft einen Ausweg aus der Vertrauenskrise, die uns derzeit plagt.

In anderen Zeiten und Epochen haben wir Menschen unterschiedliche Organisationsprinzipien als gemeinsame Basis – als Vertrauensnetzwerke – für unsere Diskussionen und Entscheidungen verwendet. Manchmal haben wir dafür – ob dieses Vorgehen gut oder schlecht war, sei dahingestellt – eine politische oder wirtschaftliche Struktur benutzt, wie den Feudalismus in einer Monarchie, den Kapitalismus oder den Kommunismus. Manchmal hat unser Denken auf einer gemeinsamen Nationalkultur mit ihrer Geschichte und ihren Mythen gefußt. Aber zu Beginn des dritten Jahrtausends müssen wir gleichzeitig mit einer viel größeren Spannbreite von Kulturen arbeiten, da unsere lokalen Gemeinschaften eine stärkere Vielfalt aufweisen und wir zudem mit einer globalen Gesellschaft auf eine Art und Weise verbunden sind und von ihr abhängen, die in unser Leben kontinuierlicher und allgegenwärtiger eingreift als je zuvor.

Für diese nächste Phase unseres kollektiven Lebens halten wir das gemeinsame Ideenvokabular, das wir Denken des dritten Jahrtausends nennen, für eine mögliche Leitkultur, ein neues Organisationsprinzip für unsere Diskussionen und Entscheidungen im nächsten Millennium. Die selbsthinterfragende Natur dieser Art von kollektivem Denken erfordert nicht nur Vertrauen, sondern erzeugt dieses auch: Unser wachsendes Bewusstsein unserer mentalen Schwächen – vor allem unserer Tendenz, uns zu täuschen – geht Hand in Hand mit unserer wachsenden Fähigkeit, diese in Zusammenarbeit mit anderen in den Griff zu bekommen.

Aber wir sollten den Elefanten im Raum direkt ansprechen (wenn man denn mit Elefanten spricht): Wie kann ein Organisationsprinzip für Vertrauen auf einer Kultur aufbauen, die selbst Vertrauen benötigt? Wenn man meint, es mit lauter Menschen zu tun zu haben, die prinzipiell gutwillig sind, dann sind diese Denkwerkzeuge des dritten Jahrtausends zweifellos besonders nützlich, um gemeinsame Fortschritte zu erzielen. Aber natürlich gibt es auch Menschen, die nie dazu bereit sein werden, diese Kultur zu übernehmen, die keinesfalls willens sind, sich von ihrem Irrweg abbringen zu lassen. Beim Aufbau einer neuen Gesellschaft können wir leider nicht davon ausgehen, dass alle aufrichtig zur Mitarbeit bereit sind. Glücklicherweise müssen wir das auch nicht, wie wir gleich sehen werden.

Wie du mir, so ich dir und sozialer Optimismus

Die Herausforderung, wie Menschen guten Willens es gemeinsam schaffen können, in einer Welt mit der üblichen Mischung aus wohlmeinenden und egoistischen Charakteren auf angemessene Weise zu leben, ist nicht neu. Die Frage, wie kooperative Beziehungen zustande kommen, beschäftigt Forschende aus dem gesamten Spektrum der Geisteswissenschaften sowie der Verhaltens- und Biowissenschaften, und ihre Publikationen enthalten wichtige Erkenntnisse. Wir können diese Forschungsergebnisse zu umfassenderen Sachverhalten auf das spezifische Problem anwenden, wie wir Vertrauen aufbauen und die Wirklichkeit erfassen können.

Beträchtliche Fortschritte in der Frage der Zusammenarbeit in einer heterogenen Bevölkerung wurden im späten 20. Jahrhundert gemacht. Diesbezüglich hilfreich war die Anwendung eines Zweigs der Mathematik, der Spieltheorie genannt wird und aus dem Bereich der Entscheidungstheorie hervorgegangen ist. Letztere befasst sich mit dem Problem, unter Bedingungen der Ungewissheit optimale Beschlüsse zu erzielen, während sich die Spieltheorie mit dem Ziel beschäftigt, bestmögliche Entscheidungen unter Konfliktbedingungen zu fällen, wobei unsere Wahlmöglichkeiten mit denen anderer Menschen interferieren, die andere Präferenzen und Motivationen haben. Die »Spiele« in der Spieltheorie beziehen sich auf verschiedene mögliche Kombinationen von Gewinnen für jeden Spieler, die von einer eigenständigen Reihe von Entscheidungen abhängen, die jeder Spieler trifft. Die Spieltheorie untersucht den Erfolg verschiedener Strategien, definiert als Optionen, die unter wechselnden Rahmenbedingungen auszuwählen sind. Obwohl die Spiele die Form von Zahlenmatrizen haben, erhalten sie oftmals schillernde Namen wie »Gefangenendilemma«, »Huhn« und »Hirschjagd«.

Eine dieser Spielstrukturen, das »Gefangenendilemma«, ist von besonderem Interesse, weil jeder der zwei Spieler in Versuchung gerät, egoistisch zu handeln, aber ein schlechteres Ergebnis erzielt, wenn er es tatsächlich tut, als wenn er mit dem anderen kooperieren würde. (Das »Gefangenendilemma« verweist auf ein Szenario, in dem ein Gefangener eine geringere Strafe erhalten kann, wenn er seinen Mitverschwörer verpfeift, beide aber freikommen, wenn keiner von ihnen den anderen verpfeift, oder beide eine lange Strafe bekommen, wenn jeder von ihnen den anderen verpfeift.) In einer monetären Version des Spiels mit zwei Teilnehmenden und vielen Runden entscheidet jeder Spieler in jeder Runde eigenständig, ob er kooperieren will oder nicht. Wenn beide Spieler sich zur Zusammenarbeit entschließen, erhält jeder von ihnen 100 Dollar, aber wenn einer von ihnen beschlossen hat, seinen Spielpartner im Stich zu lassen, während der andere kooperieren will, erhält derjenige, der abtrünnig ist, mehr Geld, nämlich 150 Dollar, und der Kooperierende geht leer aus. Wenn allerdings keiner von beiden zur Zusammenarbeit bereit ist, bekommt auch keiner von beiden Geld – das ist der Haken an der Sache.

Der Politikwissenschaftler Robert Axelrod hat das Verhalten in dieser Art von Spiel untersucht, indem er andere Personen aufforderte, Strategien vorzuschlagen, wie die höchste Punktzahl erzielt werden kann, in einem sich wiederholenden Gefangenendilemma-Spiel, bei dem eine feststehende Wahrscheinlichkeit bestand, sich im Laufe des Turniers wieder zu begegnen. Im ersten Turnier war die Siegerstrategie eine simple Vorgehensweise namens »Tit for Tat« (TFT), auf Deutsch »Wie du mir, so ich dir«.[4]

Was ist TFT? Ganz einfach, der Spieler kooperiert zunächst 1. immer bei der ersten Begegnung mit einem anderen Spieler und erwidert dann 2. einfach den Zug, den der andere Spieler beim letzten Mal gemacht hat. Warum ist TFT so erfolgreich? Axelrod charakterisiert TFT als »nett« (man kooperiert immer bei der ersten Begegnung), »provozierbar« (man spielt weniger nett gegen einen Spieler, der die Situation beim letzten Mal ausgenutzt hat) und »verzeihlich« (man wird wieder kooperieren, sobald der andere Spieler mit der Zusammenarbeit beginnt). Wie ein herzensguter Spieler, der »immer kooperiert«, wird man mit TFT bei der ersten Begegnung mit einem egoistischen Spieler schlecht abschneiden, aber danach ist man nicht mehr ausnutzbar. Wenn man auf einen anderen »netten« Spieler trifft, kommt es sofort zu einem profitablen Muster der Zusammenarbeit.

Kehren wir damit zurück zu der seit jeher bestehenden Herausforderung, Menschen dazu zu bringen, bei der Suche nach der bestmöglichen Lösung für ein reales Problem zu kooperieren. Diese Aufgabenstellung lässt sich vielleicht nicht exakt durch eine einfache Spielstruktur wie das Gefangenendilemma abbilden, aber wir denken, dass einige der Lehren aus der Forschungsliteratur zur Spieltheorie darauf anwendbar sind. Es gibt eine Menge Versuchungen, die einen Prozess der Zusammenarbeit vereiteln oder verkürzen können. Aber wir glauben, dass eine Verhaltensanleitung wie die von Axelrod langfristigen Kooperationen bei der Problemlösung förderlich ist. Es hilft, wenn die Teilnehmenden gleich zu Beginn kooperieren (»nett« sind) und dann wieder zur Zusammenarbeit bereit sind (»verzeihen«), sobald ein anfangs unwilliger Partner dieselbe Haltung zeigt. Diese anfängliche Bereitschaft zur Kooperation scheint ein nicht allzu entfernter Verwandter einer anderen Charaktereigenschaft zu sein, die wir bereits besprochen haben: »wissenschaftlicher Optimismus« – die Fähigkeit, lange genug an der Überzeugung festzuhalten, ein Problem könne gelöst werden, bis es tatsächlich geschafft ist. Vielleicht sollten wir unserer Liste noch ein begleitendes Konzept hinzufügen: »sozialer Optimismus« – die Fähigkeit, an der Überzeugung festzuhalten, dass die meisten Menschen lange genug an einer Zusammenarbeit interessiert sind, bis sie tatsächlich Kooperationspartner gefunden haben und so die Probleme lösen können.

Wichtig ist jedoch, dass Axelrods Anleitung auch eine Form von hartem Realismus enthält: Es lohnt sich nicht, mit einem anderen Spieler zusammenzuarbeiten, der Sie einfach ausnutzt. Aus diesem Grund scheitern manche Kooperationsvorhaben. Die entscheidende Frage lautet, ob es genug kooperative Menschen gibt, die andere kooperative Menschen finden können, damit diese Fehlschläge nicht zum dominierenden Muster werden.[5]

Beim Abwägen unserer Erfolgschancen ist es vielleicht aufschlussreich, eine Strategie zu betrachten, die »Tit for Tat« (»Wie du mir, so ich dir«) in späteren Computerwettbewerben noch übertraf. Es handelt sich um die noch nachsichtigere Strategie »Tit for Two Tats« (TF2T), die eine nicht-kooperative Spielweise erst dann bestraft, wenn sie zweimal vorkommt. Wir haben bereits über den »grundlegenden Attributionsfehler« gesprochen, die unerfreuliche Tendenz, in westlichen, individualistischen Kulturen davon auszugehen, dass transgressives Verhalten von anderen Personen stets beabsichtigt war – sie haben etwas Böses getan –, während es sich bei unseren eigenen Transgressionen stets um ein Versehen handelt. Bei Tit for Two Tats verhält man sich wie eine Person, die sich bemüht, ihre eigene Neigung zu diesem fundamentalen Attributionsfehler zu überwinden. Man geht davon aus, dass der erste nicht-kooperative Schritt des Gegenübers nur ein Fehler ist, kein Indikator für einen böswilligen Akteur.

TF2T ist für uns Anlass zur Hoffnung, genauso wie wir Hoffnung schöpfen aus den realen Erfolgen der Personen, die an den riesigen kollektiven Anstrengungen beteiligt sind, weltweit für Ernährung und Bildung zu sorgen. Inmitten von Kooperationsverweigerern zusammenzuarbeiten, ist die Grundlage unserer besten gesellschaftlichen, intellektuellen und wissenschaftlichen Fortschritte. Obwohl in den Nachrichten vor allem von Konflikten zwischen Menschen berichtet wird, sind diese nur ein kleiner Teil unseres Lebens; wichtiger ist die Zeit, die wir in kollaborativen und kooperativen Strukturen verbringen. Wir gehen in den Unterricht, wo wir lernen, mit anderen Schülern und den Lehrern zusammenzuarbeiten. Wir arbeiten in Firmen, in denen die Menschen unterschiedliche Rollen haben und sich kooperativ verhalten müssen, um Karriere zu machen. Wir genießen unsere Freizeit mit Gruppen von Freunden.

Der Psychologe und Evolutionsanthropologe Michael Tomasello vertritt seit vielen Jahren die Ansicht, dass das Ausmaß der menschlichen Fähigkeit zur Zusammenarbeit und Kooperation einzigartig ist.[6] Tiere arbeiten nur selten in vergleichbarem Umfang, mit dieser Spannbreite und auf so vielfältige Weise zusammen wie wir Menschen. Kooperatives Verhalten zeigt sich bei uns bereits sehr früh im Leben: Kinder im Alter von 19 Monaten geben einer fremden Person, die hungrig zu sein scheint, etwas von ihrem Lieblingsessen ab und heben automatisch einen Gegenstand auf, den ein Erwachsener fallen gelassen hat, oder zeigen darauf, wenn der Erwachsene ihn nicht finden kann. Im Erwachsenenalter sind kollaborative Aktivitäten dann überall ersichtlich, bei denen Menschen verschiedene Rollen in einer sozialen Struktur einnehmen und gemeinsame Ziele teilen. Obwohl wir uns also nicht darauf verlassen können, dass jeder Mensch, dem wir begegnen, kooperativ ist, stehen die Chancen zumindest besser, als man angesichts der Nachrichten annehmen könnte!

Das Indiz: Eine Bereitschaft dazuzulernen

Der erste Schritt zu einer im Denken des dritten Jahrtausends geschulten, vertrauensbildenden und realitätsbewussten Kultur ist also offensichtlich sozialer Optimismus. Nicht weil dieser Optimismus immer belohnt werden würde, sondern weil er nur in hinreichendem Maße belohnt werden muss, solange wir auf der Hut vor böswilligen Verweigerern sind. In der realen Welt wollen wir wissen, wann wir einen gutwilligen Partner gefunden haben, sodass wir bei »Wie du mir, so ich dir« die positive Haltung einnehmen können. Ein gutwilliges Gegenüber wäre zum Beispiel bestrebt, die Wahrheit über Sachfragen herauszufinden, anstatt nur die Debatte zu gewinnen. Der nächste entscheidende Schritt könnte also darin bestehen, zu erkennen, wann wir Partner gefunden haben, die genauso gutwillig sind wie wir – und vielleicht ist die beim Denken des dritten Jahrtausends geforderte Bereitschaft, eigene Fehler einzugestehen, eine gute Testmöglichkeit, etwas, das ein Pokerspieler als Indiz für einen ehrlich spielenden Partner bezeichnen würde.

Wir suchen nach dieser Offenheit, dazuzulernen, in all unseren Interaktionen: wenn wir mit anderen Einzelpersonen oder Gruppen zusammenarbeiten; wenn wir Experten auswählen, um deren Rat einzuholen, und sogar, wenn wir Institutionen beurteilen – Universitäten, Zeitungen, Berufsverbände –, denen diese Fachleute angehören. Deshalb achten wir beispielsweise darauf, wie Experten, die für uns infrage kommen, mit neuen Informationen umgehen, die sie zur Modifizierung ihrer Auffassungen bringen könnten, und wir halten Ausschau nach Einrichtungen, die ihre Mitglieder unterstützen und belohnen, wenn sie ihre Meinung ändern. Auf dieser Grundlage errichten wir unsere nächste Generation von Vertrauensnetzwerken, sowohl für jeden Einzelnen von uns als auch für die Gesellschaft.

Heute, zu Beginn des dritten Jahrtausends, werden der Aufbau und die Wiederherstellung von Vertrauensnetzwerken unser Denken wahrscheinlich immer stärker bestimmen. Wir sehen bereits die Schäden in unserer Gesellschaft, die durch große Verbreitung von Falschinformationen entstanden sind, darunter auch die extreme politische Polarisierung. Und angesichts von »Clickbait-Fabriken« und mit künstlicher Intelligenz erzeugtem, »süchtig machendem« Material im Internet und in den sozialen Medien wird es in Zukunft noch schwieriger werden, die Realität zu erkennen. Einige bestehende Ansätze – Mensch-zu-Mensch-Netzwerke, Konferenzen, Universitäten – können dieser Herausforderung begegnen, aber wir haben die Möglichkeit (und das Bedürfnis), noch mehr zu tun. Wir werden also konkreter über eine »Vertrauenswirtschaft« nachdenken müssen (ein parallel zur »Aufmerksamkeitsökonomie« entwickeltes Konzept), die neue Wege finden wird, ein kollektives

Denken zu belohnen, das auf geistiger Offenheit beruht und mit neuen Experimenten arbeitet.

Bestandteil dieser Experimente könnten neue Mechanismen zur Unterstützung eines qualitativ hochwertigen Investigativjournalismus sein: Zum Beispiel wird seit Langem über die Entwicklung von Technologien diskutiert, die jeden Leser im Internet dazu bringen würden, einen sehr kleinen Betrag zu zahlen, wenn er den Text eines Journalisten liest, was sich insgesamt zu einer beträchtlichen Vergütung für gute Arbeit summieren würde. Oder wir können nach neuen Praktiken suchen, die die Bereitschaft fördern, sich widerlegen zu lassen: Journalisten stellen ihre Berichte und Analysen üblicherweise als objektiv und wahr dar. Was aber wäre, wenn jede Nachrichtenanalyse (beispielsweise in Artikeln des *Economist*) mit einem kleinen Kästchen beendet würde, in dem der Autor eine Reihe von negativen »Indikatoren« benennt, auf die Leser in zukünftigen Nachrichten achten könnten; Anzeichen, deren Präsenz beweisen würde, dass die Analyse falsch ist. (Zum Beispiel: »Wenn die Arbeitslosenquote im nächsten Monat um einen weiteren Punkt ansteigt, erweist sich meine Behauptung, die neue Zinspolitik würde den derzeitigen Beschäftigungsrückgang umkehren, als falsch.«) Ein solcher Hinweis würde nicht nur die Leser dazu anregen, »sachliche Alternativen zu erwägen«, sondern die Journalisten selbst wären gezwungen, die Möglichkeit in Betracht zu ziehen, dass sich ihre Analysen als fehlerhaft erweisen könnten, wodurch sie der Realität ein Stück näher kommen und weniger als schlaue Besserwisser auftreten würden.

Treiben wir dieses Experimentieren mit der Vertrauensökonomie noch einen Schritt weiter – schließlich haben wir behauptet, eine am Denken des dritten Jahrtausends orientierte Gesellschaft müsse viele Experimente wagen –, dann könnten wir Anreizsysteme für die großen Medien unserer Zeit entwickeln, damit sie in der Bevölkerung, an die sie ihre Nachrichten verkaufen, die Optimierung eines positiven und gegenseitigen Lernens bewirken. Wenn die Gewinne der Aktionäre eines Medienunternehmens von nichts anderem abhängen als von der Aufmerksamkeit der Öffentlichkeit und den daraus resultierenden Werbeeinnahmen, dann neigt die Medienindustrie automatisch dazu, das gemeinsame Lernen und die Diskussionen der Bevölkerung bestenfalls zu verunreinigen und diese im schlimmsten Fall in Informationssilos und in den Extremismus zu treiben. Dies ist eine auf die Ebene der Information übertragene Version der »Tragik der Allmende«, bei der die Nachrichtenverschmutzung des öffentlichen Raums im individuellen Interesse eines Unternehmens liegt, aber keinerlei kollektiven Nutzen hat. Und genauso wie wir allmählich gelernt haben, Anreize und Strafen zu etablieren, um die Umweltverschmutzung zu reduzieren, werden wir mit Anreizen und Strafen experimentieren müssen, um die Verseuchung unseres kognitiven Gemeinwesens zu bekämpfen.

Es wäre beispielsweise denkbar, finanzielle Anreize für soziale und journalistische Medien zu entwickeln, die davon abhängen, ob die Nutzer ihrer Angebote in Echokammern des politischen Denkens geführt werden oder einen hinreichend breiten Einblick in die politischen Debatten vermittelt bekommen. Durch fortgesetzte Umfragen unter den treuesten Konsumenten eines Nachrichtenmediums ließe sich dann feststellen, ob sie zu jedem Zeitpunkt in der Lage sind, zu einem zufällig ausgewählten und gerade aktuellen Thema die Argumente der Gegenseite zusammenzufassen. Unternehmen würden die Zuschüsse verlieren, wenn ihre Nutzer weniger gut darin wären, alternative Ansichten zu artikulieren. Auf diese Weise könnte man die Verbreitung von polarisierenden und isolierenden Algorithmen der Informationsvermittlung reduzieren.[7]

Aber während wir auf solche umfassenderen gesellschaftlichen Bemühungen um das kognitive Gemeingut warten, müssen wir jeder für sich experimentieren, um uns ein eigenes Vertrauensnetzwerk aufzubauen. Wie viele von uns haben einen Freund mit konträren Ansichten, der plausible Argumente gegen jene Positionen vortragen kann, die die meisten unserer Freunde für selbstverständlich halten? Vertrauensnetzwerke sind nicht dasselbe wie Echokammern voller gleichgesinnter Freunde; es kommt darauf an, mit Menschen in Verbindung zu stehen, die eine andere Meinung vertreten als man selbst, mit denen aber ein echter Austausch über diese Differenzen möglich ist. Wenn wir in einer Welt voll reichlich vorhandener, aber undifferenziert entweder verlässlicher oder falscher Informationen die Realität erkennen wollen, müssen wir vermutlich aktiv nach solchen Freunden und Kontakten Ausschau halten. (Vielleicht sollten wir eine Partnervermittlung einrichten für alle Leser dieses Buches, die Personen finden möchten, die andere Auffassungen haben, aber die für das Denken des dritten Jahrtausends charakteristische Leidenschaft für die Konfrontation mit der Wirklichkeit mit ihnen teilen.)

Am Anfang dieses Kapitels haben wir noch einmal die Herausforderung zusammengefasst, vor der wir zu Beginn des dritten Jahrtausends stehen und die eine neue Denkweise erfordert: *Da wir heute alle direkten Zugang zu riesigen Datenuniversen haben, sind wir dazu gezwungen, uns zu überlegen, auf welche Informationen wir unsere Entscheidungen stützen, zu erkennen, wann wir eigene Nachforschungen anstellen können und wann wir uns an Experten wenden sollten, welche Fachleute vertrauenswürdig sind (und zu welchen Themen) und wann wir kluge Ratschläge zur Integration von Werten benötigen.* Aber, um das Problem noch etwas weiter zu differenzieren, die Herausforderung besteht nicht nur darin, dass es eine ungeheure Menge an Informationen zu sichten gibt, sondern auch darin, dass so viele der Quellen dieser Informationen den kühnen Anspruch erheben, vollständig und richtig zu sein. Wir benötigen also Denkwerkzeuge des dritten Jahrtausends, die uns dabei helfen, effektive Vertrauensbeziehungen aufzubauen, um ein Netzwerk glaubwürdiger Quellen – aus Einzelpersonen, Experten, Institutionen und Websites – zu schaffen, damit wir in die Lage versetzt werden, die Verlässlichkeit einander widersprechender Behauptungen zu beurteilen.

Dabei handelt es sich eher um einen Konstruktionsprozess als eine Übung im Aussieben. Wenn wir vertrauenswürdige Elemente identifizieren, dann glauben wir nicht an sie, weil unsere politische oder kulturelle Referenzgruppe an sie glaubt und die Gegenseite nicht; vielmehr glauben wir an sie, weil zur Selbstkritik fähige Menschen, die andere Ansichten haben als wir selbst, ebenfalls davon überzeugt sind. Auf dieser Grundlage errichten wir unser Verständnis der Welt.

Können wir auf den besten dieser vielen Entwicklungen aufbauen, dann ist das, was dabei entsteht – und was wir mit dem Denken des dritten Jahrtausends betonen und fördern wollen –, nicht nur eine

Neubelebung von Konzepten aus der Epoche der Aufklärung, sondern es könnte sich als eine zweite und vollständig neue Art der Aufklärung für ein neues Jahrtausend erweisen.

Wir hoffen, die Leserinnen und Leser mit dem realistischen, aber ermutigenden Gefühl zurückzulassen, dass wir in einer gemeinsamen Anstrengung in der Lage sein könnten, die Kurve ins dritte Jahrtausend zu kriegen, indem wir einen neuen, kollaborativen Ansatz für unsere Probleme und Chancen, von kleinen bis zu globalen Angelegenheiten, verfolgen. Um uns für das Projekt zu interessieren, müssen wir nicht an die Vision einer blühenden, utopisch anmutenden Welt glauben – es gibt in unseren Augen viele andere unmittelbar erreichbare Ziele –, aber vielleicht werden sich einige von uns von diesem größeren Vorhaben inspirieren und begeistern lassen. Wir haben die Zutaten des neuen Denkens, die Motivation und einen vernünftigen wissenschaftlichen Optimismus, um in diesem Jahrtausend als globale Menschheitsfamilie bedeutende Fortschritte zu erringen.

In den kommenden Jahrzehnten stehen wir vor enormen Herausforderungen. Aber seien wir uns der Tatsache bewusst, dass die letzten beiden Jahrzehnte lediglich 2 Prozent unseres neuen Jahrtausends ausmachen. Die anderen 98 Prozent können wir noch gestalten.

Dank

Es gibt viele Leute, die zur Entstehung dieses Buches etwas beigetragen haben und bei denen wir uns bedanken möchten. Da sind zunächst die Studierenden, die sich (neun Monate lang!) während der Vorbereitung für unsere Lehrveranstaltung an der Universität getroffen haben. Außerdem hat eine Vielzahl engagierter und kreativer Lehrassistenten aus verschiedenen Qualifikationsphasen mitgewirkt, darunter auch Postdoktoranden und Berater. Sie alle haben eine aktive Rolle bei der Identifizierung der Ideen und Themen gespielt, die wir zusammenstellten, und bei der Entscheidung, wie wir sie in der Lehre vermitteln sollten und wie die Ergebnisse zu bewerten sein würden. Während der neun Male, die wir diesen Kurs (bisher) unterrichtet haben, haben viele unserer Lehrkräfte begeistert ihren Teil beigesteuert und die Lektionen auf ihre Weise mitgeprägt. Wir wünschten, wir könnten individuell würdigen, was alle im Einzelnen geleistet haben, aber zumindest können wir folgenden Personen herzlich danken: Adhiraj Ahuja, Ingrid Altunin, Shrihan Argawal, Sophia Baginski, Kasia Baranek, Kristin Barker, Jennifer Barnes, Grant Belsterling, Kelly Billings, Colette Brown, Micah Brush, Jasmine Casey, Paul Christiano, Ethan Chiang, Giana Cirolia, Andrew Critch, Matthew Davis, Brian Delahunty, Ada Do, Moulay Draidia, Katherine Eddinger, Amy Fingerle, Drey Gerger, Tom Gilbert, Leah Gulyas, Nora Harhen, Chad Harper, Quian He, Jacob Heisler, Andrea Hengaertner, Rachel Hood, Rebecca Hu, Christina Ismailos, Kristen Isom, Colin Jacobs, Amisha Jain, Rachel Jansen, Darren Kahan, Louis Kang, Dan Keys, Namrata Khantamneini, Tarah Kirnan, Hannah Laqueur, Alyssa Li, Guang-Chen Li, Emily Liquin, Hui-Chen (Betty) Liu, Ana Lyons, Nina Maryn, Smriti Mehta, Dylan Moore,

Nikolai Oh, Gufran Pathan, Antonia Peacocke, Jonathan Pober, Keven Quach, Radhika Rawat, Erin Redwing, Jem Ruf, Trevor Schnack, Vincent Sheu, Riordon Smith, Sophia Steffens, Bethany Suter, Aaron Szasz, Kaitlan Tseng, Bridget Vaughan, Dax Vivid, Sophie Wiener, Liz Wildenhain, Daniel Wilkenfeld, Alice Zhang, Ted Zhang, Rebecca Zhu und Zachary Zimmerman. Wir danken auch den neun Gruppen von Studierenden vor dem ersten Abschluss, die den Kurs besucht haben; wir haben viel von ihnen gelernt.

Aditya Ranganathan, Winston Yin und Gabriel Perko-Engel verdienen eine ganz besondere Erwähnung, denn sie hatten mehrere Jahre lang die Leitung unserer studentischen Lehrkräfte inne, haben die Entwicklung unserer Lehrmaterialien koordiniert und wohlüberlegte Inhalte – sowie Enthusiasmus – zu dem Kurs und diesem Buch beigetragen. Dr. S. Emlen Metz war führende Kraft bei dieser Arbeit, sowohl bei der Entwicklung von Lernzielen und Bewertungsmaterialien als auch als entschlossener Denkpartner bei der Entwicklung von verschiedenen Formen an Kursmaterial passend zu diversen Medien und Zielgruppen. Prof. Alicia Alonzo, die eine exzellente Wissenschaftspädagogin ist, war unsere früheste Begleiterin auf dem Weg zu solch klar strukturierten und überprüfbaren Lehransätzen, und ihre Zusammenarbeit mit uns war ein wichtiger Bestandteil der frühen Ausgestaltung des Kurses und seiner Beurteilungstechniken. Und nachdem Rob MacCoun die Wirkungsstätte gewechselt hatte, haben wir mehrere Jahre lang auf wundervolle Weise gemeinsam gelehrt mit der Professorin für Kognitionswissenschaften Tania Lambrozo, der Professorin für Psychologie Alison Gopnik und der Professorin für Öffentliche Ordnung und Politikwissenschaft Amy Lerman, die im Laufe der Jahre Robs sozialwissenschaftliche Rolle übernahmen und neue Ideen und viel Begeisterung in den Kurs einbrachten. Johann Frick war während des Jahres, in dem er als Dozent für Philosophie in John Campbell Rolle schlüpfte, ebenfalls für faszinierende Beiträge verantwortlich. Dieses Buch ist ein Resümee der bisherigen Geschichte, aber wir können uns auf eine Fortsetzung freuen!

Will Lippincott hat uns als Agent und Denker tatkräftig begleitet und ermutigt. Dieses Buch wäre wahrscheinlich ungeschrieben geblieben ohne Nicole Pagano, die uns nicht nur bei der Organisation unserer Zusammenarbeit geholfen hat, sondern mit ihren Reaktionen auf die Ideen dieses Buches auch eine ständige Quelle der Weisheit, der Diplomatie und des Enthusiasmus war. Lisa Kaufman las frühe Entwürfe und gab uns wertvolles Feedback, wie wir das Buch zugänglicher und verständlicher machen konnten. Eric Engles half bei der Anfertigung von Vorlesungsmitschriften und bei deren Umwandlung in eine besser lesbare Form. Und wir danken Jeffrey Ptak (bei Morningstar), Rob Vishny und Steve Kaplan für ihre Hilfe bei der Entwicklung der Grafik und der Zitate zu den verwalteten Investmentfonds. Wir haben das hervorragende Team von Little, Brown Spark, sehr zu schätzen gelernt, geleitet von der Verlegerin und Cheflektorin Tracy Behar in der Schlüsselrolle der Person, die unsere Vision für das Buch verstand und umsetzte. Einen besonders wichtigen Beitrag im Hintergrund hat Alix Schwartz geleistet, die das »Big Ideas«-Kursprogramm an der Universität von Berkeley entwickelte und leitete; sie ermutigte uns, dieses ungewöhnliche Kurskonzept zu verwirklichen, und brachte uns mit ihrer konzeptionellen und praktischen Unterstützung auf den Weg zu diesem Buch. Die Gordon and Betty Moore Foundation hat einen Großteil der Arbeit an diesem Buch unterstützt. Janet Coffey hat mit ihrem Fachwissen und ihrer Beratung zum Inhalt und zu den pädagogischen Ansätzen des Buches einen Beitrag geleistet, der ebenso wertvoll war wie die von ihr beaufsichtigte Finanzierung. Karen und Frank Dabby sind seit Langem aufmerksame Mäzene. In den letzten Jahren hat der Kurs auch sehr von der philanthropischen Unterstützung durch Mark Rosenthal profitiert.

Schließlich danken wir auch unseren Familien, Freunden und Mentoren, die in verschiedenen Rollen alle etwas zu diesem Werk beigetragen haben. Saul durchdachte und diskutierte viele der Konzepte in diesem Buch mit Rich Muller, Bob Cahn und seinem Vater, Daniel Perlmutter. Auch seine Mutter, Felice (Faigie) Perlmutter, hat mit ihrer warmherzigen Art der Zusammenarbeit ihre Spuren in diesem Buch hinterlassen. Saul bespricht die meisten seiner Ideen und Formulierungen mit seiner Frau, Laura Nelson; seine Tochter, Noa Perlmutter, half ihm beim Lektorat und zeichnete alle grafischen Symbole zu Beginn der Kapitel; privat schenken sie ihm ein erfülltes Familienleben. John möchte Cassandra Chen, Antonia Peacocke, Niko Kolodny, Tim Crockett und seinem Sohn Rory danken, die ihm alle auf unterschiedliche Weise geholfen haben. Rob dankt seinem Vater Malcolm MacCoun, seiner verstorbenen Frau Lori Dair, die 35 Jahre lang seine Stütze und eine Quelle der Weisheit war, bevor sie 2022 an Amyotropher Lateralsklerose starb, sowie seinen Töchtern Audrey und Mad, die ihm bei der Pflege von Lori während ihrer Krankheit halfen und ihn dann in den Jahren 2022 und 2023 bei seinem Kampf gegen den Krebs unterstützten.

Da wir auf eine Zukunft hoffen, in der sich die Menschen gegenseitig zuhören, sich Ideen vorschlagen und Spaß daran haben, gemeinsam etwas zu schaffen, können wir die Personen nicht unerwähnt lassen, die unser Leben durch gemeinsame Musikerlebnisse bereichert haben. Einige von uns haben in Kammermusikensembles oder Orchestern mitgewirkt, andere spielen in Jazzgruppen. Die freudvolle und Geschicklichkeit erfordernde Tätigkeit des gemeinsamen Musizierens ist eine der Quellen der dieses Buch beseelenden Geisteshaltung.

Über die Autoren

Saul Perlmutter erhielt im Jahr 2011 den Nobelpreis für Physik; er teilte ihn sich mit zwei Astronomen für die Entdeckung der sich beschleunigenden Expansion des Universums. Er ist Professor für Physik an der University of California in Berkeley und leitender Wissenschaftler am Lawrence Berkeley National Laboratory. Neben anderen Auszeichnungen und Ehrungen ist er Mitglied der National Academy of Sciences, der American Academy of Arts and Sciences und der American Philosophical Society. Perlmutter hat populärwissenschaftliche Artikel verfasst und trat in Dokumentarfilmen für PBS, den Discovery Channel und die BBC auf.

John Campbell ist Professor für Philosophie an der University of California in Berkeley. Er hat Guggenheim- und NEH-Stipendien erhalten und war Präsident der Europäischen Gesellschaft für Philosophie und Psychologie. Er ist ehemaliger Fellow des Center for Advanced Study in the Behavioral Sciences an der Stanford University, Wilde Professor of Mental Philosophy an der Universität von Oxford, Professorial Fellow des Corpus Christi College in Oxford, und British Academy Research Reader. Im Jahr 2017 wurde Campbell mit dem Jean-Nicod-Preis ausgezeichnet.

Robert MacCoun ist Sozialpsychologe, Juraprofessor und Senior Fellow am Freeman Spogli Institute for International Studies an der Stanford University. Von 1986 bis 1993 war er Verhaltensforscher bei der RAND Corporation, und von 1993 bis 2014 war er Professor für Öffentliche Ordnung und Recht an der University of California in Berkeley. Im Jahr 2019 erhielt er den James McKeen Cattell Fellow Award der Association for Psychological Science für die im Lauf seines Lebens verfassten Beiträge zur Psychologie.

Anmerkungen

Einleitung

1 Das Seminar heißt »Sense and Sensibility and Science«, und für Fakultätsangehörige und Studierende ist das zugehörige Material verfügbar unter sensesensibilityscience.berkeley.edu. Derzeit wird in Zusammenarbeit mit der Outreach Division von der Nobelstiftung auch eine High-School-Version des Seminars entwickelt und etabliert. Vgl. nobelprize.org/scientific-thinking-for-all/.

2 National Opinion Research Center (15. Juni 2023), *Major declines in the public's confidence in science in the wake of the pandemic*. Es sei aber angemerkt, dass die Wissenschaft immer noch gut dasteht, im Vergleich zu anderen Bereichen, die noch schneller an Vertrauen einbüßen.

3 Was meinen wir eigentlich in diesem Buch mit »Wissenschaft«? Die Definition auf en.wikipedia.org: »Wissenschaft ist ein striktes, systematisches Verfahren, das Wissen in Form von überprüfbaren Erklärungen und Vorhersagen über die Welt aufbaut und organisiert«, trifft es eigentlich gut und lässt sich vielleicht am besten mit der Definition von Merriam Webster ergänzen: »Wissen oder ein Wissenssystem, das allgemeine Wahrheiten oder die Funktionsweise allgemeiner Gesetze beinhaltet, insbesondere wenn sie durch wissenschaftliche Methoden gewonnen und geprüft wurden.«

Kapitel 1

1 Das Thema Epistokratie wird in Estlund, David M. (2009), *Democratic authority*, Princeton University Press, eingehend erörtert. Vgl. auch Brennan, J. (2016), *Against democracy*, Princeton University Press.

Kapitel 2

1 Man sollte hier erwähnen, dass es schwierig ist, Studien über die kognitiven Auswirkungen der Luftqualität in Innenräumen durchzuführen. Außerdem gibt es viele unterschiedliche Messverfahren, sowohl für die Eigenschaften der Luft, der die Probanden tatsächlich ausgesetzt sind, als auch für die besonderen kognitiven Fähigkeiten, die potenziell betroffen sind. Möglicherweise sind die verminderten kognitiven Fähigkeiten auch auf andere Schadstoffe zurückzuführen, die sich in einem geschlossenen Raum in der Luft ansammeln, und der Kohlendioxidanteil dient hier als Proxy-Maß für diese anderen Schadstoffe. Für eine Diskussion dieser Fragen vgl. Du, B. et al. (2020), »Indoor CO_2 concentrations and cognitive function: A critical review«, *Indoor Air*, 30: S. 1067–1082; sowie die aktuelle Übersichtsarbeit von Fana, Y. et al. (2023), »Short-term exposure to indoor carbon dioxide and cognitive task performance: A systematic review and meta-analysis«, *Building and Environment*, 237, S. 110 331.

2 Ronchi, V. (1967), »The influence of the early development of optics on science and philosophy«, in McMullin, E. (Hg.), *Galileo: Man of science*. Basic Books, S. 195–206.

3 Heyerdahl, T. (2019), *Kon-Tiki: Ein Floß treibt über den Pazifik*. Ullstein Verlag. Zu unserer Anwendung der Floß- und Pyramidenmetaphern vgl. Sosa, E. (1980), *The raft and the pyramid, Midwest Studies in Philosophy*, 5, S. 3–26.

Kapitel 3

1 Es ist schwer zu sagen, was diese Korrelation tatsächlich bedeutet (und es werden auch Hinweise diskutiert, ob kleinere Mengen an Alkohol für manche Menschen den gegenteiligen Effekt haben). Vgl. Godos, J. et al. (2022), »Alcohol consumption, bone mineral density, and risk of osteoporotic fractures: A dose-response metaanalysis«, *International Journal of Environmental Research and Public Health, 19* (3), S. 1515.

2 Pouresmaeili, F. et al. (2018), »A comprehensive overview on osteoporosis and its risk factors«, *Therapeutics and Clinical Risk Management*, 14, S. 2029–2049.

3 Sober, E. (2001), »Venetian sea levels, British bread prices and the principle of the common cause«, *British Journal for the Philosophy of Science*, 52, S. 331–346.

4 Die Website Spurious Correlations spricht von Scheinkorrelationen, wenn es einfach *kein* kausales Netz gibt, welches die Assoziationen zwischen zwei Variablen stützt. Wenn also die Assoziationen nur Zufälle sind. Manchmal wird der Begriff »Scheinkorrelation« jedoch auch in Fällen

verwendet, wenn es eine gemeinsame Ursache der beiden Variablen gibt, was wir als Modell D bezeichnet haben.

5 Im Folgenden beziehen wir uns ausführlich auf Judea Pearls wichtige Kausalitätstheorie sowie auf die Arbeit des Statistikers Donald Rubin und des Philosophen James Woodward. Ein zugänglicher Einstieg in Pearls Theorien findet sich in seinem Buch von 2020: *The book of why: The new science of cause and effect,* Basic Books. In seinem Buch von 2009, *Causality,* (zweite Auflage), Cambridge University Press, geht er weiter in die Tiefe. Rubins System lässt sich in Imbens, G. W. und Rubin, D. B. (2015), *Causal inference for statistics, social, & biomedical sciences: An introduction*, Cambridge University Press, nachlesen. Woodwards Ansatz zur Philosophie der Interventionen steht in »Causation and manipulability«, seinem Eintrag von 2016 in die Philosophieenzyklopädie von Stanford https://plato.stanford.edu/ENTRIES/causation-mani/.

6 Hier sei auf zwei Aspekte der »zufälligen Zuteilung« hingewiesen. Erstens ist auffällig, dass etwas so uninformativ Wirkendes – einer Studie ein zufälliges Element hinzuzufügen – sie tatsächlich aufschlussreicher macht. Zweitens ist die zufällige Zuteilung ein anderes Verfahren als die ähnlich klingende »Zufallsauswahl«. Bei dieser handelt es sich um ein wichtiges Mittel, um die Ergebnisse unserer Stichprobe auf eine größere Population zu verallgemeinern, aber sie ist keine Methode, um einen Kausalzusammenhang herzustellen, was ein anderes Ziel ist.

7 So führte beispielsweise Dr. Chester M. Southam in den 1960er-Jahren mehrere Experimente durch, bei denen Menschen, die nur bedingt in der Lage waren, ihre Zustimmung zur Teilnahme an der Studie zu geben, Viren oder Krebszellen injiziert wurden. Plumb, R. K. (22. März 1964), »Scientists split on cancer tests; some back use of humans – more humility urged«, *The New York Times*, 53.

8 Hill, A. B. (1965), »The environment and disease: association or causation?«, *Proceedings of the Royal Society of Medicine*, 58 (5): S. 295–300.

9 Man kann diese Art von nicht-experimenteller Evidenz anhand der bereits zitierten Kausalrahmen von Judea Pearl oder Daniel Rubin in jedem Kontext verwenden. Forscher können mithilfe der Daten feststellen, welche potenzielle Ursachen sich ausschließen lassen und welche Erklärungen weiter möglich sind.

Kapitel 4

1 https://www.usgs.gov/faqs/what-probability-earthquake-will-occur-los-angeles-area-san-francisco-bay-area?qt-news_science_products=0#qt-news_science_products, aufgerufen am 21. 11. 2021 (deutsch: 22. 03. 2024).

2 Zitat aus Taleb, N. N. (2013), *Narren des Zufalls. Die unterschätzte Rolle des Zufalls in unserem Leben*, das folgendermaßen eingeleitet wird: »In seinem

Traktat über die menschliche Natur formulierte der schottische Philosoph David Hume das Problem wie folgt (und wie von John Stuart Mill in dem mittlerweile berühmten Problem des schwarzen Schwans paraphrasiert).«

3 Reddy, V. (2007), »Getting back to the rough ground: deception and ›social living‹«, *Philosophical Transactions of the Royal Society, London, B: Biological Science*, 362 (1480): S. 621–637.

4 Der Artikel, der Hinweise für die Entdeckung eines magnetischen Monopols anführte, war: Price, P. B. et al. (1975), »Evidence for detection of a moving magnetic monopole«, *Physical Review Letters*, 35, S. 487. Der Artikel, in dem die Wissenschaftler ihre Meinung änderten, war: Price, P. B. et al. (1978), »Further measurements and reassessment of the magnetic-monopole candidate«, *Physical Review D*, 18, S. 1382.

Kapitel 5

1 Tschernobyl und die *Challenger* werden näher diskutiert in Freudenburg, W. R. (1988), »Perceived risk, real risk: Social science and the art of probabilistic risk assessment«, *Science*, 242, S. 44–49.

2 Eine Studie aus dem Jahr 2012 von über 200 Widerrufen von Wissenschaftlern ergab, dass unter einem Viertel davon einem Fehler zugeschrieben wurden; zwei Drittel wurden Fehlverhalten zugeschrieben: Fang, F. C., Steen, R. G. und Casadevall, A. (2012), *Misconduct accounts for the majority of retracted scientific publications, Proceedings of the National Academy of Sciences*, USA, 109, S. 17 028–17 033. (Ironischerweise veröffentlichten die Autoren später noch eine Richtigstellung wegen der Fehler, die sie in einer Tabelle gemacht hatten.) Die Studie mag den Eindruck vermitteln, dass wissenschaftliches Fehlverhalten weitaus häufiger auftritt als wissenschaftliche Fehler, dabei ist mit Sicherheit das Gegenteil der Fall. Denn es gibt andere Studien, die zeigen, dass sich Experten manchmal dagegen sträuben, Fehler anzuerkennen, und wenn sie es doch tun, dann oft auf eine Art, die die Fehler und deren negative Auswirkungen minimiert. (Vgl. Tetlock, P. E. [2006], *Expert political judgment: How good is it? How can we know?* Princeton University Press.)

3 Asness, C. et al. [23 Autoren] (15. November 2010). Offener Brief an Ben Bernanke. *The Wall Street Journal*. Carey, D. und Willmer, S. (10. Oktober 2014), »Fed naysayers warning of inflation say they're still right«, *Bloomberg*.

4 Krugman, P. (21. Januar 2022), »Honey, I shrank the economy's capacity«, *The New York Times*.

5 Leary, M. R. (2018), *The psychology of intellectual humility*, John Templeton Foundation. https://www.templeton.org/wp-content/uploads/2020/08/JTF_Intellectual_Humility_final.pdf.

6 Rohrer, J.M. et al., »Putting the self in self-correction: Findings from the Loss-of-Confidence Project«, *Perspectives on Psychological Science*, 16: S. 1255–1269.

7 Diese Übung wurde von Koriat, A., Lichtenstein, S. und Fischhoff, B. (1980), entwickelt. »Reasons for confidence«, *Journal of Experimental Psychology: Human Learning and Memory*, 6, S. 107–118. Achtung, aus technischen Gründen kann dieser Test zu übertriebener Selbstüberschätzung führen, aber andere (komplexere) Methoden zeigen, dass dieser Effekt existiert. Vgl. Moore, D.A., und Healy, P.J. (2008), »The trouble with overconfidence«, *Psychological Review*, 115, S. 502–517.

8 Von wissenschaftlicher Seite gab es bereits alternative Erklärungen für dieses typische Kalibrierungsmuster bei derlei »2-alternative forced choice«-Fragen (bei denen es zwei Antwortmöglichkeiten gibt, von denen man eine auswählen muss). Vgl. Koriat, A. (2012), »The self-consistency model of subjective confidence«, *Psychological Review*, 119, S. 80–113. Doch die generelle Erkenntnis zur Selbstüberschätzung hat man mit vielen anderen Versuchen immer wieder reproduzieren können.

9 Ein Konfidenzintervall ist eine Form des »Fehlerbalkens«, den wir in Kapitel 4 eingeführt haben.

10 Deaves, R., Lüders, E. und Schröder, M. (2010), »The dynamics of overconfidence: Evidence from stock market forecasters«, *Journal of Economic Behavior & Organization*, 75, S. 402–412. https://psycnet.apa.org/record/2010-16071-004

11 Tetlock, P.E. (2006), *Expert political judgment: How good is it? How can we know?* Princeton University Press.

12 Birge, R.T. (1941), »The general physical constants: As of August 1941 with details on the velocity of light only«, *Reports on Progress in Physics*, 8, S. 90–135.

13 Henrion, M. und Fischhoff, B. (1986), »Assessing uncertainty in physical constants«, *American Journal of Physics*, 54, S. 791–798.

14 Murphy, A.H. und Winkler, R.L. (1977), »Reliability of subjective probability forecasts of precipitation and temperature«, *Journal of the Royal Statistical Society*, Series C (Applied Statistics), 26, S. 41–47. Hier ist anzumerken, dass laut Studie die Blackjack-Dealer in ihren Entscheidungen nicht besser kalibriert waren als Laien, wenngleich die Dealer eigentlich ähnliche Vorteile haben müssten wie Meteorologen. Vgl. Wagenaar, W. und Keren, G.B. (1985), »Calibration of probability assessments by professional blackjack dealers, statistical experts, and lay people«, *Organizational Behavior and Human Decision Processes*, 36, S. 406–416.

15 Wakeman, N. (11. Februar 2011), »IBM's ›Jeopardy!‹ match more than game playing, *Washington Technology*. https://washingtontechnology.com/articles/2011/02/10/ibm-watson-data-uses.aspx. Neue Analysen zeigen, dass auch Watson eher etwas zu selbstbewusst war und nicht perfekt kalibriert. Trotzdem war er noch vorsichtiger mit seinen Meinungsäußerun-

gen als die menschlichen Spieler. Vgl. Moore, D. (2023), »Overprecision is a property of thinking systems«, *Psychological Review*, 130, S. 1339–1350.

16 Wells, G. L., Lindsay, R. C. L. und Ferguson, T. J. (1979), »Accuracy, confidence, and juror perceptions in eyewitness identification«, *Journal of Applied Psychology*, 64, S. 440–448.

17 Tenney, E. R. et al. (2007), »Calibration trumps confidence as a basis for witness credibility«, *Psychological Science*, 18, S. 46–50. Tenney, E. R., Spellman, B. A. und MacCoun, R. J. (2008), »The benefits of knowing what you know (and what you don't): Fact-finders rely on others who are well calibrated«, *Journal of Experimental Social Psychology*, 44, S. 1368–1375.

18 Sah, S., Moore, D. und MacCoun, R. (2013), »Cheap talk and credibility: The consequences of confidence and accuracy on advisor credibility and persuasiveness«, *Organizational Behavior and Human Decision Processes*, 121, S. 246–255.

19 https://www.theguardian.com/books/2015/jul/18/daniel-kahneman-books-interview.

Kapitel 6

1 Die Daten und grafischen Darstellungen zu den durchschnittlichen Oberflächentemperaturmessungen stammen von Rohde, R. A. und Hausfather, Z. (2020), »The Berkeley Earth Land/Ocean Temperature Record«, *Earth System Science Data, 12*, S. 3469–3479.

2 Die grönländischen Eiskerndaten stammen von Vinther, B. M. et al. (2009), »Holocene thinning of the Greenland ice sheet«, *Nature 461*, S. 385–388.

3 Vgl. Rohde, R. et al. (2013), »A new estimate of the average earth surface land temperature spanning 1753 to 2011«, *Geoinformatics & Geostatistics: An Overview*, 1.

4 Die Beziehung zwischen dem Konzept von Signal und Rauschen sowie dem Konzept der Kausalität, das wir bereits erörtert haben, ist interessant. Wenn man festzustellen versucht, was was verursacht, ist die kausale Variable diejenige, die man isolieren will, damit man ihr Signal als Ursache für den untersuchten Effekt klar erkennen kann. Die anderen Variablen sind verantwortlich für Phänomene, die als Rauschen gelten können, weil sie für die untersuchte Beziehung irrelevant sind, aber doch im System vorkommen (und es oft erschweren, die Wirkung der kausalen Variable, also das Signal, zu erkennen).

Kapitel 7

1 Dieses Diagramm basiert auf dem Graphen zur Entdeckung, vgl. »CMS Higgs Seminar: Images and plots from the CMS Statement«, 4. Juli 2012, CMS Collaboration, cds.cern.ch/record/1459463.

2 Aus wohl offensichtlichen Gründen stellt sich die Frage, ob Fondsmanager in ihrem relativen Erfolg konsistent sind, im Laufe der Jahre immer wieder neu. Eine aktuelle Analyse zeigt wieder, dass man besser kein Geld darauf setzen sollte: Choi, J. J. und Zhao, K. (2021), Carhart (1997), »Mutual fund performance persistence disappears out of sample«, *Critical Finance Review*, *10*, S. 263–270. cfr.pub.

3 Hodis, H. N. und Mack, W. J. (2013), »The timing hypothesis and hormone replacement therapy: A paradigm shift in the primary prevention of coronary heart disease in women. Part 1: comparison of therapeutic efficacy«, *Journal of the American Geriatrics Society*, 61, S. 1005–1010; Hochberg, Y. und Westfall, P. H. (2000), »On some multiplicity problems and multiple comparison procedures in biostatistics«, in P. K. Sen und C. R. Rao (Hg.), *Handbook of statistics*, vol. 18, Elsevier Science, S. 81 f.

4 Jetzt fragen Sie sich vielleicht, ob man lieber mehr Daten sammeln sollte oder nicht. Wenn Sie einen Datensatz verwenden, um nach einer Reihe möglicher Kausalfaktoren (den Variablen Ihrer Studie) zu suchen, haben wir gerade festgestellt, dass Sie sich im Voraus auf Ihre Variablen festlegen müssen (sie also nicht währenddessen dazunehmen dürfen) und dass für mehr Variablen mehr Daten erforderlich sind, um den »Look-Elsewhere-Effekt« auszugleichen. Wir haben davor aber auch gesagt, dass man mit mehr Daten wahrscheinlich mehr Muster erkennen kann, die wie ein »Signal« inmitten des Rauschens aussehen. Sind mehr Daten also besser oder schlechter? Und was ist, wenn man ein Muster sieht, das wie ein Beweis für etwas wirkt, das man nicht erwartet hat: Sollte man es einfach ignorieren? (Wie zum Beispiel in einer medizinischen Studie, in der die Forscher feststellen, dass das getestete Medikament eine Krankheit heilen könnte, die gar nicht in der Studie untersucht wurde. Was dann?)

Es ist genau diese Art von Fragen, aufgrund derer wir intensiver – und quantitativ – über unser Wahrscheinlichkeitsverständnis von Signal und Rauschen nachdenken. Erstens: Wenn wir nach Signalen im Rauschen suchen, vergleichen wir tatsächlich, wie oft wir etwas aus den Daten herauslesen, das wie ein Signal wirkt, damit, wie oft wir erwarten würden, etwas für ein Signal zu halten, das sich am Ende als falsches Muster herausstellt. Der Vorteil davon, mehr Daten zu erheben, besteht dann darin, dass man immer besser vorhersagen kann, wie oft man zufällige Störmuster sehen wird, und dann diese Zahl mit den auftretenden Mustern vergleichen kann. Anhand dieses Vergleiches erkennen wir die Wahrscheinlichkeit, mit der es sich bei dem, was wir sehen, nur um Rauschen handelt – oder andernfalls um ein echtes Signal inmitten des Rauschens. Das ist im Wesentlichen das, wodurch uns die meisten statistischen Verfahren helfen können.

Wenn Sie dann Hinweise auf ein Signal sehen, wie eine kausale Beziehung, die Sie ursprünglich nicht untersuchen wollten, bedeutet dies nur, dass Sie Ihren Filter für das, was als interessant gilt, viel breiter eingestellt haben. Er fischt nicht so viel Rauschen heraus. Dies führt zu einer viel höheren Rate von Fehlalarmen im Vergleich zu echten Signalen, sodass die Wahrscheinlichkeit, nur Störmuster zu sehen, relativ zu echten Signalen höher ist. Wenn Sie wieder bessere Chancen haben wollen, müssen Sie jetzt noch mehr Daten sammeln. Und noch einmal, das ist etwas, womit uns die Statistik hilft.

5 Die Wahl der Instrumente steht in direktem Zusammenhang mit der Frage, wie man das Signal im Rauschen findet. Instrumente sind oft so konzipiert, dass sie Dinge in der Natur verstärken oder vergrößern, sodass wir sie trotz unserer begrenzten sensorischen Fähigkeiten beobachten können. Da es jedoch keine Filtergeräte dafür gibt, unterscheiden sie nicht zwischen Signal und Rauschen. Sie verstärken beides. Mit Instrument sind Sie also möglicherweise nicht besser dran, wenn Sie keine Vorstellung davon haben, was das Signal sein könnte und wie ein Teil des Rauschens herausgefiltert werden kann. Einige Instrumente sind allerdings so gebaut, dass sie Filtermöglichkeiten integrieren.

Kapitel 8

1 Vgl. MacCoun, R. J. (2024), »Standards of proof: Theory and evidence«, in R. Hollander-Blumhoff (Hg.), *Research handbook in law and psychology*. Elgar.

2 Der optimale Schwellenwert (»p*«) sollte auf folgender Formel beruhen: p* = Ablehnung eines falsch positiven Befundes/(Ablehnung eines falsch positiven Befundes + Ablehnung eines falsch negativen Befundes), wobei die Ablehnung von 0 (Gleichgültigkeit gegenüber diesem Fehler) bis 100 (maximale Ablehnung) reichen kann.

3 Wenn alles andere gleich bleibt, heißt das p* ist $10 \div (10 + 1) = 0.91$.

4 Selbst wenn man Beweise für beispielsweise ein neues Elementarteilchen findet, ist die Ankündigung vor dem Hintergrund der Ungewissheit ein Werturteil, da es viele Theoretiker gibt, die einen zerfleischen würden, wenn sich die Entdeckung als falsch erweist.

5 Tatsächlich lassen die Hochschulen natürlich nicht einfach jeden zu, der sich in einem Jahr beworben hat, nur um zu sehen, was dann passieren würde. Das wäre nicht umsetzbar (die meisten Hochschulen können nur eine begrenzte Anzahl von Studierenden aufnehmen) und grausam (da viele zugelassene Studierende ihre Kurse nicht bestehen würden). Infolgedessen erhalten die Einrichtungen tatsächlich kaum das vollständige Bild,

das in diesen Zahlen zum Ausdruck kommt, und sind gezwungen, sich auf andere Informationen zu stützen (wie zum Beispiel ein Student, der abgelehnt wurde, an einer anderen Hochschule abschneidet).

6 Kliff, S. und Bhatia, A. (1. Januar 2022), »When they warn of rare disorders, these prenatal tests are usually wrong«, *The New York Times.*

7 Die Bayes-Regel (manchmal auch Satz von Bayes) ist für viele Themen in diesem Buch relevant. Sie besagt, dass man, wenn man wissen will, wie hoch die Wahrscheinlichkeit ist, dass eine Aussage zutrifft, wenn man neue relevante Daten erhält, auch Kenntnis darüber haben muss, was man vorher über die Wahrscheinlichkeit wusste, dass die Aussage richtig ist. Denn normalerweise hat man schon vorher einige Hinweise auf die Wahrscheinlichkeit einer Aussage. Die Bayes-Regel (eigentlich nur eine Formel für unsere Zwecke) sagt uns genau, wie hoch die korrekte aktualisierte Wahrscheinlichkeit mit den neuen Daten ist. Im Internet gibt es verschiedene (gleichwertige) Versionen der Formel. Aber grob gesagt bedeutet sie, dass man seine vorherigen besten Schätzungen der Wahrscheinlichkeit nimmt und sie dadurch überprüft, dass man sie mit der Wahrscheinlichkeit multipliziert, neue Daten zu sehen, wenn die Aussage wahr ist, geteilt durch die Wahrscheinlichkeit, dass man die neuen Daten in jedem Fall sehen würde, unabhängig davon, ob die Aussage wahr ist.

Interessante Forschungslinien deuten darauf hin, dass man seine Wahrscheinlichkeiten nicht immer in Übereinstimmung mit dem Satz von Bayes aktualisiert. Vielleicht sagen Sie jetzt: »Natürlich nicht, ich habe diese Formel ja noch nie gesehen.« Aber unser Gehirn ist sicher in der Lage, eine Aktualisierung nach der Bayes-Regel vorzunehmen. Es gibt zum Beispiel Hinweise darauf, dass selbst die winzigen Gehirne von Bienen eine »optimale Bayes'sche Futtersuche« ermöglichen, und menschliche Schlussfolgerungen nähern sich der Bayes-Regel bei einigen Aufgaben recht gut an. Aber wir verlassen uns auch manchmal auf Heuristiken oder Schlussfolgerungen, die nicht nach dieser Regel funktionieren. Das liegt vermutlich daran, dass diese Vorteile haben (z. B. Schnelligkeit, Benutzerfreundlichkeit oder einfache Kommunikation), die die geringere Genauigkeit wert sind.

Es gibt zahlreiche visuelle Erklärungen des Bayes-Theorems auf YouTube. Eine umfassende und leicht zugängliche Einführung in das Bayes'sche Denken bietet zudem Sharon Bertsch McGraynes (2011), *The theory that would not die: How Bayes' rule cracked the Enigma code, hunted down Russian submarines, & emerged triumphant from two centuries of controversy,* Yale University Press.

Kapitel 9

1 Eine Rauschquelle kann eine statistische Unsicherheit oder systematische Unsicherheit sein, je nachdem, wie sie in die durchgeführte Messung eingeht. So kann beispielsweise die falsche Kalibrierung einer Personenwaage zu einer statistischen Unsicherheit führen, wenn Sie viele Waagen ausprobieren (von denen jede zufällig falsch eingestellt ist), oder zu einer systematischen Unsicherheit, wenn Sie die eine immer wieder verwenden.

2 Die Pfeile in dieser Abbildung haben wir vecteezy.com/free-vector/dart entnommen. Die Dartscheibe ist ein abgeändertes Bild von vecteezy.com/free-vector/dart-board.

3 Statistiker haben sich bei diesen beiden Arten von Unsicherheiten für eine Terminologie entschieden, die etymologisch äußerst willkürlich erscheint. Sie sagen »genauer« für »bessere systematische Unsicherheit« und »präziser« für »bessere statistische Unsicherheit« verwenden.

4 Erschwerend kommt hinzu, dass die Zufallskomponente – der Teil, der für uns am einfachsten sein *sollte* –, wie wir in Kapitel 7 gesehen haben, uns Muster sehen lässt, die es nicht gibt.

5 Um die statistische Unsicherheit zu berücksichtigen, wird die Stichprobengröße mathematisch durch das gewünschte Konfidenzintervall und die Größe Ihrer akzeptablen Fehlerbalken bestimmt. Wenn Sie beispielsweise in einer Stadt mit 200 000 Einwohnern wissen wollen, wie viele davon für welchen Bürgermeisterkandidaten stimmen werden, müssen Sie etwa 2400 Personen befragen, um mit 95-prozentiger Sicherheit davon ausgehen zu können, dass die tatsächliche Zahl in den 2 Prozent des Umfrageergebnisses liegt.

Kapitel 10

1 Laut Messungen in Experimenten ist der Energieverbrauch im Gehirn von Menschen, die angestrengt denken, offenbar nur geringfügig höher als der konstante Energieverbrauch des Gehirns. Allgemein ist das Gehirn jedoch ein großer Energiefresser, der für etwa ein Fünftel unseres Energieverbrauchs verantwortlich ist, selbst wenn wir uns entspannen, sodass vielleicht schon ein kleiner proportionaler Anstieg wahrnehmbar ist. Oder es liegt möglicherweise daran, dass wir oft unter Stress stehen, wenn wir scharf nachdenken (beispielsweise für einen Test in der Schule), und es ist die Energie, die wir für unsere Stressreaktion aufwenden, die wir bemerken.

2 Der kleinen Zahl von Lesern, die wie Saul bereits auf dem Gymnasium Physikunterricht hatten und das Fach dann an der Hochschule studierten, wird dieses Beispiel wahrscheinlich bekannt vorkommen: Nachdem man sich daran gewöhnt hat, Physikaufgaben in der Schule in wenigen Minu-

ten zu lösen, kann es ein Schock sein, wenn man an der Universität mit Physikaufgaben konfrontiert wird, deren Bewältigung mehrere Stunden iterativen Denkens erfordern kann. Und wenn Sie nicht wissen, dass Sie diese Aufgaben am Ende lösen werden, neigen Sie dazu, zu früh aufzugeben, bevor Sie überhaupt entdecken, dass Sie es schaffen können.

3 Solche wissenschaftlichen Traditionen werden oft von einer Generation von Wissenschaftlern an die nächste weitergegeben. In diesem Fall lernte Saul sie von seinem Forschungsberater Richard Muller, der sie seinerseits von seinem Mentor, dem Nobelpreisträger Luis Alvarez, beigebracht bekommen hatte. Wir sollten überprüfen, wer Luis Alvarez diesen Machbarkeitsansatz nahelegte – vielleicht war es sein Forschungsberater Arthur Compton (ebenfalls ein Nobelpreisträger). Natürlich hoffen wir, dass wir die hier vorgestellten Techniken einem viel größeren Publikum vermitteln können, das nicht allein aus professionellen Wissenschaftlern besteht!

4 Damit es funktioniert, müssen auch die Geldgeber diesen Punkt verstehen. Merken Sie sich das, öffentliche Wissenschaftsförderer!

Kapitel 11

1 Selbst die englische Redewendung »mit Gas kochen« suggeriert die Idee des wissenschaftlichen Fortschritts. Die Formulierung entstand in den späten 1930er-Jahren, als Gasöfen die langsameren Holzöfen verdrängten. Die Gasindustrie scheint davon derart begeistert gewesen zu sein, dass der Ausdruck häufig in Radio-Comedyshows verwendet wurde.

2 Wie bei vielen Begriffen aus den Naturwissenschaften handelt es sich bei dem »Verstehen erster Ordnung eines Problems« um einen Jargon aus dem Bereich der Mathematik. Wenn Sie einen Kalkulationskurs besucht haben, kennen Sie den Begriff vielleicht im Zusammenhang mit Taylor-Reihen-Expansionen.

Die Grundidee ist, dass Sie sich jeder Funktion an einer bestimmten Stelle x nähern können, indem Sie zunächst die Funktion $f(a)$ bei einem nahe gelegenen Wert a betrachten und dann die erste Ableitung $f'(a)$ mal die Entfernung zu diesem Wert $(x - a)$ addieren und dann eine zweite Ableitung mal diese Entfernung zum Quadrat und so weiter, bis Sie eine Reihe gebildet haben, die sich der Funktion annähert. Laut dieser Sichtweise kommen Sie durch die Hinzufügung von immer mehr Termen in die Annäherung immer näher an die tatsächliche Gestalt der Funktion. Wenn Sie eine Annäherung erster Ordnung an etwas machen, bedeutet das lediglich, dass Sie nur den ersten Term mit einer Ableitung in Ihrer Approximation verwendet haben. Für die zweite Ordnung haben Sie einen weiteren Term verwendet und für die dritte Ordnung noch einen. Nach und nach sieht es immer mehr so aus wie die wirkliche Funktion, der Sie sich nähern wollen.

Die Erklärung erster Ordnung für etwas erfasst also den offensichtlichsten kausalen Zusammenhang von Bedeutung – das, was das Ganze wirklich zum Funktionieren bringt. Die Erklärung zweiter Ordnung ist die erste, die einige Feinheiten des Geschehens erfasst, die Ausnahmen von oder kleinen Ergänzungen zu dieser ersten Annäherung. Die dritte Ordnung drückt eine noch kleinere Modifizierung dieser letzten Modifizierung aus und so weiter. (Es kann gute Gründe dafür geben, dass Menschen manchmal Erklärungen erster Ordnung nicht beachten; so berichten beispielsweise Brandermittler nicht, dass die Hauptursache eines Hausbrandes das Vorhandensein von Sauerstoff war. Wenn wir betonen wollen, dass etwas die offensichtlichste Primärursache ist, nennen wir es manchmal die Erklärung nullter Ordnung.)

3 Das Beispiel mit der Schlaflosigkeit verdeutlicht auch, dass bei jedem Phänomen die Faktoren niedrigerer und höherer Ordnung je nach Kontext variieren können. Wenn sich zum Beispiel ein hungriger Löwe vor Ihrem Schlafzimmer herumtreibt, könnte das schnell zu dem Faktor erster Ordnung werden, der Sie wachhält.

4 Politische Analysten nennen solche schnellen Schätzungen »BOTEC«-Hochrechnungen (back-of-the-envelope calculations).

5 Wenn Sie nach Beispielen suchen, um damit herumzuspielen, und nach weiteren Erörterungen von Schätztechniken, können Sie auf die Bücher zurückgreifen, die sich genau mit diesem Thema befassen, wie zum Beispiel: Weinstein, L. und Adam, J. A. (2009), *Guesstimation: Solving the world's problems on the back of a cocktail napkin*, Princeton University Press; und Eastaway, R. (2019), *Maths on the back of an envelope: Clever ways to (roughly) calculate anything*, HarperCollins.

Kapitel 12

1 Vgl. McDaniel, M. A., Schmidt, F. L. und Hunter, J. E. (1988), »Job experience correlates of job performance«, *Journal of Applied Psychology*, 73, S. 327–330; und Dokko, G., Wilk, S. L. und Rothbard, N. P. (2008), »Unpacking prior experience: How career history affects job performance«, *Organization Science*, 20, S. 51–68.

2 Diese Frage wird ausführlicher diskutiert in MacCoun, R. J. (1998), »Biases in the interpretation and use of research evidence«, *Annual Review of Psychology*, 49, S. 259–287.

3 https://en.wikipedia.org/wiki/List_of_cognitive_biases

4 Gigerenzer, G. und Goldstein, D. G. (2011), »The recognition heuristic: A decade of research«, *Judgment and Decision Making*, 6, S. 100–121.

5 Obwohl Dr. Seuss mit dem Buchstaben X sehr nahe dran war: »X is very useful if your name is Nixie Knox. It also comes in handy, spelling ax and extra fox.«

6 Lichtenstein, S. et al. (1978), »Judged frequency of lethal events«, *Journal of Experimental Psychology: Human Learning and Memory*, 4, S. 551–578.

7 Bailis, D. S. und MacCoun, R. J. (1996), »Estimating liability risks with the media as your guide: A content analysis of media coverage of civil litigation«, *Law and Human Behavior*, 20, S. 419–429.

8 Vgl. Ellman, I. M., Braver, S. und MacCoun, R. J. (2009), »Intuitive lawmaking: The example of child support«, *Journal of Empirical Legal Studies*, 6, S. 69–109.

9 Fischhoff, B. (1975), »Hindsight is not equal to foresight: The effect of outcome knowledge on judgment under uncertainty«, *Journal of Experimental Psychology: Human Perception and Performance*, 1, S. 288–299.

10 Tajfel, H. et al. (1971), »Social categorization and intergroup behavior«, *European Journal of Social Psychology*, 1, S. 149–177.

11 »Indem sie konkurrierende Positionen zu einem Risiko oder ähnlichen Sachverhalten mit gegensätzlichen Gruppenidentitäten verschmelzen, verwandeln antagonistische Memes diese Positionen in Markierungen der Mitgliedschaft und Loyalität zu rivalisierenden Gruppen.« Kahan, D. M. et al. (2017), »Culturally antagonistic memes and the Zika virus: An experimental test«, *Journal of Risk Research*, 20, S. 1–40.

12 MacCoun, R. (1993), »Blaming others to a fault?«, *Chance*, 6, S. 18, 31–33.

13 Vgl. Ross, L. D. (1977), »The intuitive psychologist and his shortcomings«, in L. Berkowitz (Hg.), *Advances in Experimental Social Psychology* (Bd. 10, S. 174–220), Academic Press.

14 Menon, T., Morris, M. W. und Chiu, C. (1999), »Culture and the construal of agency: Attribution to individual versus group dispositions«, *Journal of Personality and Social Psychology*, 76, S. 701–717.

15 Merton, T. (1965), *The way of Chuang Tzu*, Kapitel 20, veröffentlicht von New Directions.

16 Lord, C. G., Lepper, M. R. und Preston, E. (1984), »Considering the opposite: A corrective strategy for social judgment«, *Journal of Personality and Social Psychology*, 47, S. 1231–1243.

Kapitel 13

1 Der aufgezeichnete Vortrag von Irving Langmuir aus dem Jahr 1953 wurde danach von Robert N. Hall transkribiert und herausgegeben als ein Bericht des General Electric Laboratory aus dem Jahr 1966. Dieser Bericht wurde oft kopiert und unter Wissenschaftlern weitergegeben, bis er viel später offiziell veröffentlicht wurde: Langmuir, I. und Hall, R. N. (1989), »Pathological Science«, *Physics Today*, 42, S. 36–48.

2 Langmuirs Definition hängt eindeutig mit dem »Widerlegungsfehler« zusammen, den wir in Kapitel 14 beschrieben haben, einer Variante des

Bestätigungsfehlers, bei der Menschen nur dann nach Schwachstellen in Beweisen suchen, wenn diese ihre Hypothese zu widerlegen scheinen.

3 Fanelli, D. (2009), »How many scientists fabricate and falsify research? A systematic review and meta-analysis of survey data«, *PLoS ONE*, 4: e5738.

4 Seltsamerweise werden viele Veröffentlichungen dabei erwischt, wie sie ihre Ergebnisse fälschen, indem sie ein Foto verwenden, das Resultate einer anderen, bereits erschienenen wissenschaftlichen Studie desselben Autors zeigt, und behaupten, es stamme aus der aktuellen Untersuchung. Das ist natürlich ein klassisches Wettrüsten: Wenn Wissenschaftler lernen, wie man Betrug aufdeckt, werden andere Wissenschaftler subtilere Methoden entwickeln, um Betrug zu begehen, die so lange funktionieren, bis diese Betrügereien ihrerseits aufgedeckt werden können ... und so weiter.

5 Es gibt anscheinend eine ganze Kategorie von Wörtern, die gebildete Menschen durch die Lektüre gelernt haben, aber nicht als akustisch wahrgenommenes Wort kennen, sodass sie diese auf gut Glück (falsch) aussprechen; das englische Wort »epitome« ist ein klassisches Beispiel dafür. In einem Buch, das sich mit den vielen Arten beschäftigt, wie wir uns selbst täuschen, können wir das englische Wort »misled« (das Partizip von »to mislead«, in die Irre führen) nicht verwenden, ohne zu erwähnen, dass es häufig als Vergangenheitsform des nicht existierenden Verbs »to misle« falsch ausgesprochen wird. (Ob dieses angebliche Verb seinerseits als »mizz-le« oder »my-zle« ausgesprochen werden soll, ist unklar.) Einige Autoren, die dieses Phänomen erörtern, haben sogar den Ausdruck »misle« als Fachterminus verwendet, um sich auf solche falsch ausgesprochenen Wörter zu beziehen.

6 Langone, J. (8. Aug. 1988), »Science: The water that lost its memory«, *Time*.

7 The Editors (1988), »When to believe the unbelievable«, *Nature*, 333, S. 787.

8 Maddox, J., Randi, J. und Stewart, W. (1988), »›High-dilution‹ experiments a delusion«, *Nature*, 334, S. 287–290.

9 Goldacre, B. (17. Nov. 2007), »Benefits and risks of homoeopathy«, *Lancet*, 370, 9600, S. 1672–1673. Dabei gilt es zu beachten, dass der erwähnte »Nutzen« nur dem entsprach, der auch mit einem Placebo (einer Scheinpille) erzielt werden konnte.

10 Stolberg, M. (Dez. 2006), »Inventing the randomized double-blind trial: The Nuremberg salt test of 1835«, *Journal of the Royal Society of Medicine*, 99 (12): S. 642–643.

11 Es ist jedoch ernüchternd festzustellen, dass Deutschland vor der Zeit des Nationalsozialismus einige der fortschrittlichsten Maßnahmen zum Schutz von Personen vor dem Missbrauch durch medizinische Experimente entwickelt hatte. Dies deutet darauf hin, dass neben den Verfah-

rensregeln auch Aufsichtsstrukturen unverzichtbar sind, um Fehlverhalten zu verhindern.

Kapitel 14

1 Wason, P.C. und Johnson-Laird, P.N. (1972), *The psychology of reasoning: Structure and content,* Harvard University Press.

2 Edwards, K. und Smith, E.E. (1996), »A disconfirmation bias in the evaluation of arguments«, *Journal of Personality and Social Psychology*, 7, S. 5–24.

3 In Ordnung, wenn Sie es wirklich wissen wollen: Die Messung der Expansionsrate des Universums – d.h. die Messung der sogenannten Hubble-Konstante – hängt davon ab, wie weit zwei Punkte im Universum, die Sie getrennt beobachten, voneinander entfernt sind. Liegen sie momentan 2 Milliarden Meilen voneinander entfernt, bewegen sie sich mit etwa der doppelten Geschwindigkeit voneinander weg, als wenn sie zum selben Zeitpunkt nur 1 Milliarde Meilen voneinander entfernt wären. Wir messen also die Expansionsrate des Universums in Einheiten der Geschwindigkeit (km/s) pro Entfernung (»Megaparsec«, was etwa 2×10^{19} Meilen entspricht).

4 Vgl. Klein, J.R. und Roodman, A. (2005), »Blind analysis in nuclear and particle physics«, *Annual Review of Nuclear and Particle Physics*, 55, S. 141–163. Vgl. auch MacCoun, R. und Perlmutter, S. (2015), »Hide results to seek the truth«, *Nature*, 526, S. 187–189.

5 Weitere Beispiele für Verblindungen sind die nur auf der Grundlage von Identifikationsnummern, nicht von Namen erfolgende Benotung studentischer Arbeiten durch Professoren sowie die Prüfung von Bewerbungen von Wissenschaftlern für eine Zeit am Weltraumteleskop Hubble, ohne deren Namen zu kennen.

6 Vgl. MacCoun, R.J. (2020), »Blinding to remove biases in science and society«, in R. Hertwig und C. Engel (Hg.), *Deliberate ignorance: Choosing not to know*, MIT Press.

7 Committee on Identifying the Needs of the Forensic Sciences Community (2009), *Strengthening forensic science in the United States: A path forward,* National Research Council, National Academies Press; President's Council of Advisors on Science and Technology (2016), *Forensic science in criminal courts: Ensuring scientific validity of feature-comparison methods.* Report to the President, Executive Office of the President.

8 Dror, E., Charlton, D. und Péron, A.E. (2006), »Contextual information renders experts vulnerable to making erroneous identifications«, *Forensic Science International*, 156, 1, S. 74–78.

9 So empfiehlt zum Beispiel Kaiser den Patienten, »Ihre Unterlagen mit der Erstdiagnose vorab an den anderen Arzt zu schicken«. https://healthy.

kaiserpermanente.org/health-wellness/health-encyclopedia/he.getting-a-second-opinion.ug5094

10 Für einen Überblick zum Open Science Movement vgl. Munafò, M.R. et al. (2017), »A manifesto for reproducible science«, *Nature Human Behaviour*, 1, S. 1–9; Jussim, L., Stevens, S.T. und Krosnick, J.A. (Hg.) (2022), *Research integrity in the behavioral sciences* (S. 295–315), Oxford University Press.

11 Für ein frühes Beispiel vgl. Latham, G.P., Erez, M. und Locke, E.A. (1988), »Resolving scientific disputes by the joint design of crucial experiments by the antagonists: Application to the Erez-Latham dispute regarding participation in goal setting«, *Journal of Applied Psychology*, 73, S. 753–772. Ein aktuelles Beispiel liefert Melloni, L. et al. (2023), »An adversarial collaboration protocol for testing contrasting predictions of global neuronal workspace and integrated information theory«, *PLoS ONE*, 18: e0268577.

12 Beachten Sie, dass es sich hierbei um eine ganz andere Verwendung des Begriffs »Markierung« handelt – eine positive –, die von dem »Kennzeichnungs«-Phänomen unterschieden werden sollte, auf das wir uns an anderer Stelle in diesem Buch beziehen und bei dem Menschen Positionen zu einem Thema einnehmen, nur um nach außen hin ihr Engagement für ihre politische Partei oder andere Gruppen zu zeigen.

13 Vgl. das Zitat aus Rohrer et al. (2021) in den Endnoten von Kapitel 5, wo von dem Vertrauensverlust-Projekt die Rede ist.

Kapitel 15

1 Zur Deindividuation vgl. Postmes, T. und Spears, R. (1998), »Deindividuation and antinormative behavior: A meta-analysis«, *Psychological Bulletin*, 123, S. 238–259. Zur emotionalen Ansteckung vgl. Herrando, C. und Constantinides, E. (2021), »Emotional contagion: A brief overview and future directions«, *Frontiers in Psychology*, 12, Artikel 712606.

2 Rob hatte Gelegenheit, einige der Ideen von Janis zur Vermeidung von Gruppendenken umzusetzen, als er 1993 an einem RAND-Projekt für das US-Verteidigungsministerium arbeitete. RAND hatte den Auftrag erhalten zu untersuchen, ob das Militär das Verbot der Einstellung von offen homosexuellen Personen aufheben könnte. Zu jener Zeit war das ein stark polarisierendes Thema, und das RAND-Team war äußerst bemüht, seine Unparteilichkeit und Unvoreingenommenheit zu beweisen. Nach mehrtägigen internen Briefings, in denen sie alle gesammelten empirischen Belege geprüft hatten, bildeten sie eine Reihe von Untergruppen. Jede davon setzte sich aus einer Mischung von militärischen und nicht-militärischen Forschenden zusammen, die in verschiedenen akademischen Disziplinen ausgebildet waren (darunter Recht, Medizin, Organisationsverhalten, So-

zialpsychologie, Wirtschaft und Anthropologie). Jede Untergruppe verbrachte dann einen Tag damit, die Informationen zu prüfen und einen Konsens darüber zu erzielen, ob die Belege darauf hindeuteten, dass die Aufhebung des Verbots der Beschäftigung Homosexueller die Leistung der Militäreinheiten beeinträchtigen würde. Jede Gruppe kam unabhängig voneinander zu der gleichen Antwort: Nein. Präsident Clinton wurde über diese Schlussfolgerung informiert, aber er hob das Verbot nicht auf und entschied sich stattdessen für den Kompromiss »Weder danach fragen noch davon erzählen«. Das RAND-Team wurde einige Jahre später erneut versammelt, um diesmal Präsident Obama dabei zu helfen, das Thema erneut aufzugreifen; am Ende wurde das Verbot mit bemerkenswert wenig Dramatik aufgehoben, und es gab keine Hinweise auf eine dadurch verursachte Verringerung der militärischen Schlagkraft.

3 Vgl. Laughlin, P.R. (2011), *Collective induction*, Princeton University Press.

4 Dieser Ansatz des »sozialen Entscheidungsschemas« wird beschrieben von Stasser, G., Kerr, N.L. und Davis, J.H. (1989), »Influence processes and consensus models in decision-making groups«, in P.B. Paulus (Hg.), *Psychology of group influence* (S. 279–326), Lawrence Erlbaum Associates. Beachten Sie, dass die Prozesse der einfachen Mehrheit und des Gewinns der Wahrheit als Sonderfälle eines allgemeineren logistischen Schwellenwertmodells des Gruppeneinflusses betrachtet werden können; vgl. MacCoun, R.J. (2012), »The burden of social proof: Shared thresholds and social influence«, *Psychological Review*, 119, S. 345–372.

5 Es ist wahrscheinlich exakter, das Wort »Wahrheit« in Anführungszeichen zu setzen, wenn es um Prozesse geht, bei denen die Wahrheit gewinnt, denn die von den Gruppenmitgliedern geteilten konzeptionellen Systeme werden nicht unbedingt von anderen Personen außerhalb der Gruppe akzeptiert.

6 Kerr, N., MacCoun, R.J. und Kramer, G. (1996), »Bias in judgment: Comparing individuals and groups«, *Psychological Review*, 103, S. 687–719.

7 Scott Page hat theoretische und empirische Analysen veröffentlicht, die diesen Punkt näher beleuchten. Er bietet eine verständliche Einführung in seinem 2007 erschienenen Buch *The difference: How the power of diversity creates better groups, firms, schools, and societies*, Princeton University Press.

Kapitel 16

1 Vgl. Hammond, K.R. und Adelman, L. (1976), »Science, values, and human judgment«, *Science*, 194, S. 389–396.

2 Vgl. MacCoun, R., Reuter, P. und Schelling, T. (1996), »Assessing alternative drug control regimes«, *Journal of Policy Analysis and Management*, 15,

S. 1–23; MacCoun, R. und Reuter, P. (2001), *Drug war heresies: Learning from other vices, times, and places*, Cambridge University Press.

3 Schwartz, S. H. (1992), »Universals in the content and structure of values: Theoretical advances and empirical tests in 20 countries«, *Advances in Experimental Social Psychology*, 25, S. 1–65. Es gibt viele andere ähnliche Schemata (darunter ein neueres von ebenjenem Schwartz), aber das Schwartz-System von 1992 scheint die beste statistische Beschreibung von Umfragedaten zu liefern.

4 Tetlock, P. E., Peterson, R. S. und Lerner, J. S. (1996), »Revising the value pluralism model: Incorporating social content and context postulates«, in C. Seligman, J. M. Olson und M. P. Zanna, *The psychology of values: The Ontario symposium* (Bd. 8). Lawrence Erlbaum Associates.

5 Steele, C. M. (1988), »The psychology of self-affirmation: Sustaining the integrity of the self«, *Advances in Experimental Social Psychology*, 21, S. 261–302.

6 Sherman, D. K. (2013), »Self-affirmation: Understanding the effects«, *Social Psychology and Personality Compass*, 7, S. 834–845.

7 Der Begriff stammt von Rawls, J. (1971), *A theory of justice*, Harvard University Press.

8 Strawson, P. F. (1980). Rezension von Ryle, G., »On thinking«, *Mind* 30, S. 365–367.

Kapitel 17

1 Ein dramatisches Beispiel für dieses Verlangen, wissend zu erscheinen und eine Meinung zu haben, finden Sie in: Bishop, G. et al. (1980), »Pseudo-opinions on public affairs«, *Public Opinion Quarterly*, 44, S. 198–209. Bishop und seine Kollegen führten eine Umfrage durch, in der sie die Menschen nach ihrer Meinung zur »Aufhebung des Gesetzes zu öffentlichen Angelegenheiten von 1975« fragten. Obwohl es überhaupt kein derartiges Gesetz gibt, äußerte ein Drittel der befragten Bevölkerung eine Meinung zu diesem Thema.

2 Die beste Einführung in die Szenarienplanung ist wahrscheinlich das Buch von Schwartz aus dem Jahr 1996, *The art of the long view* (Currency). Über neuere Entwicklungen und Varianten wird häufig in der Zeitschrift *Futures* berichtet, unter anderem in den umfassenden Literaturübersichten von Varum und Melo im Jahr 2009 sowie Amer und Kollegen im Jahr 2013.

3 Tetlock, P. E. et al. (2014), »Forecasting tournaments: Tools for increasing transparency and improving the quality of debate«, *Current Directions in Psychological Science*, 23, 290.

4 Das Public Editor Projekt begann mit Gesprächen zwischen Saul und Nicholas Brigham Adams (damals am BIDS, dem Berkeley Institute for

Data Science), der Crowdsourcing-Techniken und -Software entwickelt hatte, die die Kommentierung von Texten durch Gruppen ermöglichte. Adams gründete die gemeinnützigen Goodly Labs, um Projekte wie den Public Editor zu ermöglichen, und ist seither in Zusammenarbeit mit Saul am BIDS hierbei federführend. Die aktuelle Website finden Sie unter publiceditor.io.

Kapitel 18

1 Im späten 20. Jahrhundert machte eine intellektuelle Bewegung, die als Postmoderne bekannt ist, zu Recht darauf aufmerksam, dass die Autorität der Wissenschaft als eine Art trojanisches Pferd benutzt wurde, um insgeheim den Interessen der Privilegierten und Mächtigen Vorschub zu leisten. Dabei wurde jedoch ein Bild der Wissenschaftler als naive Anhänger eines Dogmas gezeichnet, wonach die Wissenschaft aus unanfechtbaren »Tatsachen« besteht, die durch die Mathematik und die Beweisführung der deduktiven Logik miteinander verbunden sind. Soweit wir das beurteilen können, stimmt dieses Bild nicht mit der aktuellen Haltung überein, mit der Wissenschaftler über ihre Arbeit sprechen. Sie erkennen zwar »Beweise« als das Rückgrat der Logik und der Mathematik an, sind sich aber schmerzlich bewusst, dass die empirische Wissenschaft ein Geflecht aus fehlbaren und vorläufigen Beobachtungen ist, die ständig revidiert werden müssen. Zu Beginn des 21. Jahrhunderts schien es überwiegend so, als ob die Postmoderne zu Ende gegangen wäre. Doch während die akademische Postmoderne der Linken allmählich verstummte, zeigte sich zu unserem Erstaunen eine neue Form von populistischer Postmoderne außerhalb der akademischen Welt, am rechten Rand des politischen Spektrums. Plötzlich konnten neue »Fakten« behauptet werden, ohne sie hinreichend zu belegen, und alle Gegenargumente konnten ohne Weiteres als »Fake News« abgetan werden. Obwohl die ursprünglichen postmodernen Denker zweifellos bestürzt gewesen wären angesichts dieser politischen Instrumentalisierung, scheint der Populismus genau die Art von Geisteshaltung zu verkörpern, die sie als die einzig richtige beschrieben hatten: Die Idee der »objektiven Wahrheit« wird über Bord geworfen, und Hypothesen werden nur im Lichte von Gruppenideologien bewertet.

Manchmal trieben uns diese Entwicklungen und die Schäden, die sie im öffentlichen Diskurs und der gemeinsamen öffentlichen Problemlösung angerichtet haben, zur Verzweiflung. Aber letztlich glauben wir nicht, dass die populistische Postmoderne sich länger halten wird als ihr akademischer Vorgänger. Letzten Endes wollen die Menschen reale Probleme in der realen Welt lösen, und das können sie nur durch die harte Arbeit, fehlbare Beweise und vorläufige Hypothesen zu sichten und nach reproduzierbaren Ergebnissen zu suchen, die ihnen greifbare Vorteile und

Verbesserungen in ihrem Leben bringen. Die Tools und Haltungen, die sich im dritten Jahrtausend der Wissenschaft herausbilden, lehnen jede Vorstellung von einer wissenschaftlichen Priesterschaft mit einem Monopol auf die »Wahrheit« ab; es findet eine Verschiebung statt hin zu dezentraler Autorität, aggressiver Faktenüberprüfung und bürgerschaftlichem Engagement. Aber diese Instrumente können sich nicht etablieren, wenn sie nur von akademischen Wissenschaftlern eingesetzt werden; sie erfordern das Engagement der gesamten Gemeinschaft. Und das ist der Grund, warum wir dieses Buch verfasst haben.

2 Dieser ursprünglich 1971 verfasste Essay wurde mehrfach überarbeitet. Vgl. Dunn, W. N. (Hg.) (1998), *The experimenting society: essays in honor of Donald T. Campbell,* Transaction Publishers.

3 Unsere Vorstellung von den Gewohnheiten der Gemeinschaft verdanken wir in hohem Maße den bahnbrechenden Forschungen des Wissenschaftssoziologen Robert K. Merton, der vier angestrebte Normen der Wissenschaft formulierte (die das Akronym »CUDOS« bilden): *Kommunismus* (wissenschaftliche Erkenntnisse sollten allen gehören); *Universalismus* (Wahrheit muss nach unpersönlichen Kriterien beurteilt werden); *Desinteresse* (persönlicher Eigennutzen sollte bei wissenschaftlichen Untersuchungen keine Rolle spielen) und *Organisierter Skeptizismus* (die wissenschaftliche Gemeinschaft sollte alle wissenschaftlichen Behauptungen rigoros überprüfen). Vgl. sein Buch von 1973, *The sociology of science: Theoretical and empirical investigations* (University of Chicago Press). Frühere Kapitel unseres Buches (und viele sozialwissenschaftliche Arbeiten über die Praxis der Wissenschaft) zeigen auf, wie Wissenschaftler diesen Anspruch erfüllen (und oftmals nicht erfüllen).

4 Vgl. Axelrod, R. (2009), *Die Evolution der Kooperation,* De Gruyter (Org. 1984). Die Art der Reziprozität, die Axelrod untersucht, ist nur einer von vielen Mechanismen, die die menschliche Zusammenarbeit fördern (oder verhindern); einen umfassenderen Überblick finden Sie in Heinrich, J. und Muthukrishna, M. (2021), »The origins and psychology of human cooperation«, *Annual Review of Psychology,* 72, S. 207–240.

5 Natürlich hängt jeder Versuch einer kollaborativen Entscheidungsfindung von der Bereitschaft der Menschen ab, strittige Angelegenheiten durch Diskussion zu regeln. Manchmal können Konflikte zwischen Streitparteien einen Punkt erreichen, an dem dies nicht mehr möglich scheint. Was sollen Sie tun, wenn Sie Ihren Gegnern eine Abstimmung vorschlagen und diese mit Gewalt reagieren? Unsere Überlegungen hier dienen alle dem Ziel, einen wirklich gemeinsamen Entscheidungsprozess zu ermöglichen und zu vermeiden, dass sich der Urkonflikt Bahn bricht.

6 Vgl. beispielsweise Tomasello, M. (2010), *Warum wir kooperieren,* Suhrkamp Verlag.

7 Die reale Umsetzung solcher Anreize ist gar nicht so unwahrscheinlich, wie es vielleicht scheint. Zum Beispiel hat der Digital Service Act der Eu-

ropäischen Kommission bereits eine Prüfregelung für große Onlineplattformen eingeführt, die das von uns vorgeschlagene Umfragekonzept übernehmen könnten. Außerdem haben Verhaltensökonomen und Spieltheoretiker viele Erkenntnisse darüber gewonnen, wie man Auktionen und andere Verfahren gestalten muss, um aufrichtiges Bieten und ehrlichen Informationsaustausch zu fördern. Für einen Überblick vgl. Haaland, I., Roth, C. und Wohlfart, J. (2023), »Designing information provision experiments«, *Journal of Economic Literature* 61, S. 3–40.